舊日風雲

舊日風雲

增訂本

許禮平

OXFORD
UNIVERSITY PRESS

OXFORD
UNIVERSITY PRESS

Oxford University Press is a department of the University of Oxford. It furthers the University's objective of excellence in research, scholarship, and education by publishing worldwide. Oxford is a registered trade mark of Oxford University Press in the UK and in certain other countries

Published in Hong Kong by
39th Floor, One Kowloon, 1 Wang Yuen Street, Kowloon Bay, Hong Kong

First Edition published in 2013

舊日風雲

許禮平

ISBN: 978-0-19-399937-4

ISBN: 978-988-88113-8-0 毛邊本

Impression: 5

封面題字掇集顧炎武書扇面
封面紋採自宋徽宗草書千字文所用描金雲龍箋

目錄

風雲

董橋

門外菜販高聲叫賣，齊白石推門一看，大白菜又壯又鮮，心中歡喜，回屋拿他畫的大白菜想跟菜販交換。菜販是農婦，不識字，沒聽過齊白石大名：「想拿假白菜換我的真白菜？才不上當！」羲之換鵝佳話落了空，老人悻然回屋，枯坐納悶。許禮平引完黃永玉說的這段故事，〈真亦假時假亦真〉接着議論白石字畫真假問題，殷殷讚許香港藝術館那陣子展出的遼寧省博物館館藏齊白石精品。齊白石真迹許禮平翰墨軒裏多得很。多少年前了，軒裏偏廳藏着齊白石一幅《菖蒲蚱蜢》，好漂亮的中堂，題句也好，潘亦乎喜歡，我也喜歡：「太息家鄉久孤負，鐵蘆塘尾菖蒲香」。幾經斟酌，許禮平割愛我奪愛，翰墨軒裏一段翰墨因緣。「翰墨」二字也古也雅，跟許禮平分不開。先是開辦翰墨軒經營古今中國名家書畫，繼而出版《名家翰墨》月刊叢刊，宣揚中國書畫藝術，大收藏家劉作籌和大學問家啟元白鼎力扶持。《名家翰墨》原是一幅橫匾，明末清初酈露酈海雪擘窠隸書，無署款，鈐「湛若」、「酈露之印」，押角鈐「海雪堂」室名方章，還有幾枚鑒藏印記。橫匾雄秀，畫框也好，八十年代掛在摩囉街古玩店大雅齋二樓雅間，黃老先生辦公會客的地方，我常去，牆上字畫都看熟了。過了一段時日「名家翰墨」不見了，黃老先生說許禮平買走。許禮平寫過一篇文章說那幅橫匾澳門永大古玩號鄧蒼梧想買未買，古琴藏家沈先生想買未買，注定是許家的。鄺露是廣東南海人，書香世家，收藏廣東四大名琴綠綺臺琴出名，古琴藏家沈先生原該要了這幅琴人墨寶，一陣遲疑錯過了。許禮平那篇〈名家翰墨之偶然〉說買古董定真假是一難，定價位又是一難，兩難既定，剩下的是心痛與後悔的抉擇：花錢儘管心痛，時光慢慢流逝，心痛慢慢淡忘；該買不買的後悔倒是一輩子的牽掛了。劉作籌虛白齋「虛白」二字隸書是伊秉綬手筆，跟葉承耀「攻玉山房」那幅伊墨卿隸書一樣馳名遠近。許禮平說「虛白」一匾當年賣家先找群玉堂主人李啟嚴，李啟嚴嫌三百元太貴，議價不洽放手了，賣家轉而拿去給劉作籌看，開價依舊三百，劉作籌分文不減照價買了。李啟嚴一聽後悔，疑心成交價不止三百，頻頻追問劉作籌，劉作籌大不高興。許禮平文中提了民國初年大收藏家周肇祥寫的《琉璃廠雜記》，說裏頭寫了不少錯過雅緣的故事，很有趣。那本書我翻爛了，真好看，文字上流，文得清麗，現代人寫不出了。我家這冊是北京燕山出版社出版，趙珩、海波點校，朱家溍先生題簽。朱先生那回和王世襄來香港我們聊起過周肇祥，徐伯郊令尊徐森玉那一代的名士，紹興人，號養庵，法政學校畢業，清末民初當過奉天警務局總辦，山東鹽運使，京師警察廳總監，也當過湖南省長，北京古物陳列所所長，精鑑賞，善畫蘭，是北宋大儒周敦頤後裔，一九五四年下世。那一輩老世代舊人物許禮平都熟悉，掌故知識不輸聽雨樓主人高伯雨。老民國老中共老名人他更熟，材料也多，為了核實一段舊聞寫〈傾人之國的佳人〉，故紙堆中史料翻遍了，還幾次上京採訪沈崇老人，從初稿到定稿費盡周折。許禮平這股傻勁我不陌生。畢竟學院裏浸久了，他早歲雅好古文字學，是容庚門人，留學日本，師從日比野丈夫教授和白川靜教授，課餘編纂《貨幣書目知見錄》和《中國語文索引》，一本京都出版，一本大阪出版。一九八七年我到香港中文大學做事許禮平是老中大，還在校園裏中國文化研究所中國語文研究中心工作，研究所所長是鄭德坤教授，中心頭頭是我的老師劉殿爵教授。他在中心主編大型《中國語文索引》，篇目索引之外加編標題索引，書評索引，著者索引，工程浩大。學術訓練學術背景這樣正統，許禮平玩古董玩書畫跟一般收藏家不一樣，取捨不離史觀，火力聚焦文獻。他是廣東揭陽市揭東縣人，嶺南這邊的古今桑梓遺墨幾乎遇見一件收一件，藏品又富又精，老早是南天第一藏家了。南北逢源的鑑賞家不多，許禮平這些年頻頻跟兩岸四地博物館美術館合辦文物特展，我這個沒有公益精神的散淡閒人看着都嫌累。年事不同，心事不同，用事不同。這些年許禮平稱我董公，我不服氣，改口也稱他許公。其實他比我年輕多了，氣色紅潤，一身清貴，狀元相，儒商命，綺閣其宅，錦衣其形，金門玉食一輩子。許公記性好，友朋生辰年月日都記得住，衣袋裏還有一本小小記事簿隨時翻查核實。相識初期我以為他會相命，懂風水，交往久了發現不然：記住人家生辰八字純粹營造公關優勢，人家一聽一驚一心虛，彷彿底牌都給揭穿了，處境低了一大截，一席話許公佔盡了上風。聽説書畫鑑定他拜劉作籌、啟元白、劉九庵做老師。三位老師名望高，慎言行，審斷真偽難免要先擺出狐疑的神情留個轉圜餘地。許公名望漸漸也高了，攤開古代近代當代隨便一幅作品，他一臉的狐疑我印象深刻：「我題的齊白石你都不要輕信！」啟先生這樣叮囑許禮平。老師冷水潑多了，許公從此長年清醒，清醒得幾乎有點殺風景。他主編的《名家翰墨》月刊叢刊從此收藏界捧為圭臬，越炒越金貴，都説裏頭刊登的名家作品必定真，作品一旦流進市場必定貴。權威威到這個地步，許公此生無憾。這兩年我屢屢邀稿，許公賞臉，屢屢命筆。這樣好命的人原本不必辛苦爬格子，難得他勤奮，下筆又快，一眨眼寫出許多上佳篇章，寫黃苗子，寫虛白齋，寫鄭德坤，寫羅孚，寫陳凡，寫呂碧城，寫李惠堂，寫羅香林，寫徐樹錚，寫沈崇，寫臺靜農，寫啟功，寫馬承源，寫弘一法師，寫齊白石，寫還珠樓主，寫吳文藻，寫李方桂。這些人物只要能書能畫許公都配得出他們的遺墨，幾十年的搜羅，祕笈裏要誰有誰。牛津大學出版社老總林道群給許公編排這些大作準備出文集，書名叫《舊日風雲》，許公命我寫序。風雲二字宜古宜今，磅礴極了，是天象，是軍陣，是遇合，是時勢，是雄略，是風流：「一醉隱然開霸業，誰言兒女不風雲」，清代張佩綸詩裏說的。兩岸兩地折騰到如今霸業都亂了套了，鼠狐一大堆，應了明代浚川《新水令》套曲一段唱詞：「只爭那正人不得正人扶，都做了多才反被多才誤，成間阻，平白的剗斷了風雲路」！這樣的慨歎《舊日風雲》裏都有，有些昭然挑明，有些隱然忍住。許公終歸是有心人，跑馬地公館取名「心安居」，說是兒女名字串成的。心安是安心，是非不顛倒，處世講真話，進退求安心。聽許公聊天像讀他的文章那樣提神，笑嘻嘻一針扎出了血。內地《時代周報》訪問他談文物拍賣利弊，許公有一段話說得沉重，說香港蘇富比有一回拍賣一尊佛像，買家是內地客，輸家是臺灣收藏家。場上有人說拍賣官真笨，一槌給了臺灣實力派收藏家輕易收錢成交，拍給那個內地客搞了好幾個月將近一年才付款提貨：「有的人拍到高價位寶物還要發表一番言論，最常聽到的是高唱愛國主義，高呼民族大義，」許公說。「買東西就買東西，說那麼多廢話幹嘛！有一本書叫《愛國賊》，說這種人比賣國賊還可怕，迷惑人心。」書畫古董市場轉眼是神州富戶的金谷園了，尋常書生遊園都怕驚夢。還是早年翰墨軒裏消磨字畫

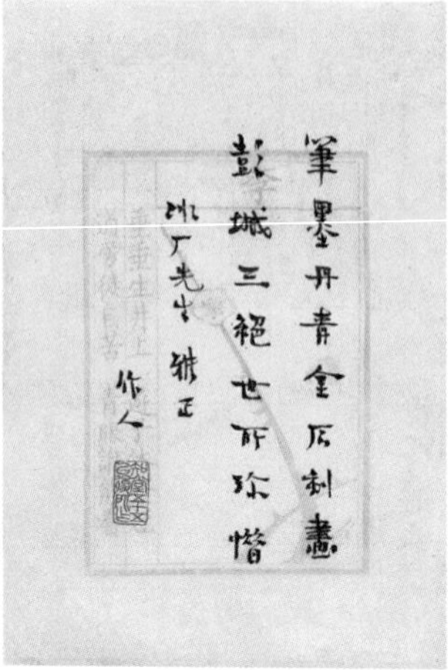

歲月靜好。我的黃賓虹八十五歲枯筆山水是翰墨軒裏買的。徐悲鴻畫給孫多慈的壽桃畫給李家應的水鴨也是。還有傅抱石的《春風楊柳》吳昌碩的《秋艷》張大千的《魚樂圖》溥心畬的《醋心樹》胡適之的《清江引》。匆匆董公老矣，這些小品大半賣進了金谷園換取暮年小溫小飽，「煙雲過眼沙脱手，不知去落何人廚」。許公送我的知堂小巧遺墨倒是桑榆晚景的清玩了，閑雅沖澹，飽蘊隸意，一如其文，上款劉冰庵是篆刻家，書法家，齊白石弟子，刻印出大名。都是舊時月色不是昔日風雲：風雲豪壯，月色嫵媚，一蘸嫵媚，禿筆回春，這篇小序再浪下去怕是越發離題了。

癸巳年夏至前三日在香島

我所認識的許禮平（代序）

藍　真

認識許禮平四十多年了。認識之始，說來奇特。

七十年代初，三中商（三聯、中華、商務）等出版系統在域多利皇后街中商大廈頂層有個飯堂，出版界職工大都在此用餐，飯敍時總會談到各種情況，好幾回聽到商務印書館、集古齋的職工說及一個怪人，常到他們的門市部。我聽到的印象是此人與其他讀者大不一樣，穿唐裝，留髫子，指甲長長，還時常挾著《中央日報》、《香港時報》等報刊。這個後生仔到底是何方神聖？立時想起當時流行八個樣板戲中《沙家浜》阿慶嫂的臺詞：「到底是姓蔣，還是姓汪？」是姓英，還是姓美？警惕性加上好奇心驅使，我就到大道中三十五號商務印書館實地觀察。有一次，果然碰到他們懷疑為階級敵人的後生仔，與他交談之下，覺得思路清晰，知識面頗廣，喜歡看書買書，所以常到書店轉來鑽去，不像差人，不像密偵。還道及由澳門來港不久。為了弄清底細，托澳門星光書店林苹經理去調查了解，原來是澳門頗有名氣的許世元先生的公子，心中踏實了。既然這個後生仔喜歡書，很適合做我們出版這行，遂有意收編他為我所用。這就是我初認識許禮平的奇遇。

一九六七年香港受文革影響，反英抗暴，中華書局董事長吳叔同出走，中華散了。商務也不成氣候。其時香港中國新聞通訊社也解散。中新社原來班底王紀元、吳其敏、張東陽等過檔到我們出版界，於是在中商大廈九樓成立一個機構，掛兩個牌子：中華書局海外辦事處，商務印書館香港辦事處。把德高望重的王紀老請來就任兩家辦事處的主任，吳其老就任中華的副總編輯，兼《海洋文藝》主編，其他幾位也安排在這個中商辦事處，也把許仔（禮平，即小許，粵人叫許仔）編排到這兒。許仔好書畫，所以讓他搞文宣、搞裝幀設計、搞編務。

搞了好幾年，許仔要出國深造，遊學東瀛。返港後，進入香港中文大學中國文化研究所，在鄭德坤教授、劉殿爵教授指導下搞研究工作。許仔轉入高等學府，不忘舊友，仍時常跟我和其他出版行業的朋友往來。有時需要他幫忙的事情，從不推托，辦得很妥當。

還有，許仔的記憶力驚人。每年八月某日一大早，他總是第一個來電話賀我生日。而當我問起其他一些熟朋友的生日時，通常都可以不加思索隨口說出，極個別的才翻翻身上的小本子核對一下。真不知他用甚麼方法記住這許多數目字。

認識許仔以來，對他的印象有如下幾點：

一、勤奮好學。他在中商大廈九樓辦公時，午飯後一般同事都小甜片刻。有好幾次見到許仔，人家在午睡，他卻在寫毛筆字，或讀書，讀的是《論語》、《說文解字》之類古書。

二、好書畫。他經常去集古齋看書畫，當時沒錢買，卻喜歡觀賞、研究、學習。他自己偶也寫些國畫，梅花、蘭竹、神仙魚等等，曾寄存在昭隆街（商務印書館後座）新風閣，托龍先生代銷。居然有人買，而且不便宜，幾百元一張，那個時候許多人月薪才幾百元呢。買的人問許禮平是甚麼人，龍先生說，是前清秀才，早已死了，買家才付鈔。如果知道畫的許某是個仍健在的小子，而且還在中商大廈工作，或未必能成交了。

三、論交友，許仔人緣甚佳，認識的人也多，朋友多。他身上有一小本子，記載的友人千多人。而且他交友不分黨派，有中共的，也有國民黨的、民進黨的。學術界前輩如王力、朱德熙、啟功、臺靜農……，出版界、新聞界、書畫界、文博界的朋友更多。還有方外的朋友和尚、神父、牧師。若在過去的大陸，這叫社會關係複雜。

許仔因為有以上三大優勢，對他創辦自己的事業翰墨軒，創辦自己的刊物《名家翰墨》十分有利，搞得有聲有色，非常成功。廿多年來出版了《名家翰墨》月刊四十八期，繼又出版各種叢刊一兩百種。他時常惠寄他編輯出版的書刊給我，如《臺靜農詩集》、《中國近代名家楹聯》、《富春山居圖》等等，讓我安坐家中，翻閱欣賞他的心血。他編印《名家翰墨》的許多專號、叢刊，我都很喜歡讀。有些書法作品龍蛇飛舞，旁邊有釋文，對不諳草書的我非常方便。有些作品作者較冷僻，書旁就列有頗詳盡的作者簡介。他編書考慮周到，極有心思。緣於他本人就是好書之人。所以他用心編印的《名家翰墨》，在海峽兩岸四地，在域外，都影響巨大。對推動中國書畫藝術，很有貢獻。

前幾年，許仔偶爾寫些文章，登在本港其他刊物上。我讀了覺得言之有物，寫得生動，可讀性甚高，所以看到他的文章的話總是打電話給他鼓勵幾句，要他多寫。或許他太忙，許久才見一兩篇。近一兩年，他寫得比較多，十天八天就可以讀到一篇，而且說出許多人家不曾知道的史實，讀來也有趣，時常打電話叫他寄來讓我學習，他總是客氣說：不敢不敢。前幾天，許仔拿來幾十篇文章，說林道群先生要出版一冊《舊日風雲》，要我寫篇序言。我今年九十歲了，該如何寫這篇序呢？頗為費神。所以拉雜說說我對許仔幾十年的交往，腦海中的印象，就此交卷。

還有一點，這本書的特色是本土味重，三十多篇文章中講港人港事佔了一半，而且行文有極强的粵方言用詞，這些生動而有地方特色的文詞，若用普通話是難以表達原來的神韻的。許仔半文不白的「三及第」文風，易讀易懂。更重要的是內容豐富，含金量高。在此我向廣大讀者推薦，尤其是想了解香港文化、歷史、政治，和對了解民國史的人，應該一讀。

二〇一三年六月二十三日

黃苗子在北京寓所，2005年

多少江山歸筆底　萬重恩怨屬名流

——懷苗公

京華前輩中，能以粵語交流無間，首數黃苗子先生。我份屬晚輩，不敢隨人作聲聲喚：「苗子、苗子」，而我是習慣尊稱之為「公」，稱「苗公」。

苗公待晚輩也毫無架子，非常誠懇、和藹，遇事循循善誘，令人相處舒服，如沐春風。

苗公廣東香山人，其尊人黃冷觀與孫中山有同志同鄉之雅。祖父黃紹昌係廣東名儒。苗公小時隨父移居香港，住中環砵甸乍街近海旁的一幢唐樓，據其憶述當時兒時玩耍，是常到附近碼頭梯級近海面處看雞泡魚（河豚）。家居對面有家域多利戲院，苗公時常幫襯，於其印象最深的是一齣《龍爪大盜》，主角戴黑眼罩，披斗篷，鋤強扶弱，威風凜凜，令他非常佩服，彷佛長大要做這樣神氣的俠客。

苗公父親黃冷觀主編《大光報》，經常讓苗公送稿，所以早歲已與許

黃苗子，2011年

多文化人接觸，如黎工佽、黃天石、勞緯孟、岑維休等。家中書刊甚多，苗公就專挑左翼的來讀，父親看在眼裏，嘗慨言，此子一出鯉魚門，定變共產黨。

不過，苗公出了鯉魚門，卻沒有變成共產黨，反而成了地地道道的國府官員，並且在領導核心參與機要。事情的緣由是：一九三二年，一二八日寇侵滬。苗公離家出走，要奔向上海參加抗日。先躲在老友黃般若家，由般若代購去上海的船票。「貓仔」（苗公乳名）失蹤，老父無從追尋，大哥祖芬雖然略知一二，卻不拆穿，只待船開出後才報告，那黃冷觀老太爺只得拍電報至上海，把淘氣的「貓仔」交給時任上海市長的老友記吳鐵城，請代為看管照顧。吳鐵城於是將苗公收編為契仔兼機要秘書，如此這般的苗公出了鯉魚門，沒有變成共產黨，反成了國府官員。

「身在曹營心在漢」，苗公滿腦子左翼思想，怎麼會安心做官呢。很快就與一班左翼文化人如張光宇、葉淺予、丁聰、華君武等廝混一氣。苗公在官場用名是黃祖耀，而在文化圈中，則用那小名「貓仔」去左翼而存右邊的「苗子」二字為名。（後來五七年真的歸隊「右邊」劃為右派，真是一名成讖）。很快，黃苗子的大名蓋過了黃祖耀本名。

曾問過苗公為甚麼嚮往共產黨。他說不懂得甚麼大道理，但自小有鋤強扶弱的思想，三十年代共產黨弱，被排斥，被取締，被圍剿，被追殺。

黃般若，二十年代初

吳鐵城

苗公就覺得應該為他們出力，所以處處幫共產黨，這叫匡扶正義。下面舉幾個例子：

《魯迅全集》出版，特種豪華本定價很高，是用來補貼普通本。這方法是好，但銷售極難。苗子慨然幫忙推銷，策動了吳鐵城，用國民黨海外部的經費，訂購兩套，一套存香港中華中學圖書館。這套特種本很珍貴，五十年代再轉回內地。

賴少其被關在上饒集中營，站吊籠，危在旦夕，通過關係送鉛筆寫的小紙條向苗公求救。苗公二話沒說，以明碼電報發去安徽省稅務局，請託友好營救。後來賴少其得脫，用毛筆去函苗公致謝。

皖南事變時，國民黨準備封閉八路軍辦事處和《新華日報》，抓捕周恩來、董必武等共黨代表，苗公得知消息，及早通知周恩來，周讓毛澤東在延安發聲，公開披露，迫使國民黨終止計劃。當時鄧穎超感激地握著苗公的手道謝：「共產黨不會忘記你的」。後來果然沒有忘記，五七年禮送苗公到北大荒效力，文革時敦請蒞秦城修行。亦算是知恩圖報。

抗戰勝利後，毛澤東赴重慶。周恩來約苗公雅聚。苗公為避特工耳目，坐國府派的汽車，到宋（子文）公館，由宋公館後門，進入周（恩來）公館，等了許久，毛才下來聊天、用餐，席間，毛公對著苗公，恍然失聲道，「原來黃祖耀就是黃苗子」。可見，這兩個名字都很響亮。在太祖高

黃苗子（右一）與丁聰、黃堯、華君武在第一屆全國漫畫展上，1936年

徐悲鴻畫《雙駿圖》賀黃苗子
郁風新婚，1944年

黃苗子郁風結婚照，
1944年

皇帝的腦海裏，一個是活躍於左翼文化圈的黃苗子，一個是身在曹營心在漢的國府官員黃祖耀。這正符合「一分為二」而又「合二為一」。

說到苗公，可不能忽略郁風。記得上世紀七十年代末，在臺北晤苗公舊友張佛千（胡宗南舊部），張大聲說，「苗子不壞郁風壞，郁風是共產黨，帶壞苗子」。郁風體型脩長，風姿綽約，追求者眾，更自以為很革命，怎麼會看得上一個又瘦又矮，兼且是為左翼文人所鄙視的「國府官員」？在人生關鍵時刻，共產黨真的沒有忘記苗公，共產黨文化界的領導夏衍極力舉薦，郁風聽黨的話，服從組織分配，就嫁給苗公了，倒也從一而終，廝守六十多年，而且育有三子，大雷、大威、大剛，各有成就，郁風該感謝黨，感謝夏公，事實再一次證明黨是正確的，黨沒有薦錯人。

順帶一提，苗子跟郁風結婚時，徐悲鴻畫了一張《雙駿圖》祝賀，雖然一尺斗方，但畫得極精，也易於保存。十多年後苗公要去北大荒效力，有個幹部請苗公將此畫割愛，「多難方知獄吏尊」，從此《雙駿圖》離開苗公。若干年後，此畫歸徐悲鴻紀念館收藏。我曾把它收入拙編雜誌《徐悲鴻專號》中。二〇〇七年，苗公與郁風在中國美術館開展覽會，苗公來電囑將此畫件放大彩照速寄與他，只可惜沖曬需時，郁風過世後才寄到，只趕得及在展覽中陳列，藉資紀念。

苗公處世，灑脫大方。當他知道翁萬戈（翁同龢五代孫）研究陳老蓮，

徐悲鴻伉儷與黃苗子伉儷

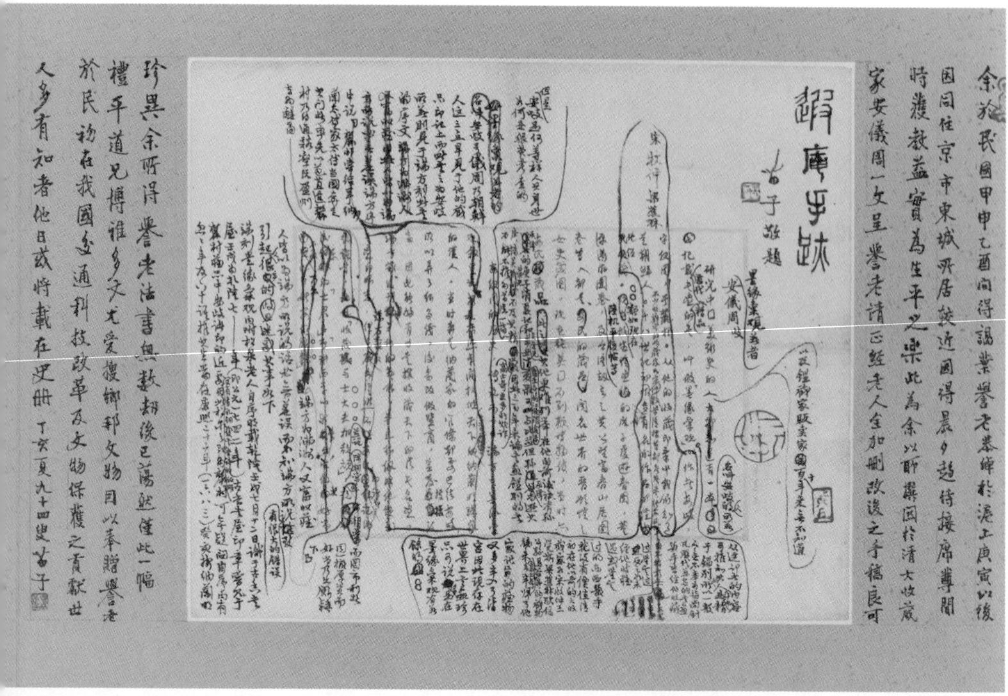
余於民國甲申乙酉间得謁業譽老恭綽於滬上庚寅以後
因同住京市東城所居較近因得晨夕趋侍接席尊聞
時獲教益實爲生平之樂此爲余以前撰國於清大收藏
家安儀周一文呈譽老請正經老人全加刪改後之手稿良可
遐庵手跡
苗子敬題
珍異余所得譽老法書無數劫後已蕩然僅此一幅
禮平道兄博雅多文尤愛護鄉邦文物因以奉贈譽老
於民初在我國交通科技改革及文物保護之貢獻世
人多有知者他日或將載在史冊 丁亥夏九十四叟苗子

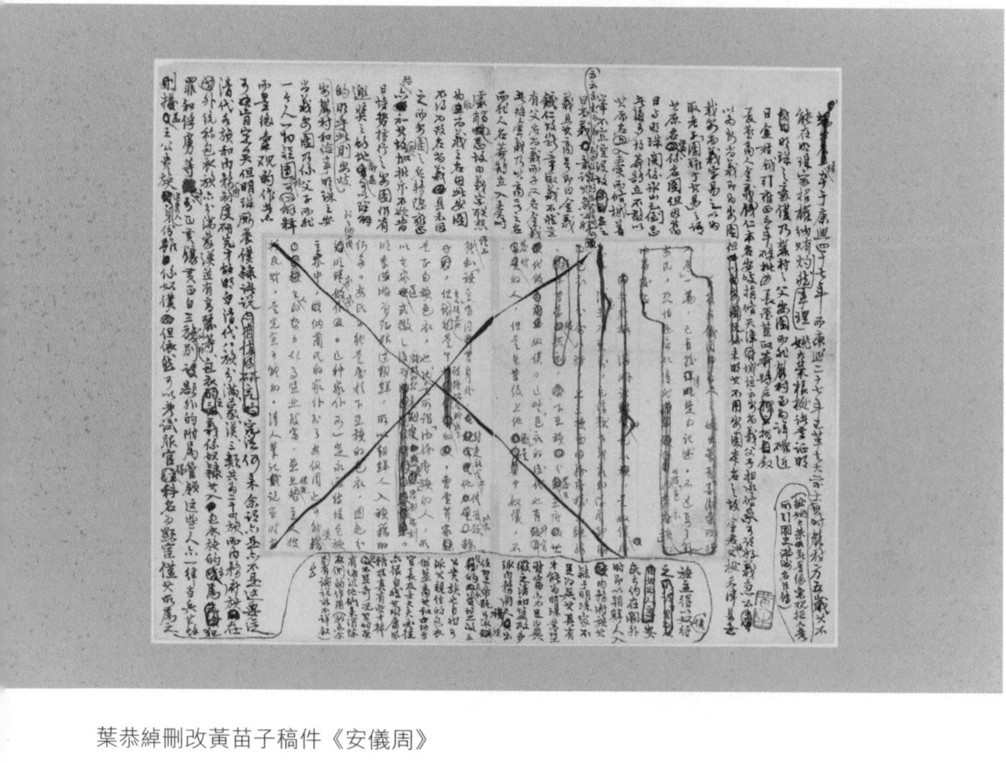

葉恭綽刪改黃苗子稿件《安儀周》

要編輯陳老蓮書畫集，苗公就把舊日摘錄的陳老蓮資料卡片，悉數相贈。五、六十年代張蔥玉（珩）贈送苗公《朝元仙杖圖卷》長跋曬藍本一份，八十年代苗公與王季遷交往，知《朝元仙杖圖卷》係王所藏，而原件舊跋早被裁去（我存有一段），便將這份長跋曬藍本寄去紐約相贈，也不留底。香港中文大學文物館收藏簡又文舊藏廣東書畫，其中有許多蘇仁山作品，苗公知道後，將其所藏的蘇仁山等一大批廣東書畫、拓片、著錄書等，一併捐贈中文大學文物館，去年初（二〇一一年一月）在該館展覽出來，甚獲好評。苗公又將歷年所藏及自己與郁風的作品一批，交由北京嘉德拍賣，得款數千萬元，成立助學基金，回饋社會。這種種無私的捐獻，高風亮節，令人敬重。而其三個兒子支持乃父獻寶，在二十一世紀的中國社會裏，更顯得老人家教子有方，難能可貴。

數十年來，苗公也偶爾惠賜書畫給我。包括其祖父黃屺薌墨蹟、其老師鄧爾雅楷書扇面、齊白石墨跡「保家衛國」及親筆題贈苗公的詩集、《傳神小品》（寫真粉本）冊等等，最有意思的是葉恭綽刪改苗公手稿《安儀周》。

五十年代，苗公寫了《〈墨緣彙觀〉著者安儀周（歧）》一文，請葉譽老（恭綽）改定，葉公大筆一揮，改得體無完膚，幾乎重寫，等於葉、黃二人合作。可見上一代學人治學之認真和對晚輩的照拂。苗公與葉公交往頻

黃苗子在香港中文大學文物館參觀其所捐贈之書畫

繁，藏其手跡也多，但劫後蕩然，僅存此一刪改稿。二〇〇七年郁風駕鶴後不久，苗公把這珍貴墨蹟加題八行相贈，讓我高興了好一陣子。

我在一月九日晨早得大威電郵，驚悉苗公在八日以期頤高齡往生，聞報黯然良久。夜檢此兩開葉黃手稿，披閱再三，感慨之餘，即電傳與董橋共賞。蒙董公索稿，雖義不容辭，惟窘於卒迫，草草拉雜，急就交卷。

二〇一二年一月十一日凌晨一點鐘

黃祖雄（中堅）

迷茫青史中的抗日先烈

——記黃祖雄家世

黃祖雄這個名字也許陌生。如果說他是名作家黃苗子的四哥，是前律政司司長梁愛詩的舅父、是名報人黃冷觀四公子，那就易於聯想。但以香港人而殉抗日之難，其芳名又不在香港中環的紀念碑中，而屍骨在數千里外的不可知處。其可以尋繹的只是數千里外荒煙野蔓碑間一個石刻名字，所以今日說來，似是一種迷茫青史中的搜索。

先說黃祖雄的父親黃冷觀（一八八三—一九三八）。冷觀是老同盟會員、革命先進、報界前輩，反清、反袁，歷艱險危難，也可說是一生阢隉。但「有人王霸子成群」，在一九三八年初冷觀逝世時，他在身後遺下十一子兩女。

冷觀逝世時，廣東國共關係尚好，共黨借冷觀喪禮，就在開弔那一天，苗子女朋友郁風帶著廖承志、潘漢年、夏衍四個人署名的花圈前往中華中學弔唁。這個花圈十分矚目，因廖承志當時在香港主持八路軍駐港辦

中華中學校舍（香港堅道85號）

事處，為八路軍新四軍籌募捐款物資。還安排參軍救國的華僑子弟去延安抗日軍政大學，或參加新四軍。而正是這種關係，成了後來黃祖雄參軍成仁的前因。

在眾多的兄弟姊妹中，以老四祖雄，老五祖耀（苗子），老六寶群，三位年近而常常一起玩耍，也一起在荷李活道的明新私塾讀卜卜齋。讀了兩年，三人又同轉入乃父黃冷觀辦的中華中學就讀。

這老四祖雄（一九一二—一九四二），是鄧爾雅弟子，鄧公給他取別字為「萬夫」，大概是取《上韓荊州書》所謂「白身長五尺，而心雄萬夫」吧。從戎後，又或者是廖承志給他改名中堅（又名中澗），現在中央的文件中仍稱他為黃中堅。

這位老四祖雄在中華中學畢業，轉讀李景康主持的漢文師範（金文泰中學前身），以優異成績畢業，才轉回中華中學任教。其時適逢鄧爾雅亦在中華中學任教，老四祖雄乃用心師事鄧爾雅。鄧五十大壽時，祖雄嘗祝獻鄧夫子七言篆聯，酷肖乃師。這副篆聯，後來有幸歸由在下珍藏，苗子曾要求我拍照曬數十張，讓他分贈眾親友。

老五是祖耀（苗子），生性最古靈精怪，調皮鬼馬，用各種筆名在報館寫文章拿到一元幾角稿酬，就買梅薑、花生等零食討好愛妹寶群。寶群一說起苗子就笑不合口，喜形於色。所以到二〇〇七年寶群九十大壽時，苗

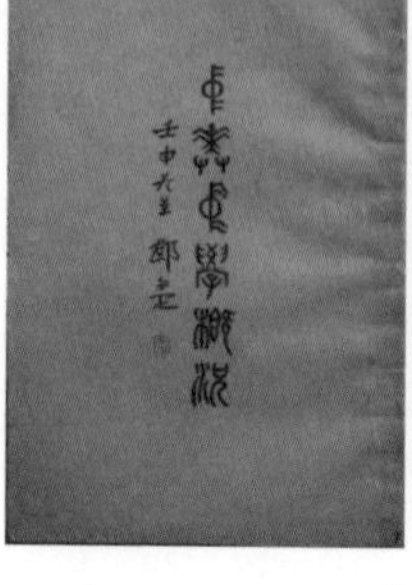

鄧爾雅（右）
鄧爾雅題《中華中學概況》，1933年出版

黃祖雄篆書七言聯賀鄧爾雅夫子五十壽，1933年130x21cm

子身體雖已不那麼硬朗，也喚我陪他秘密潛港，出席愛妹壽宴，第二天便撤退回京，來回都由在下保駕護航，足見兄妹感情甚深。

再說老六寶群，一九一七年生，在中華中學只讀了四年，就轉去堅道養中女校讀書，有同學李娟紅從老六寶群處見祖雄書法大為讚賞，就通過寶群認識了祖雄，而且投緣，開始了戀愛。而此時老六寶群結婚了，嫁梁國英藥局二少爺梁之盤（一九一五—一九四二）。而梁之盤對外國文學有特殊愛好，生意而外嘗辦純文學刊物《紅豆》。但香港淪陷期間，一家幾口，租住跑馬地口摩利臣山道五十二號一棟四層高樓房的地下，有一天日軍按門鈴，之盤開門，被日軍先來一拳打中胸部，才搶奪其手錶、墨水筆等貴重財物，文弱而又怕事的梁之盤自此患病。舉家即遷往莊士敦道梁國英藥局居住，但不久日本海軍特務部貼封條封舖，又三十六著，走為上著，一家趕緊移居澳門，擬在澳開梁國英藥局分店，但尚未開檔，梁之盤已病逝濠江，可憐新寡老六寶群只得拖兒帶女（狄剛、愛詩、狄斌、佩詩），再返回香港灣仔莊士敦道一八五號梁國英藥局。

再說當時老四祖雄雖然與李娟紅熱戀，但強隣侵略，而江山美人之間他選擇的是「江山」，這免不了是熱血沸騰想參軍，那時代的青年，都有强烈的愛國之念。套一句古語就是：「匈奴未滅，奚以家為」。

老四祖雄曾讀斯諾《西行漫記》等左翼書刊，嚮往延安，毅然參軍，

八路軍駐香港辦事處主任廖承志(右)與保衛中國同盟中央執行委員會主席宋慶齡(左四)及其他委員在香港合影，1938年6月

不是英軍，而是共軍。苗子嘗告訴我，當時是廖承志介紹老四祖雄參加左權部隊的。

其實老四祖雄的參軍，除了熱血救國，還有一個個人原因。是他長兄祖芬早已在中華中學主持大局，父亡後更出任校長，校中事長兄祖芬說了算。老四祖雄在中華教得不太愉快，曾私下向娟紅透露，一山不能藏二虎，要離開中華中學，出去闖一番事業。決心投筆從戎時，據說老四祖雄曾從一本歌書中挑出一首歌詞送給娟紅：「去幾年，待幾年，雖老廢，也毋相遺棄……。」老四祖雄更名中堅，娟紅更名為堅紅，真是情比金堅。

再説筆者有位忘年交叫安伯，廖安祥，搞運輸的，曾協助廖公（承志）搞革命。當時在中環娛樂戲院曾義演話劇，籌得八百元，作為路費送與黃祖雄、黎明、楊展雲、黃克志等四人。四人中黃祖雄、黎明是中華中學老師，而楊展雲是印刷工會的，四人由安伯安排交通，送上船，去湛江，會合其他人，再乘汽車經廣西、貴州，渡烏江，過婁山關，才到重慶曾家岩八路軍辦事處，同行中有同鄉中山人何鎮浪（解放後曾任河南信陽陸軍學校校長）和胡展雲。

由重慶去西安，可不是現今舒舒服服的坐飛機或乘汽車，而是靠兩條腿，沿著嘉陵江，捱飢抵餓，步行去的。同去的四人中，黃克志受不了苦，溜回香港。祖雄跟著大隊到達西安八路軍辦事處，八辦本擬將祖雄分

廖安祥

配去延安，但祖雄卻堅請奔赴前線。結果祖雄再渡黃河，越太行，間關萬里，到達晉東南抗大第一分校學習受訓。

老四祖雄表現好，文化素養高，尚未畢業已被拔尖提前調到民革通訊社任助編，嗣後調到中共北方局領導的《新華日報》華北版，編第四版副刊。

後來黃祖雄也加入共產黨（一九三九年七月），介紹人係抗大隊長蘆獲、朱士弘。據何鎮浪憶述，入黨當晚，祖雄格外高興。長髯垂胸的房東老大爺，有似老學究，他聽聞中堅（祖雄）寫得一手好字，就捧出筆硯和一卷麻紙，恭請題字。中堅在兩盞豆油燈下，即興揮毫，以行草一氣呵成寫下《滿江紅》五六紙，署名「八路軍戰士黃宗潤於太行山」。祖雄本來書法功力深厚，當夜興之所至，寫出的滿江紅更是瀟灑流暢，氣象萬千。圍觀群眾拍掌喝彩不置。老房東很尊敬的讚嘆：「想不到八路軍裏還有好秀才！」

祖雄在部隊裏學會指揮唱歌，常常用口袋裏的鋁匙當指揮棒，指揮全隊唱《抗大畢業歌》：「別了，別了，同學們，我們相見在前線！別了，別了，同學們，我們相見在前線！」

祖雄到太行根據地不久，就碰到國民黨發動的反共高潮，與八路軍大搞磨擦。祖雄曾賦詩《隨軍渡漳河》：「鴻溝一水隔盈盈，楚漢相持本弟

新華日報
華北版

《新華日報》華北版
1939年元旦創刊

兄，白日茫茫烽火急，漳河應作不平鳴。」主張國共兩黨應消除對立，一致抗敵。

祖雄經常在山西遼縣（今左權縣）麻田鎮山莊村工作，這是《新華日報》華北版編輯部所在地。華北版一九三九年元旦創刊到一九四三年九月二十五日終刊，共出八四五期。發行量達三萬多份。這份《新華日報》華北版成為華北敵後宣傳重鎮。朱老總（德）嘗說：「《新華日報》一張頂一個炮彈，而且天天在和日寇作戰。」

一九四二年五月，日寇重點掃蕩太行地區。其後更集中進攻八路軍總部和《新華日報》編輯部所在地麻田鎮。華北版社長何雲率眾與敵周旋，又堅持出報，出到鉛印的戰時版第一、二號，包圍圈縮細，沒法突圍，報社人員只有隱蔽山林中。九月二十八日黎明，何雲背部中彈犧牲，時年三十八。而在同一次戰役中，分別在好幾個地方犧牲的報社人員四五十人，其中一位就是老四黃祖雄。

祖雄弟弟祖民傳來《革命烈士證明書》上說黃中堅「一九四二年二月在太行山涉縣南艾鋪與日寇作戰犧牲」，時間和地點可能是根據何鎮浪提供的不甚準確的信息。祖民根據各種材料考證，「黃中堅犧牲的地點，有兩個可能：一是隨部分編輯部人員在突圍時走散，犧牲在山西麻田鎮或附近；一是在突圍後往東南進入河北武安、涉縣一帶（麻田離河北省境很近），

麻田八路軍總部舊址

被敵人包圍發現而犧牲的。因為知情者現已紛紛故去或信息全無，一時難以調查清楚了。」與黃祖雄一起參軍的中華中學老師黎明當年返港後，曾將祖雄犧牲的情況向其大哥祖芬報告（雨絲《泱泱乎先生之風》），不知祖芬有沒有記錄下來？

老四祖雄犧牲之消息傳到香港後，有人通知祖芬，祖芬轉告母親楊氏，當然家人都是傷心不已。像寶群就借古詩寄托哀思，曾工楷鈔錄唐人趙嘏《江樓有感》：「獨上江樓思悄然，月光如水水如天，同來玩月人何在？風景依稀似去年！」詩後加跋語：「壬午（一九四二）中秋，淒涼荒寂，月明澄澈，萬里無雲，縈念故國，悵望濠江，不悉國內弟兄，異鄉孤柩，亦曾領略此清光否？」這短短四行小字，既哀亡夫梁之盤，兼悼祖雄四哥。再說祖雄未婚妻娟紅尚未知道祖雄犧牲之消息，那娟紅只在港死等，後來回廣州，家住火車站對面，更天天去火車站大門口等老四祖雄出現。一似西片《魂斷藍橋》情景。

而寶群也不知如何對娟紅開口，最後由祖雄母親楊秀嫻告知娟紅母親，再轉知娟紅。不用說，娟紅傷心欲絕。後來老六寶群將娟紅贈祖雄的定情金飾之類信物，送回娟紅。次年七夕，寶群又在一張梅花朱絲欄小箋上，工楷鈔錄其祖父黃紹昌之七夕詩以寄意：「多少鴛鴦老並頭，朝雲暮雨苦綢繆，神僊夫婿成何事？海角悲歌祇飯牛！」「碧天如水夜迢迢，

黃中堅(祖雄)革命烈士證明書

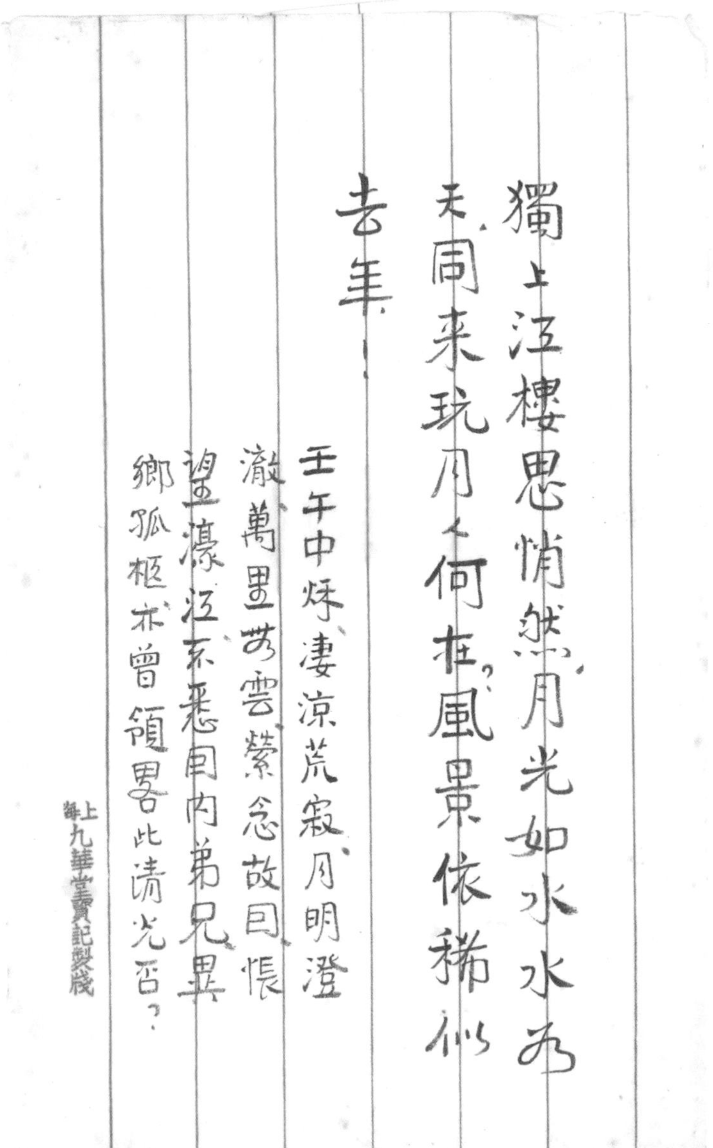
獨上江樓思悄然，月光如水水為天。同来玩月人何在？風景依稀似去年！

壬午中秋，淒涼荒寂，月明澄澈，萬里無雲，縈念故回悵望。滬江不悉自內弟兄異鄉孤柩，未曾領略此清光否？

黃寶群工楷鈔錄唐詩悼四哥祖雄，1942年

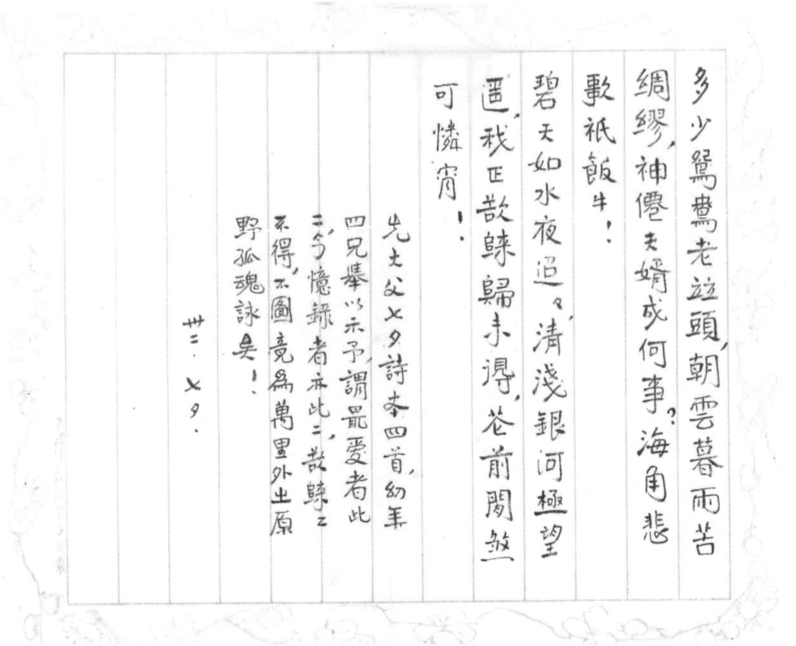

多少鴛鴦老並頭，朝雲暮雨苦
綢繆，神僊夫婿成何事？海角悲
歎祇飯牛！
碧天如水夜迢迢，清淺銀河極望
遥，我正散睇歸未得，苍前閒煞
可憐宵！
先大父七夕詩本四首，幼年
四兄輩以示予，謂最愛者此
二首，憶錄者亦此二，散睇之
不得，不圖竟為萬里外北原
野孤魂詠是！
卅二．七夕．

黃寶群工楷鈔錄祖父黃紹昌七夕詩，1933年

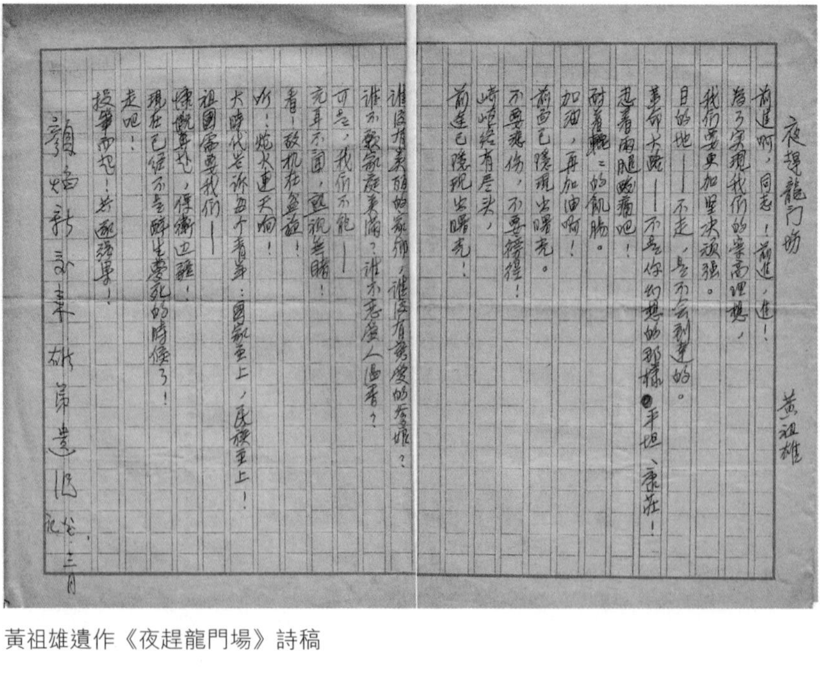

夜趕龍門場
黃祖雄
前進啊，同志！前進，進！
為了實現我們的崇高理想，
我們要更加堅決頑強。
目的地——不走，是不會到達的。
革命大路——不是你們想的那樣：平坦、康莊！
忍着兩腿酸痛吧！
耐着轆轆的飢腸。
加油，再加油啊！
前面已隱現出曙光。
不要悲傷，不要彷徨！
崎嶇總有盡頭，
前途已隱現出曙光！
誰沒有美麗的家鄉，誰沒有親愛的爹娘？
誰不戀家庭美滿？誰不喜愛人溫香？
可是，我們不能——
充耳不聞，熟視無睹！
看，敵機在盤旋！
聽，炮火連天响！
大時代告訴每個青年：國家至上，民族至上！
祖國需要我們——
保衛鄉土，保衛邊疆！
現在已經不是醉生夢死的時候了！
走吧！
投筆而起！[illegible]！
[illegible] 祖雄弟遺稿 [illegible] 三月

黃祖雄遺作《夜趕龍門場》詩稿

清淺銀河極望遙，我正欲歸歸未得，花前閑煞可憐宵！」詩後小字跋云：「先大父七夕詩本四首，幼年四兄舉以示予，謂最愛者此二，今憶錄者亦此二，欲歸歸不得，不圖竟為萬里外之原野孤魂詠矣！卅二（一九四三），七夕。」既傷娟紅「海角悲歌」，又痛四哥祖雄「欲歸歸不得」。

尚幸後來娟紅看得開，揮脱哀愁，重新生活，不久也覓得如意郎君張乃浩結婚了。勝利後娟紅與夫君返回香港，其時謀事不易，老六寶群請娟紅暨夫婿同來梁國英藥局工作，同學雖未能成大嫂，但寶群仍與娟紅老友。其時物資缺乏，娟紅生育兩孩子，大女兒張燕，小兒子張健，寶群常常新購衣物，或將自己兒女不合穿之衣物贈與娟紅，但娟紅夫家的人卻拒之，與老六寶群説我們有，不必相贈。不久娟紅與夫婿雙雙辭別藥局工作，遷往大埔另創事業，但只兩年，娟紅與夫婿卻先後同患癌卒。娟紅卒前擬托孤於寶群，夫家姑媽（住堅道）反對。而且不許這兩個兒女探寶群。但張燕偶也靜悄悄的來探望寶群，有時學校籌款，張燕找寶群，寶群也捧場幫忙。後來移居海外，就失去聯絡了。寶群至今不知道老友這兩位兒女下落。

如今，香港已難看到老四黃祖雄的遺跡了，筆者珍藏的一副篆聯，怕是人間天上僅此而已。而在國內則山西太行老區左權縣麻田鎮西山腳下有

黃苗子展示四哥黃祖雄篆書七言聯印本拍照，2009年

「太行新聞烈士紀念碑」。碑的正面刻有當年北方局書記楊尚昆一九八五年的題詞：「太行新聞烈士永垂不朽」；碑後刻着五十多位烈士名字，其中第七排左起第四人是黃中堅（老四祖雄）。

另一在老四祖雄故鄉中山煙州學校校園內，矗立着一座中山抗日烈士紀念碑，黃中堅（老四祖雄）烈士的名字也補刻在碑的背面。（參黃祖民《太行山麓悼忠魂——記黃中堅烈士》）

二〇一三年三月二十四日

黃祖雄外甥梁狄剛在太行新聞烈士紀念碑後指示碑上鐫刻黃中堅的名字，2014年

奉獻給時代的黃氏一門

——記黃苗子一家

古有「一門風雅」，也有「一門忠烈」，這都是指稱闔家為社會做出貢獻的。近代有陶承，她寫了《我的一家》，寫出一家人對社會的奉獻，那七萬字讀來感人。其實，社會的轉變推移，許多無名者在默默耕耘，也許多默默地在毀家紓難，更堪敬佩的是，也有人可以坦然默默地不求回報。在此，我要寫黃苗子的一家，黃苗子是大家都熟悉的，但他一家人對社會奉獻則鮮為人知。

且先從同光年間的一對兄弟談起。

同光年間，生長在香山的黃紹昌、黃衍昌是一對親兄弟，用當時的流行語彙就是「擅機雲之譽」，就真像晉代的陸機、陸雲兩兄弟呢。

大哥是黃紹昌（一八三六—一八九五），別字芑香。少師從陳澧。他雖然是光緒十一年（一八八五）舉人，但在同治十三年（一八七四）小欖菊花會徵詩，其所作列榜首，卻被時人鄉里稱為「菊花狀元」。他生性沉默，工書善畫，尤長於詩及駢體文。生平喜收藏書畫古錢。這些在冼玉清談廣東藏

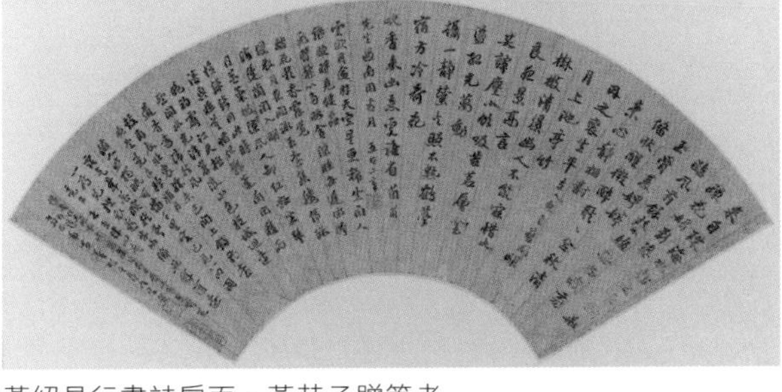

黃紹昌行書詩扇面，黃苗子贈筆者

黃紹昌

家的文章中就有所介紹。又曾任學海堂、菊坡書院、豐山書院講席。又張之洞聘入廣雅書院分校詞章。又任廣雅書院史學館分校。而現今流傳頗廣的《香山詩略》也是他參與編纂的。著有《三國志音釋》、《秋琴館詩文集》、《秋琴館詩話》。他的藏書樓名叫「秋琴館」，嘗請陳玉壺繪《秋琴館圖》，梁璧珊題詩。後來「秋琴館」藏書多流入徐信符的「南州書樓」，所以徐信符寫的《廣東藏書紀事詩》其詠詩云：「豐山藏庋説黃劉，桑梓遺文共廣搜。欲問秋琴遺館物，纍纍藏印尚名留。」詩中的黃劉是黃紹昌和劉熽芬。劉熽芬有貽令堂藏書，並有《貽令堂書目》。他就是和黃紹昌合纂《香山詩略》的。

黃紹昌書畫存世不多，數年前得苗子賜贈黃紹昌小楷扇面，珍藏至今。

而黃衍昌，字椒升，號浮山道人，以字行。也師從陳澧，後以課徒為生。善書法，學漢隸臨華山碑，頗為世賞，但流傳不廣。他一生致力填詞，有《倚香榭詞稿》，門人劉振漢，曾將其逐日連載於《岐江晚報》副刊，全稿刊完，然抗戰軍興，邑境淪陷，而存稿為家人焚去，遂爾不傳。

而黃紹昌生了個兒子名顯成（一八八三—一九三八），字君達，別字仲弢，號冷觀，別號昆侖，少力學，稍長，主《香山旬報》筆政。一九一二年，任該報編輯兼發行人。時袁世凱稱帝，冷觀抨擊帝制，終至被逮下

黃紹昌劉熽芬輯
《香山詩略》

獄。出獄後遁香港，曾一度返邑主持《民華報》，後又返港任《大光報》主編，兼司《香港晨報》筆政，並為《華字日報》、《循環日報》、《中華民報》、《中和日報》、《超然報》等撰文。有《昆侖室詩草》（未及付梓）。病逝於香港。

黃冷觀一生勤於筆政，卻無著述傳世，其實黃氏將其在多家報紙發表之文字剪存，黏貼在約B4橫開之皮面簿上，有達百冊之多，堆滿天井。香港淪陷，怕文字賈禍，家人雖未致於像其叔衍昌後人焚其詩稿那麼淒涼，而是在堅道二號中華中學操場深挖一洞，包好深藏。但戰後兩年遷校，原址別人重建，剪存遺稿也就蕩然無存了，惜哉！嘗問苗公有沒有父親冷觀先生手澤，竟連片紙隻字也沒有。因冷觀認為自己的字寫得不好，平日也沒有為人題字。所以文學方面，就連一點令人可以彷彿想像的資料都沒有。

黃氏是老同盟會員，反清、反袁，歷艱險危難，可說是一生阢隉。但「有人王霸子成群」，他在身後遺下十一子兩女。

長子祖芬（一九〇七—一九九二），著名教育家，早歲在石岐市第一高等小學就讀，一九二〇年隨父至香港入華仁書院（荷李活道時期）讀書，畢業後考入漢文師範學院進修，同時留華仁書院教英文，後在乃父開辦的中華中學任教務主任，父歿出任校長。六七暴動中華中學被封，祖芬亦被捕。出

黃冷觀主編《香山純報》

黃冷觀伉儷

獄後將中華中學改名育華中學，繼續辦學，以迄退休。家無恆產，一直住校友會。

二子祖貽，約一九〇八年生，在中華中學教音樂。會作曲，中華中學校歌就是他所作，二十多歲時訂婚，鼻子有點毛病，時有東西流出，遂入瑪琍醫院割治，一開刀即亡故。

三女寶珍，約一九一一年生。自幼難養，一出世夜夜哭鬧，害得乃父冷觀難以入睡。寶珍幼時被頑皮的老五祖耀貪玩用刀劃花臉部，留一長長疤痕。十歲八歲送回鄉間跟姨媽，十八歲送返香港嫁出。其夫家姓左，居廣西柳州。

四子黃祖雄（一九一二—一九四三），他是鄧爾雅弟子，鄧公給他取別字為「萬夫」。從戎後改名中堅。中華中學教師，抗戰間廖承志介紹祖雄參加左權部隊，黨籍中共，任《新華日報》華北版副刊編輯，犧牲在山西抗日前線。

老五祖耀（一九一三—二〇一二），綽號「貓仔」，筆名「苗子」，就是人所共知的黃苗子。故事多得不得了，他日慢慢再講。

老六寶群，一九一七年生，嫁梁國英藥局二少爺梁之盤。自幼雅好書法，嘗臨摹乃父的字，為父勸止。遂改臨鄧爾雅書法，能酷肖。人家以為寶群也是爾雅弟子，其實寶群沒有機會受鄧教導，只是拿鄧爾雅書法臨摹

黃寶群、黃祖芬伉儷、梁愛詩參觀黃苗子郁風書畫展

而已。六七十年代寶群嘗應友人之請為《星島日報》、《香港夜報》題專欄之標題，如「乜都敢講」「閒話英倫」之類，字如鄧爾雅所書，有人還以為鄧爾雅翻生呢。這是後話了。

老七祖同約一九一九年生，非常瘦弱，終日呆坐，有似病猴，九歲殤。

老八祖坊，也曾在中華中學任教一兩年，也不願再呆下去，遂返大陸，後任上海同濟大學教席，黨籍中共。

老九祖民，自幼老老實實，讀書用功，常考第一。清華大學外文系畢業。黨籍中共，解放前係地工搞學運，解放後供職團中央、新華社，八九十年代在香港任《紫荊》雜誌社長兼總編。

老九之後，尚有三位：弟、妹、弟，但都養不大，小朋友太多，湊不來，拿去讓某伯爺婆湊，送回來時解開揹帶，已沒有氣息，夭折了。這三位弟妹的名字寶群苦思冥想，也記不起來了。所以在冷觀過世十年後（一九四八），黃天石（傑克）寫的《黃冷觀先生傳》，只說子男七女二。

黃家當年住荷李活道（近大館）四層唐樓中的三樓，冷觀辦的《大光報》也在近善慶里附近。在十三兄弟姊妹中，以老四祖雄，老五祖耀（苗子），老六寶群，三位最老友，常常一起玩耍。一起在明新私塾讀卜卜齋，又一齊轉入乃父黃冷觀辦的中華中學就讀。

黃祖芬（左）黃祖民

老五祖耀（苗子），機靈活潑，常為乃父送稿，因與各報編輯相熟，甚得諸父輩報人喜愛，常用各種筆名投稿，拿到幾毫子稿費，就買零食、玩具戒指討好愛妹。寶群至今還記得幾歲大時苗子給他看一篇打油詩，說的是荷李活道妓寨的龜婆，抱著私生嬰孩出碼頭擬丟海，為人發現攔截。苗子用「貓仔」作筆名發表在報紙上，這篇小打油詩拿的稿酬特別高，有一元幾角之多。雖然隔了九十多年，寶群還能隨口吟誦：「風瀟瀟，雨瀟瀟，將兒抱出奈何橋。兒啊你喝飲黃泉三啖水，肚飢捱餓采蒹葭，閻王若問你爹和媽（上聲，音馬），你唔怕話，你話母在深閨猶未嫁，爹多名姓惡稽查。」

苗子當時讀到中學尚未畢業，乃父要他轉去華仁讀英文，因乃父認為讀好英文容易搵食，而老大祖芬當時亦在華仁教英文也。孰不知苗子最憎讀英文，成績當然好不到哪裏去，加上抗戰軍興，苗子要遠離討厭的英文，遠離迫他讀英文的嚴父，要離家出走。先在老友黃般若家窩藏，再由黃般若買船票，讓苗子奔去一眾漫畫家聚集的上海，但一下船即為乃父老友上海警備司令吳鐵城派人到碼頭帶走，把苗子嚇了一跳，從此改寫了他的人生。

黃家這大群兄弟姊妹，僅老六寶群和老九祖民尚在人間，祖民八十多

黃苗子郁風在香港與家人合照，1949年

黃冷觀與女兒黃寶群

歲，退休後居北京大宅，頤養天年。

老六寶群仍居港島中半山老屋中，也高齡九十七歲了，比齊白石黃賓虹都長命，雖然行路慢吞吞，但說話中氣十足，記憶力尤其驚人。苗子教我稱寶群為黃老太。在這裏多費點筆墨說說黃老太一家。

寶群夫家係鼎鼎大名的梁國英報酒藥局。「梁國英原是民國初年窮報販，後來發了財，便辦一個有規模的中西藥局，兼發行報紙，生意頗大。」

梁國英大公子梁晃，有名的二世祖，常向弟弟之盤要錢。人卻聰明，雅好攝影，開店並辦各種趣味雜誌，其中出版的《人鑒》（收鄭萇繪《人間相》漫畫近二百幅），是香港以至全國的第一本個人漫畫集，梁晃晚歲將手上僅有之《人鑒》贈小思，小思再捐與香港大學。

梁晃分家時得中環文咸街老鋪，位置最好。二公子梁之盤（一九一五—一九四二），分得莊士頓道鋪，生意做得也不錯，再在灣仔、西灣河（後盟軍反攻時被炸毀）、深水埗、油麻地開分舖共四間。

而梁之盤不純粹做生意，他「對外國文學有特殊愛好，入廣州中山大學當旁聽生，結識中大好些愛好文學的學生，於是辦起《紅豆》來，便有稿源了。」（李育中《我與香港——說說三十年代一些情況》）《紅豆》由一九三三年十二月以迄一九三六年八月，辦了三年，出了四卷，每卷六期，合共

黃苗子篆書壽康贈愛妹黃寶群九十華誕

黃寶群在香港寓所，2013年

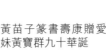

黃祖貽

二十四期。論者評為這是香港文學萌生期極為重要的純文學刊物。

香港淪陷期間，寶群一家命運多舛。當時一家幾口，租住跑馬地口摩利臣山道五十二號一棟四層高樓房的地下，有一天日軍按門鈴，文弱而又怕事的梁之盤開門，被日軍先來一拳打中胸部，才搶奪其手錶、墨水筆等貴重財物，而之盤自此患肺病。舉家即遷往莊士敦道梁國英藥局居住，但不久日本海軍特務部貼封條封舖，三十六著，走為上著，一家數口趕緊移居澳門，擬在澳開梁國英藥局分店，但尚未開檔，之盤已病逝濠江鏡湖醫院，葬舊西洋墳場（勝利後遷回香港跑馬地墳場），可憐新寡老六寶群只得拖兒帶女，返回香港灣仔莊士敦道一八五號梁國英藥局。

之盤亡故才兩天，其妹（即寶群姑仔）也在香港病卒。寶群後來用毛筆工楷鈔錄蘇曼殊詩悼之：「人間花草太匆匆，春未來時花已空，自是神僊淪小謫，不須惆悵憶芳容！」再跋四行小字：「壬午（一九四二）孟夏歸家後二日，為芳妹五虞之期，錄曼殊大師詩句，以為芳妹祭！」芳妹叫梁秀芳，雲英未嫁，是一九四二年陰曆四月患牙病，脱牙時大概病毒入喉，塞喉而卒，春秋二十又二。真是紅顏薄命。

老六寶群育有二子二女，依次為梁狄剛、梁愛詩、梁狄斌、梁佩詩。狄剛一九三八年生，在中華中學（輝社）每次考試都是前三名的高才

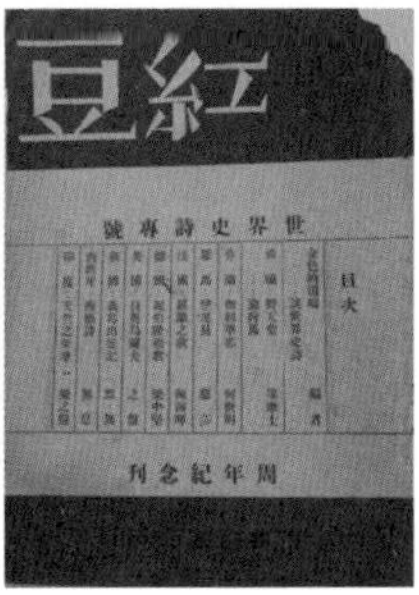

梁之盤和他創辦的《紅豆》

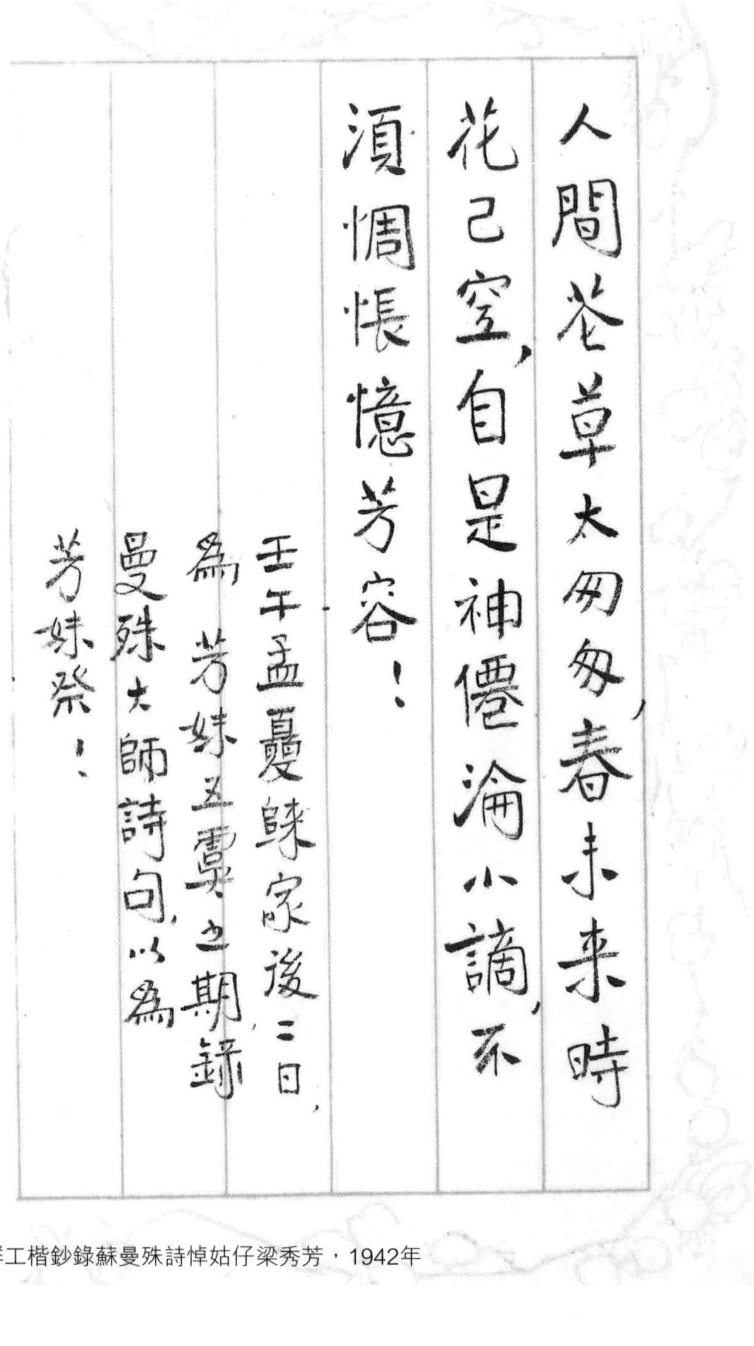
人間花草太匆匆，春未來時花己空，自是神僊淪小謫，不須惆悵憶芳容！

壬午孟夏睇家後二日，為芳妹五霥之期，錄曼殊大師詩句，以為芳妹祭！

黃寶群工楷鈔錄蘇曼殊詩悼姑仔梁秀芳，1942年生，十四歲初中畢業送回大陸跟舅父，當時親友都責備寶群不該送孩子去北京。筆者前兩年到北京朝陽醫院探苗子，遇到狄剛，苗子介紹認識，方知道狄剛早已成為石油專家，為國家民族貢獻極大。而且還能詩、能書。

愛詩一九三九年生，先入中華中學，旋轉讀聖嘉勒，大學入港大攻法律，畢業後隨冼秉熹律師遊，甚得冼氏器重，做律師。香港回歸時為勸助中華中學校友董建華，勉為其難坐上三煞位，出任律政司長。

狄斌搞文的，退休後在深圳圖書館工作，前年還來過寒舍造訪，提著沉重的一籃水果相贈，讓我很過意不去。過後沒有消息，原來仙遊去了。

而佩詩排行最細，在聖士提反書院就讀，後來在英文書院教書，不咎不譽，兢兢業業，如今也退休了。

以上，是我所知的黃氏近代家族情況。資料大多出自苗子及寶群的口述。

談家族，在過去易招「封建意識」之嫌。除非是像陳伯達《中國四大家族》那種邊說邊罵。但每個家族史都是有時代縮影。再者，有時歷史的小事一樁，卻會通過「蝴蝶效應」而影響至大。像西諺就說：

丟了一釘子，壞了馬蹄鐵；壞了馬蹄鐵，毀了一匹馬；
毀了一匹馬，折了一騎士；折了一騎士，輸了一場仗；

梁愛詩

梁狄剛

梁狄斌，2010年

輸了一場仗，亡了一帝國。

當年長輩中，像汪宗衍、高伯雨、黃苗子等都是能縷述家世的人，可惜當時不掌握「口述歷史」的重要，而現在再重行掇拾，這是「補苴」，是像韓愈《進學解》之「補苴罅漏，張皇幽眇。尋墜緒之茫茫，獨旁搜而遠紹。」

二〇一三年四月十五日

葛士翹，七十年代

亂世高人　士中翹楚

——記天民樓葛士翹

八十年代，攝影家楊紹明訪港，不知誰帶他參加敏求精舍（香港收藏家團體）雅集，遇一老人家，交談之下互知是四川老鄉，該老人說：老鄉見老鄉，兩眼淚汪汪。並能詳言楊家四川祖屋的情況，你家門口怎樣，屋裏怎樣，楊大為驚訝，這位老先生怎會這麼熟悉楊家四川老屋？老人對楊說：回去問問你父親（楊尚昆）吧！這位老人家，就是以收明清官窰瓷器聞名的大藏家天民樓老主人葛士翹。此後楊紹明再見到葛士翹的公子師科，說起他父親還記得葛人高（即葛士翹本名）這名字。事緣楊尚昆的四哥楊闇公（尚述）是四川共黨頭頭，當時的熱血青年常到楊家開會，葛士翹即其一，所以熟知楊家情況。楊尚昆長葛士翹好幾歲，沒有直接接觸，但葛當時在成都已薄有名氣，所以雖隔幾十年，而楊仍有印象。

葛士翹原名人高（一九一一—一九九二），後將人高二字合而為「喬」字，改稱葛喬。三四十年代著述均用此名。四川成都人。約一九二三年，葛在公費的

楊闇公，1922年

省立第一師範就讀，深受左翼教師張秀熟（蕭楚女老友）、省一師教務主任袁詩蕘（羅瑞卿啟蒙老師，中共川西特委）影響，一九二四年下半年參加了張子玉（惲代英介紹參加社會主義青年團的團員）和省一師同學周尚明等組織的「少年俱樂部」（借成都通俗教育館地方成立的），同校參加的還有石邦榘等，在那裏接受革命思想。少年俱樂部還有部歌，由剛從蘇聯回來的蔣光赤（慈）作詞，卜超人作曲。這組織的同學有不少人後來成為共青團或共產黨員，葛人高即其一。一九二五年，葛與周尚明、陳美生、周道鈞等，在校內建立共青團支部，葛任宣傳部長。一九二六年葛人高與石邦榘、周尚明、陳平三等組織赤鋒社。社員較多是省一師中的左派國民黨南十三區分部成員，該社經常上街張貼標語，宣傳革命。周尚明又邀班上同學辦《砧聲》壁報，葛人高把自己曾在《砧聲》登載的長詩加以整理，投稿到《四川日報》副刊編輯部，李劼人為之加編者按語刊登，該事對一眾一師學生極具鼓舞。一九二六年下半年，省一師校慶時，葛人高、周尚明等演舞臺劇，把蔣光慈《少年漂泊者》搬到校慶舞臺上演出，葛飾主角汪中，周扮演張鐵匠，陳平三演玉梅。校慶活動十分成功，吸引了不少學生參加赤鋒社，赤鋒社發展很快，成員佔省一師學生總數三分之一強。係當年成都有名的八大赤色社團之一。一九二七年一月四川軍閥易幟之後，劉文輝派親信向育仁赴南昌面謁蔣公表示效忠，二月蔣委向育仁為「整理四川黨務特派員」

袁詩蕘　張秀熟，1936年

趕回成都，分別向劉湘、劉文輝傳達清黨密令。不旋踵，「三．三一」慘案出，數百人蒙難，共黨頭目楊闇公被剜目挖心慘死。四月十一日蔣發出「已克服各省，一致實行清黨」的密令，遂有「四．一二」清黨大屠殺之舉。在四川則延至月底「厲行廓清」，而這回四川共黨早有準備，損失不大。

一九二七年十一月，成都學校掀起爭取教育經費獨立運動，為了舉行總罷課，成立成都學生聯合會，葛人高以省一師學生會主席身份參加，負責宣傳工作。後來葛另有任務，宣傳工作由省一師共青團支部書記石邦粲接替。

同年冬，當局派楊廷銓任省一中校長，鎮壓學運。楊是成都大學校監，又是劉文輝二十四軍軍士教導隊教官和軍部秘書，並剛當選為國民黨四川省黨部候補執委。省一中學生力拒楊到任，以「石犀社」為核心，組織「拒楊同盟」，還發行刊物《拒楊洪聲》。楊領兵數十入校，毆辱學生，強行接管校印，並迫學生簽名擁護他，凡不簽名者即開除學籍，遂有學生代表程進思等十餘人被開除。這十餘人即組成「離校團」配合留校學生驅楊，並於一月三十日在《國民公報》刊登啟事作揭露。二月五日成都大、中學校數百學生在支磯石公園集會，聲援省一中學生。二月十四日上午，楊隻身來校辦理招生事宜，約十點鐘，以「石犀社」程進思等為首的

周尚明

龔堪慎

百餘學生到校長室找楊理論，責問楊為何武裝劫校，毆打學生，並要求楊收回成命，恢復被開除學生的學籍。楊態度橫蠻，堅拒學生要求，而學生群情洶湧，群起毆楊致死，眾學生把屍首拋入附近水井中，一哄而散。是為「楊案」。

事情鬧大了，中共川西特委嚴厲批評此過火行為，擔心國民黨必藉機大舉捕殺，當即決定，歷次運動中拋頭露面的師生都要撤退隱蔽，一眾左翼頭面人物即作閃避，據說葛人高坐花轎逃走。十六日凌晨，國民黨為此事發難，成都「四川省會軍警團聯合辦事處」處長向育仁派出大批軍警，包圍成都大學、省一中、省一師等多家院校，按老早已擬定的黑名單抓百多人，不經審訊，當天下午就在成都下蓮池槍斃了袁詩蕘、周尚明、龔堪慎、石邦樑、白貞瑞等十四人，是為「二·一六慘案」。被槍斃的十四人無一人是省一中學生，也無一人是有份打楊者。有一點可以肯定，大部分都是共黨精英、國民黨眼中刺。葛人高當時若未能逃離，那麼成都外北磨盤山的「二·一六」烈士墓肯定會刻上他的英名，也就不會有後來名滿天下的天民樓了。

葛人高能幸免於難，一說他返校途中，在學校附近指揮街有同學告知校內正在抓人，因而未返校。而據葛人高兄弟葛人和憶述則另有內情。當日葛的「二姑母長女出嫁，二姑母無子，要他以舅老倌身份陪嫁送親，所

成都外北磨盤山的「2.16」烈士墓

以他頭天晚上就住在狀元街青蓮巷家中，因此幸免於難。」葛人高送親回到二姑母家中才獲悉「二．一六慘案」，沉默不語，表情憤然。葛人高是當局搜捕十五人的黑名單中唯一漏網的，家中不許他出門，在祖母的床後給他安了一小床，避了約一個月。適值么姑父劉東塘任嘉陵道道尹兼嘉陵師範校長，遂趁么姑母探親之機帶葛人高去南充（嘉陵道）。

當日葛人高父親葛履福和叔叔葛履松（人和父親）黎明時僱用兩乘轎子，人高匿轎中與么姑母一同出北門，行至北門外四、五里處駟馬橋，葛父要他今後易名為葛駟喬，這就是葛喬、葛士翹名字的由來。（見葛人和「記翹兄早期點滴」）

葛人高到南充後，得么姑父劉東塘之助，在嘉陵師範任職。後來轉赴北平，入北京大學哲學系就讀，為旁聽生，雖然沒畢業証書，但後來在上海常發表文章，名氣大了，北大竟曾發聘書與葛喬，葛沒有去，也不當一回事。但幾十年之後，大概一九七九年吧，香港有所謂高級知識份子歸國觀光團，葛也想參加，但如何證明自己是高知呢？就想起這北大的聘書，遂寫信給還在南京的兒子師科（師科一九八二年才來香港）尋找這聘書，但沒找到。

葛人高在北平時結婚。夫人張佩霞（一九一三—一九九〇），四川鄰水縣（現歸重慶）人，家境優裕，思想進步，是學運積極分子。嘗參加重慶

葛士翹張佩霞伉儷
三十年代合影

一九二八年三月三十一日的學生請願大會，站在會場第三排，當軍隊向學生開槍掃射時，張佩霞全身倒地，方逃過一劫。還有一回參加暴動，從城牆摔下來，幸只壞了腰骨，有幾回則差點死掉。張就讀於嘉陵師範，因而識葛人高，兩個革命青年相慕相愛。一九二九年葛去北大時，張毅然離家，隻身入京，下嫁葛氏。一九三三年四月在北平生兒子，取名師科。葛夫人許多事蹟都不願說，知之不多。

葛人高後來去上海，與楊伯凱、任白戈、楊子青、沙汀等人辦辛懇書店，地址在上海北四川路公益坊。楊子青認股最多，被推為董事長。「店名「辛墾」由葛喬提出，取 thinking 英語「思想」一詞的譯音，兼有中文「辛勤開墾」的意義。」（《沙汀傳》），沙汀的回憶錄提到辛懇書店說，最勤快的就是葛人高，「他作經理，總攬一切」，後來不知誰請來葉青（任卓宣）加入，大家不喜歡葉，後來「楊伯凱以葛喬應專事譯述為名，將葉青的同窗，南充一中的教員張慕韓弄來當經理，這引起書店內部的軒然大波。」（《沙汀傳》）有些人退出，葛也退出，慢慢就散伙了。

葛人高通英、日語，著譯不少。皆用葛喬名字發表文章，編有《當代國際名人傳》，一九三六年八月由三江書店發行，《大公報》總經銷，生活書店特約經銷。書為三十二開本，五百多頁，收錄介紹二十五國九十二

沙汀

任卓宣

位政壇名人。在這之前的一九三〇年五月，十九歲的葛喬已譯有《世界經濟及經濟政策》（伐爾加E. Varga著），葛喬不諳俄文，此書通過日文譯本再譯中文，由辛懇書店出版。書中時不時引用托洛茨基言論。抗戰軍興，葛與沙汀、周文創立成都戰旗旬刊社，一九三七年十二月創辦《戰旗》旬刊，翻翻十六開本厚達二四一頁的創刊號，可以見當時作者陣容之盛，計有葛喬、金仲華、劉披雲、馬宗融、李劼人、宋慶齡、胡繩、沙汀、周文等等，皆一時之彥。葛喬復撰有《戰局的重心在江浙》、《比京會議與國際形勢》、《民族統一戰線與托洛斯基派》等文。葛也常在《世界知識》發表文章，如一九三五年第二卷第六期就有他撰述的《帝國主義在近東的鬥爭》一文。從一九三四年起，葛在《新生周刊》、《新認識》、《文化月刊》、《讀書生活》、《通俗文化》、《現世界》、《人間十日》、《自修大學》、《文摘》、《時事類編》、《抗建》等刊物，以葛喬這名字發表了大量關於時局、國際形勢的文章。至於還有不少用別的筆名發表的或以社論形式發表的，就有待專家們發掘和研究了。

葛喬抗戰時在重慶，任《新蜀報》總編輯。《新蜀報》一九二一年二月一日創刊，是李大釗老友四川人陳愚生（合創「少年中國學會」）在四川軍閥支持下創辦，陳毅、蕭楚女二十年代曾任該報主筆。葛任職時的社長是一九二五年入黨的秘密黨員周欽岳（一九三五年重回報社）。《新蜀報》還有

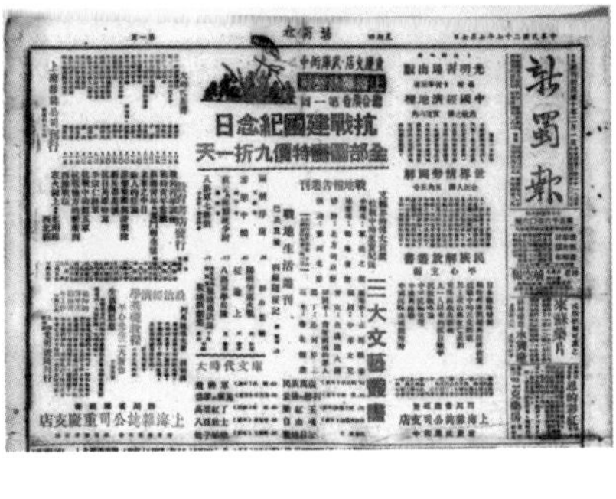
新蜀報
抗戰建國紀念日
全部圖書特價九折一天

任白戈（左）
《新蜀報》，1938年7月7日

一位主筆兼戰地記者石寶瑚，與葛同年，石是北大經濟系出身，與千家駒死對頭，後來千去了美國，見到石又老友了。一九三二年底《新蜀報》來了位副刊編輯金滿城，是周社長的同學，一九三六年金夫人陳鳳兮自上海來重慶，也擔任新蜀報新增加的「社會服務版」編輯。金氏夫婦就住在葛家隔鄰，葛師科還記得當年許多年輕人都是通過金滿城陳鳳兮家去延安。金後來創辦「香國寺銷費合作社」，為居民賣平價生活用品和稀飯等，時常拿回一大堆破票子，叫葛師科幫忙拼。陳鳳兮後來轉到瓷器店工作。金有兩個女兒，沒有兒子。再扯遠一點，金當年與陳毅一起留法，但沒有參加革命，而是只搞文化的。金在上海寫性史之類文章，在張競生辦的刊物上發表，被人視為流氓文人。文革時候造反派批陳毅，金被捕，迫金揭發陳毅，金不幹。金被抄家時抄出一張陳毅、金滿城、楊持正三人（被留法同學稱為「劉關張」）一九一九年在巴黎的合照，這張作為罪證之一的照片原件，後來到了軍事博物館，懸掛在陳毅元帥那部分。攝影集《陳毅》第一張圖就是這照片。陳毅早年教金下圍棋，抗戰間金在重慶與許多國手下棋，棋藝精湛，解放後，陳又多次與金下棋，但下不過金了。陳鳳兮潮州人，復旦新聞系畢業，曾做過何香凝秘書。文革前在北京日報編文藝版。一九七六年天安門事件時，葛師科正巧到陳寓所探訪，聽她大談四人幫事、天安門事件諸事，閉戶説朝廷，也算膽生毛了。那時陳教中央樂團某

陳鳳兮（左）

陳毅、金滿城、楊持政合攝於法國馬賽，1919年秋

人下棋，那人教他古箏，文化交流。

再說回《新蜀報》，抗戰勝利前，一九四五年四月十八日國民黨迫周欽岳辭職，由國民黨情治人員接手，迄重慶解放，一九五〇年一月十七日，《新蜀報》被重慶市軍事管理委員會查封。

四十年代初，葛發現國民黨開他的檔案，共產黨也開他的檔案。前者疑他是共黨，後者疑他是托派，兩面不是人。（原中共一大代表劉仁靜，嘗到土耳其見托洛茨基，交談後認為托正確，遂成托派。其子劉威立把一些內部材料讓葛師科看，材料上列明葛人高為托派宣傳部長。）葛心灰意冷，不弄了，也不問政治了，從此遠離文化界，一九四一年下海從商，轉到重慶復興麵粉公司任經理，該公司董事長鮮英，總經理鮮伯良。鮮英可不是一般商人，他是民盟創始人之一，也是舊日新蜀報社長，在四川名望極高，抗戰間，其重慶寓所特園，是共黨統戰據點，董必武、馮玉祥稱之為「民主之家」，食客不少，毛公譽之為當代孟嘗君。鮮英六十大壽在重慶的宴席，毛澤東、周恩來也是座上賓客。

葛喬要遠離政治，但舊日一眾老友沒有忘記他，還在極力爭取他重投黨的懷抱。有人回憶羅瑞卿時常提及葛人高。抗戰間羅瑞卿陪毛主席到重慶談判，也要找葛，托人捎信相約。師科還記得曾見過羅這封信，提及：我們多年老朋友，不管有甚麼誤會，談他三天三夜，總能解決。你的情況

重慶復興麵粉股份有限公司股票，1942年
鮮英（左）

我們是了解的，不用顧慮太多。葛不為所動，還是拒見。任白戈也找葛，葛也不見。決心遠離政治。後來他的藏品樓名「天民樓」，義取陶潛《五柳先生傳》「無懷氏之民歟？葛天氏之民歟？」葛天氏是古氏族，葛喬也姓葛，以作樓名巧用，示脫離政治，樂為天民，還我本來自由的決心。一九八七年香港藝術館出版葛氏藏瓷，亦以《天民樓藏瓷》為名。

葛雖然遠離政治，但仍念舊，仍照顧老友，而且有始有終，很講信義。有一老友劉弄潮（礱潮），四川老鄉，是當年省一師高年級第七班的老同學，聞名全校的活躍分子，一九二三年北大旁聽生，一九二五年由共青團員轉共產黨員，曾當吳玉章秘書，一九二七年從事地下工作。一九四八年由上海奔延安，留下兩大條金條，每條十兩重，拜托葛代為保管。兩人後來失去聯絡，文革伊始，紅衛兵抄家，葛在上海的家人怕金條被抄走，急往人民銀行兌換成人民幣現鈔，當時九十六元一兩，得一九二〇元左右。嗣後葛到處打聽劉的下落，寫信與師科囑查找，師科通過劉仁靜兒子劉威立打聽到，清華大學有一掃地的老人，可能就是劉。葛士翹托師科的大妹子找到劉，約是一九七九年吧，已落實政策，劉的境遇稍好些。劉說他早把這事忘了，人家躲也來不及，你們還找上門，真是比布爾什維克還布爾什維克。劉請葛把錢先存在香港的銀行，每年把利息寄去，當時這利息也是一筆不少的數目，對劉家很解決問題。一九九〇年葛氏父子到京，

葛士翹闔府攝於重慶，1945年7月

去清華要找劉，才知劉已離世幾年，劉本在清華馬列主義教研室，劉公子也在清華教書，葛留下地址，請劉公子聯絡他。不久劉公子帶著全家，包括媽媽、弟弟、弟媳到王府飯店找到葛士翹，葛說我已這把年紀，劉老遺下這筆款要一次了斷，請問交給誰，大家推媽媽負責，返港後葛匯錢去北京，了卻此事。葛師科對劉的印象頗深，還記得劉寫鋼筆字像拿毛筆一樣，一九四八年劉嘗勸葛師科看蘇聯小說，八十年代曾寄回憶錄與葛，說的都是與第一代共產黨人李大釗等交往的事。

抗戰勝利，葛人高離開重慶，到上海自立門戶，創辦聯興貿易公司，經營四川土特產豬鬃等出口，進口車胎，生意做得不錯。一九四八年全家遷臺灣，但葛人高在臺北只停一陣就到香港，主持香港公司業務，子女則一直在臺灣住了一年多。葛師科唸臺北建國小學，畢業典禮是陳誠主持，畢業後只唸初中一個學期，到香港住一個月，再回上海。當時在香港住北角英皇道海角公寓，據說馬連良也住該大廈，在春秧街前，那時是海邊。現還剩一面牆。在寓所陽臺，可以看到月園游樂場。葛師科還記得一九五〇年大年初一全家回上海，火車票好買。葛師科從臺灣來香港入境時沒有交錢，行李被翻得一塌糊塗，但從港入羅湖橋，港方一群流氓拿著長鐵棍，若不付錢，就會將行李捅破，只好乖乖付錢。一過了橋，華界那邊穿棉服的解放軍很有禮貌，打開所有行李，嚴密檢查，但幫你收拾得妥妥當

葛士翹母親包隆信攝於台北廈門街寓所，1949年

當。葛為此還寫了篇文章，很得老師讚賞，當眾宣讀。葛畢業後參軍，當時中學畢業已不錯，不會讓你真的上戰場，所以從未打過仗，在空軍坐機關，搞搞資料。那時有句順口溜：「抗美援朝不過江，保家衛國不拿槍，稀裏糊塗混個紀念章。」那時候時興慰問志願軍，葛當時也別個胸章。

葛舉家回上海幾個月，葛人高自己折返香港，經營生意。上海的公司不久就被「公私合營」，只拿少許合營的定息（後來更不了了之）。當時股息供老祖母用，到師科後來參軍有補貼費，也供老祖母用。葛家財產歷經戰亂，甚麼都沒有了，一九四九年重慶倉庫大火，剩下的一大批貨物也化為烏有，上海的公司也「合」掉了，所以甚麼都沒有帶出來，葛人高在港重頭再來，再白手興家。

葛在香港做過許多種生意，紡紗、成衣、藤器……，到六十年代末做家電，才賺到大錢。事緣有一猶太人去歐洲旅行，理髮時看到理髮店的吹風筒，靈機一觸，若能引進家庭，一定不愁銷路，後來通過一美國人做中間人，找到葛，三人合資成立康大電業有限公司，葛負責生產，在九龍新蒲崗設工廠生產電吹風，猶太人負責銷售。生意好得不得了，生產多少，賣多少，很快佔領美國電吹風市場。牌子叫康乃爾，到現在還有（但跟葛已沒關係）。電吹風高溫，用太空人頭盔的塑料做，講得神乎其神，賣得貴，賣得好，每年翻一番，供不應求，遂賺大錢。後來越賣越便宜，變成兒童

葛士翹在研究青花瓷

玩具，當年可是高級家電。

賺到錢之後，葛開始收東西，在集古齋、博雅、翟健民的師傅黃英豪處，買了不少。當時買的工藝品居多，後來才買些稍有文物價值的，到現在還保留一件彩瓷罐，是一九七〇年一月聯齋吳繼遠父親吳滔讓的，當時當作道光仿乾隆買的。前些年曾交淳浩小高處理，後來發現是當年買入的較有紀念意義的東西，也就保留下來了。七十年代蘇富比在香港舉行拍賣之後，才開始買好東西。特別是一九八〇年十一月蘇富比舉辦仇炎之藏瓷那場拍賣，買了不少精品。八十年代以後，參加了求知雅集，嗣後更參加了資深收藏家團體敏求精舍，這些團體定期搞展覽，葛士翹為了展覽有更好的瓷器展示，遂不斷花大錢買精品。短短數年間建立起本港首屈一指的陶瓷收藏。一九八七年香港藝術館為葛氏天民樓舉行藏瓷展覽，展出葛氏天民樓珍藏的六十五件青花瓷器、五十四件彩瓷、四十四件單色釉器，時代從十三至十八世紀，均為天民樓藏瓷中的精品，其中大部分是景德鎮御窰的產品，反映出明清兩代景德鎮製作瓷器技術的輝煌成績。展覽會限於時間和地域，展覽圖錄顯得至為重要。葛氏對圖錄的設計印製，要求極高，花費也極大，但市政局硬性規定，圖錄印製費不得超逾三十萬圓，葛氏遂自掏腰包，贊助二百萬元，得以高價禮聘當時最先進的日本名攝影師拍攝圖版，葛氏並要求採用展開式插圖，用旋轉方法拍攝瓷器，使立體瓷

《天民樓藏瓷》，1987年

器流暢的紋飾，如畫卷般打開，在平面的紙上展示無遺。這是當年最先進最新穎的技術。而在編寫展品資料、文章以至編纂目錄的過程中，葛氏父子均付出不少時間和精神。這個展覽會和展覽圖錄的編印十分成功，令天民樓這堂號聞知於世。而當年香港藝術館只以館方付出的三十萬元作成本計價（不計葛氏二百萬元贊助），圖錄祇訂價陸百三十元一套，迅即銷售一空，二十多年後拍賣場偶有此圖錄出現，落搥價都好幾萬了。嗣後新加坡、臺灣、上海等地的一流大博物館，陸續邀請天民樓借出珍藏展覽。如一九九二年臺北鴻禧博物館、一九九六年十月新落成的上海博物館，均曾舉辦天民樓藏青花瓷展覽，影響深遠。

葛士翹收藏瓷器書畫等文物，從不考慮甚麼投資因素，而是真心喜歡，晚歲坐著輪椅，也要讓師科推著去新加坡看徐展堂的展覽，去上海、去臺北，看自己天民樓的展覽，這可辛苦了師科，去各地都要護著父親，無法觀光。直到一九九二年一月，葛士翹還花八百多萬元投得最貴的也是最後的一個碗，分期二三月付清款項，四月就過世了。可以說，收藏癖好，至死方休。

由葛人高到葛喬、到葛士翹、到天民樓，由亂世到太平盛世，葛氏在人生每個重要階段，都是成功的。人高的是高人，士翹也確是士中翹楚。

二〇一二年十月十日

葛師科伉儷，2003年

虛白齋主二三事

香港藝術館內有專館藏明清書畫而以「虛白」為名。虛白者誰？其人雖已羽化空冥，惟「虛白」室中，丹青楮墨之間有遺愛在。

今際先生逝世十周年，撿拾雜記其生平數事，藉資紀念。

先生劉姓，諱作籌，黃賓虹賜字均量，一作君量。室名虛白齋。廣東潮安人。遜清宣統三年辛亥正月十一日（一九一一年二月九日，官方文件均誤作八日），生於潮安縣龍湖市。兄弟姊妹十五人，先生行三。其尊人劉正興先生（一八七二－一九四一），字葵如，為新加坡殷商，經營食米批發、銀莊、布行、糖廠諸項目，有聲於時。先生九歲始隨生母林蘭如女士（有恭，一八八一－一九六七）赴星與父團聚，入讀端蒙小學，一九二六年畢業，遠赴上海入暨大附中，一九三六年自暨大經濟系畢業。是年冬在汕頭與鄭俊華女士（一九一〇－一九八二）結婚。翌年攜眷赴星，助乃父掌理業務。一九四二年太平洋戰爭爆發，日軍南侵，星洲淪陷。先生雖不諳水性，嘗至印屬摩訶小島打魚，生死毫髮，驚險萬分。和平後，曾入馬來亞柔佛州

劉作籌銅像

種植樹膠。一九四九年，受新加坡四海通銀行之聘，任香港分行經理，赴港籌辦該分行復業（香港淪陷期間停業），一任四十年，迄一九八六年以七十五歲高齡退休。

先生尊人劉葵如先生藏書畫、陶瓷甚富，時邀集友朋鑑賞品評，先生在旁聆聽，濡染日久，遂嗜書畫藝術。及負笈暨大，隨丹徒謝公展先生（一八八五—一九四〇）學花卉，繼師從歙縣黃賓虹先生（一八六五—一九五五）學山水，賓翁「口傳手授，理法精詳，復時出眎前賢真蹟，講解析疑，探索參悟，潛心研習，寒暑不廢，於是漸窺筆墨之奧，始解鑑賞之樂，啟廸收藏，實由此始」。（劉作籌《虛白齋藏書畫選》序）

及赴港供職，適逢大陸易幟，故家文物，雲匯香江，繼而大量淪落歐美。先生見此，惄然而憂，由是激發民族義憤，立志窮其所有，盡力搜求。起初是書畫瓷器兼收並蓄，然以匹夫之力而抵禦時流，旋感力有不逮，於是捨陶瓷，專書畫。且專致力於搜羅明清之際各流派精品。如此者歷四十餘年，期間節衣縮食，殫精竭力，得名蹟千件，蔚為大觀。犖犖大者如：沈、文、唐、仇，華亭、新安諸賢，畫中九友，四王吳惲，四僧，八怪等等，薈萃了近三百年間主要名家之精品，用實「虛白齋」之所藏。

八十年代初，先生年屆古稀，心事不少。虛白齋寶藏，係畢生心血所聚，如何「永保」？悠悠來日，頗費思量。

劉作籌與賴恬昌、馬國權在翰墨軒鑒賞吳昌碩書法

一九八二年十一月，夫人鄭俊華女士遽爾病逝，先生形神俱損。及乎香港回歸問題呈現，中英緊張談判，鐵娘子赴京失足，股市波動、樓市大跌，人心惶惶，移民成潮。正是「三春去後群芳盡，各自須尋各自門」。其時有本港藏家某君，鑒於歷史之教訓，力勸先生趕快在倫敦或紐約銀行開設保險箱，及早轉移藏品，並具體言及如何成立基金會擁有此批書畫，存於海外，早為之所。儘管對方意誠諄諄而言，但先生則支吾以應。私下語筆者：「我之所以收藏書畫，目的就是要將之留在香港，運去外國做甚麼？畫存外國，人在香港，笑話！」際此香港前途未卜，政治環境紛亂，而先生所思考、時與筆者商討者，並非自己一身一家之安危去留，卻是在港籌設虛白齋書畫館之方案。由此足覘先生情繫文物。

籌建書畫館，初擬是私人性質，但談何容易，就算勉強建成，如何維持？由於茲事體大，幾經研究，也難有結果，遂改變思路，決定化私為公，「獻諸公藏，眾賞同樂」。但，獻給哪個「公」才能妥當？

先生係星籍華人，按理當先以新加坡為考慮，但長久以來，不曾聽先生美言獅城，反之對當局許多過於功利之政策、行為（甚至連辦教育也要謀利），乃令先生殊為反感，是以批評之辭不絕於耳。故虛白齋的珍藏，從不考慮運星保存，更遑論捐獻與星政府。

祖國又如何？先說臺灣，先生早歲嘗代表銀行赴臺追收帳款，處處碰

上海博物館長沈之瑜與大公報陳凡、馬國權在虛白齋賞畫，1983年

釘，對當地法例實在搞不清，印象殊劣。所以臺灣也不在考慮之列。

再看大陸，世人皆知，十年文革，民族精英備受迫害，生靈塗炭，斯文掃地，書畫文物慘遭破壞，可謂亙古未有之浩劫，雖云撥亂反正，但法制不全，隱憂不少。故先生心存觀望焉。

當先生觀望徘徊之際，有數事雖云微末，但亦足影響大局。如一九八二年，北京故宮古書畫專家劉九庵先生（一九一五—一九九九）蒞港，筆者介紹與先生見面，並同到文咸西街四海通銀行虛白齋觀畫，九庵先生觀賞之後驚嘆不已，當即建議把藏品請到北京故宮辦展覽，作一文化交流，而先生感對方之盛意拳拳，亦一口答應。惟後來北京故宮寄來一紙沒有署款之「邀請函」，內容更莫名其妙，令先生十分生氣。而九庵先生更是啞巴吃黃連，奈何一介專家，無權無勢，寸步難行，且當時環境，又更不容說明。尚幸先生明白，九庵先生已盡心盡力，只是故宮主事者卻別有懷抱而已。結果，因「一函」之微，故宮白白錯失吸納海外藏品之大好良機。但事情無人需要負責。事後二劉一直互相敬重。惟時對祖國之行事方式，作搖頭嘆息。

一九八三年，上海博物館沈之瑜館長（一九一六—一九九一）蒞港，僅有半天公餘之暇，新華社羅君擬安排參觀宋城，筆者力爭堂堂大館長不要花時間去看假古董，請登虛白齋觀賞真文物。結果沈公一看，大為驚訝，想

劉作籌到北京
訪徐邦達

不到藏品既精且富，均屬一級文物。筆者順勢言及故宮信函事，沈公當即力邀先生，請精選其藏品百件，準備安排運上博展出。嗣後上博黃宣佩副館長（一九三〇—）暨書畫專家鍾銀蘭女士（一九三二—）跟進此事，蒞虛白齋挑選書畫，越二年，正式運上博展覽。此為建國以來首次展覽海外私人收藏，由於展品精絕，「虛白齋」聲名遂哄動滬瀆。先生對此次展覽之安排甚為滿意，對上博之領導、管理、收藏、研究，印象頗佳。奈其時上博在河南南路十六號之館址（昔日為杜月笙之銀行），多時未有維修，設備陳舊，條件較差，兼且當時政治環境遠非今日之寬鬆，所以先生未有貿然語及捐獻。展覽結束，展品悉數運返香港虛白齋中。事後鍾銀蘭女士嘗語筆者，上博極重視這批書畫，當年若在今日人民大道二百零一號之新館展出，展後或會留滬。顯然，鍾女士當時也感覺到先生存觀望之意。

翌年香港藝術館擬籌建新館，新館座落尖沙嘴，雄踞一隅，佔地寬廣，館中設備先進。先生經慎重考慮，終於有了決定：「取諸香港，還諸香港」，虛白齋珍藏，捐獻香港藝術館，「蓋以其設施完善、管理專業，當能善用此文化遺產，造福社會。」（劉作籌《「虛白齋藏中國書畫館」開館感言》）

消息傳出，影響頗大，鄰埠新加坡，以先生雖持新加坡護照，而其珍藏寧贈香江而不與獅城，引起文化界人士對政府攻擊，責當局只顧賺錢，

劉作籌與啟功

與民爭利，不重視文化，白讓香港得到這批價值連城（嘗有人估值港幣十多億元）之珍藏。星當局悔之已晚，無法挽救。後先生語筆者：嘗與吳作棟總理言，不知道新加坡政府需要這批書畫，從前李光前博物館藏品也不受重視，真不知新加坡有此雅興。更戲言，「新加坡共和國」後面漏了四個字：「有限公司」。

此事情讓新加坡文化界借以造勢，星政府痛定思痛，一下子成立五家博物館，堪稱「虛白齋效應」。

先生處事，極為謹慎。捐贈藏品前，有關捐贈條款之合同，囑付筆者約請相熟之律師，細加審定。律師披閱文件，盛讚先生偉大。但筆者見先生分作兩批捐贈，不禁問道：「那第三批呢？」答曰：「沒有第三批，只有兩批。」又問：「何不一次過整批捐獻，豈不省事。」獲知答案：原來先生心臟病很嚴重，而退休金又極為有限，看一兩次病，已花銷殆盡。故不得不分兩批捐贈，萬一病發，入院治療，要花大錢，此時得靠第二批書畫救命。

記得捐贈前，尚有插曲。臺北某巨賈，亦嗜藏古書畫，約筆者邀先生飯局，席間懇求割愛，請先生抽取石谿諸件轉讓，價則任索，先生巍然不動，力保即將捐獻之藏品完整無缺。

一九九二年九月二十六日，虛白齋藏中國書畫館順利開館。前一晚，

謝稚柳與劉作籌

先生徹夜未眠，其興奮之情，難以言喻。二十七日，先生到館中親作導賞，逐件書畫解說，有筆墨欣賞，有收藏故事，娓娓道來，令人如沐春風。當時有一觀者，語筆者曰：劉公此舉令他深受感動，將來效法劉公，也把藏品捐獻出來，蓋博物館，讓世人欣賞研究。此君當時不為人注意，今日在臺灣則已鼎鼎有名，其人是廣達電腦林百里（一九四九—）是也。林氏係電腦專家，雅好丹青，因緣際會，迅猛發達（有人統計林氏嘗一度每日資產增值新臺幣數億元），遂廣蓄書畫，所藏張大千（一八九九—一九八三）、傅抱石（一九〇四—一九六五）精品極富，以私人論，甲冠全球。近年更進兵明清，上追宋元，珍藏有可觀之劇蹟。年前林氏語筆者，擬向臺北市政府申請撥地，蓋博物館，公開陳列藏品，最初自行管理，五十年後再歸公庫。目下已在桃園廣達電腦辦公大樓頂層設廣雅軒，展示部分珍藏，招待同好暨學人研究欣賞，並禮聘臺北故宮前院長秦孝儀先生（一九二一—）掌其事。此事真實不虛，亦是虛白齋效應。先生在天有知，當頷首莞爾。

先生曾笑語筆者，今已八十二，若然過世，可以報八十五，也不失禮。筆者應以：黎雄才先生（一九一〇—二〇〇一）常說人可活一百二十歲，而尊藏黃癭瓢《壽星圖》（刊《名家翰墨》月刊三十三期封面）畫的老壽星酷肖先生，當是黃慎預先為先生百二十歲時造像。先生為之軒渠。三月底，紐

饒宗頤、啟功、劉作籌合攝

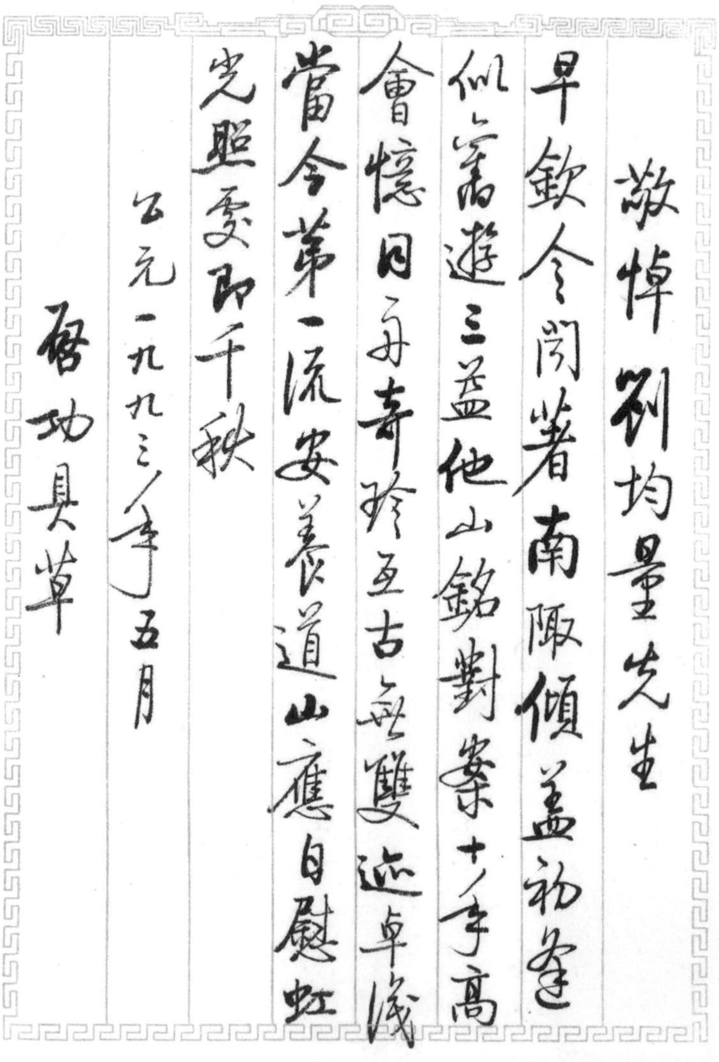

啟功行書悼劉均量(作籌)詩，1993年

約楊思勝醫生（一九四一—）來港，邀先生暨筆者赴臺北賞畫。先生與筆者出遊，例必同房，便於照應也。惟先生夜間好像不用睡覺，在港時習慣淩晨四時就寢，在臺北更往後延，常命筆者先睡，在下恭敬不如從命，故實在不知先生曾否入睡。惟三月二十九日上午在臺北吾悅園蔡辰男氏（一九四〇—）大府觀畫，偶爾稍坐，先生不覺間竟入夢鄉，旁人不敢驚擾，只恭候一旁，先生過去並非如此，到底歲月不饒人，不禁為之憂懼。

四月初，筆者赴京，先生因每年清明節，總要赴星掃墓，故謂此次不能同遊京華，並說北京有動物園，舊時叫萬牲園，可帶小孩去參觀。……上京前夕，楊思勝醫生設飯局，筆者也陪同先生出席。先生因心臟病，數十年間滴酒不沾，是夜高興，在楊氏力勸下，竟盡半小杯。及散席，為慎重計，筆者堅送先生返又一村海棠路寓所，登門入屋，先生謂明日你要上京，早早回家準備，我沒有醉，不用照顧，不必擔心。惜別依依，不意竟成永訣！

逮自京返港，已四月中旬，某藏家有賓翁書畫十數件擬轉讓，均精真之品，為保險計，例請先生過目。遂拍照郵寄新加坡劉府，請為鑑定。惟久未見覆，四月二十七日中午，去電請教，無人接聽。下午一時，電先生姪女蔡夫人，詢先生何在，問是何人，答：許禮平，女士失聲叫道，哎喲！劉先生剛剛過身。驟聞此噩耗，不啻晴天霹靂，追問怎會如此？答

劉作籌陪同黃苗子、郁風在虛白齋賞畫

曰：先生去理髮店，輪候間，突感不適，趕緊取藥，送到唇邊，已不支倒下，時上午十一點。

筆者承先生不棄，十數年來循循善誘，授書畫賞鑑之道。先生既逝，曷勝感愴。然念及先生以清閟自娛之藏成為眾賞同樂之「虛白齋藏中國書畫館」，「保存得所，垂諸久遠，」（先生語）又未嘗不為先生稱慰。

二〇〇三年二月二十六日

劉作籌

香港藝術館虛白齋藏中國書畫館開幕典禮，1992年

劉作籌在台北鑒畫，1992年

憶梁老　說《書譜》

認識梁老，算來近四十年了。

七十年代初，梁老與學生李秉仁，和文匯報吳羊璧等，合力籌辦《書譜》雙月刊，經常從澳門來香港勾留。筆者有三兩次到中環面謁老人家，那是在李秉仁任職的貿易公司，當時感到梁老在僑界很有威望，以一介詩人，無財無勢，但登高一呼，也能讓雄於資財的人士支持贊助，《書譜》就是由南洋華僑捐款辦起來的。據羊璧兄《李秉仁辦書譜》（載羅孚編《香港人和事》）透露，捐助創辦《書譜》者是李秉仁的老闆黃豐洲，巧得很，筆者與黃也有緣，八十年代黃搬去跑馬地雲暉大廈，而舊居銅鑼灣海都大廈高層海景寓所讓與筆者，交易時還講到當年資助《書譜》的舊事。

《書譜》在一九七四年十二月創刊，李出任社長，梁老做督印人。曾榮光、吳羊璧（兼差）兩位老編係主力。美術設計歐陽乃沾，後來是蘇亮。文匯報王永楓也有頗長一段時候兼差。論人材皆一時之選。

《書譜》創刊時是全國唯一書法刊物，極受歡迎，非常成功。當時售

梁披雲與筆者，2006年大年初一

《書譜》雙月刊創刊號，1974年

五元一冊。文聯莊李昆祥也落力推介，往往見顧客購買紙筆多些，就免費送一冊。曾榮光對送書此舉好像還有意見呢。

《書譜》在灣仔道口二樓租一個單位辦公，地方頗寬敞，布局用古雅的酸枝枱椅，李秉仁社長向筆者炫耀他穿的唐裝衫褲，頗為自得。大概在過去的貿易行不便如此行頭，而《書譜》社係搞傳統中國書法藝術，正可順理成章弄得古色古香，大過其癮。而我日後見梁老，也多在《書譜》社。

李秉仁（一九二四——一九七七）是梁老學生，訥於言辭，樣貌憨厚，人稱「懵佬」，或不一定言其外觀，當年京師倡儒法鬥爭時，李也想搞法家書法專輯以應景，幸為有識之士制止。李家住長洲，全屋祇夫妻二人。聽梁老千金季娥笑言，在南洋時，李求老師梁老賜贈書法，説若不賜贈就生不出孩子。梁老沒有送，李就真的膝下無兒。七十年代中期，有次日本書法界宇野雪村（宇野喜狗肉，怕禾蟲）一行數人訪港，與《書譜》李、曾、吳諸位雅集，李性急，揮毫間心臟病發，未幾西歸。《書譜》曾、吳諸位均係書生，三聯書店藍真介紹林永銘到《書譜》出任經理。林潮州人，係家父早歲老友，從事出版發行多年，也是老熟人。

四人幫倒臺後，大陸百廢待興，梁老當時熱心為桑梓辦善事，奔走海內外，向華僑募捐款項，多用於八閩辦醫院，築鐵路，搞學校，而《書

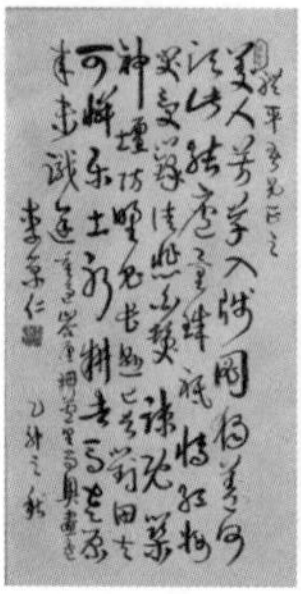

李秉仁（右）
李秉仁行書詩贈筆者，1975年

譜》沾潤不多，時感窘迫。久不久，林經理、曾老編要我幫忙傳話，請梁老睇住《書譜》，以資金不足故也，我也如實代傳，但後來實情如何，也就不便多問了。

《書譜》創辦之後，梁老以經常來港，需要租房間作居停。梁老命我陪他到灣仔、銅鑼灣尋覓。那個年代沒地產代理，是要看街道上貼出甚麼光猛大梗房，板間房，騎樓房之類招紙，按地址登門按鈴看屋的。記得有一家頗合適，但當房東得悉祇梁老一個男子租住，便因家有女眷，有所顧忌而拒租。梁老出門後說，我都七十歲啦，怕甚麼？有一個房東更為搞笑，領我們看樓時嘴巴一直啣著銀雞（警笛），意即警告我們搵食（打劫）行遠些，老夫隨時吹雞。真是甚麼狀態都有。看了許多間，最終在摩頓臺灣景樓高層，找到一間光猛通爽的梗房，價錢相宜，梁老覺得很合適，戶主也樂意租與他，住了頗長一段時候。記得廣東省長梁靈光任內曾經訪港，當時也算大新聞，戶主大概沒想到粵省總督的哥哥是他小小的房客吧，更加想不到，這個房客房間布置毫不講究，祇能用簡陋兩字來形容，房內祇有一張梗板長椅，拉平可作床用，國貨公司售幾十元一件那種，其他甚麼都沒有。浴衛在客廳，要與屋主家人共用。那個年代，套房是不得了，想都不敢想。可見梁老多慳儉。

七十年代末八十年代初，馬國權應《大公報》陳凡之邀蒞港，在大公

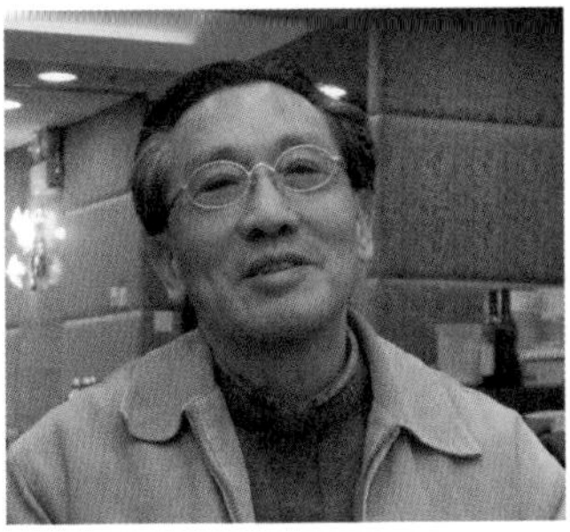

吳羊璧，2003年

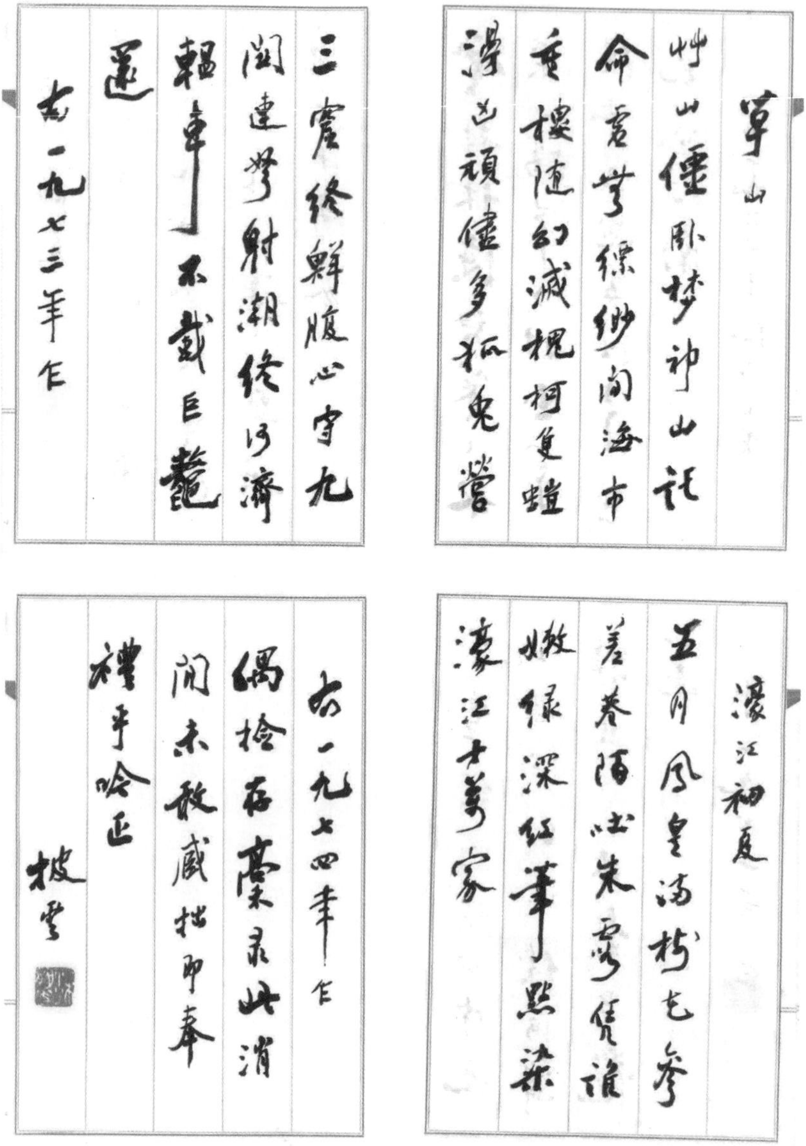

梁披雲行書詩冊贈筆者，1974年

主編藝林、文采兩版。初來甫到，筆者做東，約梁老為馬公洗塵，三人在灣仔敍香園晚飯，筆者言及馬公來港，正好加強《書譜》陣容，並建議引進國內書法界力量，組編委會，由梁老掛帥，馬公主其事，編纂《中國書法大辭典》。梁老興致勃勃，立即拍板同意。不多久，馬公發凡起例，擬出具體條目，略加舉例，製定範本，筆者設計版式，編排書樣，印成薄冊《書法篆刻大辭典編印計劃書》（一九八〇年六月），交梁老馬公分別行事。馬公積極組織學術界書法界諸君共襄盛舉，梁老則向僑界籌集出版經費。不久，梁老已籌得六十萬大元，存於海外信托銀行。六十萬元在當時是筆鉅款（時豪園一個三千三呎單位一百二十萬左右，今天叫價五千多萬）。我們每週開會，討論進度，報告各種事項。隔一年半載，上海書法學家黃簡移居香港，加盟《書譜》，並參與大辭典編輯工作。筆者當時冗事纏身，無暇兼顧，也就向梁老請辭，以後也就不再問其事。後來聽說辭典雖已編竣，但銀行出事，經費有而變無，出版頓成問題。時梁老弟弟靈光仍長廣東省，遂拿書稿至穗，讓廣東人民出版社出版。限於當時的條件，雖印得不怎麼理想，但能面世就不錯了。嗣後筆者曾向梁老建議介紹去臺灣印行臺版，用最初擬定的雪銅紙來印，或能精緻些，但梁老好像不那麼積極，含含糊糊，我也就不管了。隔些年，聽說《書譜》社人事糾紛，再後來，聽說由三聯書店支持了一陣，不久，又是人事問題，在「六四」前後，停刊了。

馬國權，1996年

《書譜》在內地推行時，廣東省博物館范麗芬女士出力甚多，梁老把范請來香港幫《書譜》忙，時廣東來港人多，申請不易，尚幸弟弟省長幫忙，得以成行。范幹了好幾年，到後來《書譜》經濟實在太困難，沒法付薪酬，范也捱義氣幫了好一陣子，最後因人事不大協調，也離任了。一九八七年筆者成立翰墨軒，才禮聘范經理畫廊事。創辦《名家翰墨》月刊時，禮聘馬公任顧問，黎甘園任編輯，一干人等，皆梁老舊部，移師小軒幫忙。追本溯源，不由得感激梁老。

九十年代，創辦《名家翰墨》伊始，月出一冊，極忙，也就疏於向梁老請安。某次在澳門某展覽場合遇到他老人家，趨前開玩笑道，梁老，還記得我嗎？梁老眼睛一亮，以沙啞聲音提足中氣回應，你從月球來的？怎麼這麼久不來？言下頗有責怪之意。梁老年事已高，少來香港，作為晚輩的我，赴澳門時，總找機會去他家坐坐。有一回，在他老人家家裏，首次見到滿頭白髮的長女，精神暢旺，隨口問其生肖，答曰屬虎，一九三八？不，是一九二六，啊！與英女皇同歲，女兒都八十，哦，老人家也過百歲了。又有一次拜訪梁老，他抱怨記憶力不好，自己作的詩也忘記了。我當時輕鬆的問他，你的老友記陳伯達寫回憶錄說，你老人家介紹他參加國民黨，他沒有參加，也得了個「國民黨特務」的罪名，是否真有這回事。梁老攞手擰頭，愁眉深鎖，一臉惶恐，驚慌的說：「我不是國民黨，我不是

《書法篆刻大辭典編印計劃書》
《中國書法大辭典》

國民黨。」神情緊張，如禍將至。我馬上安慰梁老說，我不是中央專案小組，不用擔心，只是看了陳伯達的回憶錄有好幾處提到你老人家，求證而已。看來他老人家的心力、記憶力真是不行了。告辭時，梁老雖然腿力不足，站不穩，也堅持要送我至電梯口，家人趕緊搬籐椅，攙扶老人家出來，禮儀周周，弄得我真不好意思。記得老人家七八十歲走路時，依然步履輕盈，一副非常輕鬆的樣子（但血壓低，曾經在路上暈倒）。

二〇一〇年一月二十九日赴澳門，到科技大學參加一項活動，本擬再探梁老，但時間實在太緊迫，也就作罷，連電話也沒打，隔兩天閱報，始悉梁老就在那天往生了。生老病死，人之常態，過百歲的人，隨時報喪，不足為奇，但梁老往生，卻總令我有點悵惘。許多往事，在腦間縈繞。記得嘗問梁老，為甚麼來澳門，梁老說他在印尼排華時避走北京，沒多久，文革驟起，女兒也想參加紅衛兵，局面比印尼排華時還要亂，梁老跑慣碼頭，當機立斷，在京師橫掃一切牛鬼蛇神之際，竟能全家安然遷居澳門避亂，也算萬幸了。

有次梁老與女兒去廣州，擬住華僑大廈，雖然並非客滿，「知客」也不肯租一間房與他父女，而是拆散父女，分別安排與別的不認識的人住通鋪大房，梁老很生氣，只有「響挆」，亮出澳門歸僑總會會長身份，才獲准租房。梁老說平常不大願意表露的，那次實在氣不過才公開身份。那個

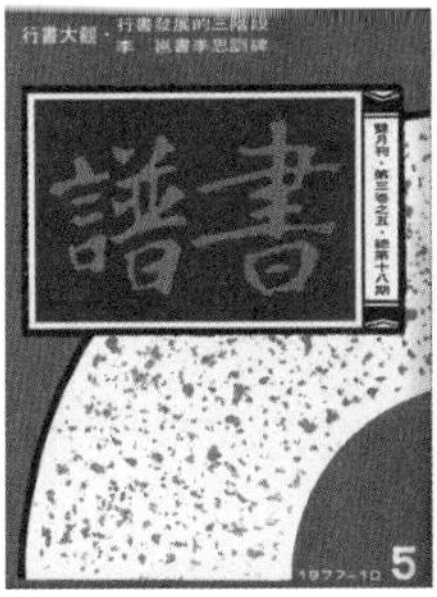

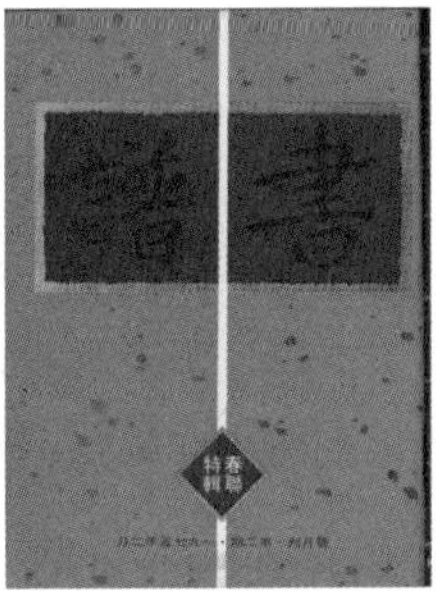

《書譜》雙月刊第二期，1975年
《書譜》雙月刊總第十八期，1977年

時期，四舊盡破，連「與人為善」的傳統古訓也一併破掉，中華民族的優良品德盡毀，劣根性盡顯，舉國所見，盡是小吏橫行，手中有小小權力，就用到盡，喜支配人，總路線是「與人為惡」。梁老說，有好多華僑，千里迢迢，回到日夜想念的祖國大地，但所遇所見，與想像有太大落差，往往氣得他們嚷著要跳海跳崖！梁老對大陸上許多反常反智反動現象，極為反感。

梁老黨籍問題，生前未便探問。雖然老人家親口否認他是國民黨，但文獻上記載，梁老歷任中國國民黨廈門市黨部籌備委員、中央黨部海外部僑民運動指導委員、福建省黨部書記長等職。他早年主持的黎明中學，則是無政府主義者的大本營，巴金就是該校教員。而無政府主義，是不容於國共兩黨的。一九三二年十九路軍總指揮福建省主席蔣光鼐，先後任命梁老為惠安縣、永泰縣長，次年閩變時梁也有出任顧問，到閩變失敗，梁也被通緝。後應于右任、邵力子之邀避走陝西，旋出國到馬來西亞尊孔中學。或可以說，梁老是國民黨反蔣分子，至於是否兼任共黨地下黨，則未見檔案記錄。天地劉文良兄曾開玩笑說過，福建讓梁老兩兄弟玩哂，解放前梁老是國民黨福建省政府委員兼教育廳長（一九四七年七月二十三日），到解放，哥哥撤出，弟弟進來。

梁老名披雲，學名龍光，號雪予，福建永春人。光緒三十三年（一九〇

閩變，一九三三年十一月二十日

七）丁未二月初二日生。一九二六年上海大學畢業，梁老說上大是瞿秋白主持，校長于右任。梁老後來到日本早稻田大學政治經濟學部大學院，攻讀農業經濟，他說大學院對研究生照顧周到，可專心鑽研學問。梁老三十年代開始從事文教工作，並奔走海內外，參與救國活動。歷任泉州黎明高級中學、荷印棉蘭蘇東中學、馬來亞吉隆坡中華中學、國立福建音樂專科學校、國立海疆學校校長，並曾主吉隆坡《益群報》、印尼《火炬報》筆政。抗戰間參加南洋華僑慰勞團返國勞軍，後回不了南洋被迫留渝，任國民參政會參政員。在渝期間，與于右任往還頗密。梁老時常談及于右老，對于氏十分尊敬，七十年代常言及大陸許多地方舊日有于老題字，或被塗掉名字，或整個剷掉，無知的紅衛兵以為于老是追隨蔣公去臺灣的反動派。梁老說，四九年的時候，于老本不想去臺灣，但一下子投共，思想上也轉不了彎，周恩來建議先去南洋避一避再說，但老蔣厲害，讓于坐的飛機一下子飛去臺灣，于老也無可奈何。後來臨終寫有天蒼蒼，野茫茫，山之上，國有殤一詩。

梁老開會，或與人閒聊時，輒手指轉動，有似扶乩，實為練習書法，構思字形和行筆、結體。此一習慣即學自于右老。梁老工詩善書，七十年代初筆者得老人家賜墨寶二紙，均係行書自書詩，其一裝裱成軸懸於壁間，日夕吟誦，其詩云：「紫荊香馥木棉紅，裊裊輕煙翦翦風，最是鶯飛

黎明高中創辦之初的茅草屋教室和宿舍

三月暮，萬家簾幕綠陰中。」過兩三年又蒙賜自書詩一整冊，我雙手承接時老人家還笑著翻開最後一頁，指著末行說「大膽」，原來上款直書小名禮平二字，省了「先生」、「兄」、「弟」之類客氣稱謂，這在我看來更為親切！

二〇一二年九月二十一日

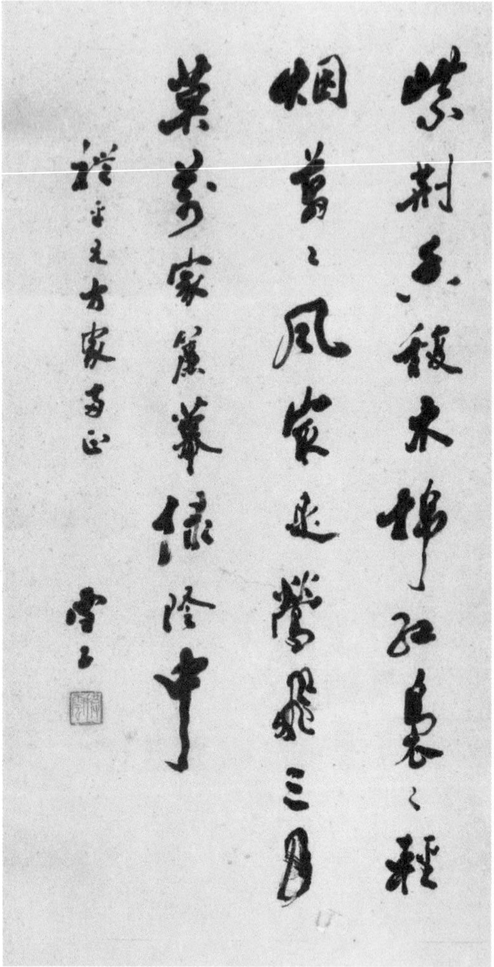

梁披雲行書自書詩贈筆者

憶鄭公德坤

筆者友朋中，八閩人士為數不少。而我尊敬的閩籍前輩中，鄭德坤教授伉儷是其一。

鄭德坤（一九〇七—二〇〇一），福建鼓浪嶼人。中國第一代考古學家。先後在燕京大學、哈佛大學得學士、碩士、博士學位，曾執教於廈門大學、華西大學、牛津大學、劍橋大學，又曾講學於普林斯頓大學、馬來亞大學等。其桃李滿天下。自一九七四年劍橋榮休，被香港中文大學邀任副校長，專管教學。

筆者七十年代中遊學東瀛，在京都東方書店見到日譯鄭公之《中國考古學大系》，煌煌數厚冊，但見材料之豐，分類之細，立論之嚴，欽佩五內。惟價甚昂，無力購置，只好在書店翻閱瀏覽。及七十年代末，筆者于役香港中文大學中國文化研究所，適值鄭公自副校長位退休，轉至中國文化研究所，掌中國考古藝術中心，嗣後更接任所長，於是摳衣執問，接觸遂多。

鄭德坤在香港中文大學中國文化研究所，1983年

有頗長一段日子，幾乎出入與俱。每天中午十二時許，鄭公輒召喚共進午餐，時常去鄭公原來居邸後改為大學賓館的西餐廳，有時去醫學院飯堂，或崇基教職員飯堂，幾乎每頓都由鄭公做東。後來連晚飯也約一起吃，較多去鄭公館附近大圍的沙田海鮮酒家，偶爾在世界花園芙蓉閣鄭公館用餐。而晚飯後慣例返鄭公館吃水果，再吃完雪糕才讓我回家。學校中人傳聞，鄭公館用的豉油特別好，緣於鄭公是淘化大同大股東，這是伊府麵、太史蛇一樣令老饕艷羨的事。但中大去過鄭公館用餐的同事不多，筆者波士劉殿爵教授知我與鄭公往來密切，閑聊間嘗詢鄭公館用的豉油是否特別好味。但滋味是難以用說話說出來分享的。

天地劉文良兄（亦閩人）嘗說過，鄭公很有錢，因為鄭公繼承了福建兩個最富有的家族的財富，筆者從不向鄭公求證此說。但見鄭公自奉甚儉，過去中午沒約人吃飯時，往往自帶三文治在辦公室吃，而鄭公請食飯，點的菜式也甚為普通、實際，好味程度遠不如董橋兄、楊凡兄飯局的菜餚，有剩餘食物例必打包。鄭公開的車，是一部墨綠色小型房車，叫不出牌子的名字，反正絕非偷車賊所覬覦的。鄭公住的房子，在世界花園芙蓉閣，面積不大，約千多呎，是副校長位置退下時才買的，離中大不遠，初看時才三十餘萬，因暑假要趕往倫敦，匆匆忙忙，沒有立即決定，過兩個月回港時才購置，而樓價已升逾倍至七十餘萬，讓鄭公肉刺不已。鄭公在倫敦

鄭德坤伉儷與高美慶、劉殿爵、王德昭、饒宗頤和筆者攝於香港中文大學

的「行宮」，位於大英博物館對面，也是幾百呎小單位，布置甚普通。八十年代初，電視常播一廣告，豪氣衝天道：「使錢要講派頭！」鄭公聽了大為反感，說教壞細老哥。

說到錢字，想起鄭公說過的舊事。鄭公也曾賣字，應不為人所知。話說抗戰勝利後，鄭公用毛筆寫了張字懸掛壁間，有一醫生朋友來訪，看到這字幅大為感觸，死活要鄭公出讓，鄭公也真的賣了給他，這可能是鄭公一輩子唯一一次賣字。你道這字幅寫的是甚麼，原來是：「有錢一條龍，無錢一條蟲。」

鄭公慳儉，但絕非一毛不拔的守財奴。香港中文大學文化研究所旁邊「百萬大道」，有一用瓷燒製的巨型校徽，七十年代製作成本要一層樓的價錢，這是鄭公慷慨捐贈的。鄭公做過副校長，深知經費緊拙，所長任內，不領薪津，完全義務勞動。

鄭公也樂於助人，一九八四年我買房子，資金不足，那時息口甚高，向銀行借貸利息要十八厘左右，而定期存款只得六厘利息。筆者想節省利息開支，遂與鄭公商量，惠借港幣三十萬，利息折衷以十厘計算，鄭公不加考慮，立即應允，且不需任何抵押，即時開具支票，十分爽快。到鄭公退休時（約一九八六），筆者才還清款項結束借貸。在香港公家機關，好像上級不能向下級借錢，下級則可以向上級借，幸好我是下級。

鄭德坤在香港中文大學中國文化研究所，1983年

一九七六、七七年間，李卓敏退休，馬臨上臺，學校政策，任期屆滿即要卸任，一改過去延任一兩年的慣例。某系系主任P少剛巧碰上任期屆滿榮休，學校沒有延任，聞有微言，或以為鄭公不幫忙，鄭公不只一次跟我說，這是學堂的政策，不是他所能左右的。大概鄭公想我傳話與P少吧。我照學，並略加補充，祝賀P少命好，退休及時，將退休金買了高尚住宅區三個單位，如果延一兩年退休，連一個單位也買不了。其實鄭公與P少十分老友，聽鄭太太說，五十年代初，P少幾乎每天都找鄭公。大陸某大學籌辦間，鄭公就曾推薦P少出任校長，至於後來是另一潮籍名人許滌新上場，這就不是鄭公所能控制的了。

有一回，鄭公伉儷應香港大學黃麗松校長之邀，到黃氏官邸晚宴，鄭公早到，黃校長正在拉小提琴，鄭公伉儷只好在門外恭聽琴音妙韻，直到時針指向約定的那一刻鐘。

港澳鄰近，鄭公只去過澳門二次。首次係一九三三年許地山帶他去的，第二次則為一九七九年，也是由姓許的我陪他去的。在澳門見過好些人，嘗到連勝馬路探望他的老同學羅慕華，鄭公說羅老二十年代在北京讀大學時已是文學家。又見過汪老（孝博），汪兆鏞的公子，汪老見鄭公不擅粵語，遂說國語，而汪老的國語，真不知是哪一國之語，鄭公聽得一頭霧水，只好懇請汪老說回他的粵語，鄭公坦言，你說粵語我還能聽懂多少，

筆者陪鄭德坤遊澳門，1980年

但一說國語就一句都聽不懂。在澳門還見過《澳門日報》李成俊、李鵬翥二公，記得閒談間李成俊談到原始社會、奴隸社會，鄭公很認真的說中國沒有奴隸社會，與李公成俊爭辯了一陣。

一九四九年政權更易，國府遷臺，共黨上臺。鄭公嘗與友朋爭論，鄭公謂國民黨管治中國幾十年，沒有搞好，該換換別人來搞，弄弄看。可見鄭公對共產黨印象尚可。

鄭公曾說過五十年代與饒公（好像還有李棪）去法國參加青年歷史學家會議。翦伯贊動員他們回國，說不用擔心，有他保證。結果文革不久，翦也自身難保，自殺了，這又如何保證？怎麼保證！（這和趙紫陽的「怕甚麼」相似）鄭公慶幸沒有聽從翦的動員回國效力。

一九七九年，中華人民共和國成立三十周年，新華社社長李菊生組團上京參加慶祝活動，李係團長，鄭為副團長。鄭在京聽廖公（承志）講話，暗吃一驚。原來廖公說香港有人打著紅旗反紅旗，並舉出李怡兄的《七十年代》雜誌等。鄭公的《中華民族文化史論》，鄭太的散文集《流浪》，都是《七十年代》和同一機構天地圖書公司出版的。鄭公伉儷讓《七十年代》出書，還以為靠攏共黨，鄭公被廖公的話搞糊塗了，越發覺得大陸的政治實在難明。

鄭公每年暑假，都到倫敦去渡假。一九八五年筆者正巧在倫敦，順探

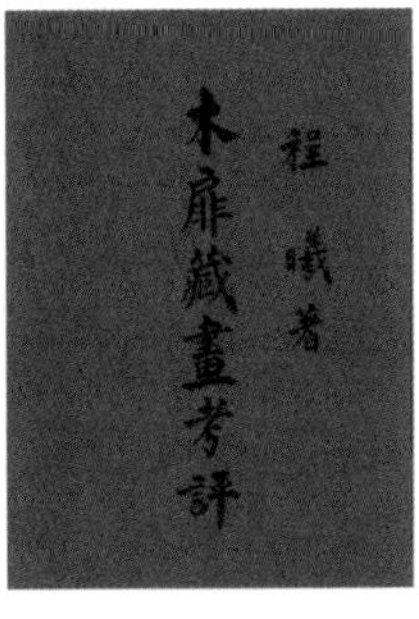

鄭德坤伉儷在香港中文大學中國文化研究所所長室，1983年（左）
鄭德坤藏品著錄書《木扉藏畫考評》

鄭公，觀賞其珍藏書畫。其時鄭太笑說鄭公：你看他的眉毛，一邊往上，一邊往下，人家要就兩眉往上，或兩眉往下。孰料次年鄭公就生病，常拉肚子。由一百八十磅一下子跌到一百二十磅，在學校就醫，一直沒醫好，也查不出真正病因，跟著中風，聽醫生指示學打麻將，但已太遲了。一九八七年吧，病得嚴重，鄭公堅持開刀，才發現腸有小孔，是一九七八年手術的後遺症。但中風已成定局，夫人悉心照料，我們晚輩也時常登門探視。有次送上《名家翰墨資訊》，翻開容庚玉照那版，鄭公一看，隨口說「老師」。鄭公在燕京時隨容庚遊，也做容老的外文秘書，西人來信，都是鄭公代譯代覆。鄭公對我好，或可能是基於容老的關係吧。

有次訪鄭公，見他神情木木，想刺激一下他的大腦，活躍一下思維。大聲問他，聽說你老人家去法國時，棪齋（李棪）拉你一起去看脫衣舞，但你不肯去，可有此事？此時鄭公面部有點笑意，但無法應話。孰料鄭太代他答：我都叫他去看，他就是不去。鄭太說的是果、是因我搞不清。

鄭公喜收藏，陶瓷、玉器、書畫都收了不少。鄭公書畫多在倫敦時收，靠香港潘熙等寄照片來決定是否收購，如此「放飛劍」，自然頻頻「中招」。但前幾年鄭公藏品在倫敦蘇富比拍賣，都是估價十數倍至數十倍拍出，搶翻天了。買家有再拿去北京拍賣，再翻好幾倍的，真是難得大家糊塗，大家也難得糊塗。鄭公藏品中，印象較深的是傅抱石的蘭亭圖橫

鄭德坤伉儷與劉殿爵、常宗豪暨筆者宴請啟功，1982年

幅，曾刊於星島日報《文林月刊》第二期。鄭公這件寶貝，卻被人以兩張謝稚柳換了。鄭太說鄭公笨。從畫的經濟價值來看，是真笨，但鄭公說他沒有謝稚柳作品，人家肯換，我就換了，可見鄭公不計較的胸襟。扯遠一點，此畫九十年代初見懸於臺灣蔡辰男別墅主房浴室壁間，二千年又見於林百里宅中。

鄭公在劍橋時，有一古玩商常登門請教鄭公鑑定瓷器，鄭公悉心指導。但有人順手牽羊，拿了鄭公幾件瓷器，家人要報警，鄭公不允。及後此君再來鄭家，家人說賊仔來了。鄭公還繼續教導此古玩商，可見其度量之大。

八十年代初，鄭公托我處理了好些書畫，其中若干件唐人寫經甚精，惟其時還欠鄭公的債，無力入藏，衹有賣幾卷，賺一卷，收藏至今。後來鄭公偶也承讓一些書畫，最珍貴的是完整的一冊《黔苗圖說》。這是一九四七、四八年間倫敦蘇富比的拍品，八十二開非常完整。當時有個設計師想競投，投得後將會拆開裝飾家居。鄭公擔心此冊被那洋人投得後下場堪虞，趕緊舉牌拍下，保藏了近三四十年，再由我接棒，轉瞬在寒齋也二三十年了。九十年代啟老（功）蒞小軒翻閱此冊，大為讚賞，建議出版供研究用。藉中華書局成立八十周年之際，香港中華本有意出版，後考慮到市場太窄，只好作罷。嗣後二千年貴州地區出版《百苗圖抄》，找遍全國

鄭德坤伉儷與筆者夫婦在倫敦鄭公館，1985年

圖書館挑選他們認為最佳的本子印製，一見圖版，與此冊真有雲泥之別。

鄭公一直收集各種考古資料，本擬退休後整理撰述漢代考古，惜健康影響，未能成事為憾。鄭公長期臥病，但因原先身子骨結實，（年輕時是足球健將，嘗與球王李惠堂比賽呢），底子厚，雖然病懨懨，但坐時腰板仍挺直，所以拖二十多年，這可辛苦了鄭太。後來鄭公更認不得人了，延至二〇〇一年離世，享壽九十有四歲。越二年，鄭太也追隨鄭公大歸。記得二〇〇三年，鄭太來電，說很久未見，約甚麼時候見面，過一會又來電，說沙士厲害，暫不要來。隔不久，鄭太也走了。

鄭太太黃文宗女士（一九一〇—二〇〇三），係革命先進、淘化主席黃廷元千金，與鄭公可謂青梅竹馬，自小在鄉間鼓浪嶼兩人已拖著小手進教堂參拜，有時各自放銅板入教堂的奉獻箱，但始終沒有奉教，後來一起到北京，一九二九年入燕京大學攻讀社會學系。鄭太到九十多歲仍會唱燕大校歌，鄭公弟子鄧聰聽了脫口說，怎麼與崇基校歌一樣。

鄭太說她曾遇一和尚，和尚懂看相，說鄭太孤獨，鄭太很詫異，說我有很多兄弟姊妹，怎麼會孤獨呢？和尚說，遲些看看，不久果然大都病逝了。

鄭太擅散文，得小思讚許。出版有《流浪》、《出井散記》、《百聞不如一見》等。又喜陶藝，所以用「小匋」做筆名。鄭家客廳放了不少鄭

黃文宗，1994年（右）
黃文宗著《百聞不如一見》，1980年

太的陶藝作品，不乏很有創意的藝術精品。嘗在中大藝術系講授陶藝，也編撰有陶藝製法的書，由臺灣藝術家出版社何政廣兄出版。但鄭太對此冊不滿意，原因有二，作者標明黃文宗教授，鄭太說她不是教授，人家以為她招搖撞騙。另一則係封面一雙製陶的手滿布金毛，人家以為作者係西洋男人呢。所以鄭太不願拿這書送人。後來再大加修訂增補，交本地三聯蕭滋，蕭公再轉交中華書局，左轉右轉，最後書稿竟然丟失了。讓鄭太耿耿於懷。年歲又大，沒精力重做了。

鄭太雅善丹青，嘗跟趙少昂數月，寫花鳥。後來自己創作，不拘泥於甚麼派，脫穎而出，長期掛在客廳的一幅雪花就毫無嶺南派味道，充滿創意而又深具詩韻。鄭太也喜書法，嘗藉啟老（功）訪中大時，請寫千字文冊，據此冊日夕臨寫。後來鄭太在中大開過藝展，有陶藝、繪畫、書法，其中一幅四尺楹聯，就明顯脫胎自啟老的法書。鄭太還想出版書畫集，要我寫序，但怎敢佛頭著糞，婉拒之，畫集最後不了了之。

二〇一二年八月四日

黃文宗書畫陶塑藝術展覽，2002年

顧視清高氣深穩

文章虎炳光陸離

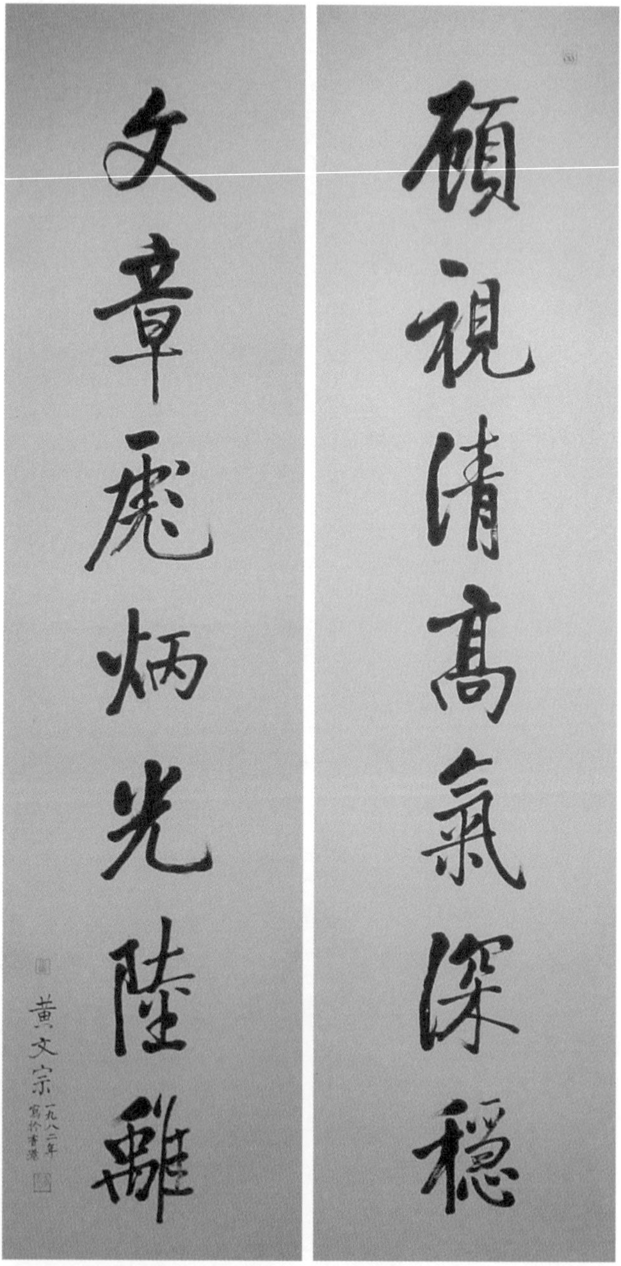

黃文宗行書七言聯

記曾照勤一家

認識曾伯（照勤）在一九六九年五月吧，香港一班後生仔，以陳序臻（《青年樂園週報》總編）為首，在北角英皇道剛建成尚未啟用的新都城，通過曾伯借用為紀念五四運動五十周年的會場。還記得當日在現場以五角錢買了一冊陳序臻寫的講述五四的書《新的一頁》，保存至今，數年前檢出請老陳簽名留念。後來也有通過曾伯借用中華總商會的禮堂，舉辦文藝活動，筆者並非組織者，只是其中一位參予者，但與曾伯多次接觸，感到他與人為善，令人願意親近，是個不折不扣的好好先生。而他的女公子曾子美與筆者係同一輩人，共同語言更多。

曾照勤一九二四年農曆六月十九日生，但曾伯說阿媽書面說他是一九二五年生。曾的兄弟姊妹眾多，一個阿媽生十六名，八男八女，曾照勤以男生排名第六，而兄弟竟有同年生的，可見頗為烏龍。胡適之寫過「差不多先生」，在曾家生年上的確有所反映。曾伯母說她比丈夫還大些，夫人身份證件一九二四年十月生，實則屬豬，一九二三年才準確。曾

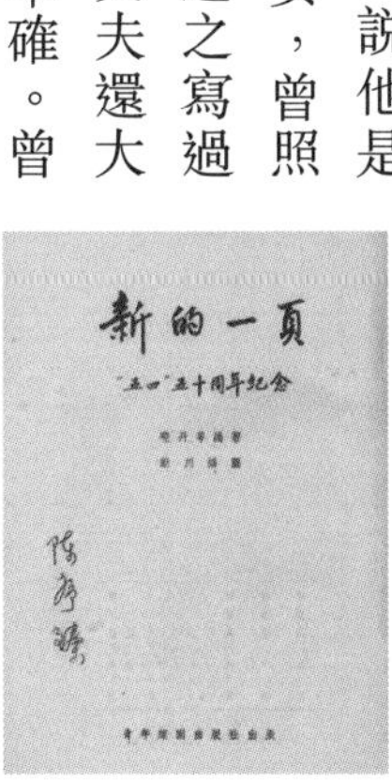

《新的一頁》，曉丹(陳序臻)等編著，青年樂園出版社，1969年
陳序臻應筆者之請在《新的一頁》扉頁上簽名

伯先祖可以掛到孔夫子門生山東人曾子（參），祖輩遷移廣東順德，到阿爺在鄉間中彩票發達，還居廣州開布舖，生個兒子，就是曾伯父親，大概第二代衣食無憂，終日鬥蟋蟀，養番狗，玩字畫，弄古董，優哉游哉，好生寫意。惟蓄養的愛犬在外頭與其他犬隻鬥毆互咬，惹了狂犬症，主人家不覺察，也被愛犬噬了一口，染恐水症卒，享年五十過外。嗣後家道漸走下坡，前頭的幾個兒子還可以讀嶺南大學，到老六的曾照勤較執輸，只讀了兩年卜卜齋就要出來謀生。廣州淪陷時曾照勤來港，住荷李活道。沒幾年，輪到香港淪陷，又要逃難，勝利後始返回，居住在西半山學士臺。曾伯做過許多行業，曾畫戲院廣告，約一九四八年入中華總商會做中文秘書，一做幾十年直到退休，但退而不休，經常回中總幫忙，直至往生。允稱「鞠躬盡瘁，死而後已」。曾伯初入中總時會方掛的是青天白日滿地紅旗，不久易幟，掛五星紅旗。曾伯是打工仔，食其祿，終其事，也無所謂，反正打工而已，在中總工作並不代表他的政治傾向。曾伯平日從不跟兒女談政治，而且厭惡談政治。工餘之暇，與一眾港人一樣，研究馬匹，下注小許。經常去跑馬地開枱打麻雀，雀友多是黃埔幾期的老友。幸勿誤會，曾伯並非沉迷賭博，興許是耍樂，注碼很細。據說長年以來，也能贏些少。（如果曾如實說）贏了當然高興，一家人上館子吃喝。

記得八十年代中華總商會某會董過世，要出訃告，碰到難題，辱承曾

香港中華總商會

伯看得起，竟來電詢問，事緣與會董一起多年而為大家熟知的夫人之外，原來還有一位原配夫人，訃告上該如何署身份排坐次呢？這疑難雜症豈是無知如筆者輩所能答，立即請救兵，致電汪孝博丈（汪兆銘侄），才得以覆命。有一回曾伯出門旅行，正是立法局競選議員，長公子鈺成是競爭者之一，曾父頗為擔心，說如果選不上不知怎好，真是十五個吊桶，七上八落。飛機起飛前，選舉有結果，電話中得悉兒子勝出，老懷安慰，才安心上路。

曾家七八十年代住北角堡壘街，但曾伯頗心儀銅鑼灣對正維多利亞公園的維多利大廈，筆者其時住該大廈十八樓C座，八十年代末通過地產代理知道B座十多樓有盤放出，即告知曾伯，曾的女兒也相當孝順，設法置下與父母同住，可以日日對住綠油油的公園，仰望千變萬化的彩雲，遠眺五光十色的海港，讓老父高興了許多年。（孝順仔李怡兄也曾垂詢能否在該大廈購或租個單位，讓他不良於行的老母親居住，可終日在陽臺欣賞外面景色，但當時一直未有人出讓為憾。）筆者雖經常到B座探訪，但參予曾伯的雀局只有一次，是九十年代初新春間，他們三缺一，筆者頂上，才知曾伯打得很細，牌品也很好。曾伯被大廈業主會選為主席，大廈管理得當，嗣後雖已售樓遷西半山雍景台居住，還有段短時間返維多利大廈做義工，處理大廈事務。一如在中總退休，也返去幫忙打點。

前：曾照勤伉儷、馬力
後：曾子美、黃耀堃、筆者

有一回曾伯拿著中總的舊檔案，是光緒年間謝纘泰等會議記錄，是十分珍貴的歷史文獻，但保存欠佳，有蟲蛀，詢以保存辦法，筆者建議找裱畫師傅重新裝裱。曾伯詢大陸裝裱是否可便宜些，筆者介紹孫大光（雅好書畫的地質部長）姪女孫群一師傅幫忙。後來曾伯說中總把這批重要歷史文獻捐贈給香港政府檔案館保存，其實這是最佳辦法。同樣，澳門鏡湖醫院要不是把早年檔案捐與廣州博物館，就無法永久保存這批關乎孫中山早年在澳門行醫、借貸等記錄。

七十年代末曾伯千金赴法蘭西進修幾年，擬售鰂魚涌海景樓居所（雖名「海景」，並無海景，只有樓景），價十六萬，筆者承接，交易手續均由曾伯辦理，到楊振文律師行簽契，交易前，曾伯說很感謝筆者幫他女兒承購這單位，但十六萬這麼貴，不一定要買。老人家從我的角度考慮問題，如果我臨時縮沙，放棄交易，也能冠冕堂皇下臺。惟君子一言，駟馬難追，照常交易。而有關交易之手續費，非當時習慣買賣雙方各半，而是統由曾伯支付，古風可鑒。沒幾個月，該大廈爆水管，髒水橫流，頗為頭痛，筆者托地產代理沽之哉，不出兩週，竟以二十三萬餘元售出。頗有斬獲，拜曾伯所賜。嗣後筆者要處理房子，先報告他老人家，讓他優先考慮也。

曾伯有一次患盲腸炎，通過關係到廣州某著名醫院割治，當躺在手術枱上，一忽兒，全體醫護人員失去蹤影，手術室只剩曾伯一人，頓覺奇

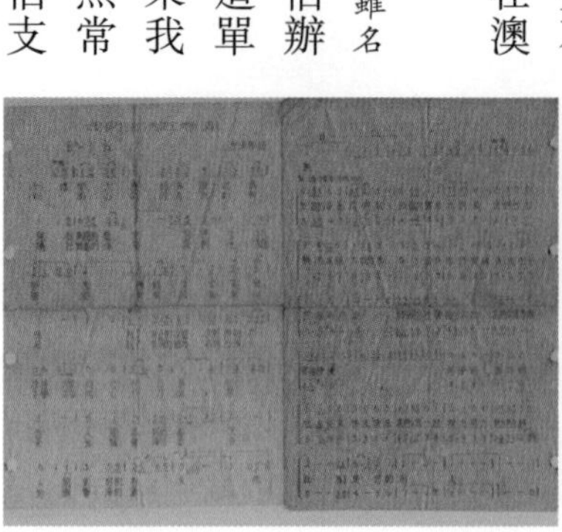

《青年樂園》創刊號，1956年

上官清為青年樂園作曲《我們生活在樂園》，六十年代

怪。不久模模糊糊甦醒，大概手術做完了，忽聽到某醫生大聲叫罵，有無搞錯，這些線早已過期，怎能幫病人縫針。曾伯躺著靜聽，不敢想像，非常無助。曾伯述說時，不慍不火，好像跟他沒甚麼關係似的，涵養極深。

曾的兩個兒子鈺成德成生於廣州。曾伯做中文秘書薪酬不高，所以要兒女讀英文學校，（香港中文最佳識字最多的鄧爾雅也是要兒子讀英文，出路好云云），鈺成德成都讀聖保羅。鈺成的老同學盛讚鈺成極聰明，讀書成積好，尤以數學為精。而鈺成不似其他同學要聚精會神聽課，他歪著腦袋看看黑板上老師的演算，說某處準會出錯，某處又如何。某位老師嘗當眾說學生中我最服曾鈺成，服到五體投地，說時就真的趴在地上，傳為佳話。

曾鈺成在港大做助教時，普林斯頓大學收他入學，有獎學金。其實真要去的話，學費雖免，生活費曾伯也負擔不起的。曾鈺成大學二年級時隨母親返廣州，對大陸印象頗佳，像當時的熱血青年一樣，也擬回國奉獻。惟不久文革動亂，香港也波及，弟妹又被捕，所以沒有北返，而是選擇先留港教書，通過同學，聯絡安排入培僑中學任教。去之前，美國有八家學校找他，但最終選擇培僑。

曾伯對兒子鈺成的思想轉變，好像不大理解。九十年代，筆者與曾伯撐枱腳，在銅鑼灣百樂潮州酒樓晚膳，席間曾伯嘗語筆者，鈺成本來不是這樣，後來跟了傅華彪，受了他的影響，才有所轉變。問我認識傅華彪

《青年樂園》舉辦的活動，六十年代

嗎？當時並不認識，沒法接話。後來也曾四處打聽，無從尋覓。直到兩年前，才在一次旅遊中認識傅先生，此等誰影響誰的事很敏感，當時也不敢亂問，傅也是沉默寡言一族，金口難開，也從不提此事。直到二〇一二年十一月十八日，一眾《青年樂園》相關友好赴穗，探望老社長李廣明（覃剛），午宴間李社長提及曾鈺成或受乃父影響，曾子美不認同，我當場說出曾父曾有此一詢。傅也同席，沒有開口，回程長途車上剛巧與傅SIR共坐，細詢之，總算透露多少：鈺成當年投稿《青年樂園週報》，常上報社（駱克道四五二號十三樓），傅是英文編輯，與作者鈺成交談，年輕人喜談話溝通，很快也就熟絡了。鈺成喜爬山，傅也常登山，於是常相約一起去。鈺成數學好，比賽往往成績最好，比高年班的還好。記得有一次鈺成得了一個甚麼數學獎，若登記在冊，必須係英籍，鈺成請教傅，傅說若是為了一個獎項而改變國籍，是否值得，請鈺成自己考慮。傅說若是他自己則不會這樣做。後來不知鈺成有沒有改變國籍，也沒有再問他。鈺成當時不單只投稿《青年樂園》，也投稿《南華早報》。傅多次去學士臺探鈺成，《南早》的人也去過好幾次。

席間有人說到曾德成，他的老朋友認為德成較單純，很正義。一九六七年暴動時，他並沒有做甚麼，只是將自己對時局的看法寫出來，油印成傳單，向同學派發，表達自己的意見而已。德成覺得自己很正義，

傅華彪，2012年

理應如此，根本沒有想到會被捕。所以第二天照常上學，就被校方召警逮捕了。德成就讀的是聖保羅男校，是香港政府重點培育的精英學校，竟有學生造反，當局相當震驚。據說當年遠東經濟評論社派記者到YP倉採訪德成，採訪者就是後來成為終審法院大法官的李國能。德成現已貴為民政事務局長大人，但無悔少年時之書生意氣，二〇一二年十月「赤柱大學」一眾難友國慶聚餐會上，司儀當眾高聲問局長大人還記得自己在獄中的編號嗎？曾毫無顧忌，霍地站起，朗聲答道：二八五〇四。還是那麼凜然。

再說曾伯寶貝女公子曾子美，杜工部之字也，出生時皮膚黝黑，乳名黑妹，長大了卻生得白淨，仍叫黑妹，同學還以為反其道而戲稱之也。就讀庇理羅士女子中學，受師姐影響，稍稍明白些事理，但也不是關心政治一族，同學間喜攀附歷史上同姓名人，黑妹以曾國藩標榜，曾國藩在當時大陸流行的范文瀾《中國近代史》上，被罵為雙手沾滿人民鮮血的劊子手，可見黑妹的思想與共黨並不一致。小學時年年考第一，中學庇記係英語授課，成績驟降至二十幾，一番努力，又追趕至第六、七名，可見黑妹是極具上進心，係勤力好學之乖乖女。但命運莫測，中五那年適逢六七暴動，有所謂庇利羅士十四女將，最為無辜。事緣該校某學生寫了篇《毒玫瑰》打油詩在《青年樂園週報》上發表，副校長Rose Lau也名叫玫瑰，看了大怒，詩雖有所諷刺，Rose不反躬自省，而是將這位尚有幾個月就畢業的

曾氏三兄妹，1966年

中五學生的葛量洪獎學金停掉，這位同學長於單親家庭，靠母親在北角春秧街做小販賣菜為生，獎學金停發即無錢交學費，同學間激於互助精神，商議捐助，相約在早會時開會商量。而其時正是遍地真假菠蘿，風聲鶴唳，居住於庇理羅士斜對面新東方臺的羅老總（乎），湊巧當日也安排了一個假菠蘿，交由兒子放置於寓所附近，卻是庇理羅士大門口，校方大為緊張，宣佈早會取消，全體學生回班房。但相約開會商量的十四位同學，走得慢些，未及回課室，已被攔截，而校方不「愛人如己」了，召警拉人，十四位無知少女（有好幾位連毛澤東是誰也朦查查的）就被拉去北角差館，一大疊成績表啪聲撻在枱上，宣佈通通開除出校。而且缺席審訊，罪名阻差辦公，判決入荔枝角羈留中心，十四個純品學生命運為之一變，前途崎嶇。七位入獄，七位保釋。黑妹自問沒有犯罪，錯不在我，堅拒保釋，嚐了個多月鐵窗滋味。被捕之時，眼鏡按規定被收走，八百多度近視，甚麼也看不清，所以隔了四十五年，已記不起當日具體細節了。出獄後轉讀嶺南，成績每名列前茅。而「毒玫瑰」或因此為當局立大功，仕途更上層樓，調任何東女子學校，扶正為校長了。在何東也有戲等著這位新校長，事緣何東也有學生造反，撒「粉碎奴化教育」之傳單，正巧本港有高官到該校巡視，滿地傳單，叫校長面子往哪裏掛呢？經明查暗訪，疑係優秀學生高順卿所為，遂於上課間傳召高，但苦無證據，有愛護高之教師（與校長同姓）因

庇理羅士女子中學

此事忿而辭職，而「毒玫瑰」在高同學的七年一本的成績冊上嚴加惡評，封殺她讀師範、讀大學、做教師等所有出路。高做不成教書匠，但後來命運卻安排她參加中英土地談判，與曾蔭權唱對手戲，（九七後轉入金管局），掌握我們港人幾千億資產，拿紅色外交護照的大人物，這又遠非校長大人當日所預計得到者。扯遠了，但此係香港近代史一小節，不知有否人道及，順記於此，以就教治香港史專家。

曾伯家族龐大，人口眾多，而丁未洪羊劫難，曾伯五口之家，竟有二位入冊，族人刮目相看，紛紛敬而遠之，親戚也就疏於往來，免受牽連也。曾伯一家，有被出族之慨。孟夫子有言，「天將降大任於斯人也，必先苦其心志，勞其筋骨，餓其體膚……」，總之是折騰，尚幸否極泰來，總算挺過來了。而曾伯二位公子鈺成德成，在港奮鬥經年，成就廣為人知，正所謂揚名聲，顯父母，不失禮曾家列祖列宗。而女公子名雖不顯，惟近年在倫敦郊野優哉游哉享受人生，又遠非兩位早逾花甲仍榮任人民公僕的兄長所能企及。

曾伯第三代外孫女也是讀書種子，在香港女拔已成績驕人，且德智體群全面發展，轉戰英倫，讓一眾白人妒忌，當年全英考試得十一個A加星，鬨動一時（《蘋果日報》就曾大版報導），學士碩士亦國人崇尚的劍僑哈佛一族，而最讓人敬重者係堅持舊日普世價值觀（不是今日的），憑良心做人，

曾子美，2013年

速速放棄銷售疑似劇毒金融產品的投資銀行高薪厚祿，投身薪酬大降而係為第三世界發展之社企業務，亦算積陰德。

千金難買子孫賢，曾伯老懷安慰，可以閉目了。曾氏家族遺傳基因甚佳，長命者眾，曾伯兄長現年九十多歲仍健在香港，有位在廣州的大姊已百歲過外仍然硬朗。而曾伯一直體魄強健，腰板直直，精神奕奕，很少看醫生。前不久還帶其老友周政民到寒齋雅聚，到二○○五年五月某日，曾伯忽感不適，入東區尤德醫院治療，才一兩天，晚間兩位孝順仔剛探完病，老父還怕兒子這麼忙碌，在醫院有所耽誤，說自己沒甚麼，催他們早點回家。但次晨再往醫院，老人家已往生了，至於是夜間幾點鐘走的，無人知曉。曾伯過世好像很突然，但這是幾生修到啊，這是《尚書·洪範》五福最後一福，考終命，即善終也。享年八十有三，也不失禮。

二○一二年十一月三十日

曾照勤與孫中山研究會負責人周政民

翟暖暉二三事

翟公原名暖暉，又名大有。母親不識字，翟祖父叫「年有」，父叫「阿大」（名懷敍），所以暖暉就叫「大有」。偶仍有用，如任愉園體育會副會長則用翟大有名，為女兒主婚也用翟大有。

一九一九年十一月二十五日生，廣東番禺人。翟爺在黃埔開合昌米舖，爺死父接。翟暖暉有晚醒來不見媽媽，甚為驚恐，哭著上街找父親，見到父親在別處正與一班人玩絃索。父親雅好器樂，彈的拉的，除了笙，甚麼都會，還會打板。顧曲周郎就是不會做生意。

二十年代中，生意失敗，父親走路，音訊全無，連母親也不知其行蹤。有日忽然收到天津寄來皮蛋一籮，才知翟父行船。一九二五年省港大罷工，一九二七年廣州暴動，翟父這幾年躲回鄉間，估計或曾參加革命，翟父嘗説已分了紅布袖章，但公子哥兒怎會搏命，還是返鄉下較安全，不然或者被打死也未可知。返鄉後，翟父又與鄉人玩音樂，去廣州買樂器，組織中樂團，晚晚有月光時玩音樂，好生寫意。

翟暖暉父母翟懷敍黎鳳卿伉儷攝於番禺鄉間

翟暖暉九歲十歲纔入私塾讀書，跟秦介卿讀了一年，跟區湛鈞也讀了一年。共讀了兩年卜卜齋（私塾），纔十一歲時已敢膽代表阿爺在沙紙賣田契上簽名，賣了二百元，翟父帶此二百元去廣州開米舖。時值一九三一年，東北淪陷，政局不穩，當然沒生意，年尾執笠，暖暉返鄉下。

一九三七年去廣州投考中學，放榜日，有二百二十名，翟由最末往上找自己名字，一直找到第十六名就是翟暖暉，遂入廣州市立一中，這家學校免學費，只交宿費。不久打仗，市長劉錫森命令暑假全市中學停課。翟返鄉下，甚覺無聊，精神無出路。一九三九年初，在自己鄉下，母親不知世局，還說裁衣服。翟公有感而發，寫了人生第一首詩，詩云：「哀哉不能言，匪有緘我口，嗟我不能言，言之實覺醜。惟我眾君子，有地不能守，千里沃平原，數日棄之走。身隨地俱淪，從此為雞狗。」翟公在鄉間待不住，隨小學同學之父麥達三去廣州，入廣東大學農學院訓練班，讀了一年，麥達三患霍亂卒。一九四一年初翟轉去羅定，入廣東省立藝術專科學院讀音樂。王懿平教授頗看重翟，專門教翟和聲學。

一九四五年八月和平，十月返廣州適巧大舅王音忍做了廣州市立三十四小學校長，遂去這家小學教唱歌、算術。但無糧出，也不是無糧出，薪水貶值得厲害，一百元才得十三両米，不想幹了。

翟暖暉與持恆同學遊沙田，1949年

一九四七年頭，翟到港後由潘伯林（又名潘煒）托其兄伯桓介紹到救恩學校教書，校長係傳道婆周某。翟公在救恩教了四年，思想左傾，也宣之於口，因言論過左，學生稱翟公花名為「毛澤東」。一九五〇年終於弄到被校長解聘。

但四年的救恩教學生涯，只是一次人生的熱身，而翟公一生的際遇則始於兩種（次）的「持恒」。

翟在救恩教書時，寄居潘伯林任教的學校宿舍，大概一九四七年十月，偶與潘共看《華商報》，見有持恒函授學校招生廣告，遂同去報名。潘讀國際關係，而翟讀社會學。有一天成立學生組織，開會時翟公閱歷深，久經風雨，視野較寬，於是講話較多，遂被選為總幹事，而一位讀國文科的女同學錢靜嫻副之。還有一副總幹事藍真，是持恒讀哲學的。學校每兩週開學術講座，邀請名流來講話。茅盾、胡繩、胡愈之、郭沫若、鄧初民、喬冠華等名家都曾應邀來演講。喬被邀時先問有多少人聽，翟公怕說得少請不動喬老爺，膽粗粗說百多人，後來還好，幾乎來了二百人，連樓梯級都站滿。喬老爺講「三大戰役前的國內形勢」，但說的是國語（普通話），翟公其實聽不明，不知他講甚麼。只記得喬老爺說「杜魯門這個小子」一句，大家都笑。

喬老爺講畢，翟公有一同學郭全本提問蒙古問題，中東路事件問題，

翟暖暉與持恒同學郊遊，1949年

那都是不平等條約，但共黨贊成，郭全本問為甚麼贊成，喬也不知如何答，只得含糊其辭。翟公十分讚賞郭全本，說郭厲害，會獨立思考，不怕死，敢提問，挑戰喬，翟反而為喬老爺擔心怎樣應答。郭全本（一九二三—一九九七）係馬交仔（生於澳門也），祖籍山西，一九四九年至一九七五年在英皇書院教中文、中史。兒子郭新係著名天文學家、港大大教授，有弟子梁振英係本港特首。

行筆至此，略提一下持恆。話說戰後香港有兩所特殊學校：持恆函授學校與達德學院，都是中共香港工委指導下，由在港的地下黨員和民主人士合辦的。達德創辦於一九四六年秋，辦了五個學期，較為知名，有好幾部專書介紹。而持恆知者不多，持恆成立於一九四七年雙十節，是生活書店在極其困難的條件下創辦的一所新型的函授學校，由生活書店總經理徐伯昕、胡繩、沈志遠、胡耐秋（伯昕夫人）和孫起孟五人組成校務委員會，孫起孟任校長，執教的老師均為左翼知名文化人：胡繩、曹伯韓、沈志遠、邵荃麟、葛琴、宋雲彬、張鐵生、狄超白、鮑錦逵等，職員有溫知新、張佩蘭、黃壁、鄭新、陳嘉耀、藍真等。校址在北角英皇道四八九號四樓。持恆雖只辦了兩個學期，但培養了許多青年。後來孫起孟校長直言這所學校「曾為提高青年的思想、政治、文化水平，迎接人民解放事業做了一些工作。」（《新文化史料》一九九八年第一期）受教者有的回國奔向革

徐伯昕（右）
持恆函授學校孫起孟校長

命，參加粵桂邊縱和東江縱隊教導營，有去南洋參與左翼活動，有的留港從事出版工作，如藍真、呂舜如、杜文燦和翟公等。（參藍真《一點閃耀的光亮：「持恆函授學校」與「生活書店」》）

翟公說持恆於一九四八年九月停辦，學生散哂。作為總幹事的他，要做許多聯絡工作。上午在救恩上課，下午去同學居所或工作間逐個拜訪，所以持恆學生都識得翟公。「持恆」散檔，同學們捨不得就此散伙，遂組織持恆學友會，集資租用九龍廣東道六一九號六樓，成立「持恆之家」，翟公被推為大家長，同學老友藍真副之。十多位同學在「持恆之家」搞學習，學習政治為主，學習毛公的《中國革命與中國共產黨》、《新民主主義論》等等。在「持恆之家」的「家」中還住有幾位男女同學，錢靜嫻也是其一。近水樓臺，翟公與靜嫻談戀愛了，「在一次與在港同學到赤柱泳灘海浴中定情。」（《閒庭信步詩詞》二冊頁三）翟公與赤柱有緣，先在赤柱定情，十多年後，無辜幸入赤柱折騰。

第二次的「持恆之家」是指翟公與錢靜嫻的結合，他們組成能持恆數十年的家庭。前者「持恆」得好友藍真。後一「持恆」得賢妻錢靜嫻。翟公一生可謂得力於「持恆」者甚多。

當初翟公與錢靜嫻（原名舜玉，入讀持恆始改名靜嫻）戀愛，錢母贊成，但錢父見翟公面無四両肉，高高瘦瘦，極力反對這頭婚事。惟女大女世界，

持恆學友：前排左三錢靜嫻，右一孫起孟校長，後排左起：郭全本、翟暖暉、藍真，1948年

翟暖暉結婚男女雙方家屬合照

翟暖暉結婚請柬

翟暖暉合家照：坐者為外母勞卓華，其右：惠洸，左：惠華。

有情人也終成了眷屬，時為一九四九年，藍真做證婚人。錢父不願擺酒，而藍真與一班持恆學友，在威靈頓街二十八號大景象酒樓（老闆袁容，後來開太白海鮮舫）擺兩三酒席慶祝。（威靈頓街二十八號後來變成三聯書店總部數十年，直至收購商報時才變賣易主。）錢父後來接納翟公，或曾補擺喜酒。翟家仍存有當日錢靜嫻穿裙掛與翟公和一眾親戚的合照。錢遂初嘗語翟公不得納妾，但錢自己早有妾侍，遂改口說等搵到錢時方可娶妾。可見當時社會風尚。

且說翟公夫人錢舜玉這位能人所不能的女中丈夫，與翟公組織家庭，成就了後來翟公的種種事業。舜玉較翟大一兩年，其尊人錢遂初（一八九〇—一九五二）之岳丈勞煊游（一八五四—一九四〇），光緒年間去南洋搵食，帶回一個有一半南亞血統的嬰孩，這位半唐番就是舜玉的媽和後來翟公的外母大人勞卓華（一八九一—一九七二）。怪不得翟公兩位千金，乍看有印巴裔模樣，實具有八分之一南亞血統。廣東人叫雜種的混血兒，往往漂亮而聰明，勞卓華就是一例。

這錢遂初先生做生意，大起大落，曾瀕破產邊沿，又能起死回生，賺大把錢。嘗與百貨業鉅子潘錦溪（潘迪生父、李國寶岳丈）、莊明豐合作生意。代理瑞士名錶賺大錢。而所生千金舜玉，卻與乃父志趣迥異，醉心教育事業。

翟暖暉岳丈錢遂初道裝照

錢舜玉原在般咸道西南中學畢業（近聖士提反附近），在孔聖堂屬下小學教書，後去聖心（當時叫聖三一）再讀。香港淪陷，舜玉受不了日寇統治，一九四二年冬，錢舜玉與好友黃慧文、黃柔文三個女人去廣西。時日本有船白雲丸行廣州灣經香港，再經梧州去廣西桂林，三人乘搭此船擬去桂林，誰知途中有些阻滯，留在鬱林（玉林），黃柔文患傷寒病死。黃慧文去鬱林縣城教書，錢舜玉寄居在當地姓蔣的家庭，日間在縣政府做科員（秘書），晚上在蔣家教幾個小孩。直到勝利後急返香港，幫父親忙外，也教書。

錢舜玉本就雅好書法，返港後生活較安定，跟馮師韓學書法。馮用心教她，還經常賜字。馮師韓是皇仁仔，早歲在華民政務司工作，一九二五年省港大罷工，香港總督與中國官員談判時，馮做翻譯。後又在電檢處工作。馮師韓以隸書名世，其千金馮文鳳也有聲於時。錢舜玉跟馮老師只短短兩三年，但已能寫得一手好字。

錢在持恒認識了翟公，婚後兩人由持恆之家，遷去興漢道尾，英皇書院隔鄰一幢樓宇的閣仔。嗣後遷去亞畢諾道八號四樓，隔鄰就是道亨銀行董家。董家兩位千金董琪董傑與惠洸係真光小學同學。董家另一位千金董慧嫁與中共地工潘漢年。翟公長女一九八六年遷入羅便臣道七十五號三樓，與費彝民住同一棟樓，而所居在費宅樓下，該單位六七暴動間原係港

錢靜嫻幼時與母親合照

錢靜嫻年輕時與父母合照

英特工租用，嘗在天花鑽小孔，安裝竊聽器監聽。筆者何以知之，中調部駐港頭目光頭潘（靜安）曾告知惠洸也。

光頭潘係易大厂高足，與翟公老友，翟公用印就是潘所刻贈。潘更欣賞翟太太的書法。七十年代潘收好幾位弟子授以篆刻，而請翟太先教諸弟子書法。翟公獄中傳遞出詩篇，翟太太均以毛筆工楷謄錄之，後來編為《閑庭信步詩詞》，就是出自翟太太手筆。

一九六三年翟公遷入西摩道美麗臺J座六字樓，一住半個世紀。樓下《大公報》李俠文居住。晚歲樓上樓下偶爾搓幾圈衛生麻將。

一九九九年翟太辭世，春秋八十有三。死因係心臟病發，迅速斷氣，無痛無苦，也不麻煩翟公。

翟公育有兩女：惠洸、惠華。一九六七年翟公繫獄時，惠洸在聖保羅男女校中五畢業，擬在原校升讀中六，但校方見翟公入冊，擔心惠洸會不會搞事呢，曾開校務會議研究。尚幸翟公老友曾宗麟（鄧爾雅及馮師韓高足）的公子曾國強在聖保羅任教，極力擔保惠洸不會出事，才得以繼續學業。惠洸浸會畢業後，也加入父親的團隊，在《廣角鏡》工作，兩年後從事音樂教育，凡三十年。惠華較年幼，與李少雄、潘懷偉兒女避居澳門，就讀濠江。一九六九年翟公獲釋，始返港入鄧肇堅中學。畢業後遠赴美利堅，先後在馬利蘭州立大學、康乃爾大學攻微生物學，得碩士學位，繼而在芝

南昌興記印務公司創始人
錢遂初與女兒錢靜嫻

加哥大學搞學術研究。後返港隨林語堂千金任教。近年多作義工，服務社會。

再說回五十年代初韓戰爆發，局勢緊張，港英可能封殺三聯書店、新民主出版社、中華書局、商務印書館等左翼書店和出版機構。中共香港工委遂有開設無色彩書店的方針。

翟公被救恩炒魷之後，藍真邀翟公去見生活書店的楊明，聘翟公到新成立的學文書店工作。翟公說藍真這位持恆同學，似來頭不少，楊明經理也聽藍真的。（三聯楊明走後，李克來，李後來去海南島，陳祖霖繼任，後來藍真來。）

學文其實沒有自己門面，只是掛單在干諾道中五十七號上海書局，擺一張枱辦公。學文第一任陳建功做經理，陳雖然思想左傾，但中間面貌，人面廣，係藍英保險公司高級職員，也曾在智源書局任職，後來在九龍平安戲院附近開設前進書店。

翟公任學文總編時，出了不少書，也有可記之故事。翟公到處找人寫稿，尹任先介紹何孝達（即冬天也穿短褲的詩人何達），何夫人叫陳文娟，其兄在教育司署工作。陳請何孝達代課，所以陳文娟被炒，文娟寫小說筆名夏易，那時流行打羽毛球，費彝文也打，夏易寫《怎樣打羽毛球》，銷三千冊。學文出《張老師教作文》（夏尚早著），司徒華也大讚，與翟公說他也

翟暖暉全家福（中為翟外母勞卓華），六十年代初

叫學生看這部書，銷路甚好。當時翟公印了一冊《如何幫兒女求婚》，銷路卻不佳。學文面貌中間，作者係左翼文人則改用化名，例如《少男少女》作者馬霖就是司馬文森的化名。

翟公特別提到關朝翔醫生，關以吳仲實為筆名在《大公報》寫醫學文章，編集成書，其實這是一本「內容著重在破除有關醫藥的迷信方面」（序）的書，作者原擬書名《醫藥新迷信》，翟公以書中一章《我的刮龍術》作書名，這個書名吸引力大增，結果洛陽紙貴，銷路極佳。書售二元一冊，關醫生要版稅百分之十五，互利互惠。但後來卻發生一場風波。事緣關醫生在《大公》發表文章，說社會主義也會變，得罪了新華社。翟公說斯大林也有如此說，《聯共布黨史》其中一章也有這說法。但陳祖霖走來下令要毀滅關醫生的書。

翟公後來專心經營宏豐，學文就交由石煥新（原百新圖書公司會計）接手；學文後來更被發現有左派背景，在南洋入了黑名單，遂改名為大光出版社。章懷李昕由廣州來港，兩位都是中山大學高材生。章主持大光有聲有色，李搞《生活與健康》雜誌也相當成功。

翟公說藍真對他影響最大，帶他走入出版界。那麼翟公去辦學文，只是個開始。接著的是一九五一年左右在大道西二一〇八號地下開設求知書店。這回翟公做幕後老闆，經理係楊汝長（曾鈺成前岳丈大人），繼由植文通

關朝翔醫生

藍真

接手。一九五三年翟公又應藍公之請，在灣仔莊士敦道開設華風書局。

教科書從前是商務、中華的天下。但這兩家老字號大書店投共之後，其出版的教科書許多學校都不敢採用。

一九五三年出版界領導唐澤霖找翟公洽商，擬與翟公及世界書局，三方合作，每人十萬，組織宏豐圖書公司出教科書。翟公出面找世界書局郭湛，一拍即合。作者大都是學識淵博，富有教學經驗的資深教育家，陣容頗大，包括後來做中文大學校長的馬臨教授。

翟公千金說翟公最合適搞宏豐圖書公司，翟公一心一意要把教科書編好，全情投入。兩位千金都能幫忙，惠洸小四暑假期間，去宏豐幫老父對稿，而惠華當模特兒做各種動作，拍照用作書中插圖。舊日教科書上的植物圖樣，都是白描畫稿，翟公是對著真植物拍照，代替白描畫稿印在書上，這在當時的香港是創舉。翟公還逐家學校拜訪校長，介紹其心血，所以長期以來，許多中文中學都採用宏豐的教科書。

翟公入冊時宏豐人員四散，奄奄一息。翟公器重的陳耀東改行當巴士司機，到翟公自由後把陳拉回來，重整旗鼓，逐漸恢復舊日光采，不久更由陳耀東出掌宏豐，一直到後來轉售與李國強兄。

一九五二年香港發生「三一事件」，《大公報》被控，判停刊半年，後經周恩來總理向英國駐華代辦交涉，《大公報》才在被迫停刊十二天後

唐澤霖

復刊。中共香港工委研究，港英可能會再封殺大公、文匯、新晚。遂有陸續開設無左翼色彩的民間中立形像報紙的方針政策。這又關係到 翟公。

五十年代申請報紙牌照不易。當時《標準行情》督印人李少雄拿現成的《標準行情》改名為《香港商報》，手續簡便得多。但去哪裏印呢？香港工委看上了翟公岳丈的南昌印務，於是又由藍公出馬游說翟公。原因是翟公岳丈大人錢遂初，原開設昌興洋行，做鐘錶生意，代理瑞士嘁嘩度 Movado 名錶，賺大錢。後又在德忌笠街四十二號，成立南昌興記印刷公司。於是翟公積極配合，更難得夫人錢舜玉全力支持，居然一口氣賣了六層樓，得款十多萬，全投到南昌購置大型印刷機印商報。

翟公還睡在工廠，費盡心思日夜研究印刷機器。嗣後南昌與商報兩家合併為南昌印刷公司，由翟公去領牌。李少雄還接其他報紙來印，有《田豐日報》、《香港夜報》、《新午報》、《青年樂園週報》等等。

本來接印這幾份報紙，於南昌生意有利，但也埋下日後翟公被捕之禍的伏筆。

合併不久，文匯派黃炳衡等幾個人來南昌協助工作，文匯經理余鴻翔說這幾位如果不適合可送回來。不久，黃炳衡等幾位文匯來的人不合作，翟公一怒炒之。但工會派人來要翟公收回成命，翟公不肯，工會的人鬥爭翟公。有日由藍真出面要求翟公收回成命，翟當堂火滾，想打爛機器，但

香港商報

《香港商報》創刊號，
1952年10月11日

一想，何必發火，打爛機器損失的是自己。反正日日印報，日日收錢算了！自此翟公不理南昌，覺得南昌不是自己的。

但故事未完。六七暴動，翟公是南昌持牌人，而南昌承印的《香港夜報》、《田豐日報》、《新午報》，係港英封殺對象，所以翟公也因而被一併抓捕繫囹圄兩年，真是無妄之災。當日詳情，已有另文《翟暖暉在一九六七》，此處不贅。

一九六六年大陸文革暴亂，禍延香港，六七暴動，中共香港工委與一眾左翼人士辛辛苦苦建立的基業毀於一旦。《香港商報》也未能倖免。原賴以銷紙的金庸武俠小說、馬經等版沒有了，大群讀者不看了，銷路大降，由盈轉虧。每年要新華社補貼千萬元（文大新還不只此數），錢從何來，新記每年向中央寫報告申請，對主事者也是頭痛事。及李少雄死，張初出掌商報，張與聯合出版集團老總老友，傳聞張向老總進言，做香港出版人做到頂級像藍公最多撈個廣東省人大或政協，若果買了《商報》，變成傳媒人身份，影響就不一樣，不單只退休年齡可延長，還可以提升身份至中央級別，撈個全國人大或政協做做。聯合老總係有所作為者，或不一定要過此官癮，新記也順水推舟，樂觀其成，好卸掉一個包袱，最終聯合買起《商報》。

商報與南昌合股的，收購事關乎翟公。翟公說，有日，商報新社長聯

《香港夜報》《新午報》《田豐日報》，1967年6月2日

合老總與羅某一起來談，老總直呼其名：翟暖暉，南昌已一無所有，轉名過來吧。翟公一聽此語，大受刺激。遂在商言商，不打感情波了，要求四百萬。但新華社周南不肯。翟公寫了份萬言申訴書交新華社。其中一份抄送藍真。藍公早於一九八四年花甲之齡退位，不在其位不謀其政。但仍趁國慶節宴會間，問新華社張浚生翟信如何，張謂翟信可讀性高。藍如實相告，翟又光火。其實藍公已跟新華社楊奇說項，楊奇在新記內部有黃大仙之稱，有求必應也。楊奇覺得翟公功不可沒，應該做些表示，後來便有安撫措施，每個月當顧問費車馬費給翟公六千四百元。

翟公一九六七年八月九日凌晨被捕，入冊兩年，至一九六九年九月六日出獄。在還我自由後，常與藍公行山，大帽山、八仙嶺等等。遇週六日去的話，行山路程短些，以便兩位太座參加。藍公喜啤酒，時帶五六瓶登山，翟公幫忙分擔。偶與村民相遇交談，人家問起兩位做甚麼工作，答以我們做睇門的（看更），村民輒道：回家打麻雀吧，行這麼遠身水身汗咁辛苦。翟公行山，與藍公表示，覺得要做些事情。

一九七〇年李怡辦的《七十年代》月刊出版，反應極佳，對港澳青年人及歐美留學生、學界影響至鉅。藍公遂鼓動翟公也搞一份雜誌，以資配合。翟公說，潘懷偉在獄中跟他說過要人家破產叫他辦雜誌好了，所以不願辦。有次藍公與翟公說辦雜誌事已報上去，翟公感到好像勢在必行。

《七十年代》月刊

不久，藍公拉翟公，領著陳松齡兄，三人去龍珠島的酒店住一天，商量大計。商量了一整天，決定出《廣角鏡》月刊。

陳松齡是馬交仔，國民黨太子系梁寒操弟弟梁寒淡女婿，由潘國麟（澳門永樂戲院領導）介紹來香港，先在上海書局工作，與李怡拍檔。藍公推薦陳兄來做《廣角鏡》總編，並與翟公言，陳有甚麼不對，由藍對陳說。《廣角鏡》月刊面世後反應也不錯，但影響力則遜於《七十年代》。陳兄嘴唇略厚，憨厚老實，不慍不火，滋油淡定。沒多久，陳兄過檔去《七十年代》，重新與李怡拍檔搞天地圖書公司，天地越來越壯大，出了許多甚有份量的好書，對讀書界貢獻甚大。門市生意也不錯，還在旺角發展新店。這是後話。而接替《廣角鏡》總編的是李國強，李與翟的千金係浸會大學前後同學，學運幕後搞手。

一九七六年，翟公不怕破產，又搞了本新刊物《現代軍事》，由施雲作主編，辦得有聲有色，影響海內外。那時中國大陸鎖國多年，消息閉塞，軍界通過《現代軍事》，了解外邊軍事發展到何等先進地步。共軍領導張愛萍還邀翟公上京，誇獎翟公這刊物對軍界的貢獻。《現代軍事》主力施雲作係惠洸夫婿，也是浸會幫，一向低調，也深明軍界複雜，保持距離，純辦雜誌，才能長治久安、長命富貴。

七十年代末，大陸搞改革開放，號召港人到大陸投資建設。翟公也不

陳松齡，2003年
《廣角鏡》月刊

甘後人，組織資金，由翟公牽頭，讓老友兼《華夏意匠》作者李允禾（研山公子）劃則設計，在廣州興建五羊新城樓盤。當時的地方大員兼改革開放主將吳南生，還專門自從化趕到廣州主持動土儀式。時廣州人被充公房產才卅年，記憶猶新，心有餘悸。如果買了，不知他日運動來時，或政策一變，再被充公，豈不老襯。據當年馬公國權提及，買五羊新城與別的樓盤不同，有政治保險，再有運動，也不影響業權云云。當日銷情如何？不得而知，翟公生前從不提及。今春與吳老（南生）在飯局上閑聊，才悉翟公曾有此舉。

一九八九年九月左右，外文局林茂蓀邀港臺出版業界去廈門，筆者陪同臺灣業界王榮文、詹宏志、陳遠建諸君赴會，在啟德機場走廊上與翟公並行，翟公伸直手五指像抓東西模樣說：「許仔，一於搲（挖）銀。」翟公係溫馨提示後生小子，只管賺錢算了，不要管他娘的政治也。

翟公一生追求進步。傳聞翟公嘗參加新民主主義青年團（共青團），該團慣例二十五歲轉黨員或者退團，翟公或曾考慮入黨，但據云黨認為他做個黨外人士，做個資本家，對黨貢獻更大，故未嘗吸納他入這個世界最大的有組織社團。可惜在翟公生前筆者未及詢此敏感話題，無從求證。

一九九二年政協換屆，新華社文體部孫南生部長攜一籃生果來拜年，孫與翟公說，你年紀大了，政協這個位讓與李國強吧。翟公即時應允，如

《現代軍事》月刊

釋重負。當日兩夫婦十分高興。翟公還大發詩興，吟道：「一籃生果一銜頭，用到無時要自休。」

七八十年代以還，翟公也像一眾有正常思維的左翼人士一樣，對大陸香港種種荒唐事深惡痛絕，若不是那一片丹心尚起些微作用，畀幾分薄面共產黨，早就召開記者會公布燒到自己身上來的諸多真相。

扯遠一點，小思說，不文如黃霑，對著她也不會有不文之語，翟公與小思說到種種荒唐事時，十分火爆，「丟那媽」等粗話隨口而出，雖然罵的是別人，卻讓小思見識真名士之外的真漢子也。

翟公晚歲，仍關心國事港事，想甚麼就說甚麼，火氣不減，也不管西環如何看他。八九年前，甚至以八十六之高齡，慷慨激昂去參加遊行示威，表達爭取普選、爭取民主之意見。充分顯出強烈的愛港愛國之心。可謂烈士暮年，壯心不已。

二〇一三年一月九日翟公以九十四高齡過世，在香港殯儀館以天主教儀式舉殯。守夜時到場致祭者眾，有李怡兄，新華社蔡培遠伉儷（翟公救恩學生）等等，正式舉殯之日，靈堂各路英雄雲集，左翼諸君如藍公等，民主派如李柱銘等均到場致祭，長毛梁國雄等送大花牌致哀。可見翟公兼容並包，備受各方敬重。此生不虛。

二〇一三年四月二十六日

左起：李蕙、潘靜安、錢靜嫻、翟暖暉

勝似閒庭信步

——翟暖暉在一九六七

翟公（暖暉）逝矣。當年彈丸小島香港，六七暴動中虎鬥龍爭的英雄俠客，在世人漸次淡忘當中，又弱了一個。翟公老友楊君疊發短訊催促寫點紀念文字，筆者義不容辭，但不預設立場，是非不論，只想從側面的具體而微、為故人存事實，供好此道者參考。倘有犯諱，則非我所料。筆者只是一個「古今多少事，都付笑談中」的老者。乞各方君子恕恕！

說翟公，最矚目是他在四十五年前和香港一場暴動的關係。

這場暴動，當時人都感到像霧又像花，後生一輩更莫明所以。尚幸近年學界有心人士也有注意及此者，有相關著述陸續問世，如《南華早報》張家偉兄的《六七暴動》（香港大學出版社）、余汝信兄的《香港，一九六七》（聞原係三聯出版，或有所不便改為天地出版）諸書，對了解此役，甚有助力。

而當日暴動參予者暨鎮壓者，與筆者相熟者頗不乏人，但故老凋零，

翟暖暉與獄中戰友許雲程談笑風生，2012年

尚在人間者越來越少。去歲香港夜報胡棣周卒，月初翟公（暖暉）亡，倖存之「少年犯」楊宇杰兄早逾花甲，當日血濺花園道的蕭滋八十有七、許雲程八十有三，總指揮祁烽丈也九十有三了，嘗駐守沙頭角與民兵槍戰之督察莊福添兄（莊世平姪）也早逾古稀。劉知幾《史通》謂「秦人不死，驗苻生之厚誣；蜀老猶存，知諸葛之多枉。」但人之云亡，又無「口述」紀錄，這又何以傳世？毋因之本文願載其「碎屑」。

當年六七暴動，輿論戰在所難免，那時左派報紙，文、大、新是正牌黨報，另有晶、商、新夜、田豐、新午銷紙數萬之小左報，正牌黨報係港府眼中釘肉中刺，亟欲除之而後快，惟策略上不便抓捕正牌共黨的大公費彝民、文匯金堯如、新晚羅承勛，而是拿A貨小左報開刀。於是八月八日半夜三更將田豐、新夜、新午諸負責人一體查拿。這裏頭最無辜辜的是翟公暖暉，何以說翟公無辜呢，且聽我慢慢道來。

翟暖暉（一九一九—二〇一三），廣東番禺人。當年主要業務是搞宏豐圖書公司，編印教科書，而他的岳丈大人錢遂初開辦的南昌印務公司，翟公是持牌人，後增加股東擴展業務買大機器承印報紙，翟公性格倔強，與文匯余鴻翔派到南昌支援的幾位工友不合，炒人家魷魚之後，復被各方輪番游說，被迫聘回，遂滿肚怒火，本擬打爛機器，但損失的是自己，哪有如此老襯（愚蠢），反正南昌印報紙有錢賺，只好忍氣吞聲，索性撒手不管。

中華書局老總吳叔同，1967年

從此南昌大小事務，統由香港商報李少雄打理。

翟公夫婦均持恒學校畢業，與持恒同學藍真老友，藍公係正牌共黨，三聯書店老細，統領左派出版界。暴動之初，左翼各系統紛紛成立鬥委會，翟應藍公之邀，出任鬥委會委員，即「港九各界同胞反對港英迫害鬥爭委員會」。讀者諸君不必太認真，這個所謂鬥委會其組織結構相當於後來的國慶籌委會，都是掛名的界面派對而已。真正搞鬥爭的則在幕後！

胡棣周嘗語筆者（一九九六年四月六日晚上在汕頭金海灣酒店飲咖啡聊天），反英抗暴，黃永勝（廣州軍區司令）在廣州領導，祁烽（新華社副社長）在澳門指揮。胡言未必準確，或真是胡說。而鬥委會諸君，未必想鬥，也不乏無可奈何者，雖不至於像後來章士釗治喪委員會有委員黃文山登報聲明並不知自己被委任治喪委員之強拂人情，但其時確有鬥委中華總商會高卓雄離港走避。王寬誠丈雖堅守香港，奈何太座怕怕，王太太攜子遠飛瑞士避開是非之地，更有甚者出版界鬥委會主席中華書局老總吳叔同乾脆「投奔自由」，急赴臺灣再轉寓澳洲。樂天派翟公大近視，或看不清形勢嚴峻，繼續在港吃喝玩樂，結果出事。金聖嘆說過：「殺頭至痛也，籍沒，至慘也。聖嘆以無意得之，不亦異乎？」翟公庶幾近之。

一九六七年八月八日下午三四點鐘，翟公管他娘的「反英抗暴」，且

高卓雄（右）
王寬誠

帶同家人去深水灣游水，玩得很高興，回家已很疲累，晚飯後不久酣睡。但淩晨四五點鐘（八月九日了），門鈴大響，翟夫人出觀，謂：警察。翟高呼：開門。即開盡屋中所有電燈，照得燈火通明，然後靜坐沙化恭候。一隊員警入屋來，其一為老差骨，五十歲左右，一西人警察，個子不高，鼻高，藍眼睛，面黃。幾個精壯警察拿著長槍把守各重要位置，如大門口、電話旁、廳角。

老差骨到翟公面前恭恭敬敬地鞠躬，出示其差人證件，自稱警察。翟大近視，放下證件，入房取眼鏡出來審視。差人奉命搜查，翟房中有五桶櫃，五格盡開，西警入房，先從最底的五桶櫃搜起，由下而上，一櫃桶一櫃桶的搜查。底櫃桶放內衣褲，西警一雙手掌輕按，感覺衣褲下是否有異物。搜第二櫃桶時雙手發抖，搜第三櫃桶時一樣手震，翟公見狀，還安撫西警，溫馨提示他慢慢來，不用急。最上有鎖那層，放的是貴重物品。翟太太的金銀珠寶也放在這裏。西警檢出鈔票，立放回，並聲稱我沒有掂到這些，現放在這裏。其間搜出一三尖八角的小石頭，問是何物。翟夫人原在房外，見西警入房她也跟著要入房，為華警所阻。翟夫人說我丈夫在房內，我要看看他，始讓進。當西警取小石頭問翟公時，翟夫人一手搶去石頭，說不許碰，這是泰山撿回來的，夫人真是一副凜然的「泰山石敢當」，那西警也沒有理會。

六七暴動，警方防暴隊與學生衝突前一刻

西警在第一櫃桶中搜出三樣東西：

（一）翟夫人記事小本子，六十四開本東亞銀行送的。翟太太很細心，甚麼也記，幾時吃了藥，甚麼時候經期來，一一記錄。

（二）翟公電話小本子，記錄親友電話。

（三）建築公司工程收據一張。

西警要帶走這三項，說是作為證物。翟公本覺無所謂，但後來一想，電話本子上有各親友電話，有許多中學校長電話，如李施義，那時馬臨（後任中文大學校長）幫翟公出版的高中化學審校，也記有馬的電話，會不會影響周圍親友呢？翟公覺得不妥，即要奪回電話本，差人不肯，翟公見沒法取回，只好說拿去也可以，但一定要寫收條。西警愕然，與老差骨說，這是證物，差人不能寫收條。翟說，沒有收條怎知你們拿了甚麼東西。正僵持不下，翟公千金翟惠洸本來趴在枱面看熱鬧，霍地站起來入房撕拍紙簿，寫三張收條，連原子筆啪聲放在枱面，要西警簽收。西警無奈，果然乖乖簽收。翟大喜，覺得女兒長大了，很懂事。翟把收條交與太太。西警工作完畢，輪到老差骨上場。

老差骨叫翟公坐下，取出紙筆落案。問姓名，答：翟暖暉。復問，你在南昌做甚麼？翟一愕，南昌只有二人，李少雄係董事長，翟是經理。但翟根本不管南昌，南昌所有事情，都由李少雄（香港商報）管的，翟從來不

新午報
炮艦列陣青山灣

1967年6月2日《新午報》報道中共炮艦開入香港引起人心惶惶

理，翟專心搞的是宏豐圖書公司，編印教科書。老差骨大聲喝道：你是南昌老闆，南昌做甚麼也不知？翟當堂撞火（翟說西警態度好些），但無謂吵鬧，遂承認是南昌經理。老差骨即說：以下說話，可以作呈堂證供，你可以不答。翟公說，不答又給喝罵，答又變呈堂證供。

落案間，有一華警擬入翟惠洸房間，惠洸答應國慶節表演刀舞，剛在大華國貨公司買了道具用的大刀，放在衣櫃頂，如果差人搜到，豈不變成「藏有攻擊性武器」？翟喝令惠洸、惠華姐妹二人看着差人，不許亂搜。兩位小朋友在房門口各站一邊盯着，差人在房中打個轉便出來，幸沒有發現道具刀。

老差骨落案後取出一張紙，記錄翟公所言，問南昌的事情。商報是否你印，新午報、香港夜報、田豐日報是否你印？我奉命拘捕你。翟公說後來差人在法庭說謊，說拘捕當時說明你觸犯……條例，其實當時差人也手忙腳亂，忘記了說。

翟公入房更換衣服，出來時見到其他鄰居張望，也沒有甚麼感覺。翟行先，差人尾隨，沒上手銬。家人都很冷靜，比送喪還靜。翟出電梯口，見有二車，一前一後，車頭向外，一警陪翟公坐第一輛，車上已有司機，正開動引擎，一會兒又不動了。翟問為甚麼不開車，警答不知。有人在談話，警取煙，也給翟一枝，二人吸煙，很靜。翟隨便說句，這事也不知要

六七暴動，警方防暴隊
鎮壓場面

弄到甚麼時候，差人也不答話，久久才長嘆一聲。隔了頗長一段時候才開車。事後始悉，原來此次拘捕翟公過程順利，按鈴開門，沒有阻滯。警方預備若拒不開門者，即用鐵筆撬門，所以一眾員警帶來的鐵筆留在翟宅，但押送翟下樓時匆匆忙忙，到發覺遺漏，始折回提取，當再按鈴時，翟夫人以為第二批又來了，虛驚一場。

翟公被送去軍器廠街警察總部，登上二樓，探頭一望，大叫：乜咁齊人？原來李少雄、胡棣周、潘懷偉（田豐肥佬）都在，翟話音未完，衰了，警員大罵，不准嘈，以為這裏係鬥委會呀？翟公靜坐一邊。一會兒，有警員問，邊個姓翟，翟公起立道：「我！」警員上下打量道：「睇下呢個老嘢捱得幾多拳？」恐嚇翟公。現場有一華探與胡棣周熟識，拿著大煙斗，出言調侃胡。一眾散仔警察拉了幾位報人以為立了大功，輕鬆玩耍。翟公見氣氛緩和，遂取出好彩煙，警察即喝罵，不許食煙。翟說不知道，放低煙，取張櫈與幾位老友共坐。外面有人在談話，翟不在意，思想開小差，正想得出神，忽然有一年輕便裝差人站在翟面前，大罵「我X你屎忽」，翟大怒，但無法發作，自念發作實死。於是反問，你真係想，就係呢度（這兒）？翟隨即解褲頭帶。便衣差人想不到翟公竟來脫褲這招，眼光光不敢動，其他人靜下來，連嘲弄胡棣周的大煙斗華探也不敢說話，屏息注視。出言要與翟公「相好」的便衣悻悻然走開。後來翟公心平氣和一想，何必

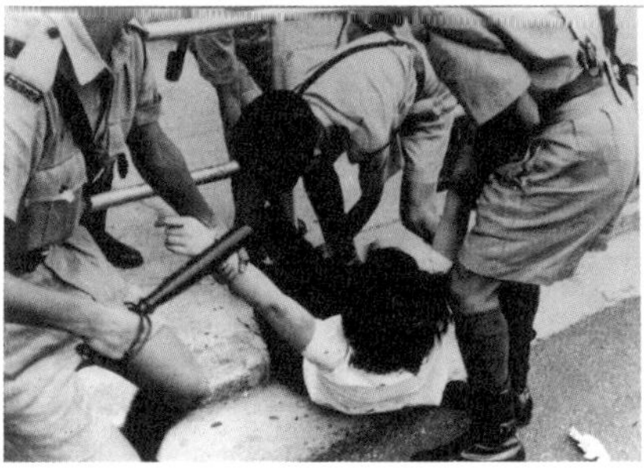

六七暴動，小小女生也被打倒地上

與他爭氣呢？

好了，傳出起解，有一白人出現，白恤衫藍斜褲，十足漢華學生，一眾報人上手銬。大煙斗探長問同僚，你們想不想「招呼」（毆打）他，眾差人應：「唔嘞」（唔長音，即免了，或因有白人在場），所以翟公等人幸未被「招呼」（毆打）。一解解去七號差館（西區警署），房間較大，有翟公寓所客廳這麼大（約四五百呎），圍著鐵枝，門係鐵閘，五六張床。因拉人係秘密行動，由總部解七號館，差人交接，談了許久，各人犯要「繳械」，手錶、煙，全身摸透，除衫褲。有警員要除翟公眼鏡，翟堅不肯，說看不見路會撞死，警察也不堅持。眾犯魚貫入倉，第一個警察呼喝「瞓低」。枕頭木製的，很硬，很不舒服，翟站起來，又被喝「瞓低」。第二個警察一臉怒氣的過來罵道，你班暴動鬼搞到無啖好食，睇你哋點衰法。一副潮州怒漢模樣，猛搖鐵枝，狂拉鐵閘，大呼，怎麼開不了的，伙記，拿鎖匙來，「招呼」他們。翟公嚇到七魂不見三魄，後來才知此動作實質靠嚇，精神虐待而已。第三個警察來，稍和氣些，語帶溫馨的説，換套衣服吧，我也是平民。現在受命出動，與你們無怨無仇。胡棣周見他和氣，遂說，阿叔，可唔可以要杯水，答曰：無水，制水嘛。一直無水飲，無飯食。眾人喊餓，警察去催飯，翟取得一袋拳頭大小的蝦仁炒蛋飯，雖吃得好滋味，但沒有水，難以下嚥。下午有人來影相，打手指模，落案。當時以打

右起：翟暖暉、李少雄、胡棣周及潘懷偉被逮捕

字機打英文文件，非常匆忙，常打錯字，打完再打，可見告得很急，拉了先算，再羅織罪名。翟公在七號差館，徹夜難眠。第二天上庭。庭上很亂，太多案件也。

翟公可謂「罪大惡極」，罪名達二十一條之多，但他老人家只記得主要有三條：

- 觸犯警察條例……
- 協助與教唆刊登虛假消息
- 協助與教唆煽動虛假消息

五個報人合共九十九條罪。五個人這麼多罪，真是罄竹難書，讀許久才讀完。輪到翟公，法官大人讀完冗長的二十一條罪，問翟認不認罪。翟當然不認罪。其他人也不認罪，遂押後再審，一眾報人解入域多利。加插一句：翟公係硬頸硬漢，淚不輕彈。但八月二十一日出庭，在通道中見到常來翟宅與惠洸玩耍的「少年犯」金文泰學生楊宇杰，翟公卻禁不住潸然淚下。

入域多利時，胡棣周叫大家不用請律師，自己答辯。庭上審翟，翟也就自己答辯。翟說其實當時已「一舊雲」，不知說甚麼，忽然靈機一觸，說：「我一九四七年來港，（翻譯之後），到現在二十年，我將最寶貴的青春花在這小島上……。魯迅先生說，俗人應避雅人。」法官問翻譯，你說

翟暖暉縷述六七暴動被控罪狀達二十一條之多，2011年

的很深，我也不明白。第三次審《田豐日報》時，翟已很疲勞，隨便亂噏，忽然唸毛詩：「勝似閒庭信步。」翻譯走過來問翟，你叫我怎樣翻譯，翟說，你就當我在監房遊來遊去。後來左報大字標題報導審判，以翟公吟誦毛詩：「勝似閒庭信步。」而傳誦一時。翟公後來出版詩集也命名為「閒庭信步詩詞」，去歲蒙他老人家題字惠賜乙套，珍而藏之。

第二次出庭，調整一輪，結果確定。每一宗案，每一條罪，判徒刑三年。印《新午報》三年，印《香港夜報》三年，印《田豐日報》三年，合共九年。幸好同期執行，實為三年。法官問：你同意嗎？翟可以不同意嗎？管他娘！有人嚇翟夫人：大姐，你要有思想準備，老翟可能安坐九年。其實坐牢也有折扣優惠，一年坐八個月，三年折實坐二十四個月，即兩年。

《香港夜報》胡棣周判六年，兩張報紙，每張三年。胡不應揹《新午報》社長，胡不是總編，總編是馬偉明。告《新午報》的罪名也是協助與教唆煽動。報紙社長可不能亂當的。

金堯如是當年共黨在香港新聞戰線的領導，筆者嘗請教翟公，金公當時有甚麼指示。翟一聽有點光火，說金堯如玩胡棣周，胡搏上位。第一日出庭，在七號差館，大家已經懵懵哋，沒甚麼表示。法官大人到，Court，起立，大家沒有抗議。第二次出庭，開審那天，金堯如通過監房的人叫胡

翟暖暉題贈詩集，2012年

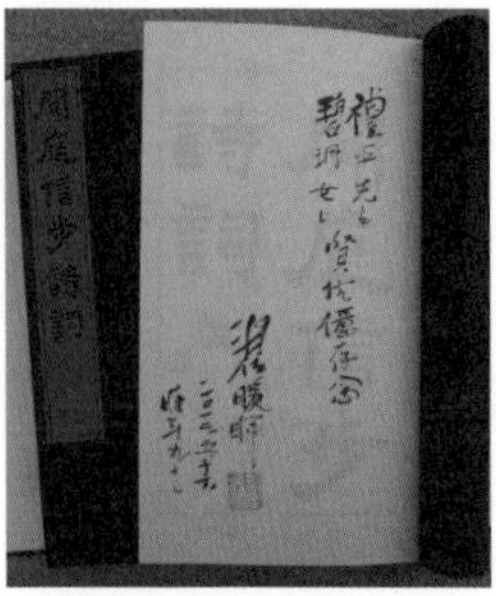

翟暖暉題贈《閒庭信步詩詞》與筆者夫婦

棣周起身抗議，胡告訴翟，翟不高興，第一日沒抗議，現在才抗議？好像做戲。這回Court，幾個人，四男一女，不起身，舉高拳頭抗議，高呼：「抗議港英無理迫害！」（翟公覺得很無謂）。開庭那天，休庭時，《香港商報》體育記者沈啟林到犯人欄面前丟小紙條，胡棣周去撿，警員立搶，並即時拘捕沈啟林，控以「藐視法庭」，判刑兩年。有一庭警也看不過眼說，上面做戲，下面又做戲。沈在獄中跟翟公他們說，金堯如是要通知大家抗議。開審那天，中國外交部已提出抗議，「八月二十日照會英國政府，限令四十八小時內撤銷對三家愛國報紙的停刊令，釋放被捕愛國新聞工作者和撤銷對愛國報紙以及印刷公司的非法訴訟。但英方悍然表示拒絕。」而當日《香港商報》大字標題報導外交部抗議的消息，遠遠也看得清楚。翟公還記得開庭那天，鄧子慎一早到法庭，佔據記者席頭一個位，開審時，全庭爆滿，連法官出來的門口也站人，鄧子慎朝著翟公等幾位被告打開報紙，故意讓他們看到外交部抗議的消息。

審判結果全部人判三年，翟與李少雄一併判九年，同期執行。

大伙旋押解入赤柱踎監，當中也有可記之事。翟公說：田豐潘懷偉對跑馬深有研究，在獄中也能施展所長，這可幫了一眾報人大忙。肥佬潘從來不入馬場，但自稱叻過董驃，專研究兩隻腳的騎師，甚麼時候該那一位勝出，他都能貼中，而且專貼冷馬。八九月份，馬季開始，警察知道他係

金堯如

《香港商報》頭版大字標題：「中國外交部向英國提四十八小時通牒」，1967年8月21日

馬經專家，備受優待。第一日跑馬，潘擬個冷馬奉獻，有警員贏了，遂奉若神明。警員最初提供報紙，潘說報紙刊出的消息已太遲，後來乾脆供給收音機。

有一日幾位老友共坐聊天，潘懷偉又是有名的食家，說兩年流流長，我們要找些好吃的，大家當然同意。通過翟公太座同鄉兄弟，首先由他代南昌付錢，通過關係弄些好吃的。有錢能使鬼推磨，每個月聯絡施沙展（潮州人），這位沙展神通廣大，監房每個倉都有自己用的私家鎖匙，不經任何人，可以自行開關，其他幫辦用完要交回鎖匙，施則可自備不用上繳。所以美食由施沙展搞掂。其時獄中盛行白粉，在監倉白粉、煙仔係硬通貨，以物易物，較鈔票吃香。後來聽說施沙展被捕，被控販毒也。

翟公諸君被人戲稱四大家族。潘懷偉識食識嘆，垃圾食物則給翟吃。翟甚麼都不要，只吃芝士。有一回四個人，忘了是星期日？六？三？下午釘倉，預先幾個人坐在一起，開大食會，有拔蘭地，打邊爐，用火酒打邊爐，真够折墮。別以為肥佬潘只係食家和馬評家這麼簡單，他早歲是新四軍，與楊奇死黨。

獄中炊事員也是監犯，要做十三四小時，每人有一磅肉，比普通人多一磅肉。炊事個個食白粉，是優差。翟公係煙劏，獄中派泰山煙，不合翟公口味，翟夫人供給紅雙喜。翟一取煙，幾個囚犯爭着點火獻殷勤，他們

潘懷偉（右）李少雄

有打火機但無煙仔，看着翟吃，羨慕得不得了。個個人定睛望着翟雲煙供養，吃罷丟煙頭落地，幾個囚犯有似餓狼般撲過來爭奪。翟公覺得獨食難肥，應該有福同享，遂分煙仔與他們，以後有煙就分送各人。有位好像姓關的囚犯告知翟公，謂這些囚犯吃白粉的，其實說的人原來也吃白粉。有次有人問誰吃豬腸粉（白粉），一見翟公，認得翟，立即走開。這位關君賣白粉，出工場，在第一架車工作，賣白粉用牙膏蓋，一抹，叫一「殼」。

一九六七年十一月一日監頭巡監。十一點鐘，車間九十多人，預先約定齊齊要求加飯，加衣，由《經濟導報》許雲程兄（普寧人）做代表遞紙與監頭。緣於九月二十二日有工友被抬去水飯房，許君組織罷工抗議，潮州人一起罷，其他人也一起停工，影響第一工場停工。第二步，在十一月一日要求改善衣食。工場中有六個班，其中一班國民黨人，係一九五六年雙十暴動時被捕關在一起，五個班派代表遞紙，監頭看完丟地，被噓。遂撿拾起來細看，答覆說無法改善。

監頭丟紙後，抗議聲、歌聲、打面盆聲、拍打衣車聲，波浪式震撼赤柱。獄警立採緊急措施，本來做完工排隊出工場，這天卻要分批回倉，要五人一組，輪到翟公，見兩面獄警排着兇神惡煞，翟很小心，雙眼平視，平望直出，行入倉，釘倉。忽聽一陣嘈吵。在洞孔見對面房兩個獄警手拿長棍，拼命打一個人，被打者跪地用手格。想釘倉，獄警不讓釘，一直到

李少雄（右起）、翟暖暉、潘懷偉出獄，受記者包圍採訪，1969年9月6日

打到趴倒地下，不能起身，才釘倉門。後來真正住對面的囚犯入倉，見地上一大灘血，即退出，要求轉倉，很久才有擔架抬走躺在地上的不知是傷者還是死者。翟公窺望間，忽然倉門打開，一極似鐵甲威龍之穿盔甲獄警拿着棍大喝，望乜卵嘢。翟説覺得很嘈，裝一裝（看一看）而已，「鐵甲威龍」大聲喝道，唔准「裝」（看）。獄方原將左仔與黑社會混在一起關押，一九六七年十一月一日這一役之後，改為左仔集中在第五倉，每天放風五分至十分鐘。

翟公還記得入倉第一餐飯，六個人一桌。長枱。有人問甚麼地方人，答番禺，甚麼單位，不明白，入四大吧。立送一糖一煙，説阿公送的，月頭拿到還阿公。當年入冊潮州人統歸潮州幫，其他人則歸不同的堂口（黑社會）。

説起翟公，不能不記一下他的獄中戰友胡棣周。筆者與胡本不熟，只是六十年代末與其妹胡淡兒曾有交往（淡兒也四十多年未見），後來才知其兄就是香港夜報的胡棣周。逮一九九六年四月間，中共廣東省委書記吳南生丈獻出藏品拍賣，捐與其鄉下潮陽縣（筆者舅公余建中係國民黨廣東省黨部頭頭，解放前調潮陽任縣太爺），興建學校，造福桑梓。胡係吳老老友記，也捧場高價投得關山月、黎雄才等作品，這些名作十多年後又輾轉經筆者之手釋

翟暖暉題贈詩集後與筆者合攝，2012年

出，是胡公捐與梁沛錦教授辦慈善醫院之用，都是行善積德。

拍賣前夕，一九九六年四月六日夜間在汕頭金海灣酒店，與胡單對單吃茶聊天。始悉胡也是澳門街坊，其父抗戰間在岐關車站，經常運送物資去前山、中山交與抗日游擊隊。有次被日軍抓捕，倒吊打個半死，萬幸尚能翻生，後來在澳門新馬路經營土特產（即香港的國貨公司）。胡棣周則自稱與共黨不相干，且坦言以前經常去臺灣風花雪月，俗點說滾紅滾綠，與共黨沾不上邊。但六七暴動，八月八日夜晚在家裏吃飯時，被一隊警察登門拘捕，投入黑獄。筆者記得當年澳門家中訂有多份報章，其中有《香港夜報》，常刊李凡夫漫畫，有一天見第一版上端大字標題大意是「中共炮艇在香港海面出現」，這個標題足以嚇破許多恐共港人之膽，胡兄大概因此得緊急法令中「令人恐懼與沮喪」的罪名。

胡兄入冊之初，即為獄中舊日廣州西關寶華路十四號K葛氏門生出言恐嚇：你這個死左仔，唔捅你幾刀，也要劃花你塊面，胡兄嚇至有得震無得瞓。但絕處逢生，胡兄微笑語筆者，好彩多得你哋潮州幫的兄弟出手相救，某潮州幫幫主在獄中揚言，誰敢動胡棣周一根毫毛，就要踩平拾肆K。如此這般，胡兄在獄中才安然無恙。胡兄出獄，某拔刀相助的潮州怒漢也出獄，嘗至《香港夜報》胡的辦公室造訪。胡在櫃桶放了幾千大元，當時幾千大元可以買層舊唐樓（時大坑豪園三千三呎十多廿萬而已），雙方寒暄

胡棣周

一番，胡拉開櫃桶用信封放入幾千大元雙手奉上，答謝獄中救命之恩。對方雙手往前一推，辭不敢受。並說潮州人講義氣，路見不平，拔刀相助。你這口飯也不易吃，幾千元也不容易賺，留著自己用吧。續說，不是我誇口，我在旺角做拆家（白粉），每日賺的就不只此數。我們不同道，各走各的，以後也不敢打擾了。自此分手，再無機會相見。行筆至此，想起一九九三年公安部長陶駟駒嘗言：黑社會也有愛國的。當有所依據也。只是港人聞言大譁，有甚麼值得大驚小怪的。大譁者與純真的小乖乖何異。

胡兄出獄後聽風水師言，要採虛位制，《香港夜報》胡的辦公室仍舊保留，但不返工，不視事，由其他兄弟打理。有一陣子，臺灣國民黨資助在香港辦了好幾份小報紙，只印幾百份，根本沒有人買，所以香港報攤不見，偶爾放些在機場，應酬一下上頭，如此也可以增加就業機會，負責人也可揩些油水滋潤一下而已。而承印這些報紙者就是胡兄。所以奉勸諸君，不必太認真，成個世界得啖笑。

胡兄住跑馬地藍塘大廈，與筆者居所一箭之遙，經常在藍塘道口碰到，也在好些酒會、飯局碰到。握握手，寒暄一下而已。反而遠在西摩道的翟公，深入交談幾次，所得資訊更多。

胡兄後來穿起長袍馬掛，像舊日地主模樣，做了孔教學會副會長，好生奇怪，正想「八」一下，卻遽爾仙遊。現在又輪到翟公乘風歸去。

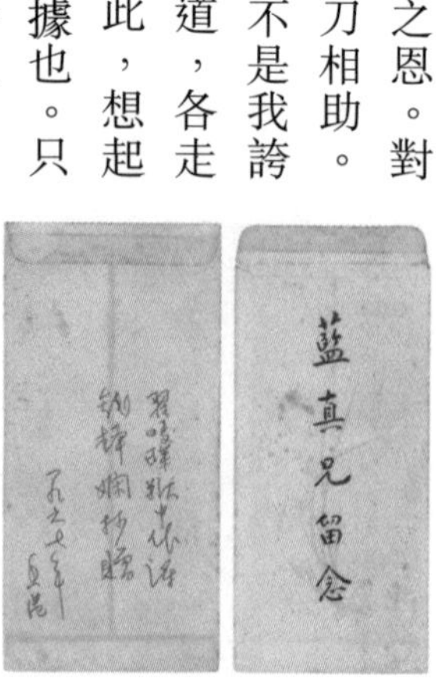

翟暖暉獄中作詩，錢靜嫻鈔贈藍真

六七一役倖存者，快將灰飛煙滅了。

葉遐庵贈羅翼群詩有謂：「棋罷更何分黑白，時平誰復論英雄」。遐庵是惜乎海晏河清世人之不論英雄。而我，卻記下了當日英雄的凡近。在此，只再重引一句，「古今多少事，都付笑談中」！

二〇一三年一月二十二日

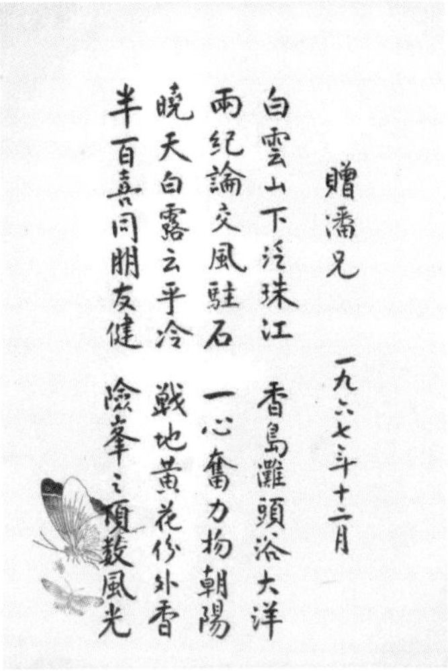
贈潘兄 一九六七年十二月
白雲山下繞珠江 香島灘頭浴大洋
兩紀論交風駐石 一心奮力捋朝陽
曉天白露云乎冷 戰地黃花份外香
半百喜同朋友健 嶮峯之頂鼓風光

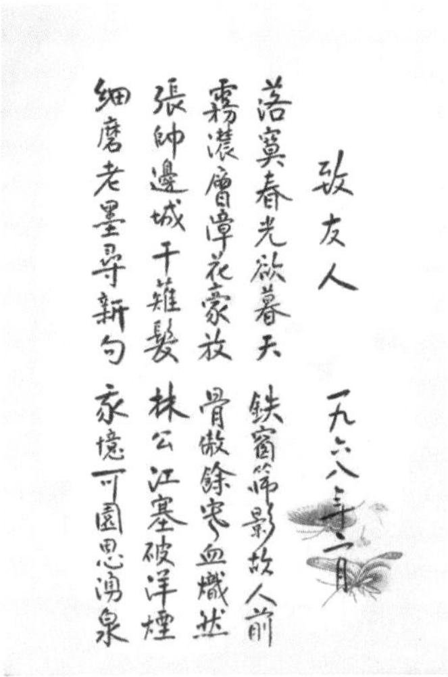
致友人 一九六八年一月
落寞春光欲暮天 鉄窗節影故人前
霧濃層嶂花豪放 骨傲餘寒血熾然
張帥邊城千薙髮 林公江塞破洋煙
細磨老墨尋新句 家境可園思湧泉

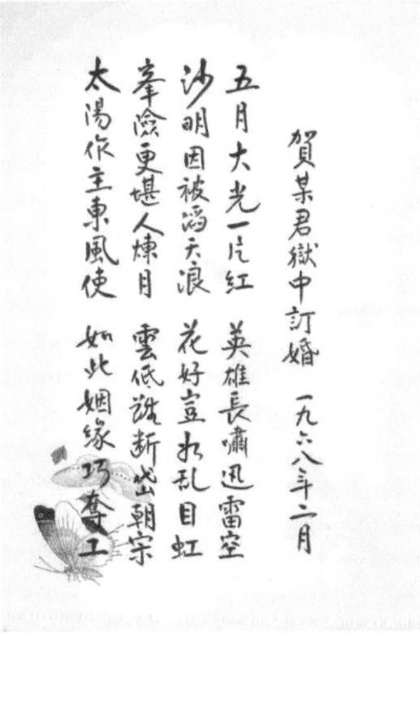
賀某君獄中訂婚 一九六八年十二月
五月大光一片红 英雄長嘯迅雷空
沙明困被滔天浪 花好豈扣乱目虹
峯嶮更堪人煉月 雲低誰折出朝宗
太陽依主東風使 如此姻缘巧奪工

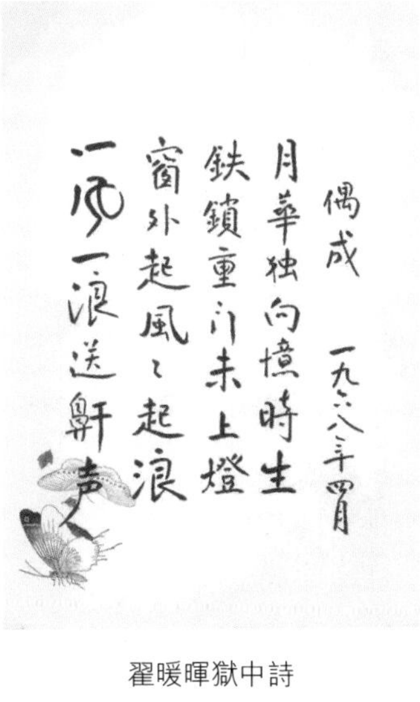
偶成 一九六八年四月
月華独向憶時生
鉄鎖重门未上燈
窗外起風〻起浪
一風一浪送鼾声

翟暖暉獄中詩

贈郭兄

京華白酒猶沉醉　赤柱大雲更好看
萬里鄉山吟越客　十年風雨鉛槧壇
豈未蛇膾供秋菊　難得魚腥入晚餐
大美督前無險路　新娘潭頂有飛湍

一九八八年九月

予自被繫赤柱已閱一一年忽憶十餘年前此月初與郭兄有北遊之舉西湖烟雨北地雲山都留紀蹤而京華白酒迴味猶甘因草是章以懷老友

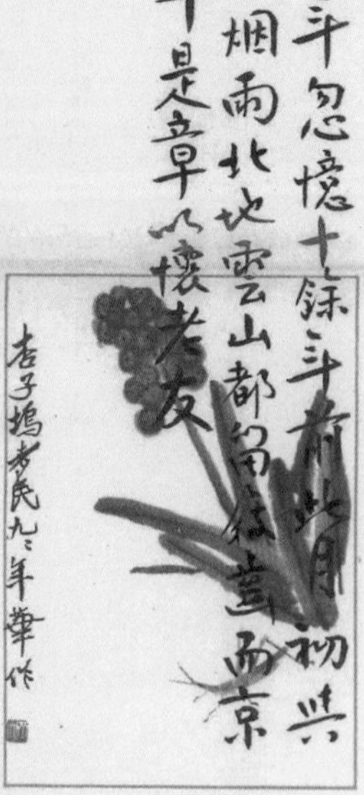

翟暖暉獄中詩

霧裏看花說羅孚

羅公（孚）惠賜海雷力作《我的父親羅孚》，披閱即不忍釋手，結果花兩天讀完。書中人和事，大都熟識，正好重溫舊夢。那是像濃霧般模糊的往事，一時重到心頭。

羅氏喬梓，我是先後認識的。認識羅公約莫在一九七八年吧，羅公給人的印象：溫文爾雅，謙和謹慎，那永遠微絲細眼，幽默談笑，從未見疾言厲色。對於朋友所託，事無大小，必盡其力。記得港穗直通車開通不久，一票難求，但一託羅公，立即辦妥。謝稚柳訪問香港中文大學，有事需延期留港，那個年頭，是要邀請單位中大發函申述延期理由，再向新華社（即今之中聯辦）申報，又要經謝公所屬單位上海博物館和上博的主管機構文化廳同意，更還有人民入境事務處等等一連串麻煩事務，關卡重重，讓謝公頭痛。但我領着謝公上《大公報》找到羅公，一切都好辦。羅公生性樂意助人。怪不得能交這麼多朋友，端的是共產黨統戰高手。

一九八二年春，羅公出事。在文化界一眾友好，竊語紛紛，莫衷一

羅孚，2004年
羅海雷《我的父親羅孚》

是，如一股低氣壓令人感到非常納悶。當年的十月一日，循例由新華社主辦國慶酒會，學術界好些教授就因羅案不肯出席，這些作為統戰對象的教授揚言，除非由羅公邀約，否則恕不奉陪。這是一種為知己而鳴而近乎於抗議了。

羅公的罪名，全世界都知道是「美國間諜」。這個罪名夠嚇人，是可以身名俱裂而斷六親的。所以有些關係較密切而頭腦單純的人，長期受「聽毛主席話，跟共產黨走」的教誨，條件反射式與羅公劃清界線，可以理解。也有一些關係不那麼深的人也視羅公如蛇蠍，避之惟恐不及。舉個例，八十年代末到北京約羅公在王府飯店大堂碰頭，正巧趙浩生也在現場，羅跟趙打個招呼，趙勉強應一下，匆匆奪門而出。趙是四十年代中央日報記者，與羅公同行而又相熟，數十年舊友相逢，沒寒暄，更沒慰問，竟視同陌路之人，這是我所目睹的。愚鈍如我，也頓感世道人心的涼薄，而羅公為人敏感內向，當時其心情如何，我在場，卻未敢作問。

羅案發生，按理說，若果真是美國間諜，而且又公開宣判了，就要收監。不止其人要收監，即家屬親朋探監也要非易易。但羅公一天監也未曾享用過，這美帝間諜還拋頭露面，到處活動。還容許發表文章，而且文章不單在境內發，還可以寄文章來香港，在拙編《名家翰墨》刊出（是臺灣登記註冊的刊物）。更又還可以訂閱《聯合報》（原擬訂《中央日報》後更改）等

羅孚（前排左四）與《大公報》同事，五十年代

「反動報刊」，這些報刊都是派去友誼商店，由羅本人去領取的。在八十年代初能訂閱臺灣報紙的，都是級別相當高的幹部，普通平民百姓對這些看過都要被追查的「反動報刊」視如蛇蝎，避之惟恐不及，更遑論訂閱。但這「美國間諜」卻有此特權。

羅案像霧又像花，朦朦朧朧，誰也看不清，就連羅公本人，相信也是朦查查的。羅公所在單位是《大公報》，當年就在八樓費彝民社長辦公室開通報會，費公簡短開場白之後，由俠老（李俠文）宣佈羅公罪狀。俠老受命而為，只能照本宣科，表述有這麼一回事。其實俠老對羅案也是朦查查的，多次和在下私自交談，以很疑惑的語氣猜度說：「不同系統，到了中央應該都通啦，諗極都唔明。」

羅公老上司吳老（南生）大概也不明白這個案件。吳老是中共廣東省委兼管宣傳口的，早年中共港澳工委歸廣東省委領導。羅公被捕前，正在廣州與親友遊玩，準備返港那天，還登白雲山，但停泊在山下汽車尾箱行李中，羅的回港證不翼而飛。八十年代，沒有回港證便回不了香港。羅公也不焦急，托吳老請公安幫忙尋找。吳老照辦，還很熱心叮囑公安。但吳老當時也覺得很怪異，因羅公下榻的廣東迎賓館的總經理見面的態度異常，陰陽怪氣，一副愛理不理的樣子。（當年這類賓館的總經理也多為公安系統人物。）對於貴為省委書記的吳老，自然是不必賣賬的。也幸好吳老貴為省委書記，不然也會惹麻煩

吳南生，2010年

的。那時的賓館大門口有部隊站崗，等閒人也進不得。）

不久，羅公接到通知，要上京開會。飛機起飛後，有人把回港證交還羅公，這已表明，是我們幹的好事。這情景有如李伯元《南亭筆記》中所述雍正皇帝早上還回大臣家中失掉的「么六」牌子，是令人驚悚的。劇情往後的發展，海雷這本書寫得很詳盡，不必我囉嗦了。

羅公出事，北京一眾友好嘩然。八十年代北京講正氣的人還是有不少的，許多人為羅公說話，夏衍就力保羅公。夏衍向公安系統的人查詢，聽說有這樣的回覆：經歷文革，發生那麼多冤假錯案，就公安系統中連副部長楊奇清，也被關在自己一手建造的秦城監獄中，所以許多公安幹警，也深知被冤枉的滋味，沒有確鑿證據，我們（公安）決不亂抓人……。（黃大剛述二〇一二年二月十七日）

另外，羅公老友苗公（黃苗子）也曾向廖公（承志）打聽，廖公說小羅大概多喝幾杯，被懷疑係雙面間諜，很複雜，他也搞不清楚，正在調查。但隔三兩個星期，苗公耐不住，再問廖公，廖公大聲說「擺大烏龍，搞錯了」。

苗公問完廖公回家，向郁風道及羅公案還是搞錯了，郁風快人快語：「我們就覺得他不是那樣的人。」（黃大剛述二〇一二年二月十七日）我從苗公口中綜合到一個印象，是兩個情報系統互相保密，羅公又閉口不言。後

羅孚與廖承志

來各方一對，發覺的確搞錯了，最後由部隊證明羅公清白。但那時官方是不會認錯的，對受屈者只能是判而不罰。凡此種種，已不是廖公所能處理的。(苗公述二〇〇七年八月十八日，二〇〇九年十一月十八日，二〇〇九年十一月二十五日)

羅案如果沒有捅破，讓天下周知，完全可以當作羅公赴京開會學習，再返回香港，繼續黨的統戰工作和情報工作，繼續做《新晚報》老總，甚或按上頭原計劃接費公的班，做《大公報》負責人。一九八二年，《大公報》陳凡在四海通銀行虛白齋觀畫時曾告訴我，《大公報》準備交夾萬鎖匙與羅公(意即接班)。但一九八二年六月十六日，《百姓》半月刊發了一篇文章《新晚報總編輯羅孚被中共召回北京交代問題》，事件曝光，無轉圜餘地了。羅公回不了香港(當時無人能估到十年後可以返港)，軟禁京華。難怪有人要問，是誰放料與《百姓》，表面上滿足了有知情權的公眾的好奇心，實質上卻苦了羅公，讓他滯京十年。客觀上嚴重破壞共產黨在香港的統戰工作和情報工作。這幕後黑手是誰呢？若從輕處思考，是不是有人不想羅公重返香江，掌握《大公報》，所以向《百姓》放料，這個「誰」是美帝嗎？是國民黨嗎？抑或是《大公報》自己人？還是黨內同志？《百姓》陸鏗已然作古，《大公》費公也走了，整羅主謀廖靄文(廣東省公安廳)也患癌消失了，問誰？

黃苗子為羅孚寫平反證明，2010年

這令重烟疊霧的「羅孚案」又加多了一重神秘。這就如「西安事變」時宋美齡所說的「戲中有戲」了。

一九九二年春節前，羅公總算安全返回香港，踏入新東方臺寓所接到第一通電話，就是小弟打去的，向老人家道賀。羅公含冤十載，雖然處境較潘漢年好得多，但陰霾揮之不去，噩夢纏繞，夜裏眠時，偶爾慘叫嚇醒，令人不忍聞聽。

羅公深具職業道德，從來不談自己的案件，守口如瓶。友好也不便問，不敢問。互不溝通，更顯得撲朔迷離。海雷撰寫《我的父親羅孚》時，羅公契女魏月媚來訪，偶道及苗公詢問廖公一段，不久傳到羅家，海雷向我查詢，才發覺羅公壓根兒不知廖公擺大烏龍一說。細心的月媚提醒，廖公已逝，趕緊請苗公寫個證明。苗公長期住院，怎麼辦？還有，說無妨，白紙黑字，苗公願意寫嗎？

二〇一〇年十一月，北京尚不太冷，苗公狀態也好些，已經返回朝陽醫院對面興華公寓寓所靜養。我立即上京，約好十七日早上，拜訪苗公，開門見山，說明來意，苗公二話不說，一口應承。已是九十八高齡老人，怕他不知如何下筆，我照其過去所述，先草一簡短文字：「一九八二年吾友羅孚出事，詢之廖公，答謂調查中。隔一陣，再請教廖公，答謂擺大烏龍，搞錯了。部隊證明羅孚清白。」

苗公頭腦極度清醒，拿出一張A4白紙，欣然命筆：「記得一九八二年」寫到這裏停一停，繼續寫羅孚名，然後鄭重添上「同志」兩字，一開始即表明羅係自己人，明確以同志相稱。「羅孚同志出事，我曾以此事詢之廖承志同志，答謂在調查中，隔數週後，再和廖公談及此事」，寫到這裏，又停一停，在我的初稿上刪去原來「擺大烏龍，搞錯了」，「改為可能搞錯了」，仍覺得不妥，此時苗公喃喃自語：「政府是不能錯的」，再化含糊些，「他說：可能是誤會，現正設法中。」又把「部隊證明羅孚清白」一句刪去，末尾添了句「記得夏衍同志亦知此事」。然後簽名填寫日期。苗公揮就，任務完成，我心中暗喜。捧着這份新鮮熱辣的文件，趕赴金寶街香港馬會，與海雷午饍，奉呈文件影本。但不知海雷何時返港，十二月中老友楊向杰花甲榮慶，假君悅酒店雅敍，羅公作為楊的老領導，也坐輪椅出席，我將這份算是還羅公清白的文件，鄭重的呈交到老人家手中，羅公微笑說：謝謝！

輕飄飄的一紙文件，讓老人家像放下沉甸甸的一塊大石，笑得很甜。遺憾的是，俠老到死也不知此案真相。當時有人要他宣讀羅公罪狀，但無人讓他宣佈羅公平反。苗公說，俠老不是黨內人士，所以不知羅案實質。岔開一句，多年前啟老（功）問我，俠老是黨員嗎？這問題難度大，我不能問，也不敢問，實無以報命。後來有一次與俠老在陸羽茶敍（習慣坐卡位一

羅孚九二華誕晚宴一眾舊部老友合照，2012年

對二），俠老談起些事，有點憤慨，爆出一句：（我）不是黨員而領導《大公報》，是周總理授意的。老人家不打自招，我才撿得可以向啟老覆命。俠老是老《大公報》人，晚歲掛《大公報》名譽董事長銜，十數年來，每年新聞界國慶酒會，俠老都是以籌委會主任的身份致辭，講稿雖係俠老所擬，但例交新華社過目。所以俠老在正式場合宣讀的，代表官方。私下交談的，才是他本人意見。二〇一〇年一月十一日俠老以九十七高齡辭世，追悼會在北角《大公報》舉行，很巧，當夜羅公哲嗣海星的追悼會在九龍舉行。同一天，日夜我都有參加，兩位都是值得尊敬的君子。

羅公自一九八二年滯京以來，二〇一一年十一月十一日上午十一點鐘第一次返回《大公報》。對羅公私人感受而言，重返大公，意義很不一樣，這也許算是非正式平反吧。接著，今年（二〇一二）一月六日，《大公報》、《新晚報》一眾舊人、新人，與羅公各方友好一道，在銅鑼灣廣場為羅公慶祝九二華誕，各方友好踴躍參加，迫爆酒樓，有許多人幾乎卅年未見過羅公，紛紛與老人家打招呼，祝賀，寒暄，拍照，熱鬧非常，這種場面，對九二老人而言是十分疲累的。我有幸與羅公同席，正對面觀察他，老人家整晚微笑，看得出是發自內心的微笑。半場之後，怕他太累，問要不要提早離開返家休息，羅公忙答：「不累不累，挺好的挺好的。」大家在興奮中，沒人會問及當年，也沒人能回答當年，那是不可解的一團

羅孚與金庸笑談，2012年

迷霧。

參透人生的羅公，早已不計較名利得失，樂天知命，隨遇而安，在人生如日中天之際，經歷沉重打擊，也能處變不驚，沉著應付過去。在身體健康備受各種病魔侵襲時，也有幸能處理得當，力挺過來，好好的活著。還是那句老話：活著就是勝利！

二〇一二年二月二十四日

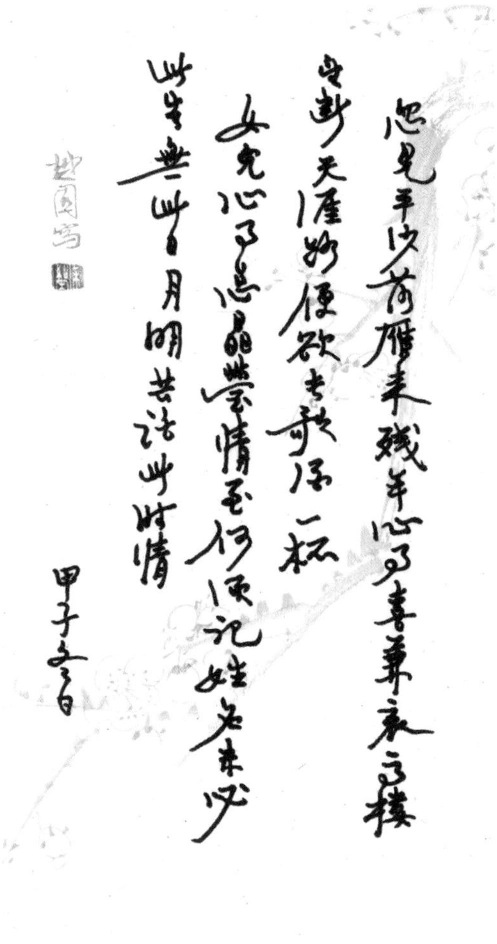

羅孚詩稿，1984年

羅孚行書自書詩成扇，1983年

筆端風虎雲龍氣

——說百劍堂主陳凡

一口氣讀完杜漸兄的大文《文化教父羅斯福》，浮想聯翩，不禁手癢，也湊熱鬧説幾句。

筆者不是報界中人，但與報界有緣，認識許多報人，而往來較多的，首舉《大公報》，而《新晚》係《大公》的晚報，也當入《大公》吧。那是六七十年代，筆者一天看的報紙有十多份，《香港時報》、《星島》、《華僑》、《文匯》、《大公》、《新晚》、《晶報》、《明報》，外地的有《中央日報》、《人民》、《光明》、《澳門》，偶爾也翻翻《南洋商報》、《金山時報》。後來年紀大了，沒那精力，一直削減，減到外地的都不看了，到現在本地的也只看三份，是《信報》、《蘋果》、《大公》，偶爾還看看《明報》。

算起來，《大公》是一直在看，甚至遊學東瀛時期，也常去東京港區西園寺事務所，他們訂有《大公》，我常到那兒去看。

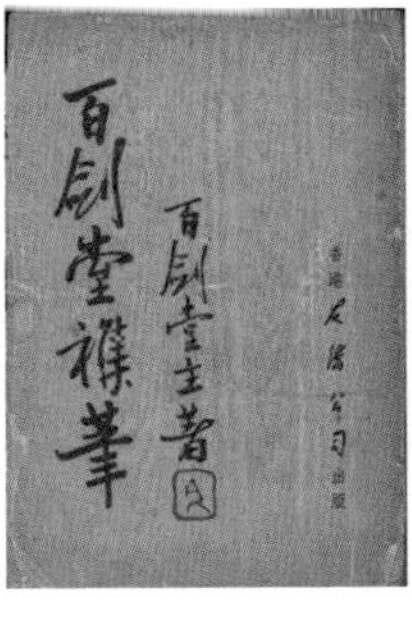

陳凡攝於新界粉嶺，五十年代初

陳凡《百劍堂主襍筆》，1960年

《大公報》的老闆費公彝民無緣面識，但他的大媳費大龍夫人往來頗多。《大公》的李俠文、楊奇也熟，往來較多的是陳凡和羅孚，還有馬國權。

羅老總書生氣十足，人緣甚佳，所謂「與公瑾交，如飲醇醪，不覺自醉。」（《三國志》程普讚周瑜的典故）於是讓人們對他代表的共黨也產生好感，尤其那一眾小資產階級知識分子。

而陳凡則性情中人，雙目炯炯，喜怒形於色，嫉惡如仇，但後來卻有點走火入魔。

陳凡在四十年代初入《大公報》，由記者做到副總編。和平後受命到廣州設《大公報》辦事處，嘗發表《凱旋牌坊上吊沙煲》一文而知名，延安《解放日報》也轉載。筆者雖未讀過此文，但早歲已聽過文中「拍錯手掌，迎錯老蔣，燒錯炮仗」的名句。一九四七年中山大學學生罷課遊行，陳凡隨示威隊伍採訪，目擊血案，以電報發通訊稿，電報被扣，人也被捕。幸得老細胡政之等人費大氣力才獲釋。

五十年代陳凡以《大公報》副總編身份分管副刊，金庸和梁羽生則是他手下的副刊編輯，三人合寫一個「三劍樓隨筆」的專欄，後來也結集成書出版。查大俠和梁羽生後來都以武俠小說名世，當年陳凡也用「百劍堂主」之名寫武俠小說《風虎雲龍傳》，稍遜兩位部下，故知者不多。三人

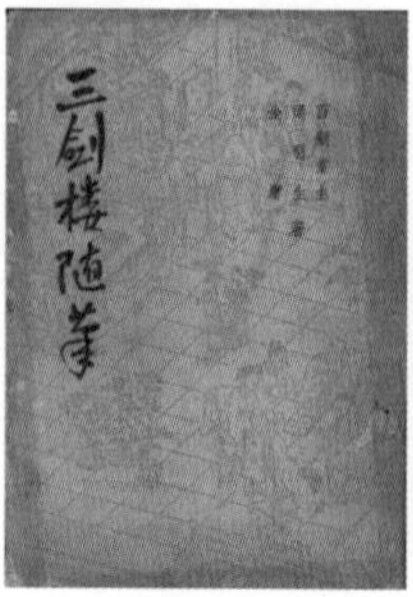

羅孚與陳凡，中為劉芃如夫人，五十年代初

陳凡、梁羽生、金庸《三劍樓隨筆》，1957年

的頂頭上司羅孚當時也寫武俠小說，但自知不能全力以赴，也就如歐陽修看了蘇軾文章後，在《與梅聖俞書》所說的一樣：「老夫當避路，放他出一頭地也。」於是讓賢擱筆。陳凡也用陳上校筆名寫過《金陵殘照記》，影響力又不如嚴浩兄尊翁的《金陵春夢》，倒是他編的《齊白石詩文篆刻集》《黃賓虹畫語錄》最受收藏界書畫界歡迎，陳也用徐克弱筆名寫過一些雜文，亦結集成書《燈邊雜筆》。記得七十年代讀過陳凡戰鬥性的文章，印象較深的有《東海徐公驚噩夢》（好像批徐復觀），《揭開李卓敏的底牌》等，文筆相當辛辣。其實性情中人最宜寫詩，梁羽生最推許陳凡的詩，尤其文革期間寫的一些舊體詩。錢鍾書嘗為陳凡詩集《壯歲集》題句云：「筆端風虎雲龍氣，空外霜鐘月笛音。」陳凡也寫畫，還出版過畫冊。總之多才多藝。

聽說七十年代陳凡嘗在大陸某敏感部門門前拍照，被懷疑為間諜惹過麻煩。陳在四人幫倒臺前，嘗多次揚言把自己的首級割下來掛到天安門城樓，以表忠心。（這話比伍子胥抉目以見越兵來更為激烈）。他還在《大公》副刊發表文章，文內曾提到站在鹿頸，凝望祖國，口中說出《老夫子》漫畫中常見的X加Y星星之類粗話符號，即是咒罵大陸，以表不滿。聽說有關部門擬把他調回內地，但又擔心影響不好，方才作罷。陳凡很欣賞陳振聰的叔叔陳湛銓教授，有人稱之「爛仔教授」，那是會因一言不合可以打將起

陳凡在虛白齋欣賞黃賓虹山水卷。站立者左為攻玉山房主人葉承耀，中為虛白齋主人劉作籌，右為筆者。

來的那種火爆。（陳湛銓《脩竹園近詩》幾集都是我經手出版的。）陳凡常去大會堂學海書樓辦的講座，聽湛翁講詩。物以氣類相感，陳凡也受其影響吧。陳凡有一回應邀在中文大學中國文化研究所二樓會議室講演，偶爾也爆出若干粗口，正是滄海橫流，方顯出英雄本色，那些斯文聽眾面面相覷，而常公宗豪（中文系主任，亦湛翁弟子）則陰陰嘴笑，倒欣賞於常格之外。

陳凡常去虛白齋觀畫，很欣賞劉公老師黃賓虹，常自命為黃賓虹宣傳部部長。對新《辭海》定性黃賓虹僅係山水畫家非常不滿，劉公有賓翁花卉冊，陳觀後大讚，說要拿回大陸展覽，讓人們知道黃賓虹也善花卉。劉公不敢借他，惟惟諾諾而已，讓我拍攝一套照片寄去《大公報》贈之。劉公很欣賞陳凡的大情大性。劉公最不喜歡祁烽（香港新華社副社長），祁看完畫不表意見，不像陳凡愛憎分明。劉公問祁社長，這畫你覺得怎麼樣，祁不答話，只是堆起笑容，騎騎騎，絕不表態，讓劉公生氣。扯遠一點，祁調回廣州任省政協副主席，主席係吳南生。在去年見祁身體已不甚佳，但還認得我，還叫我向家父問好。而前兩天與吳老飯局時，問及祁身體如何？還住在先烈路嗎？吳老說，搬啦！搬到哪兒？搬到「我看你」。（即深切治療室——ICU）。

七十年代末八十年代初，北京故宮英俊小生馮先銘先生（陶瓷專家）訪中文大學，實順便會晤來自臺灣的親友（妹妹？），期間擬到澳門了解文

祁鋒，2011年

物市場。於是文物館長高美慶、陳凡，並我四人，而由我這個澳門地頭蛇領著，赴澳考察。抵澳後第一站去新馬路一號J永大古董號拜訪鄧伯（傳研樓主人鄧蒼梧）。當時大陸走私文物猖獗，往往通過澳門，再轉港臺歐美等地。誰知陳凡單刀直入，一見鄧老闆，開門見山直問鄧有沒有走私文物到你們的店，鄧不知來頭，有點錯愕，但鄧老歷於江湖，照例流水般說沒有。陳更又問知道不知道哪裏有？鄧也照例搖頭一問三不知。陳凡發急，就自說要找何賢問問，遂在「永大」借電話找何賢，找不到何。陳就說何賢很夠義氣，找到他一定幫忙。最後，鄧伯送了一小疊舊箋紙與陳凡，送瘟神般把我們一夥人送出「永大」門口。我們一行四人，午飯後再去爛鬼樓（關前街，類似香港摩囉街）。筆者與大石老友，當然帶隊去大石處小坐。其時陳凡也一樣直問大石，那種問話方式當然不會有答案。

記得當時澳門來了不少天目碗，越賣越便宜，數百元也有交易。從前幾十萬一件的漢綠釉也不稀罕了，幾千元也有交易。這些馮公都看在眼裏。而我見某檔口有一荷葉形小盆，造型優雅，請教馮公，馮說清同治光緒時期吧，問價，一百元，買了回來，插養萬年青，甚古雅，算是此行最大收獲。但以一個舉國著名的專家為我鑑定百元的「同光小盤」，割雞借用牛刀，當時未考慮馮老心中作何滋味。

當夜三位客人都住進陳凡要求往往的峯景酒店（現為葡國領事官邸）。陳

香港《大公報》同仁合照。
中排左二金庸，左三陳凡。

指定要住某個號碼的房間，還要求我陪他同睡一房。我怎麼敢啊！就說我家就在澳督府旁邊，永輝大廈頂層，要回家陪父母，不好意思，無法應命。晚飯間陳凡說起他為甚麼要入住指定幾號房，原來他曾與佳人在此浪漫，說起舊日戀情，還問那漂亮的高教授你怎麼看法。高氏瞪大雙眼卻略帶微笑來傾聽陳的傾訴，未對尷尬作答話。次日陪陳凡入葡京賭場，陳玩輪盤，輸了二百元，神色自若，無所謂，但即刻收手離場。跟我說入賭場最多玩二百元，很克制。看來陳凡賭錢亦有所不凡。

後來我自己再赴澳見到大石，大石說澳門街古玩界很緊張，說地頭蛇許禮平帶京官（馮先銘）來查文物走私案。我大笑，太誇張了，這回是借個題目，陪陳凡來散散心，吃喝玩樂而已。此行根本沒有甚麼目的，且看陳的作事如此張揚，又哪裏是查案的作派。只是空穴可以來風，那李逵式的直問，卻為澳門古董界上演了一齣驚心的「假巡按」。

陳凡主觀很強，他看不起《海洋文藝》，主編吳其敏每期寄他，最初也翻一翻，還打電話問吳其敏寫《說刊刊》一文的作者是誰，吳其老說是小朋友，實即在下。陳凡後來更把放在辦公枱上剛寄來的《海洋文藝》，連封也不拆開看看，往前一推，直接掉下字紙簍，真乾脆。如果吳其老知道了，該作何想。

坐在陳凡對面的是馬公國權，馬當時負責編「藝林」和「文采」兩

香港《大公報》籃球隊。後排左二金庸，左三陳凡。

版，而陳凡對我說，太少了，要加強馬的工作。其實馬公當時也夠頭痛的了。不久馬公移民加拿大，總算逃出陳的「魔掌」。

陳凡是廣東三水人，乙卯年（一九一五）出世，與毛公同月同日生，大家都走火入魔。（高教授也是同一天，幸虧這只是政府的紀錄，政府紀錄對的不多，所以高教授還算正常。）

陳凡說，杜漸的名是他起的，防微杜漸也。其實杜漸與筆者也扯得上一點點遠親關係，（他本人或不知，我和他廿多年沒有見面了）。他是中山大學的高材生，文革備受迫害，嘗在天臺邊上被批鬥，解放軍叫他跳下去，如果定力不夠，縱身一躍，就變成「自絕於人民」，變成寃魂，也就沒有「杜漸」這個大作家的存在了。杜漸的爸爸是大醫生，當年鼎鼎有名的李大醫生。嘗捐獻物業與工會作醫療所，為工人義務診病，病人聽到李醫生大名，未治療已好了一半。抗戰時，劉侯武媳婦在遵義臨盆，就是杜漸他爸接的生，嬰兒就是上一任中文大學校長，在遵義出生，叫劉遵義。杜漸的媽媽叫潘甦，廣東省政協委員，一九七〇年過世。杜漸公公就厲害了，潘達微是也，平民日報主筆，同盟會廣東分會負責人，黃花崗七十二烈士就是他奔走執葬，將葬地紅花岡改成黃花岡。一九二九年死於香港，也葬在黃花岡，可與一眾先烈相會。潘能畫，李醫生居然也能畫，當年李嘗畫一山水義賣，王寬誠花大錢買了（即捐款）。此作後來在神州圖書公司出現，

李崧醫生
李文健（左）

小思再買下，聽説送回杜漸保存。這也是一段翰墨因緣吧。聽説杜漸在多倫多也畫畫，遺傳基因使然吧。

扯得太遠了。説回陳凡，晚年有點發福，吃得鎮靜劑多，本來極度亢奮的他，一下子變為沉默寡言的靜者。人説學者會變化氣質，會老歸平淡，算是庶幾近之。九十年代中在中環碰到過，胖了點，打個招呼，他有點認不得我了。那更安全。一九九七年秋，看《大公報》，知道他病逝了。

前些年，檢出陳公送我的詩集，交給羅孚，借與天地圖書公司重印了。羅問陳的公子方白請他提供老父材料，想寫些紀念文章，聽説陳公子沒有提供，或者怕與其父有過節的羅老總不知怎樣下筆。其實是過慮了。羅公是實事求是的君子，陳公子，不必擔心。

二〇一三年三月四日

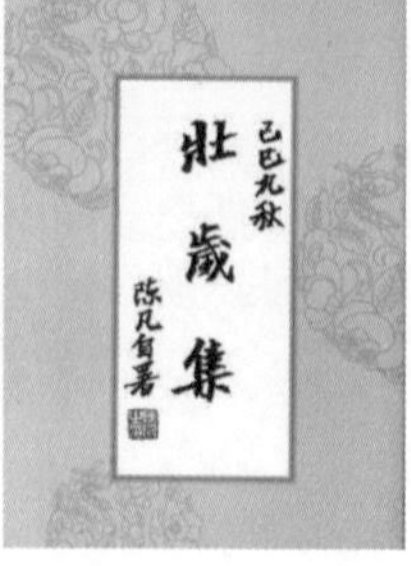

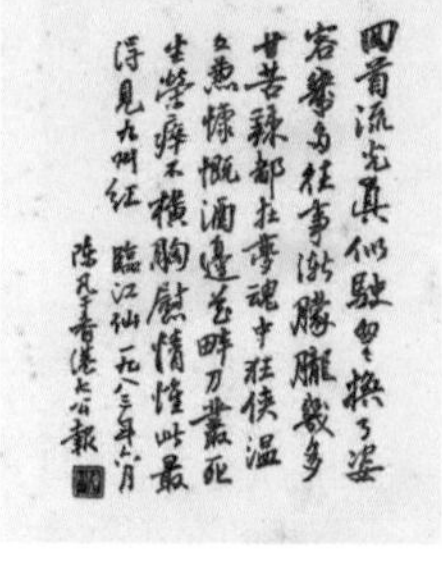

陳凡《壯歲集》
陳凡行書自書詩，1983年

刊落浮華　不事詞翰

——記奇女子呂碧城

「女子無才便是德」，現在說這話會被平基會控告，罪名是性別歧視，但在百數十年前的中國社會，卻認為這是天經地義的古訓。所以過去女子識字者寡，更遑論受高等教育。逮至晚清，風氣丕變，有識之士深感「興學育才實為當務之急」，更有提出「張女權，興女學」者。呂碧城（一八八三—一九四三）及秋瑾即係此中翹楚。呂係《大公報》女記者，在《大公報》上發表一系列提倡女學的文章，深受時流傾慕，有所謂「到處咸推呂碧城」。而秋瑾也曾號碧城，也辦學堂，也傾慕呂碧城，兩人經《大公報》創辦人英斂之介紹相會之後，一見如故，秋且「慨然取消其號」。一九〇七年秋雨秋風，秋瑾犧牲，呂碧城用英文撰《革命女俠秋瑾傳》，刊紐約、芝加哥等地報刊，呂非革命黨，僅激於正義，報相知、酬死友而已。清廷本擬查拿呂，終幸得袁項城翼護而得以安然。

呂碧城之鼓吹女學，獲士紳名流若梁士詒、嚴復、嚴修、傅增湘、方

呂碧城，居北京時期

藥雨、盧木齋等讚賞和支持。學界鉅公傅增湘嘗與人言：「喜其（呂碧城）才瞻學博，高軼事輩。」英斂之在一九〇四年七月十四日的日記中記有：「晚間潤沅（傅增湘）來，言袁督（世凱）允撥款千元為學堂開辦費，唐道（紹儀）允每月由籌款局提百金作經費。」有袁世凱支持，使呂碧城倡辦的北洋女子公學得以在這年十月開幕，這是中國第一家官紳合辦公立女子學堂，當時由傅增湘任學堂監督，而呂自任總教習。其後女子公學併入北洋女子師範學堂（現為河北師範大學）。日後鄧穎超、劉清揚、許廣平諸君均出自這學堂。

呂碧城之父呂鳳岐係光緒丁丑進士，國史館協修，玉牒館纂修，山西學政。呂門四女呂惠如任兩江女子師範學校校長，呂美蓀任奉天女子師範學校校長，呂碧城任天津北洋女子師範學堂校長，呂坤秀任廈門女子師範學校教師，姊妹四人，同事教育工作，而以呂碧城得名最早。時人有「旌德一門四才女」之譽。或有得於乃父遺傳的基因而奉獻教育歟？

時袁世凱治下以女子而參社會活動者，分為三派：（一）高尚派由呂碧城領之。除任女子師範學堂校長，後來更聘為大總統府諮議。其從者多名門能文女子，絕不與時髦女子往還，袁嘗譽為可作女子模範，常出入袁家。（二）活動派的安靜生是女請願總代表，署名為「女臣安靜生」。（三）流浪派的沈佩貞，其人是拜九門提督江朝宗為乾父，名片是「大總

總統門生沈佩貞

統門生沈佩貞」，是她親率「女志士」搗打神州報，所以濮一乘《新華竹枝詞》有：「何人敢打神州報？總統門生沈佩貞。」（詳見載劉禺生《世載堂雜憶》）看來，沈和呂同時並名，但一薰一蕕，呂碧城人品高尚，而沈佩貞只是民初的「谷開來」而已。

呂碧城得恩師嚴復之薦而為袁世凱賞識重用，惟籌安會立，呂即淡出，辭總統府秘書職，南下滬瀆，可見呂碧城極有識見。

名女人的婚戀總讓人關注。呂碧城九歲已與同邑汪姓鄉紳之子訂親，十三歲時父親病卒，族人佔其家產，母親更被幽禁，呂碧城已懂寫信到處求援，得江寧布政使兼兩江總督樊樊山（呂父同年）發兵相救，呂母嚴氏始得脫，而汪家見呂碧城這小小年紀已如此厲害，他日過門汪公子如何駕馭得了，或見呂氏已無家產，總之退婚，害得呂碧城自小在婚姻方面蒙上陰影。一生小姑獨處，或緣眼角太高。一九〇九年，駐日欽差大臣胡惟德斷弦，屬意娶碧城為繼室，呂母、大姐、嚴復輪番勸說，皆不從。費仲深曾以袁克文徵求碧城意見，碧城微笑不答，謂「袁屬公子哥兒，只許在歡場中偎紅倚翠耳」。大概民初吧，葉遐庵約呂碧城、楊千里、楊雲史、陸楓園諸人於其家懿園作茗敍，無意中談及碧城之婚姻問題，碧城云：「生平可稱許之男子不多，梁任公早有妻室，汪季新（精衛）年歲較輕，汪榮寶尚不錯，亦已有偶。張嗇公（謇）曾為諸貞壯作伐，貞壯詩才固佳，奈年屆不

呂碧城，旅居瑞士時期，1928年

惑，鬚髮皆白何！我之目的，不在資產及門第，而在於文學上之地位。因此難得相當伴侶，東不成，西不合，有失機緣。幸而手邊略有積蓄，不愁衣食，只有以文學自娛耳！」（此事見錄於鄭逸梅之《續藝林散葉》）婦女要解放，首要經濟獨立，信焉。

呂能詩，有《信芳集》，樊樊山、易實甫等多為題句。潘伯鷹曾署名孤雲作長文評讚之，大意謂作者才情橫溢，蘊蓄深富，獨得風氣之先，漫遊大地。遂以其根柢於世家之舊學，溶於歐美之新知，優於天才，飽於世變，復得山川之助。（載《大公報》文學副刊第九十一至九十二期）。民國三年呂碧城經朱少屏之介參加南社，《南社叢刊》第十一集刊有其詞作。《光宣詞壇點將錄》選出一百零八位詞人，呂被選為女將之一。

呂年輕貌美，活躍於上流社會，民元呂而立之年，聞得英國駐上海總領事之助，投資外匯、證券市場，數年間獲利豐厚，積聚鉅資，遂得以生活優裕，環遊世界，兼可捐款行善。

呂碧城不甘於養尊處優享受人生，一九一八年遠赴美利堅深造，入哥倫比亞大學攻讀文學與美術，兼作《時報》特約記者，向國人介紹海外見聞，四年學成歸國。一九二六年再遠涉重洋，漫遊歐美達七年之久，將見聞撰為《歐美漫遊錄》（也名《鴻雪因緣》），傳誦一時。

呂碧城與佛有緣，中歲遇高僧諦閑法師，深受啟迪，信佛益虔，後讀

呂碧城，旅居瑞士時期，1928年

印光諸著述，頓覺醒悟，遂皈依印光法師。

呂碧城也與香港有緣。一九一八年冬到香港短住療養，一九三五年在香港置業，購跑馬地山光道十二號一幢三層新洋樓，次年遷港居住。跑馬地樹木多，白蟻也多，呂的居所為白蟻蛀樑，呂信佛不能殺生，只得廉價（兩萬五千）出讓房子，遷入離山光道不遠的菩提場大殿四樓居住。嗣後去星馬、瑞士遊歷、養病，並撰譯佛學諸書，提倡蔬食，弘揚佛法。一九四一年返港，經方養秋（同是印光弟子）之介，識山光道東蓮覺苑負責人林楞真，而該禪院為何東爵士之妻張蓮覺所建，林是張的表妹，呂得以入住該院，誦經修法，決心刊落浮華，不事詞翰。一九四三年一月二十三日早上八時碧城死，由該院經紀其喪，遵遺囑「將遺體荼毘後，骨灰和麵粉混合送請水濱，與水族眾生結緣。」碧城蓄有港幣二十萬金，捐入該院。

筆者藏有呂碧城斷簡零箋三紙，其一為收條小片，毛筆行書寫在朱絲欄八行箋上：

收到女子公學捐款銀規元四千乙百六十九兩正零六分。辛亥十二月二十五日。呂碧城具。

末鈐「碧城」朱文小圓印。這張收條原由傅增湘保存，這筆大錢或是傅老所捐獻的。

另一為致陸丹林短箋暨題詞各一葉，均墨水筆書於洋紙上。迻錄如下：

呂碧城編譯《歐美之光》，1931年9月上海佛學書局初版

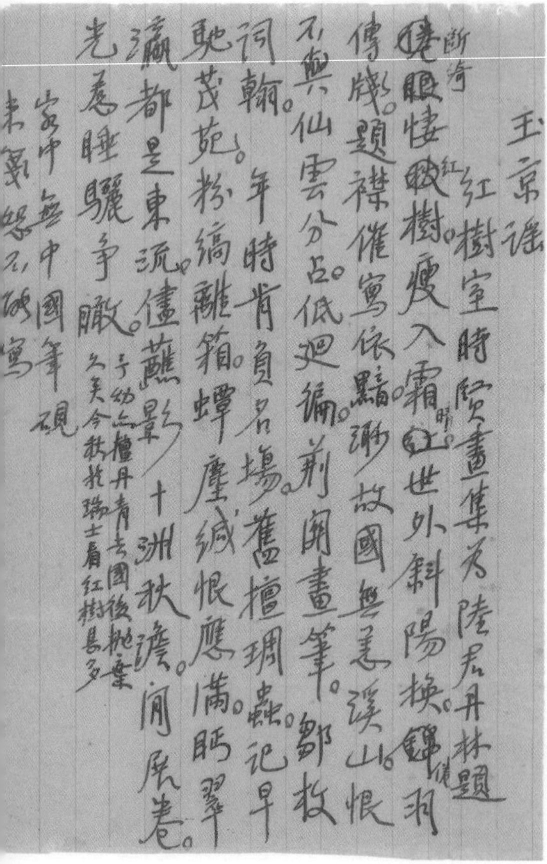

玉京謠
紅樹室時賢畫集為陸君丹林題
斷崎瑤眼悽紅樹。瘦入霜明世外斜陽換。縷羽
傳燈。題襟催寫依黯。渺故國無恙溪山恨
不與仙雲分占。低迴遍。荊關畫筆。鄒枚
詞翰。年時背負名場。舊擅瑚蟲記早
馳茂苑。粉縞離箱。蟬塵緘恨應滿。眂翠
瀛都是東流。儘蘸影。十洲秋瀉。簡展卷。
光蕊睡驪爭瞰。予幼亦擅丹青去國後拋棄久矣今秋於瑞士看紅樹甚多
案中無中國筆硯
未能繪寫

呂碧城為陸丹林題詞

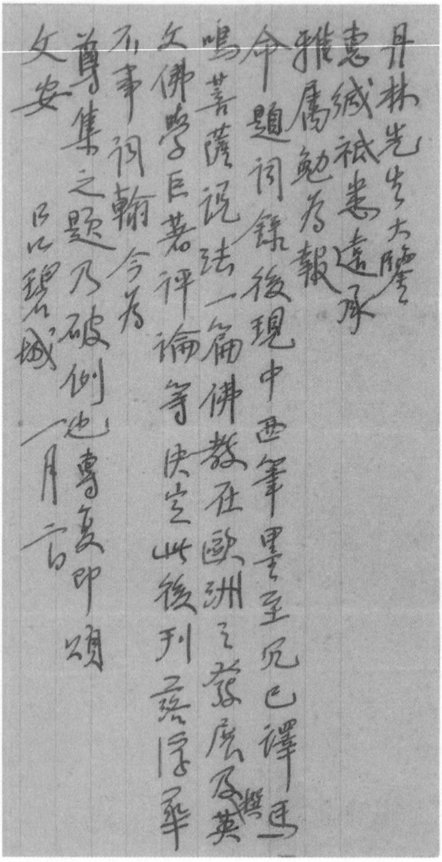

丹林先生大鑒
惠緘祇悉遠承
雅屬勉為報
命題詞錄後現中西筆墨至見已譯述
嗚菩薩說法一篇佛教在歐洲之發展及撰英
文佛學巨著評論等決定此後刊登字華
不事詞翰今為
尊集之題乃破例也專復即頌
文安
呂碧城
一月　日

呂碧城致陸丹林手札

丹林先生大鑒：惠緘祇悉，遠承雅屬，勉為報命，題詞錄後。現中西筆墨至冗，已譯馬鳴菩薩說法一篇，佛教在歐洲之發展，及撰英文佛學巨著評論等，決定此後刊落浮華，不事詞翰。今為尊集之題乃破例也。專覆。即頌文安！呂碧城。一月二日。

玉京謠

紅樹室時賢畫集為陸君丹林題

斷綺悽紅樹。瘦入霜晴。世外斜陽換。倦羽傳牋。題襟催寫依黯。渺故國。無恙溪山。恨不與。仙雲分占。低迴徧。荊關畫筆。鄒枚詞翰。

年時肯負名場。舊擅琱蟲。記早馳茂苑。粉縞離箱。蟫塵緘恨應滿。眄翠瀛。都是東流。儘蘸影。十洲秋瀋。閒展卷。光惹睡驪爭瞰。（予幼亦擅丹青，去國後拋棄久矣。今秋於瑞士看紅樹甚多。）

客中無中國筆硯，來箋恕不能寫。

此題詞見載《曉珠詞》，似為一九二九年一月仍遠在瑞士時所書。陸丹林是葉遐庵部下，交遊極廣。一九四一年香港淪陷間，陸丹林也居跑馬地奕蔭街黃般若宅，為日軍登門指名搜捕，當時雖不在寓所暫逃一劫，惟迅即在別處被抓。聞倭寇以刀架頸，迫令投降，陸虛與委蛇，當了三日

陸丹林在香港，1934年

「漢奸」後逃出魔掌，間關萬里始抵重慶報到。但蔣公批示永不敘用云云。（黃般若公子大成見告二〇〇四年）此件輾轉得自方養秋公子方寬烈，方少年時由乃父領着到東蓮覺苑見過呂碧城。方經營豐昌順，本港中小學校服多由豐昌順供應。呂碧城往生近七十載，而見過這位奇女子的少年方氏子今日也是望九的耆獻了。

二〇一二年九月一日

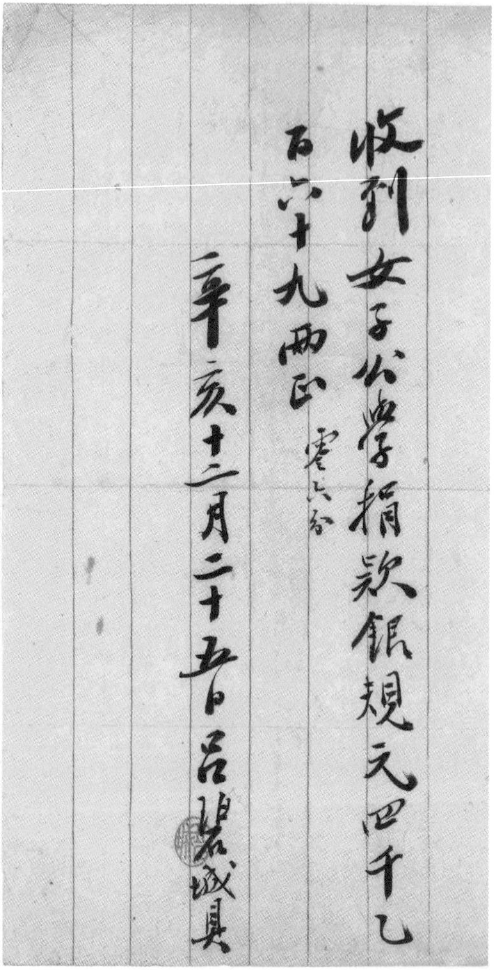
收到女子公學捐款銀規元四千乙百六十九兩正 零六分

辛亥十二月二十五日 呂碧城具

呂碧城收到女子公學捐款字據

記球王李惠堂

香港出了許多人才，球王李惠堂就是表表者。李惠堂（一九〇五—一九七九），字光梁，號魯衛（即老惠轉音），也用過「萬年青」。一九〇五年生於香港大坑馬球場門牌一一二號。初生面頰很小，故日後曾以「瘦頰三郎」自號。七歲時，回到五華縣原籍錫坑鄉讀私塾。

李家原籍五華縣錫坑鄉，鄉人多以打石為業。李家祖上直至其父李浩如，均以打石為業。李父浩如，綽號「烏痣五」。早年曾承包粵鐵路韶關段路軌得以小康，後以承包香港大潭水塘工程成為富商。李有正妻周氏而外，尚有多房侍妾，但皆無所出。長子光灼，次子光思，都是過繼而來的，只有李惠堂為第三妾陳瓊笙所生，排行第三，因之寵教特甚。

李惠堂回鄉讀私塾時，喜以鄉間未熟柚子當足球，曬穀場上作球場，以磚石作球門，練習踢球。至十二歲再回香港，其父敦聘五華縣秀才李柳灣為家庭教師。居大坑時，輒與街坊小童玩足球，乃父李浩如本嚴厲反對，要惠堂好好讀書以繼父業，但惠堂早已醉心足球。十四歲升入皇仁書

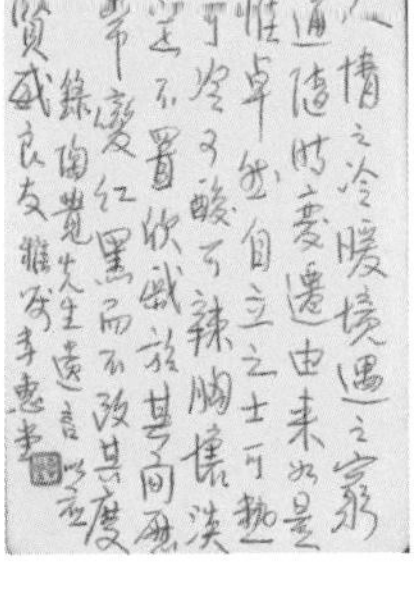

李惠堂
李惠堂行書陶覺遺言

院，勤練不輟，球技稍精，身體變健碩，而乃父轉為支持。十五歲參加南華會夏令足球賽，得兩屆冠軍，後又成立了大坑幼年足球隊，得南華會執事郭晏波、莫慶等青睞，先吸收為南華會足球隊乙級隊員。一九二二年才十六歲即升為甲級隊員，擔任左內鋒的位置。以十六歲而膺甲組之選，是為足球史上首見。自此馳騁足球壇半個世紀。一九二三年到大阪第六屆遠東運動會參賽奪冠，十二年間四次代表國家參加遠運會，屢獲殊榮。一九二八年已得亞洲球王榮銜，一九三六年代表國家到柏林首次參加奧運足球賽。

正當球壇得意之時，李惠堂卻去了上海，是為逃避乃翁的逼婚。時李住上海虹口，二十二歲（一九二七年）被聘為復旦大學體育教師。其時組成樂群足球隊，第二年又組織樂華足球隊，隊員大多是「江南八大學」（即交通、暨南、復旦、中央、光華、持志、大夏和中國公學大學部）的學生，為上海足球事業開一新章。時諺有「看戲要看梅蘭芳，踢球要看李惠堂」。他穿九號球衣，南洋葡萄啤酒廠就以No.9為商標。上海有「球王」牌香煙，是以李的肖像為香煙包上圖案。可見李氏影響力之鉅。

李惠堂球技精湛，控球能力強，盤、挑、撇、切俱佳，而以射球之勁力、角度之刁鑽，無人能及，有「百步穿楊」之譽。尤以倒地臥射這一絕技，讓世界五大球王之一巴西比利也自嘆不如。但有一事值得一說：

李惠堂高舉國旗率隊參加柏林奧運會開幕式，1936年

二十五年足球生涯，入球近兩千次，而用「頭槌」入球網的，只有四次。有說是他曾與「銅頭」譚江柏（譚詠麟之父）兩頭相撞而暈倒，從此就少用「頭槌」。

李惠堂一生射入龍門近二千球，得五十多個榮譽稱號、百多枚獎章，百二十多座獎杯。而且球品佳，從未被罰。一九七六年被國際評為世界五大球王之一。實至名歸。

李惠堂人品高尚，香港淪陷後，汪精衛命褚民誼、林柏生電李惠堂，以高位厚祿相許，擬派專機接李和南華足球隊到南京和滿洲巡迴表演，李趕緊借去澳門比賽逃遁。後來去了韶關，香翰屏曾接待他，給予上校參議的軍銜，後又任興甯縣公路站站長之職。就在這時，他組成了五華縣足球隊。在粵北、桂、柳次第失陷後，李往重慶，接受了「軍委會」少將參議軍銜，並在重慶儲金匯業局任秘書長。籌辦足球義賽達一三八場次，以義款捐作支援抗日救國之用。曾有「海角歸來奔國難，名成獻藝賽頻頻」之句。國難時家門曾懸掛楹聯「認認真真抗戰，隨隨便便過年」。

李惠堂一生為足球奉獻，嘗自道「旁的事業我自認一敗塗地，但足球給我的裨益，已足彌補我其他任何的損失。」李期望後輩球友踢足球要有三大目標：「一、求人格的修養，二、求高尚的娛樂，三、求身心的鍛鍊。」再從比賽當中，「養成忠勇、仁俠、機智、廉潔、知恥、明理、有

李惠堂贈友人照，1943年

恆、公正、服從、團結、涵養、守時、信義種種美德。」李惠堂對後輩的這些企盼，在自己身上都能夠體現出來。

李惠堂中英文俱佳，香港淪陷前他在香港瑞典洋行任英文秘書，他還以中文著有《球圃菜根談》、《我的母親》、《足球登龍術》、《離開娘胎到現在》等多種。

七十年代以來，李惠堂患了較嚴重的心臟病，心肌擴大，接著是腎病、糖尿病、肝炎等，三進三出醫院，一九七九年七月四日病逝，終年七十四歲。

聞解放後國家體委會主任賀龍嘗修函邀請李惠堂回國，出任中國國家隊男足主教練。尚幸沒有成事，不然在那荒唐的年代，將不知被怎樣糟蹋，也不知怎死法，或步容國團後塵上吊，或隨賀元帥病餓而卒，不明不白的「自絕於人民」。

李惠堂能武能文，能填詞作詩，有《魯衛吟草》傳世。書法也有相當造詣，筆者存有其手跡一小葉，用鋼筆鈔錄近代教育家陶覺箴言贈書法家區賢威。雖無緣面識球王，但敬重其人，得片紙隻字，也珍之重之。

二〇一二年九月五日

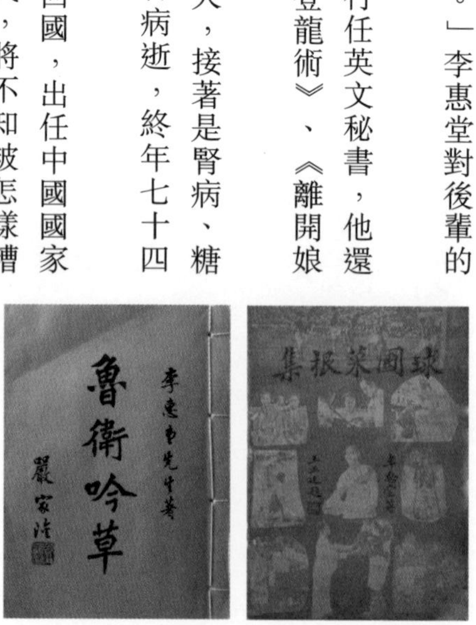

李惠堂著《魯衛吟草》，1974年、《球圃菜根集》，1948年前鋒體育書報社出版

夢斷西生說阿西

上月某日清晨，楊四爺（紐約婦產科醫生楊思勝）自滬來電，報知老友記陳德曦（人稱阿曦，國語曦西同音，故稱阿西）死訊，令人頗感突然。

電話剛掛線，即刻又響，是「羅拔」張（宗憲），也是來告知這噩耗的。只是意氣昂揚的小張（即羅拔張宗憲，望九之齡也不服老，最恨人家叫他張老，故曰「小張」），語調哀傷，而且時還唉聲嘆氣。可見書畫場中的翹楚人物，苔岑契合。一旦中道分途，自是物傷其類。

據說，事發前夜，羅拔張和阿西及楊醫生同躋飯局，大家還高高興興的，更復以明日的飯局相邀。誰知阿西歸家就寢，至午夜四時，其夫人卻發現阿西沒有呼吸，死啦！小張說來，異常沉痛。際此，筆者不能不以死者已矣，而以生者寬解作為立言。於是用柳宗元賀人失火（《賀進士王參元失火書》）的辦法，向小張說出以賀作弔的理由。

我說：「一夕遽然枕上仙」正是幾生修到。朋友中，莊世平丈是晚飯後回家睡覺間感不適，要白車送院，迅即往生，雖說算不錯，但仍略有折

陳德曦（左）在南京藝術學院任教時期，與徐天敏、魏紫熙、林檎、陳大羽、楊善深等合照，1979年

騰。而阿西呢，卻能與上海博物館老館長沈之瑜丈一樣夢中仙遊，這正是一種幾生修到的福氣，要劏雞還神了，諸朋輩也不必要悲悲戚戚啊。

但砌詞相慰，終是無補於萬一。隔不久，北京匡時拍賣，張也被邀到場坐陣，當時紐約藏家滴硯草堂主人鄧仕勳曾見到小張，說張已一改昔日生龍活虎姿態，一副垂頭喪氣面貌，足見憂能傷人，阿西的往生，對張打擊不少。

我追溯到八十年代初，好幾次見金老總（堯如），阿西都陪侍在側，於是也和他認識了，但仍疏於往還。金常叫阿西做「大陸仔」，這雅號是當年港人對中國大陸來港人士的統稱，略有貶義。而金老總為共黨先進（主持文匯報），負責搞統戰工作，所以遣詞用語，能與一般港人保持高度一致。其時描寫大陸仔在港生活的電視劇還未上演，所以金老總尚未用「阿燦」一詞。一九八七年底，筆者為臺灣出版界王榮文諸君慫恿下海，老友兼大老細鄭公（德坤）也曾鼓勵筆者搞出版、書畫，遂辭去公職，自立門戶。其時阿西正以萬玉堂顧問身份，活躍於書畫界。在蘇、佳兩記的春秋雙拍，也就常見阿西身影。一九九四年開始，京滬粵興起拍賣，阿西幾乎每場必到，筆者與之接觸遂多。

阿西高個子，雙眸轉動靈活，為人真誠，英語流暢，與老番也能溝

筆者與張宗憲、陳德曦

通。常聽到的是滿口上海腔調廣東話，以為他是上海仔，談次，才知道他是汕頭人，和筆者的揭陽算來是「大同鄉」了。而且「親不親，階級分」。阿西與筆者也算是同一階級。他由南京來港，我由澳門來港。他從事書畫生意，做畫廊顧問，做藏家顧問，在書畫業界販賣專業知識為生活手段。而筆者是晚輩，但幹的也是差不多的事。阿西在中文大學藝術系兼任導師，專教人物畫，由於有真本領，又是資深畫家兼老師，頗受學生歡迎和敬重。而筆者在阿西任教前已離開同一學校，總也算有半個前後同事之雅。如今大家混跡拍場，許多時候在飯局碰到，近至「階級鬥爭新動向」(指書畫行情走向)，遠至天南地北，無所不談，其樂也融融。今日伊人云逝，不由不想起一些如煙往事。在此記錄，權當是對故人的思念。

上文說到那小張(羅拔張宗憲)他是拍賣場上常拿一號拍賣牌的也是最老資格的龍頭大哥，但荷包腫脹，心靈空虛，所以常解囊請客，一解愁寂。龔定庵所謂：「安得黃金三百萬，交盡美人名士，更結盡燕邯俠子。」他就是這樣的人物。

小張拿一號牌，其實何止第一，那是四個第一。一一一一即鑽石單貴(光棍也，單身貴族也)，沒有老婆管住，他好說雄性動物喜聞樂見之事，如喜說在大陸「高幹」之類，(即在高空幹那回事)，有時有女賓在座也不避忌。嘗見曾經同席的董老爺(特首)胞妹也是書畫業界的金太太感到有點不

陳德曦（前排左二）、楊思勝、張宗憲、鄧仕勳與中國嘉德陳東昇、寇勤、胡妍妍、尹光華等合影

陳德曦《歸牧圖》，1979年45.5x68.5cm

自在。又有一回，小張說得實在太露骨了，因同座是北京嘉德拍賣行年輕貌美的閻東梅小姐，聽得滿面通紅。由於小張當時是嘉德大客，閻只能一言不發，結果是我們的阿西仗義，大聲喝斷小張的鹽黃段子。筆者當時沒發聲，也自責太鄉愿了。還是阿西好嘢！

舊日嘉德春秋二季大拍之外，也有小拍——週末拍賣，後發展成四季中拍，實際比許多大行大拍還要大，曾有數億營業額之鉅，何小之有。週末拍賣經常有對我胃口之寶物，二〇〇三年之前，價廉物美之品甚夥，仙丹不少。但參觀競投者極眾，擠擁非常，尤其調看拍品處人山人海，斯文一點也難以擠到前面。卻見阿西就在提貨處東翻西檢，儼如貨倉重地的巡閱使，令筆者艷羨，也令人擔心，萬一有甚麼閃失，阿西可就麻煩了。

有次就在嘉德週末拍賣期間，與阿西共坐，這場首現胡蘭成書法，胡雖然備受爭議，但字寫得不錯，此件日本裝裱得很精緻，胡字從未拍過，無底價，筆者志在必得，與阿西坐在中後排，不斷舉牌應價，而右前方也有競爭者舉牌追加，而且頻頻望向我們。最後筆者投得，對家即移玉到面前與阿西握手，一交談，一臉後悔模樣，始悉係一場誤會，對家與阿西相熟，我在旁邊舉牌，對家以為阿西要，才放手相讓，陰差陽錯，為小弟所得，這叫緣份吧。阿西知我雅好名人翰墨，說由我收也好。對方即伸出友誼之手，恭喜道賀。嘴上應以真不好意思，心中暗喜，也感謝阿西，托他

陳德曦（前排左二）與一眾拍壇友好歡敘

的福，得此墨跡，而且省許多錢。後來有張愛玲未亡人之稱的陳子善教授在寒齋觀賞此法書，大加讚賞，陳是張愛玲胡蘭成「專案小組組長」，對張胡深有研究，還說胡對書法頗有見地，嘗撰有談書法之文章。而此作實為難得，可寶也。

有一次在某深具信譽的大拍賣行，對某件畫作看不透，問該部門主管意見，應以來源可靠，絕對真，如果拍得到還可由公司出具證明。投得後阿西悄悄相告，他對此畫也看不透，但傾向否定。真是難得的諍友，坦誠可感，即叩謝不置。

阿西身為藏家顧問，替人舉牌競投，責任重大，所以看書畫認真得不得了。對著一幅畫，一會兒遠觀大局，一會兒近審細部，還常常要求拍賣行把懸於高處的巨軸取下，鑲在框架的還要拆卸鏡片，仔細審定，正面察看，反轉底部透光來看，真像法醫官鑒證組專家驗屍般來檢驗。不由得想起最高指示：「要過細，粗枝大葉不行，粗枝大葉往往搞錯。」這行業搞錯就夠慘烈的了。

從前中環域多利皇后街中商大廈集古齋，也組織了一個雅協拍賣，現在則另起爐灶叫淳浩。雅協時期基本上係本地客人競投，價廉物美，各花入各眼，可淘之寶不少。但坐中常有人亂舉手搞氣氛，讓買家無端端多花費。那年頭文人名頭在拍場問津者寡，筆者每遇必舉，日積月累，也成一

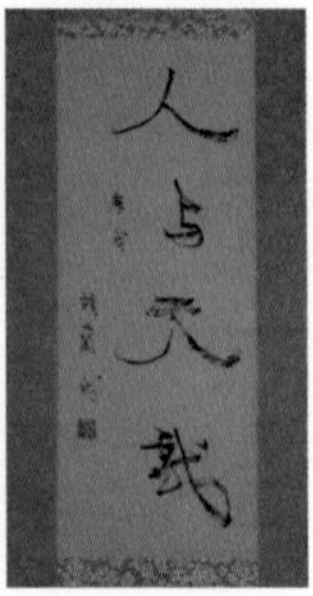

胡蘭成行書，1970年

系列，以資研究觀賞。阿西有時在別處投得也以原價舉以奉讓，如居覺生（正）楹聯之類，筆者均感銘五內。某次雅協競投，筆者欲得某件文人墨跡，但現場有炒家亂舉手抬損，把價錢推高得沒道理，高個子阿西看不過眼，仗義發聲，說許禮平收這系列東西，你們又不是收這類，不要亂舉害人。聞者才像陽痿不舉，筆者雖咬牙切齒，總算拿下。說到這裏，又扯遠些，同在雅協，有一拍品標明「哲子」書法，哲子不知何許人也，筆者一瞥，知係哲子之誤，係帝王學大師、籌安六君子、一九二七年周恩來批准入共黨之秘密黨員楊度，現場僅老友記筆者以大師尊稱之邢寶莊看出，大家心照不宣，也承邢大師照顧刻意微軟不舉，讓筆者廉值得之。隔了二十多年，去歲值辛亥百年，筆者與廣東省博物館合辦「氣吞河嶽——辛亥名人墨跡展」，此件就懸於省博展廳玻璃櫃中，觀眾嘖嘖讚賞。拍場中友朋間也有禮讓的，所謂禮尚往來，溫良恭儉讓也。我與阿西、大師，都在無產階級邊緣，出入幾百幾千最多幾萬而已，實屬小巫。前兩個月上海祝君波兄搞收藏家第三次大會在臺北舉行，拍場兩大客臺灣林百里蘇州包銘山在臺相遇席間談起，有好幾次大家都看中大千、可染精品，兩雄相遇幹上了，每一口價一兩百萬，一個呼吸就一千萬，真是血拼啊！如果大家讓一讓，每一件可省人民紙幾千萬甚至一億啊！

阿西本身是人物畫家，原在南京藝術學院教人物畫，弟子眾多。阿西

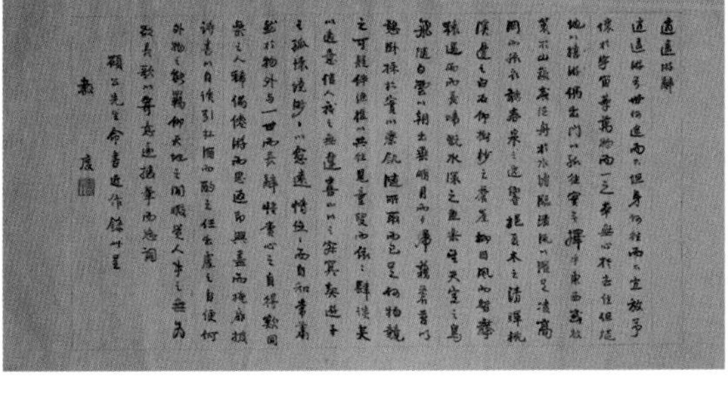

楊度行書《逍遙遊辭》
贈尹石公，1921年

與萬玉堂合作時，引進了不少當時不知名，或已知名而不熱門的畫家，有其弟子，也有其畫友，吳冠中就是在萬玉堂畫展時，加上佳士得拍賣，掀起搶購吳畫熱潮的。排隊買畫就是萬玉堂搞出來的破天荒之舉。羅啟妍羅啟文姐妹，極喜吳畫，怕排隊後一些心頭好被人奪去，想盡辦法，通過交易廣場大波士安排夜晚已潛入排頭位，甫一開門即衝入去搶購吳冠中宋人花籃等幾件心愛尤物，令資深書畫買家周仔（錦榮——六十年代開始買畫）為之側目。據說萬玉堂有好些專業人士加盟做股東，其中有大拍賣行高層主管，所搞畫展，都相當成功，加上大行拍賣，相得益彰，畫家，買家受益匪淺，皆大歡喜。阿西有一弟子徐樂樂小姐，現在已是紅得發紫的大家了。當年拿到賣畫所得款項，致函老師阿西，謂這輩子第一次拿到人民幣以外的貨幣，感動到哭。

這又使我想起一事，應該說說。由於阿西牽線籌劃，南京幫成了畫壇寵兒，各畫家名氣迫人，銷情甚佳，香港藝術館也入了不少。到回歸前香港藝術館搞了一個二十世紀中國書畫大展，筆者參觀之後，跟老友記唐太（總館長朱錦鸞博士）直言，這個展覽南京畫家佔了不少，是否受香港書畫市場影響而有所傾斜，再告以市場流行南京畫派源自萬玉堂和拍賣行，歸根結底，歸功阿西。個人在歷史進程中的作用，往往是不自覺的。筆者與萬玉堂主持人士提芬麥堅尼不熟，只點頭之交。但接觸過許多萬玉堂的客人，也與一兩位股東交談過，又與阿西老友，兼與香港藝術館上下稔熟，才感覺到阿西對官方畫展選件的影響，對將來專家學者寫美術史的影響。但我這些看法，則從未跟阿西談過。

香港回歸，阿西來自大陸，少不免有所顧慮，好像曾移居新加坡，或為子女讀書、工作關係吧。但很快，又回歸祖國懷抱，游走於南京上海。不久，很少見到他了。

今年暑假，蘇州大藏家包銘山兄招呼筆者一家四口遊蘇州，回程在上海花園飯店住一天，下午三點三時間，與家人在酒店大堂嘆下午茶。對面正好坐著張永珍女士及其三哥羅拔張，與上海博物館某副館長茶敍，筆者前去打個招呼，寒暄幾句，才發覺最後兩排是阿西與好幾位朋友在聊天。筆者趨前問候，說好幾次打電話去美孚新村其舊宅，無人接聽。阿西說美孚那房子早已賣了，現在上海居住。還寫下上海手機號碼、電郵，以便聯絡。筆者奉上舊文「沈崇自白」請他指教。沒想到就此訣別。

行文至此，看看日曆，二〇一二年十二月十一日，怎麼又這麼巧，阿西生於一九三六年十二月十一日西安事變前一日，今天正好是他七十三歲冥壽。毛公常說，七十三八十四，閻王不請自己去。記得二〇〇六年十二月十一日在北京昆侖飯店吃早餐時碰到阿西，趨前祝他七十大壽，好像才過了不久的事，轉瞬卻冥壽了。他給我寫的電話、電郵，像胡厚宣丈給我

陳德曦在寫畫

新電話號碼一樣，尚未撥過發過，已經永遠用不著了。

阿西人物畫不錯，筆者僅得一件，就是十多年前在嘉德週末拍賣投得的，當時阿西坐在我旁邊叫我別舉牌，買來幹甚麼。我知他客氣，不理他，舉到為止。誠軒的丁小姐慨嘆，她好幾次想競投阿西的畫作，卻總是差一口，至今一件也拿不到。可見阿西的畫藝允稱上乘而備受歡迎。阿西在上海龍華殯儀館舉殯，我跟俠老（李俠文）一樣，最怕去這種地方，也就請丁小姐安排一個花圈，聊表哀忱。據說當日弔唁者極眾，龍華很少有這種賓虛景象，證明阿西群眾基礎好，粉絲一大批，阿西此生不虛度了。

二〇一二年十二月十二日

陳德曦《鍾馗怕鬼》，1990年58x51.5cm

朱自清致羅香林佚札

《毛選》卷四《別了，司徒雷登》說：「朱自清一身重病，寧可餓死，不領美國的救濟糧。」煌煌聖諭，人讀了會以為朱自清是伯夷、叔齊般餓死的，後來才曉得，朱是胃潰瘍穿孔，併發肺炎，於一九四八年八月十二日上午十一時四十分，在北大附屬醫院逝世。春秋五十有一。

朱自清是出色的散文家、詩人、學者。傳世著作二十餘種，凡二百萬言，而以《背影》、《繁星》、《荷塘月色》、《槳聲燈影裏的秦淮河》等名篇最為膾炙人口。

朱自清貧病交迫，五十歲就死了。想深一層，死得及時，也算命好，能死在毛公入城之前，毛公還會號召「我們應當寫聞一多頌，朱自清頌，他們表現了我們民族的英雄氣概」。若毛入城之後朱還未死，或者就不一樣了。以朱的耿直性情，自然而然會成為「沒有改造好的知識分子」而受罪，或在丁酉「錯劃」，或在丙午「蒙冤」，最後受不了自當「自絕於人民」（尋死）。再來個屍骨已寒之後，來個平反昭雪、宣讀悼詞，讓家屬

朱自清，1930年

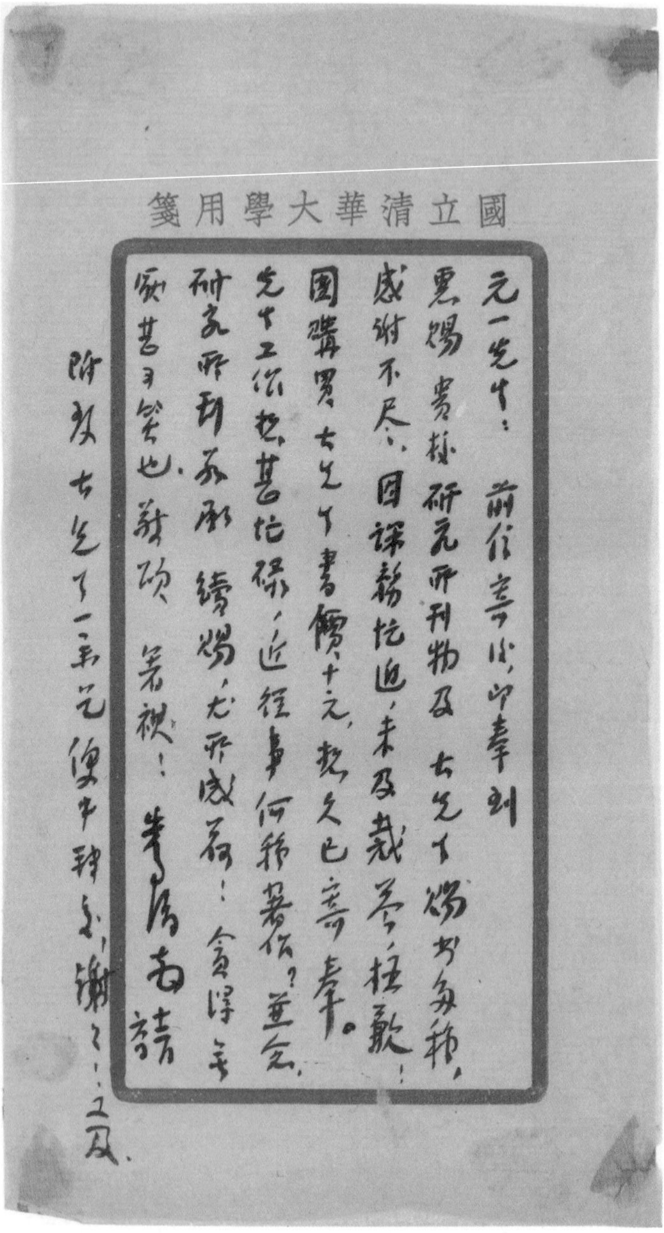

國立清華大學用箋

元一先生：前作寄上，即奉到
惠賜 貴校研究所刊物及 台先生賜書多種，
感謝不盡。因課務忙迫，未及裁答，抱歉！
圖購買 台先生書價十元，想久已寄奉。
先生工作想甚忙碌，近經手何種著作？並念。
研究所刊物承 續賜，尤所感荷！ 貪得無
厭甚可笑也。敬頌 著祺！ 朱自清 請

附致 台先生一函，乞便中轉交，謝謝！ 又及。

朱自清致羅香林手札

有機會向領導再感激一番。

朱的長子朱邁先（一九一八—一九五一）才真命苦，熱血青年，參加革命，一九三六年入共黨，受董必武之命參加國軍，又策動國軍起義，於共黨有大功。惟解放不久鎮反運動中，被不知是革命還是反革命政權鎮壓，給槍斃了。家屬也就成為反革命家屬，牽連受罪。

朱自清不以書名，所以傳世墨迹極稀。據云一九四四年，他的女兒病重，幸得劉雲波女醫師竭力搶救而分文不取。朱氏曾感激撰成聯語，而由葉紹鈞為之揮毫，大抵朱氏自慚八法，由此也足覘朱氏書跡稀罕的緣由了。

筆者有幸，前幾年得朱自清手札一紙，未嘗發表，今檢出供諸同好。手札是在「國立清華大學用箋」寫上：

> 元一先生：前信寄後，即奉到惠賜貴校研究所刊物及古先生賜書多種，感謝不盡，因課務忙迫，未及裁答，極歉！圖書館購買古先生書價十元，想久已寄奉。先生工作想甚忙碌，近從事何種著作？並念。研究所刊若承續賜，尤所感荷！貪得無厭甚可笑也。敬頌著祺！朱自清頓首。十二月六日。附致古先生一函，乞便中轉交，謝謝！又及。

審視該信內容，當和《羅香林論學書札》（頁二八一—二八二）中之十六

朱邁先

日信之內容多所相關。該信云：

元一先生：日前奉手書，謹悉一是，感謝感謝！承示尊府情形，深為扼腕。吾輩一代，處新舊道德之交，所負責任特重。清兄弟皆已（將）卒業大學，然子女漸漸成長，所需有增無已，與先生殊同感也。早婚實是誤事，先生頃尚孑身，此層當視清為勝耳。層冰先生所賜各書並未收到，請為先達感謝之意。續寄十四冊已到。如見賜各書遺失，清拟與購《隅樓叢書》，《層冰草堂叢書》則由圖書館購之。但此兩種分購，不知價各幾何，便中乞示，俾與圖書館分別出款。示到即將總價十元寄上。但以此等瑣屑奉煩，中懷殊愧恧耳。承囑留心能為尊編月刊作文之人，當代為隨時注意。來示謂惠贈月刊五期，但清僅奉到兩期。南北郵遞竟不可靠如此，恨恨！專覆。敬頌著祺！朱自清頓首。十六日。

前函關鍵詞為：

奉到惠賜貴校研究所刊物及古先生賜書多種

圖書館購買古先生書價十元，想久已寄奉。

附致古先生一函，乞便中轉交

後函關鍵詞為：

層冰先生所賜各書並未收到，

羅香林

《層冰草堂叢書》則由圖書館購之
示到即將總價十元寄上。

從兩信的關鍵語的相同，前函又有「前信寄後」一語，故可以推知兩信的關聯相續。

按：古先生、層冰先生、層冰草堂皆指古直。古直（一八八五—一九五九），字公愚，號層冰，廣東梅縣人。同盟會員，創辦梅州中學、龍文公學等，後入廣東大學（中山大學前身）任文科教授，中文系主任。古直著述極富，有《隅樓叢書》《層冰草堂叢書》等。

而受信者元一先生即香港大學教授羅香林。羅香林（一九〇六—一九七八）字元一，號乙堂，廣東興寧人。一九二六年考入清華史學系，其時朱自清在清華教大一國文和李杜詩課程。羅氏一九二八年已搜集廣東客家歌謠集，編為《粵東之風》，朱自清為之作序，刊該年十一月二十八日《民俗》第三十六期。一九三〇年羅香林畢業，升同校研究院，兼肄業燕京大學研究院。本擬撰寫碩士論文，惟羅父病危，倉皇返粵，旋任中山大學校長室秘書，兼廣東通志館纂修，編《國立中山大學文史學研究所月刊》。一九三三年改任教授，講授方志研究。

朱自清所指「貴校研究所刊物」就是《國立中山大學文史學研究所月刊》。據此而推這封信，大概寫於一九三三年左右。

廣州市立中山圖書館長羅香林（前排右四）與全體館員合照，1935年

羅香林當時「先生尚孑身」，越二年，一九三五年三月三十一日，在南京中央飯店與朱希祖（一八七九—一九四四）次女朱倓（一九〇五—一九八〇）結婚。羅氏一九四九年七月舉家移居香港，一九五一年任教香港大學，一九六八年榮休，旋任私立珠海書院院長。

羅香林過世後，其舊藏書籍暨友朋往來書札流散，筆者偶得幾件，亦可為《羅香林論學書札》補逸。

二〇一二年六月三十日

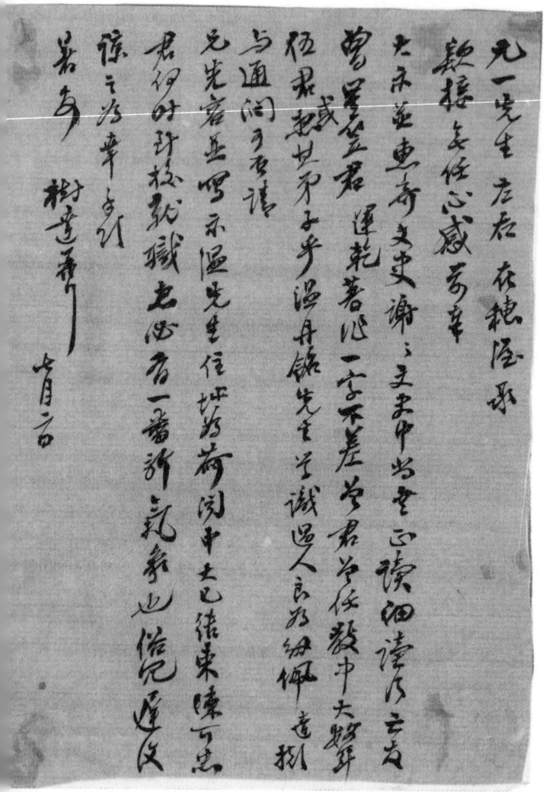

楊樹達致羅香林手札

新年風色日漸好

——說賴老「好」

小思傳來賀歲美影，卡中紅白梅花交織，在白濛濛雪瓦齊檐之下，一道清幽古雅木門，上懸看似楠木綠字橫匾，彷彿退隱田園的名士齋門，門下「立春」二字，像宋人黃善夫刻本史記上的字體，醒目高雅，這讓我驚覺踏入癸巳新歲了。我隨即檢出舊日綴集「新年好」三字作回賀，也算為「禮尚往來」。我這三字不是集甲骨和金文，也不是集漢唐碑版，而是集「先帝」的手澤，筆者俗人，在「禮尚往來」之際，下點心思，也不免於趨時和媚俗的。

歐陽修有詩：「新年風色日漸好」（歐陽修《文忠集》卷五十三），簡而言之就是「新年好」三字。我原想以鄭孝胥「照海波光已釀春」（鄭孝胥《海藏樓詩》卷二）綴集這兩句詩為聯，這是頗切合香港新年的眼前景物的。但轉念鄭某是偽滿總理，他的詩題又為《日枝神社晚眺》，處此中日關係緊張之際，這是易招責備的，還是棄而不用，改集「先帝」手跡。這樣最為保

徐悲鴻參觀「三人木刻展」後與賴少其合照，1935年

險，是可免悠悠之口的。

七十年代以來，筆者每年都拼集不同名家如何紹基、吳昌碩、臺靜農、鄧爾雅的法書為吉語賀詞，製成長方型拜帖，以提昇底氣，以之郵遞諸友朋，一以賀年，一以表示小生尚在人間，幾十年都如是，積習難返。近幾年懶散，兼有電郵，遂免此習俗，不勞煩綠衣郎（郵差）了。

順便一說，劉九庵老先生曾賞面，自言每年收到筆者奉呈的賀年片壓在故宮博物院他老人家辦公枱玻璃面下。月前，蘋果樹下有文章提及，這戔戔之物居然也流入拍場，而正是那篇文章的作者買了，這位作者固然文獻為心，能采及葑菲，雖然我不知作者為誰，但令我感動的同時，也促令我緬懷劉老。蒹葭秋水，彼何人哉？不意此戔戔賀卡，敬意而外，卻能成了一點故實。

說罷賀卡，再說「新年好」，這三字妙在一個「好」字。毛公慣用「好」字，甚麼「好得很」啦，「革命委員會好」啦，「無產階級文化大革命就是好」啦，總之一個「好」字。甚至軍頭檢閱部隊，也高喊「同志們你們好！」三軍齊呼「首長好！」

另說，筆者寓所長年懸掛一個「好」字卻是賴老（少其）手澤，這個「好」字，灑金紅箋墨書，是賴老九十年代初來香港時所書，但沒有直接送給我，或許賴老覺得寫得不大滿意，就留在當時寓居麥當奴道友人鄭

賴少其(左)與潘業、陳仲綱在廣州永漢路畫廊舉辦「三人木刻展」，1935年10月

先生家中，本擬丟棄也。鄭君係筆者老友，古道熱腸，覺得此件其實還不錯，對筆者甚有意義，遂送來小軒，筆者叩謝不置。其實此件主要在布局問題，動動腦筋，略加剪裁移位置成菱型，交老師傅麥泉公子裝裱，配以酸枝鑲影木方框，懸於壁間，觀感大佳，居然成一寶物。從此長年懸於寒齋，每天對著，就算有甚麼不好，也見到好，弄到好！開門見「好」，大吉大利。賴老所書「好」字右邊題有小字數行：「禮平大兄，已有一女，庚午之夏，又得一子，子女繞膝，欣慰可知，故書一好字以賀。」而署款「賴少其」壓在「女」字下。賴老夫人曾菲，梅縣客家人，紅軍女戰士，與先帝前妻賀子珍過從甚密，論黨齡則早於賴老。有老友笑賴老，一輩子都被夫人壓著。賴老十歲戴紅領巾參加兒童團，在廣州美術專科學校時是學生運動領袖，但到一九四〇年才入共黨，共黨論資排輩，怪不得有一回賴老問女兒，是我說了算還是你媽說了算。曾菲比賴老聰明，政治上敏感度高。七十年代初賴老復出不久，上頭擬調賴老出任北京故宮博物院院長，曾菲堅拒。文人進京，難有好下場。當時賴老若乖乖聽令入宮，說不定就上了四人幫的賊船，一九七六年「花好葉茂」（華國鋒、葉劍英拍檔）之秋就不好受了。

賴老一世好命。一九一五年五月十六日生，筆者嘗笑他你是「五一六」（子虛烏有的反革命集團）。廣東普寧人，與筆者算是大同鄉。早

賴少其編著《第一張木刻》，1944年油印本
賴少其編譯《創作版畫雕刻法》，1934年，署名賴少麒，後來嫌「麒」字筆畫多，不便木刻，省作「其」（左）

歲搞木刻創作，十八九歲時已編著出版了中國第一本介紹版畫技法的書《創作版畫雕刻法》（一九三四），署名賴少麒。賴老說麒字筆劃多，木版上不好刻，就省為「其」了。文革時被批判，紅衛兵故意將他的「其」改為「奇」，以與劉少奇同名也。一九三六年畢業於廣州美術專科學校西洋畫系（與本港畫家林建同丈同學）。被魯迅譽為「最有戰鬥力的青年木刻家」。一九三九年十月投筆從戎，參加新四軍，一九四一年皖南事變中被捕，解上饒集中營，關站鐵籠，九死一生，嘗托人捎信與老友苗公（黃苗子，上海公安局掌璽大臣）求救，苗公去信托人相助，或起作用，賴老得脫後嘗去函答謝苗公。賴在部隊搞宣傳，相當於軍中文化部長。一九四九年隨部隊登船南征，忽接急電，馬上離船，奉命上京參加開國大典。不然或早已沉屍碧波綠水中，或血濺黃沙光榮犧牲了。

賴老人不錯，聽啟老多次讚揚他。解放後賴老出任南京軍管會文藝處長，中共南京市委宣傳部長。對不少畫家多所幫忙。嘗到傅厚崗六號探訪傅抱石，時中央大學學生左傾，認為傅抱石係國民黨反動派走狗，蔣公總統的告全國同胞書就是傅公起草的，學生不上傅公的課，進行抵制，搞得傅很被動。賴老拔刀相助，以軍代表、黨代表身份，勸說學生，為傅公解圍。傅感甚，擬贈畫與賴公，拿出精品數十幅，讓賴老自己挑選。賴老向我透露，其實他看中「大滌草堂圖」，上有徐悲鴻題「真宰上訴」，但知

賴少其曾在茅家嶺監獄被吊「鐵刺籠」刑罰三天（右）
賴少其《關於我的歷史問題》稿，1969年

傳甚重視此作，不好意思問津，只拿了件湘夫人中堂，嗣後又獲傳公賜一唐人詩意山水中堂，再就一件二湘圖成扇（今歸紐約鄧仕勳兄）。賴老當年也曾到杭州看望林風眠，見到這位藝專老校長家徒四壁，寒傖得很。後來安排林去上海。賴老對黃賓虹十分敬重，北京政務院總理周恩來贈齊白石「人民畫家」稱號，南方的賴老即封黃賓虹名譽稱號，並為黃舉辦一生人第一次正式展覽，出版畫集，賴老親自寫序，高度評價黃賓老。

一九五二年賴老調去上海，出任中共華東局文委委員，上海市文聯副主席等職。因與賀子珍往來密切，又向上頭反映久住醫院的賀子珍要求出院回家，惹了上海市委第一書記老左柯慶施不滿，打個報告，麻煩頓至。加上不久之後當今皇后娘娘先帝愛人江青同志收到匿名信，警告江青莫胡作非為，否則將其三十年代在上海不欲人知的歷史報告中央，信的下方有華東文委字樣，曾菲嫌疑最大，被鎖定審查，壓力極大，雖有貴人相助渡此一厄，也弄到大病一場。上海成立中國畫院，賴老主其事，而院長一職，吳湖帆與賀天健都有可能，但互不相讓，矛盾頗深。賴公要調和矛盾，做了不少說服工作，擺和頭酒宴請吳、賀二位。次日上海《新民晚報》披露此一消息，而大字標題：賴少其與吳湖帆賀天健握手言歡。好了，又闖禍了。吳、賀二位係內定右派，作為中共華東局主管宣傳的地方大員，竟與右派分子握手言歡，這也被上頭老左上綱上線。最後貶去安徽

賴少其（左二）曾菲（左一）與新四軍戰地服務團老戰友合影，1949年冬

合肥，出任中共安徽省委宣傳部副部長，這反而救了賴老一命。若然一直留在上海，又主管宣傳，丙午文革，丁未一月風暴，手下有兩位赫赫有名的姚文元、張春橋會放過賴嗎？貶官合肥，反得以苟存性命，蕭然物外。合肥有安徽省博物館，賴公常借館藏金冬心、垢道人之類名跡回家臨摹，畫藝大進。故賴老的山水得垢道人枯筆渴墨真傳，畫梅花和書法又有金農神韻。賴老老是因禍得福。

逮一九八六年賴老離休本擬住深圳，後改住廣州華僑新邨，不久遷水蔭路，均係細小居所，安享晚年。返回廣東與安徽大不一樣，目睹五光十色花花世界，「存在決定意識」（列寧語），賴老畫風為之一變，色彩繽紛，謂之丙寅變法。

八十年代，賴老伉儷經常出國。有次到香港大學訪問，做了場演講，聽曾菲説，連校長、藝術系主任、老師、學生加在一起的聽眾，只三二十人。曾大不高興。説賴老在大陸演講時聽眾迫爆會場，沒有一千也有好幾百人。過兩天來中文大學，也是到藝術系講演，系方大力發動學生出席。筆者時在中大服務，為了招呼曾菲，就聽不了賴老講話。筆者帶曾菲去范克廉樓（飯堂）飲咖啡聊天，叫了客法蘭西多士，曾菲咬一口，驚嘆不已説，想不到世界上還有這麼好吃的東西。曾菲吃得高興，閑聊間説見到馬臨校長，好奇馬校長俸祿，當面問他：「馬校長，你拿多少？」馬校長坦

賴少其在淮北煤礦勞動體驗生活

賴少其曾菲伉儷

誠相告：「七萬五。」有一回賴老伉儷訪泰國返穗前路經香港，語筆者說那邊的華僑天天請他們吃鮑魚、魚翅、燕窩，吃膩了。我輩無產階級怎請得起這般大地主美食，只有帶他們上百樂潮州酒樓，點了凍烏魚，佐以賴老家鄉普寧豆豉醬，鹵水豆腐，小碟欖菜，扒碗白粥，也吃得津津有味。賴老嘗在中華文化促進中心辦畫展，也有銷售。據說新華社社長王匡嘗上報中央謂賴老在香港開了銀行帳戶，違反有關規定。曾菲反擊之。此有關信件年前嘗見諸拍賣場。

一九九〇年筆者創辦《名家翰墨》月刊，頭幾期重點介紹四王（王時敏、王鑒、王翬、王原祁）。賴老好心提了些意見，筆者為之悚然易轍。嗣後側重推介二十世紀大家，厚今薄古，令銷數為之激增。每一念及，又得感激賴老。

賴老早年錚錚鐵骨，連站籠都能挺過來。晚年身體較弱，又曾整理畫作時開了上格櫃門沒有關好，蹲下看下格的東西，站起來時被上格櫃門角撞傷後腦，要命得很。平日坐梳化斜著身子坐，更為傷腰。有次去巴黎坐十多個鐘頭飛機，也是如此坐姿，到達時站不起來了，要抬下飛機，坐輪椅參觀羅浮宮呢。賴老身子弱，膽子就細小。有一回去日本辦畫展，自己畫的展品依足手續辦申請，在積習難返的官府拖拉運作下，展期已到而展品仍運不出去。昔日舊部當今官員私下語賴老，你不辦申請將展品運上飛

賴少其與筆者在廣州華僑新村寓所，1988年

機，不就成了嗎。你正式申請，反而難辦。

六四之後，賴老老友千家駒遠走美利堅。九十年代初賴老去紐約辦畫展，碰到千老，打個招呼，不敢深談。太緊張了。

賴老的故事太多，扯不完的。說回這個「好」字吧。對著好字，又要感恩。

記得七十年代初常向《大公報》趙大哥（澤隆）請益，有一回在某外事（有日本人共同通訊社泉鴻之等在）飯局中趙問及我的家庭，知我上有父母，旁又有兄、弟、姊、妹，他說過去這就叫做「完人」，人家結婚都想找這類「完人」做伴郎或伴娘，會帶來好運，起碼好意頭。聽得我心花怒放，開心不已。嗣後娶妻，三年試用期滿（筆者見做教授試用期三年完畢才終身聘用，婚姻也似應仿效），遂生一女一子。（沒有再請教趙大哥，「完人」倘再加上下有子、女，有否更高層叫法，是否可稱「高級完人」？）而完人有緣，得一女一子，就是一個好字，賴老當時有意賞賜而未賜，本來是「糟得很」，最後由鄭兄搶救擲下，變成「好得很」。真要再次為「好」字感恩。

說開好字，再扯遠一點，民國四公子之一張伯駒藏有唐人杜牧書「張好好詩」卷劇跡，藏家和詩卷均姓張，張公子遂被戲稱為「好好先生」。五十年代這位「好好先生」捐獻「張好好詩」卷等一批劇跡與故宮，不久反右，「好好先生」沒有了「張好好詩」卷，處境就不那麼好了。繼之文

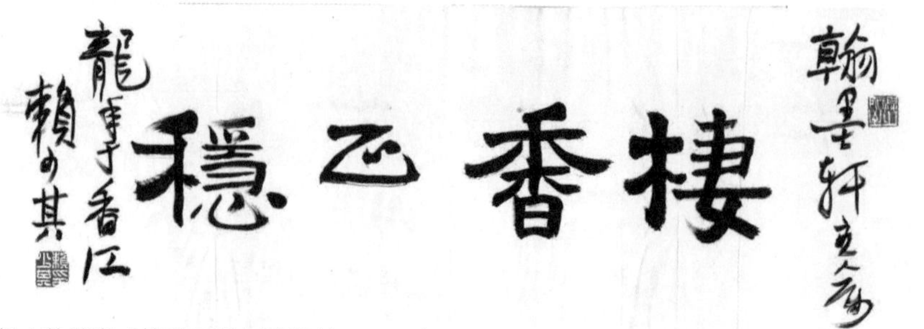

賴少其楷書「棲香正穩」贈筆者，1988年

革，日子就更難過了。黃永玉丈嘗撰文記述這位「好好先生」，寫得感人。看來「好」字是不能掉的。

身在香港，胸懷祖國，放眼世界，忽悟：「千好萬好不如逍遙自在好！」

二〇一三年二月八日

賴少其書贈筆者大好，1990年

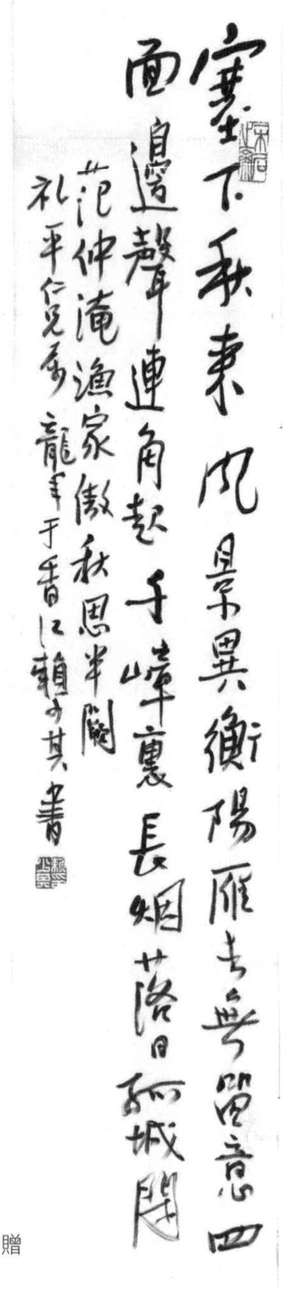

賴少其行書范仲淹《秋思》贈
筆者，1988年

滿身都是福
——記康南海的大福

香港回歸前筆者寓興發街維多利大廈，嘗在大廳長懸康南海先生大個「福」字，外母房間則懸南海大「壽」字，頗具氣勢。九十年代內畫泰斗王習三先生為筆者一家四口造像，背景就是南海先生大福。「內畫是螺螄殼裏做道場」，在兩吋高的水晶鼻煙壺小瓶裏，以彎筆細毫，在狹窄的壺腹內壁，反向勾描渲染，繪畫出我家「四人組」肖像，本來呆呆滯滯模樣，有似無錫泥公仔福祿壽喜的傻貌，經大師生花妙筆，透過晶瑩剔透水晶壺壁顯現的畫面，我們一家人竟也生動活潑起來，藉著背後康南海大幅大福，更彰顯闔府阿福。怪不得一九五八年秋朱老總（德）親眼看到王大師這手絕藝，已讚不絕口。

際此新春，語貴吉祥。在此就談談「福」字。

王世襄的姑丈郭則澐在《十朝詩乘》之卷十（第六節）載說清宮的新年書「福」字的規矩，說：

康有為
康有為行書大壽（左）
1918年86.5x71.2cm

「故事，嘉平朔日（即十二月初一），開筆書「福」。」「初僅頒賜王公大臣及內直侍從，世宗（雍正）始頒及各直省將軍督撫，後遂沿之。」這是說在雍正以前和雍正以後的不同。其後又說到乾隆和嘉慶的「賜福」習慣。

又說：

> 高宗（乾隆）每值開筆日，御重華宮書第一「福」字，揭之乾清宮正殿，次及各宮殿御園，又次頒賜皇子宗藩以及諸臣。

又：「仁宗（嘉慶）其書『福』，面頒者跽候御案前。書畢，內侍捧『福』字，自其上過，然後賜之，謂之『滿身都是福』，尤為異數。」

佳節家家懸福字，樂見人人「滿身都是福」，那善禱善頌，正是自我感覺良好。

筆者喜集藏名家字畫，對於「福」字則所獲不多，衹沈曾植等三幾件。而寒齋中喜歡懸掛的則僅康南海的「福」字而已。記得清人沈初《西清筆記》中卻記有一個令人羨慕，家藏廿四幅皇上的賜「福」，他把「福」字都懸在廳堂，並隆重其事的以「廿四福堂」作為堂名。試想，這廿四大幅的「福」字自然是佔滿了大廳，當兒子問他：聖上每年都賜「福」字，再過幾年那又來如何有位置？這人就說出另建一間「餘福堂」吧。

康有為行書大福
86x71.5cm

這該是擁有「福」字最多的人，大可入健力士大全。關於他的記載，除見於《西清筆記》外，《郎潛紀聞》也有記載，所記是：

> 錢塘王文莊公賜第在護國寺西。公內直二十四年，以除夕蒙賜福字二十四懸掛其間，曰「二十四福堂」，外無餘地。公子請曰：「此後拜賜，何以置之？」公曰：「別置一軒，名曰餘福。」（見《郎潛紀聞卷九．二十四福堂》）

這位主角王文莊公（一七一七—一七七六）名際華，字秋瑞，號白齋，浙江錢塘（今杭州）人。官至禮部尚書、戶部尚書。他直南書房最早，生平只外放視學一次，此外未嘗離直所，所以累年所得福字較多。他列懸「二十四福堂」的「福」字，除了寓意吉祥以外，更有一種出自朝廷賞賜的榮耀。

賜「福」字，已成了朝廷的習慣，它可以上溯到康熙時期。

在《清稗類鈔》恩遇類謂：

> 康熙間，聖祖（康熙）御書大福字，賜編修查慎行。蓋年例於嘉平朔日，開筆書「福」，王公大臣內直侍從皆得預賜。

賜「福」字是榮耀，而把「福」字予奪就是懲罰。例如戴醇士（熙）講真話，得罪樞相穆彰阿（皇上岳丈），道光皇帝也討厭戴，就在歲晚例賜南書房翰林以「福」字時，獨不給予戴醇士。戴熙「醒水」，借病告歸。事

王習三為筆者製作水晶鼻煙壺內畫背面為康有為大福，1996年

劉醴平畫康有為像，1970年

見《清稗類鈔》的諫諍類：「宣宗（道光）遂惡文節。舊例，年終賜南書房翰林福字，文節不與焉，乃遂以病告歸。」

以上舉了許多朝廷的例。讀者或誤意為「福」字只是朝廷賞賜，其實不然，民間也早有這記錄。在《揚州畫舫錄》載有：

> 高承爵，三韓人，善擘窠書。為揚州太守，民人愛慕，每歲暮，鄉民求書福字以為瑞。一民伺太守出，持所書請曰：「求易一『福』字。」太守熟視之曰：「書此字時，筆不好耳。」至今傳為美談。

這是《揚州畫舫錄》卷二所記，文中高承爵（一六五一——一七〇九）是順治康熙間人物，那是早清時已有此風尚。

以上說了前清「福」字的掌故，以下該說到寒齋「福」字的執筆人康有為了。

康有為的生平和行事，世所共知。搞笑者是這位康聖人身後，碰到比當年倡言革命的孫文還更革命的闖將紅衛兵，那擦出的火花可要命呢。據說文革暴亂中，康有為墳墓被紅衛兵發掘搗毀，其屍骨更被抬去遊街示眾。生平所遺書畫，由其媳龐蓮（一九〇七——二〇〇〇其夫係康有為三夫人何旃理之子康同凝）在上海付諸一炬。（事見鄭逸梅《藝林枝葉》所記）

但康氏的後人或門人在港澳仍大不乏人，就筆者經歷和記憶所及，略而言之。

康有為

康有為六十歲像，1917年

香港中文大學生化系的麥繼強教授（香港大學校長徐立之恩師），嘴上菱角型鬍鬚理得光亮尖銳，向兩邊挺拔微翹，一似德國名將，人稱「俾斯麥」。其祖母就是康南海千金康同薇，祖父麥仲華南海先生的得意門生兼快婿也。同校中文系高級講師河南籍退伍軍人李雲光博士，娶康有為外孫女何康儀為妻。李壯歲著《康有為家書考釋》（書出後升高級講師）就是筆者經手出版的。還有一位早已移居加拿大，近年經常在香港畫展會、拍賣會遇到的女畫家何康德小姐，其母親是康南海千金康同環。十多年前，李喬峰丈介紹相識時，我已猜出幾分她應是康家的人了。徐悲鴻早歲嘗畫《康南海六十行樂圖》，非常寫實，有似康南海與一眾家屬在園中合影，而圖中眾女眷形象與何康德形神相當一致。悲鴻大師的是寫實高手。十多年前在上海某拍賣場見過此原作，去歲春此畫又在北京保利拍賣場展示，筆者雖買不起，不花一錢，抓緊機會一再仔細欣賞，彷彿通過時光隧道走入歷史現場，從旁觀察康南海在愛儷園中與一眾妻妾女兒遊園享樂。而康黨保皇會的伍憲子後來寓居香港，雖素未謀面卻有緣收藏其墨跡若干。記憶中，拙藏中屬康門一眾受業弟子的有：梁啟超、韓文舉、湯覺頓、羅癭公、盧湘父、倫明、陳柱、鄭洪年、馬君武、羅敷庵、鄧仲果、汪鳳翔等等，如果連同拜門弟子劉海粟、徐悲鴻、蕭嫻，私淑弟子狄葆賢、江孔殷等，也有一大堆，哪家博物館想搞萬木草堂師生墨跡文獻展覽，倒可與筆

康有為千金康同薇
孫麥繼強

者洽商。

說到展覽，記得八十年代李雲光兄將上海康家舊存康有為墨跡陸續弄至香港，一九八六、八七年間嘗編印成書出版，又就近在中文大學文物館舉辦展覽。時筆者于役中大，辦公室在中國文化研究所女厠旁（偶有女賓敲門借手紙方便），某日約了李文田嗣孫李棪教授午饍，李嘗任中大文學院長，專甲骨、好美色，有花花大少之譽。筆者半拉半請入文物館看看康南海書法展。棪齋入門一兩秒，甫一環視，不足一分鐘即拉我鬆人（撤離現場也）。大抵其祖父李文田輕視康南海，延及孫輩棪齋也同樣輕視康公。

查劉體智《異辭錄》卷三就有「李文田黜康有為」一段云：

> 康有為為孔子改制之說，值中日戰役後，人心思治之亟而入於幻，異說乘之而起，於是學風為之一變。有為中式光緒乙未科進士，朝考，其同鄉李若農（文田）侍郎在閱卷大臣之列，惡而黜之……其後梁啟（起）[超]往見，侍郎曰：「亂天下者，必此人也。」粵人好言新，而侍郎持論如此。

看來，李棪先生之拉我「鬆人」，該是有所由來了。

美國波士頓阮圓教授近日專研康有為，嘗查閱西方學界相關文獻，發覺無人寫康，她自告奮勇，遠飛滬瀆，掛單上海博物館，搜集相關資料，擬撰文向西方學界介紹康氏。筆者告以十多廿年前，在遼寧省博物館由名

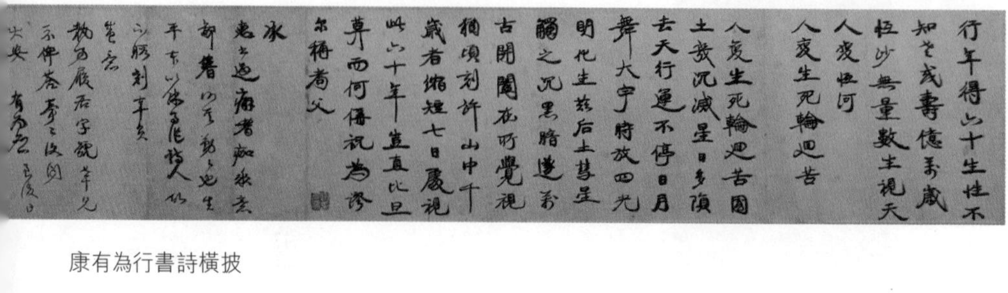

康有為行書詩橫披

譽館長楊老（仁愷）陪同入貨倉觀畫，甫開大門，赫然見到一大堆刻著萬木草堂的書箱，想遼博應有不少材料。

逮李雲光兄退休，擬學筆者開設畫廊銷售其所藏南海先生墨寶，惟終未成事，對軍界轉學界的李兄而言，應是好事。承李兄轉讓幾件康氏墨寶，一直寶藏至今。後也有親友轉贈或市場吸納者，皆以李兄所藏為標準器，藉為鑑定之依據。

康南海早享盛名，求賜墨寶者眾，南海應付不來有槍手代筆，即其弟康廣仁也。但廣仁戊戌斷頭菜市口，為六君子之一。康廣仁署本款墨跡傳世極鮮，筆者留意此道數十年也未之見。市場若有出現，當較其兄有為之作高價十倍。

康女公子同薇、同璧也能畫，筆者有緣收藏幾件。同薇喜寫梅花，同璧則喜寫巨幅工筆虬松，據鄭逸梅所述，康本人亦能畫梅。《書林片葉》謂：「康有為與人通函，有時用梅花箋，梅以寫意出之，出於自繪。配合其疏曠書法，非常得體。」（頁十）云云。而康公書法，效者甚多。如蕭嫻、劉緗、李培基等。因世人喜康有為的書法，拍賣場中往往爭奪者眾，每以高價成交。以筆者個人看，康書法的確大氣，但又惜乎毀者亦多。如杭州書學專家西泠冷僧張宗祥，就是不推崇康。另外極端者如蕭蜕庵論書，也說近代之清道人、鄭孝胥、康有為、吳昌碩，學者皆不可沾其習氣。

徐悲鴻《康南海六十行樂圖》，1917年

由於康公墨跡早已值錢，偽作蠭起。在本港亦有再世康南海。那是五六十年代住銅鑼灣敬誠街某樓天台木屋，樓下住的是再世新羅山人黃般若，專生產新羅山人、陳老蓮而外，因簡又文喜收蘇仁山，般公也生產仁山餵之，有時寫了件華新羅，擲筆說「今日餐飯有著落了」。而天台的再世康南海，順便加題「天下第一華新羅真跡神品」之類款題，用添聲價，兼保駕護航。般若公子大成兄偶摹寫宋人或甚麼摩登古畫，天台南海先生也樂於賜題數字，當然署康有為款，用意幫小朋友多賣幾個錢也。你道這再世康南海是誰呢？大明星大畫家顧媚尊翁顧淡明是也。顧淡明在廣州淪陷時期掌偽政府宣傳處，香港淪陷前嘗代日偽派錢與本港傳媒，而當時報紙佬大都有錢照收，只《工商日報》堅拒，《工商》係何東公子何世禮將軍主持，何家大把錢，世禮係抗日志士，睬你都傻。上輩人所言，未必準確，謹書此以提供綫索，供有心人參考。

康南海周遊列國，參觀歐美博物館，遂上書皇上建議中國也搞博物館，隨著維新失敗而未能成事。（倒是狀元張季直在南通獨力辦成中國第一家博物館。）可見康南海也留心古董美術品。康有為宣稱有皇上衣帶詔，在海外招搖，利用華僑對光緒的同情，向華僑募款（分薄了海外洪門為同盟會的籌募）。且南海先生口才好，善經營，生活較革黨孫公優裕得多，而且還收藏古書畫。著有《萬木草堂藏畫目》，而目中所載，幾乎十居其十係A貨，

破四舊運動中青島五中師生挖毀康有為墓，1966年8月

鑑定界前輩早視為笑談。許多很有學問，或某方面甚有建樹，聲名顯赫之輩，一搞收藏，就往往失禮死人。如果還不知輕重，隨便出藏品集，則貽笑大方，允稱「財色兼失」。各方君子，不得不慎之又慎。康南海不知是老眼昏花，還是貪便宜撿平貨，或是自高自大以為自己真是康聖人老子說了算，才膽敢出此藏畫目。而那位再世南海先生顧公淡明，於是藉康老頭他老人家大名題字也就順理成章無所謂了。這令我想起臺灣歷史博物館前館長何浩天丈的名言，臺北張家在歷博展吳昌碩齊白石書畫百件，有專家說有若干件有爭議，何說百件就百件，通通掛出來，識的你不說他也看得懂，不識的你怎麼說也還是看不懂。妙哉斯言！旨哉斯言！

二〇一三年二月十三日

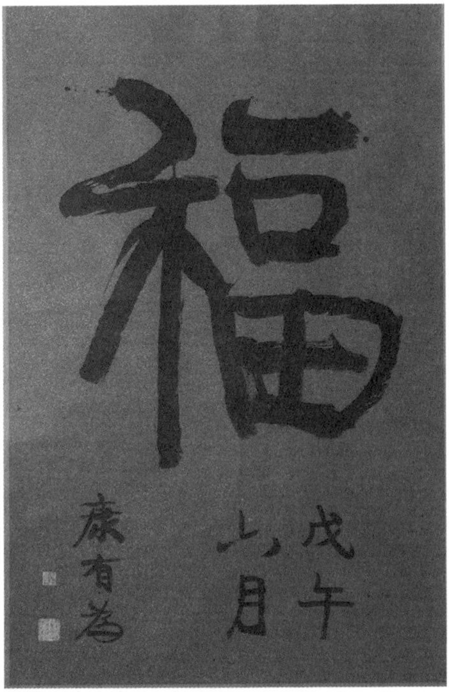

康有為行書大福，
1918年109.5x68cm

林文（時塽）

翰墨黃花一例香

——記林時塽絕筆

「秀才造反，三年不成」，這話偏頗。作反，是需要秀才，就是需要「知識」。

「坑灰未冷山東亂，劉項原來不讀書」，那只是調侃。劉邦項羽背後的范增張良何嘗不是「知識」的代表。至於「夜半橋邊呼孺子，人間猶有未燒書」，那黃石公授張良的，該是秦皇燒漏的知識，該是造反的資源。以上，用「詩」去解釋世情，似是打諢。我當是作個引子。

百年前的「辛亥」就是「秀才造反」（早期尚未使用「革命」這字眼）。其思維主體都是「秀才」。揆之古今中外的「作反」，這是先決。

看「辛亥」群彥，大多出自官宦世家和書香世家。這和沙皇時代的「十二月黨人」相似。「十二月黨人」大多是貴族子弟，未必是「紈袴」，往往有高尚情操。而更應標舉的，是他們都有一種「自我犧牲」、「自我奉獻」的情懷。儘管他們自己家中多有農奴，但想到的是如何解放

福州正誼書院

屋外的農奴。列寧稱之為「貴族革命家」，「貴族中的優秀人物幫助喚醒了人民」。

再相比「共產大業」的前驅，又何嘗不然。像曾彥修青年時投身延安，作為中共宣傳部門高官，就這樣說過：

> 如今一天到晚說是工農。我們在城裏聽到的，不是啊，是大少爺、二小姐，今天某家二小姐出事了，明天某家的大少爺槍斃了，天天全是大少爺、二小姐、三少爺、四小姐，抓的抓監，殺的殺頭……但是一個共產黨員不等於是工農，而我們現在也把他說是工農。我看見的全部都是知識分子。其實多是中學生，還有中學畢業的，這幾乎是提著腦袋幹的事情，要抓住怎麼辦？抓住一定關到監獄，說不定就槍斃。這些人反倒都不是窮光蛋，都是家裏相當富裕的家庭。被捕後，全家賣房產，親戚大家人湊幾千塊，五千到一萬，把他贖出來是有可能的。（曾彥修《我所經歷的「延安整風」》）

他說的是指二、三十年代的革命主角，這些「大少爺、二小姐、三少爺、四小姐」的情操和理性與「十二月黨人」和「辛亥群彥」相同，都有以天下為己任的壯志、教養和良知。他們的行為是從良好的氛圍下孕育和異化出來。但，我這說法和一些「階級論」者的說法又不盡相合的，因這當中不能對「紅旗捲起農奴戟」作詮釋。因這不符合那些是丹非素的理論。

林文（時塽）

本文要說辛亥時期的一個名門子弟，他是有高尚情懷和文采的「秀才造反」者。其人是林時塽。先說他的不尋常家世。

林時塽的祖父林鴻年是道光丙申（一八三六）狀元，鴻年字勿村，道光戊戌曾為冊封琉球國的正使，他遠涉重洋，而何子貞贈「行萬里路，看三神山」即指此事。歸來著《使琉球錄》。他又曾到廣東瓊州做官，所以和廣東人的關係頗深。喜歡術數的他，該沒算到數十年後自己裔孫也就在廣東成仁取義，得千秋大名。廣東的張維屏在《聽松廬詩話》記有他在廣州的交游云：

> 勿村初至粵，即交相善，惟君守瓊州余居廣州，無由會合。此番自閩來粵，將自粵入都，適道途梗阻，留寓羊城，因得時相晤敘。論道藝則相悅以解，談時事則憂思難忘。方喜題襟，又嗟判袂。送君北上，望君南來，三復贈言，良深紉佩。咸豐己未正月廿日阮文達公生日同人設奠於文瀾書院，同集者譚玉生、陳蘭甫、李碧玲、徐子遠、沈伯眉、余邀勿村同集，與諸君談讌甚歡。

這位勿村先生富藏書，多術數兵法之學。藏書印有「曾在勿村處」。工詩，善書法。有《松風仙館詩草》行世。同治三年，升任雲南巡撫。同治五年以拒絕出征，謂「以干戈與吾民相見，吾弗忍也。」遂被炒魷，返鄉間侯官主講正誼書院二十年。正誼書院是清代福州四大書院之一，首任

林尹民

山長即為這位勿村先生林鴻年，成就人才甚眾，有名宿葉大煒、陳寶琛、林紓、陳衍、吳增祺等。

這位林鴻年狀元生子名如玉，後改名戢，字希村，即林時塽之父。他善駢體文，精詞章考據之學，嘗渡臺灣任登瀛書院山長，就是在任所內生下林時塽，時在光緒丁亥（一八八七）正月二十三日。後任滿攜時塽回福州。遷馬江船政學堂文史科教席。

那狀元父親（勿村），望有子能肖父，所以別字「希村」，誰知這位希村卻像魏晉人物。詩寫得好，酒量也大，整日留連詩酒，更以酒留名，在《清稗類鈔》的飲食條下就有「林希村立酒社」的記載。經查對，徐珂的《清稗類鈔》這個條目是轉鈔自陳衍的《石遺室詩話》。《石遺室詩話》卷十九第十六條說：

> 同邑林希村，名如玉，後改名，由優貢生舉孝廉，屢困公車，晚以縣令需次浙江，憔悴以死。少日嗜奇記醜，為駢文驚才絕艷，在金應麟、王曇之間。作詩喜掉書袋，…獨喜其《虞山弔錢宗伯》四絕句末一首云：「倉皇同志有忻城，鐵騎橫江把臂行。愁殺石城閑草木，當年親見褚淵生。」工穩而不黏著。又《社集賦得莫愁湖鴛鴦》云：「笙歌艇子破愁圍，載得王昌緩緩歸。左右成行三十六，

林覺民

一湖春水落花肥。」李易安論詞，所謂本色與險麗，兼而有之矣。

又說：

> 希村與吾鄉梁開萬（億年）、林枳懷、葉與恪、林怡庵諸人結酒社，日高睡起，即入酒樓終日痛飲，醉則歌呼笑罵，夜深乃扶醉歸，蓋晉七賢、八達之流也。

而與他整日轟飲的那幾個人：梁開萬，是光緒二年進士，是梁章鉅孫子；葉與恪，是葉觀國曾孫（葉觀國是乾隆十六年進士著《綠筠書屋詩鈔》）；怡庵即是畫家林葵（一八四三—一八九六）字怡庵，室名鴛鴦藤館。是鄭孝胥的舅父。

另外，在郭白陽撰的《竹間續話》四卷，當中有描寫林鴻年（勿村）、林最（希村）父子間的一段和酒有關的趣事：

> 林希村最家居時，與林怡庵葵、林枳懷在灃、葉與恪滋昌、梁開萬億年諸老結酒社。日高睡起即登酒樓，終日痛飲，醉則歌呼笑，必夜深乃扶醉而歸，歸則寢，明日又往矣。希村為勿村中丞之仲子，中丞甚嚴正。一夜聞其打門醉歸，問曰：「何人？」僕曰：「少爺也！」申叱令之進，以「少爺酉卒」命對，曰：「能對免責。」希村應曰：「太子申生。」

在這裏是「醉」的拆字是「酉」、「卒」。是當時流行的俏皮隱語。

陳可鈞

而「太子申生」是左傳人物。以之對「少爺酉卒」是極工巧。筆記所記，曲俏這對名父子之間的責善和戲謔。

林希村作為名父之子，中舉以後，屢躓南宮，其鬱悶可想。詩酒留連，只是避世一法。這樣的一位窮學官，儘管是詩好，駢文好，似乎都未有刊行。陳衍《石遺室詩話》對他有門戶之見，以長輩之喜惡為喜惡，所以有微詞，又僅僅摘錄他的兩首絕詩。這是不公和過份了。但禍兮福所倚，林希村的詩就靠《石遺室詩話》的摘采，留下了吉光片羽。以後錢仲聯編《清詩紀事》也就把陳衍所摘取的選下來。這就讓更多人知道世上有林希村其人了。只是《清詩紀事》的小傳也太少了。那連姓名計在內只有：「林如玉，後改名晸，希村，福建侯官人，光緒五年己卯舉人。以縣令需次浙江。」這合共只有三十字。這林希村詩名不及酒名大，是狀元公子也鬱鬱不得志，死無餘財，連兒子林時塽東渡求學也需林希村的大女兒為之撐持。章太炎說林時塽「少年負才氣，然常鬱鬱似失志者。」這未嘗不是林氏家庭環境和人事遭際所使然。

福建人林庚白的《麗白樓詩話》就把林希村、林時塽父子相提並論。這也是應該的，學問和性格都會是淵源有自。這會在下文中述及。

從宏觀而論，在此我們可以看到一門三代的性格，是：（林鴻年）得

陳更新

意、（林希村）失落、（林時塽）反叛。而此中的變化，又何嘗不是一個時代的縮影。

從這角度看，個人史、家族史，也即是社會史。一個英雄的出現，其實也是各種關係網交結中的一點。此前略述了林時塽的先輩關係。以下，要略述林時塽個人的際遇以及宗親子交游。繼而是林氏的取義成仁。最後以林時塽的藝文鑒賞為結束。這些其實都是互相影響的一張網，但只有筆一枝，嘴一張，只能循序，那就要分先後了。

綜合民國元年《革命黨小傳》、天嘯生（鄭烈）《林文傳》等諸家所述：林時塽字廣塵，號南散，參加同盟會後改名林文。生得豐頤廣顙，雙目烱烱，綽號「舞獅子眼」。「口部彌廣，卻於笑時上下兩唇哆張，快意時尤哆。」（莫紀彭語）性淡恬，恆以諸葛亮陶淵明自況，嘗鐫一水晶圖章，印文曰「進為諸葛退淵明」。幼而能詩，甚得乃父喜愛，恆攜時塽赴詩社酬唱。十五喪母，而乃父不復娶，次年父亦卒。遺下時塽兄弟三人、姊妹四人。長兄遠遊不返，次兄早歿，長姊主持大局，留中不嫁，一力鞠育諸弟妹。及三十之齡，始適沈葆楨公子沈瑜慶，瑜慶亦正誼書院門生，學而優則仕，累官至貴州巡撫，辛亥鼎革時，雖係革黨林時塽姐夫，但身為朝廷命官，仍為革黨所迫交出政權。寫到這裏，順帶說一說，儘管沈瑜慶是公子聲華，但人們也往往忽略了他，於此多補充幾筆說說這位大人

陳與燊

物。沈瑜慶（一八五八—一九一七）字愛蒼，號濤園，福建侯官人。外祖是鼎鼎大名的禁烟欽差林則徐，父親沈葆楨也是清季名臣，母親是林則徐的女兒，是在抗擊太平軍戰事方酣時，親自登城為丈夫擊鼓助威的巾幗鬚眉。女婿是戊戌政變中被殺的「六君子」之一的林旭。妻舅就是本文要說的主人公林時塽。時塽父親林聶與沈慶瑜都是中舉同年。瑜慶兒子沈贊清（字演公）是書法家，曾任孫中山秘書。演公次子沈覲鼎也貴為民國著名外交官，覲鼎妻室廖承芝則是國民黨元老廖仲愷的侄女。沈瑜慶一門殊不簡單。

沈瑜慶是名公子，居高官。一生都是錦衣玉食，也長於詩文，據陳石遺所述：

> 吾鄉同輩之為詩者，又有沈愛蒼撫部瑜慶、林琴南孝廉紓，皆不專心致志於此事，然時有可觀者。愛蒼號濤園。以二百四十萬錢買福州城內烏石山甌香許氏舊濤園，為其父文肅公祠。園有古松，故以濤名。余識濤園時方總角，行坐誦吳梅村詩、庚子山哀江南賦。忽忽四十年，其子女皆受業於余，重以姻婭，曾出資為余刊元詩紀事。見人佳文字，輒咨嗟歎賞不自已。……（《石遺室詩話》卷三頁五十四）

瑜慶在一八九五年後常居上海。而最窩心的是三年後的戊戌政變中，愛婿林旭的被殺。這從他和范當世李拔可諸人的酬唱中看出。而這悲憤情

貴州巡撫沈瑜慶

緒，未嘗不是導致他對小舅子林時塽的東渡的支持，而且通過妻室時常匯款資助時塽。更有甚者，其鄉人也是林琴南弟子林之夏，參加作反，因事機不密，兩江總督端方有所覺察，命江西巡撫馮汝騤逮捕林之夏，而時任江西布政使沈瑜慶卻暗中通報，林之夏方免於難。

另外，沈瑜慶在一九〇二年有題為：《希村和章未至，再疊前韻速之》，和《林希村同年約夜談》兩詩，這提供了一項資料，就是林時塽在十五歲時，父親猶是健在。那麼林時塽的詩書造詣，就該有家學的承傳。

說回來，在光緒三十一年，時塽十七歲時，奉姊命東渡扶桑求學，這當中自然是有姊夫沈瑜慶的同意和資助。時塽初入成城學校，旋進日本大學法科，專攻國際公法，至私法則僅略一涉獵，謂此刀筆吏事，非吾輩所當急也。兼習哲學，醉心陽明學、禪學，故臨事從容，鎮靜如山，眾服其養。或以為林時塽是文弱書生，惟時塽軀幹修偉，丰儀清俊，而且生有神力，能舉百斤大石而舉重若輕，並以此自豪，因得綽號「林大將軍」。

留東之後，與同志組織同盟會，與汪兆銘、黃興、趙聲、汪東、胡漢民、倪映典、李文甫等交尤深，孫中山頗器重之。

時塽隸屬閩同盟會屬第十四支部，鄉人重時塽德望，推為隊長。當時

林之夏晚歲小影

在東京大久保賃屋，門署「田野廬」。先後與陳與燊、林覺民、林尹文、鄭烈等同僦一廬，情若兄弟，時塽、覺民、尹文皆知名，人稱「三林」。初陳與燊、林覺民自命不凡，不可一世，與時塽交，皆悦服。而長時塽七八歲之黃士恆，與時塽處數日，即投契如飲醇醪，可見時塽之魅力咸能服眾。

關於鄭烈和時塽關係最深，在這裏也稍加詳細：鄭烈與林時塽同在日本大學唸法科，林常與鄭烈言：「覆滿蕩垢，我矢以死先之，至創制典章，樹立規模，勵行法治，致國興強，則君等責也。」足見時塽抱必死之志，鄭烈敬佩之。居東京數年，鄭烈與林交誼最摯。其後鄭娶其妹林佩英（宜）為元配夫人。又以筆名天嘯生為林作傳。（再扯遠一點，一九二八年十一月南京國民政府委任鄭烈為最高法院檢察署檢察長，一九四七年六月二十八日，受司法行政部部長謝冠生之命，鄭烈曾以檢察長名義下令通緝中共中央主席毛澤東，並在各地報紙刊登通緝令全文，轟動一時。）

林時塽及冠之年仍無意娶妻。有問之者，答謂瓜分慘禍，近在眉睫，尊嚴祖國，行且邱墟，親愛同胞，將即奴隸，此豈志士安居授室時耶！胡漢民常與林時塽下圍棋，而輸者輒為胡。胡嘗請時塽教其妹寧媛下棋，寧媛在日本念高師，柔順貞忠，品學兼優，行七，人稱七姑。展堂意係以棋為媒撮合之，而時塽卻不肯收貨，莫紀彭多嘴詢時塽，答謂胡寧媛面如山

《日本及日本人》第569號介紹林文（時塽），1911年

馬云云。其實時塽自知必流血沙場，憐香惜玉，不忍讓寧媛成寡婦，遺恨人間者也。林時塽到底係性情中人，庚戌春奔走國事赴粵，道出滬晤妹，兄妹相見不發一言，但慟哭不已。或知行將永訣者耶？（時塽妹夫鄭烈語）

英雄一舉關時局，林時塽就是這樣的名門世家之後，而參加作反的。可惜三二九一役結果是「出師未捷身先死，長使英雄淚滿襟」。

考當時的廣州局面是，因臨時爆出溫生才擊孚一案，令李準張鳴岐早有戒備，形勢險惡。而原先安排運送的武器軍備人員又未準備好，黨人遂有主退主進兩說。黨人趙聲係新軍標統，軍事英才，又是此一役的總指揮，深知準備未足，蠻幹必以失敗收場，遂以省垣戒嚴，徒死無益，敕勿動。惟林時塽、喻培倫與副總指揮黃興商：「不但不能緩期，且須速發，乃可以自救。巡警局早四五日已有搜索戶口之札飭，旦夕必發也。」（黃興與海外同志書）

顯然，當時「不但不能緩期，且須速發，乃可以自救。」是已自陷於被動而蠻幹。（那時尚未有「左傾盲動主義」一詞）。再者，緩期等於散檔，如何面對海外華僑的捐助和志士的期待，參加是役的川省同志熊克武，曾詳細道出喻培倫、林時塽鼓動黃興力爭速發的現場情形：

花了海外華僑這麼多的錢，南洋、日本、內地同志不遠千里而來，於今中途緩期，萬一不能再舉，豈不成了個大騙局，堵塞了今後革

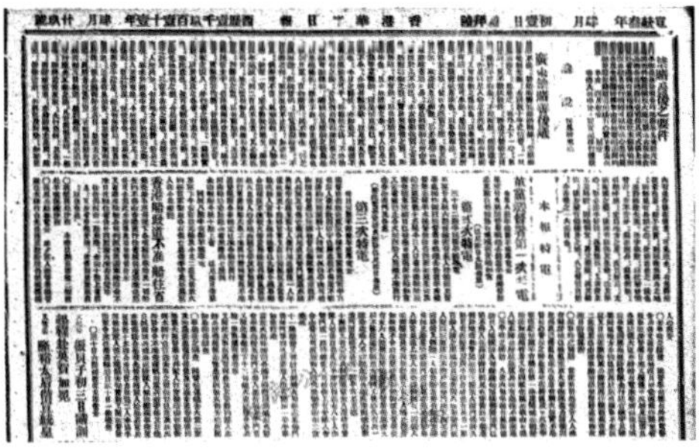

《香港華字日報》1911年4月29日報導廣州起義消息

命的道路？巡警就要搜查戶口，人、槍怎麼辦？難道束手待擒？革命總是要冒險的，何況還有成功的希望！即使失敗，也可以我們的犧牲作宣傳，振奮人心。現在形勢緊急，有進無退，萬無緩期之理！（熊克武《廣州起義親歷記》）

可見林時塽決心與一眾閩江鄉人，和「神交百輩深肝膽」諸志士一齊赴死，令黃興也別無選擇，於是一場轟天動地的大事就發生了。用孫中山後來的評價是：

是役也，碧血橫飛，浩氣四塞，草木為之含悲，風雲因而變色。全國久蟄之人心，乃大興奮。怨憤所積，如怒濤排壑，不可遏抑。不半載而武昌之大革命以成，則斯役之價值，直可驚天地泣鬼神，與武昌革命之役並壽。（孫中山《黃花岡烈士事略序》）

從大處着墨，從好處而言，三月廿九之役意義確如孫中山序中所言。但從另一角度瞻仰，又當欽敬赴義英傑的另一種苦心。

據參與此役之鄭烈憶述：在辛亥年的陽曆三月三日，林時塽與林覺民等先行，嗣後鄉人（福建）同志，也陸續抵港。林時塽與眾曰：

前此舉義，死者多鄉氓。人僉謂吾輩怯，吾實恥之。今日願與諸君挾彈為前驅，使若輩為後勁。縱事無成，我弟兄同時共塟一邱，亦可無憾……（天嘯生《林文傳》，亦見鄭貞文《閩賢事略初稿．烈

廣州起義前閩籍志士在香港合照，1911年

士林文事略》）

本來志士仁人有必死之心，令人敬仰，這種精神就是上文提到的一種「犧牲」和「奉獻」的精神。但何以會說出「僉謂吾輩怯，吾實恥之。」的話來？「僉謂」就是「大家都說」的意思，令人留意這事實和心態。

不妨再參讀一些史料，林以名門之後和所秉家學淵源，待人待事都有一種自我的標準尺度。但「辛亥群彥」和「十二月黨人」另一相似點是：在充當「作反」行動的思維主體時，也同樣遭遇上「民粹主義」的爭持。民粹主義者是輕於一擲的，頗像後來「共產大業」中的瞿秋白、李立三的「盲動」。那時林時塽以詩人之豐富感情和高度理智，他反對以革命大業雜以綠林既會黨烏合之眾為主力。孫中山多次舉義，林時塽恆參與，其中鎮南關一役，孫公是曾召林時塽共謀此役的，但是時塽獨自一人臨期告退。事後有人佩服他英明果斷，但也有人（黎仲實等）罵他臨陣退縮的。

事後，備受責難的林時塽有詩言志，詩題為：「舟中寄東京同寓諸同志」，結句有云：「神交百輩深肝膽，忍死須臾待切磋。」「忍死須臾」是指暫留性命而「有所待」。而「切磋」就是希望朋友能反覆商談了解的意思。（全詩是：「一海蒼茫沒遠波，秋風吹盡事婆娑；眼前雲物悲笳動，客裏山河落葉多。古佛湼槃仇世意，萬方悲慘拔山歌；神交百輩深肝膽，忍死須臾待切磋。」）

莫紀彭謂：此詩係林時塽舟中寄東京同寓諸同志，係林氏少數遺詩中

方聲洞（中）與家人在日本，1911年

唯一有題目可考者。或係林應孫公召赴南洋河內，既至絕裾辭歸，自海防經香港，寓《中國日報》數日，復回東京，在舟中萬般無奈所賦者。

莫紀彭文字一般，但「絕裾」兩字描摹恰當，就是不歡而散的雅言。可以說，他和孫中山的關係算是鬧得很僵了。

後來黃興在三二九役後告海外同志書云：「寄語仲實璧君毅生諸人，兄等平日不滿之人，今竟如何？」黃興的「寄語仲實璧君毅生諸人」，說話該是給孫公間接的提示反問。「兄等平日不滿之人，今竟如何？」那被不滿之人，當然是已犧牲的林時塽。而「兄等」自然是「仲實璧君毅生」諸人，但更重要的是「諸人」背後的「長官意志」。

或者有問，當同志的不理解下，是林時塽以「蠻動」回報「蠻動」嗎？

可以說：有此可能！這是合於林時塽的性格邏輯。

舉《南社詩話》一個例：

> 廣塵（時塽的別字）得錢必買書。嘗一日買得新書多種，皮面金字，裝璜精好，嘖嘖嘆賞。翌日在案頭見之，則書剝其皮面矣。驚問其故，笑曰，心惜其裝璜，不忍污之，將廢書不讀矣，不如剝去，無所顧忌也，其風趣如此。（曼昭《南社詩話》）

故事中，他怕弄髒了書而把封面撕去。這和反蠻動而蠻動是一樣的心

廣州起義前方聲洞與妻兒訣別，1911年

理。這心理也正吻合他的自我犧牲的精神。

試看辛亥三月廿九日當時史實，林時塽也實有求死的大勇：

是日早船，閩省同志及海防同志俱上省，俱入黃興處。興即召集餘人以攻督署。黃興對林時塽、林覺民、方聲洞、林尹民、陳與燊等閩省同志極為器重，私交也深，因把他們安置於由他本人帶領進攻兩廣總督衙門的第一路「選鋒」隊中，並肩作戰。黃昏五時許，由小東營朝議第出發，時塽左執號筒，右挾手槍，身懷炸彈，腰佩短劍，奮勇當先，沿途槍殺巡警於道，分隊行走疾速，至督署門首，有衛隊數十人駐守。林時塽率三二人前進，用炸彈猛擊，死衛隊數人，更新槍殺其管帶（全振邦？），衛隊大潰，鼠竄入衛兵室以避其鋒，匿不敢出，而黨人亦死三四人，有衛隊數人棄械投降，藉為前導，黃興率林時塽、朱執信、李文楷、嚴驥等十餘人入署搜查，惟無一要人，似預知而早遁者。時塽憤甚，奮擊而出，喊聲大震，槍如雨集，時塽屹立如神，意氣淩厲，偕黃興等疾行至東轅門外時，與李準之衛隊相逢，相隔距五十公尺。先是趙聲、姚雨平常言李部有同志者，時塽奮身向前招撫，高呼：「同胞同胞，我等皆漢人，當同心戮力，共除異族，恢復漢疆。不宜自相殘殺。」而衛隊不聽時塽講耶穌，舉槍跪擊，時塽在前列，語未畢見勢不對，剛欲舉槍還擊，而頭已中彈，頭骨破碎，腦漿狂湧，仆地犧牲。春秋二十有五。（參黃興告海外同志書、天嘯生《林文傳》）

方聲洞
方聲洞遺骸，1911年

林時塽以家學淵源能詩。但在芸芸詩話中，只有林庚白的《麗白樓詩話》下編有云：

林文字時塽，福建閩侯人，閩中名宿希村先生子，黃花岡七十二烈士之首也。希村先生博極群書，所為駢體文，兼有六朝盛唐人之勝，詩詞亦工。與先君子叔衡先生、同邑楊子恂先生、張珍午先生等稱十才子，亦或呼之為「十躁」，蓋皆矜才使氣，為儕輩所嫉視者也。時爽詩淵源有自，不幸早逝，未臻大成。今錄其春望一首云：「残雪猶留樹，春聲已滿樓。睡醒鄉夢小，起視大江流。別後愁多少，群山簇古丘。獨來數歸雁，到處總悠悠。」雅似唐賢，非鏤肝雕腎者所可及。

其留存之少，主要是林時塽生平所作詩文，赴香港前一日付之一炬，恒謂：「人生皆幻，留名無用」。因之存世極鮮。這種心態，和他父親有相似處。據知，林時塽詩偶有載香港《中國日報》。另有《天聲報》，其文苑編務為林時塽經理，嘗錄百餘首，但今散佚無存。僅憑其友朋記憶，錄存二十餘首而已。而莫紀彭則記云：己酉年春初，時塽自日本東京來至香港，住宿同盟會（舊電車路捷發白糖店四樓），到會同志常聞有沉而哀之詩聲，發自臥室，蓋時塽作擁鼻吟也。茲錄其落葉一首云：

落葉聞歸雁，江聲起暮鴉。秋風千萬户，不見漢人家。僕（我）本

黃花崗烈士被捕就義前攝影，1911年

傷心者，登臨夕照斜。何堪更銜（喋？）血，墮作自由花。

又謂：常見其拾案頭零紙寫自作句，時塽固工書，而此兩首五言詩（落葉）尤所愛好云。論者謂林時塽詩格調高絕，得李太白之深摯。

他這自我犧牲的精神在他的詩作中也有所反映。他有斷句「護林殘葉忍辭枝」，為人傳誦。事見《南社詩話》。謂林時塽有斷句云：「入夜微雲還蔽月，護林殘葉忍辭枝。」日人宮崎寅藏為之擊節。三二九一役舉世震驚，日記者知宮崎與黨人稔熟，詢諸人遺事。語及林時塽，宮崎以此斷句寫付之，日本詩人和者相屬。（《南社詩話》）

屈向邦《廣東詩話》有兩則云：

「不匱室名句」

友誦不匱室主名句云，「既雨餘雲仍在野，過風殘葉忍辭枝。」且云集中一再提及，諒是得意之句。予曰，林時塽亦有句云：「入夜微雲仍蔽月，護林殘葉忍辭枝。」黨人傳誦。廣州三月廿九之役，時塽殉難。日本詩人聞之，多有和此詩者。室主詩偶與之暗合歟？抑諷古今人詩多，融會胸中不自覺，而以為己得歟？斯二者詩家常有之。時塽字廣塵，閩縣人。原詩云：「撼地西風萬户悲，翻江狂雨暮來時；疏燈黯淡思城郭，一棹蒼皇怨別離。入夜微雲仍蔽月，護林殘葉忍辭枝；艱難欲盡新亭淚，日夕思量未可期。」蓋為南歸

黃花崗烈士遺骸未葬前之攝影，1911年

過臺灣感懷而作也。

「論護林殘葉與過風殘葉之別」

偶閱《雙照樓集》靜備金縷曲詞，耿耿護林心事句自注：護林殘葉忍辭枝，時塽詩句云云，信其為黨人傳誦之名句也。其意蓋謂殘葉意在護林，而林有待於殘葉之護，如亦辭去，仁者不若是恝也。用忍字，便有著落，温柔敦厚，哀怨纏綿，的是名句。若用遇風，則殘葉遇風，有不得不落之勢，用忍字，意味便遜。此中清息甚微，拈出，以與講求詩義者研究之。

這「護林殘葉」的高尚情操，正和龔自珍「春泥護花」的情懷相同。龔詩：「落紅不是無情物，化作春泥更護花」。再者，也可參讀出身「十七代士大夫家」的汪精衛《花飛》詩：

疾風吹平林，眾樹失芳菲；古今傷心人，淚眼看花飛。花飛正紛紛，子生已離離；今日青一捻，他日大十圍。一樹能開千萬花，不啻一花化作千萬枝；花亦解此意，飛去不復疑。飄飄隨長風，安擇海角與天涯。今年送春去，明年迎春歸。新花未滿枝，故花已成泥。新花對故人，焉知爾為誰？故人對新花，可喜還可悲。春來春去有定時，花落花開無盡期。人生代謝亦如此，殺身成仁何所辭！

其內容可說是同一機杼。大抵「犧牲」已是黨人的共識。

黃花崗七十二烈士墓

由此，覘見仕宦子弟而當革命者的都有高尚的情操和「犧牲」的精神。也可以解釋林時塽何以會以「蠻動」去澄清「蠻動」。

另外，林時塽雅善吟咏，惜自焚詩稿而難以存世，但當日與戰友唱和，或云在香港時偶有用扁擔體寫有斷句，（雖寫後撕爛丟字紙籮中。）有書「書生絕口談王會，大將甘心任國殤」。查「王會」或言國家隆盛日朝會大典事（出《逸周書》），時塽看不到這一天了，但大將軍卻真的「任國殤」，真是一語成讖。

但這「書生絕口談王會，大將甘心任國殤」。似乎是一比詩鐘而不是斷句。因林以家學淵源，小時已懂作詩鐘，而且斐然可喜。

留傳他有以「天」「此」二字作「六唱」：

「不甘擁戴為天子，惟以漁樵共此生」，

「立身莫自輕天爵，抱節端宜效此君」，

「平生憂樂笑天下，他日安危寄此身」。

到此，詩鐘是甚麼，需要一說，要不然無法理解和欣賞上述林時塽那三比詩鐘。

詩鐘是一種文字遊戲，也是昔人學詩的一種基礎訓練。有分閩粵兩派，前者流麗、渾成。而後者注重典實。近人中樊樊山、易實甫都是此中高手。

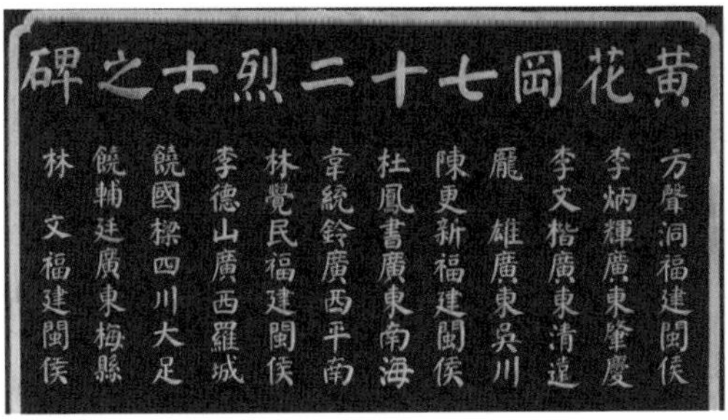

黃花崗七十二烈士之碑，首行左端：林文

詩鐘就是將稱為鐘眼「天」、「此」兩字嵌規定位置作對成聯句。如能整句湊合自然，銖兩相稱，即為佳作。而林時塽以十三歲的童子能作出這樣渾成的詩鐘，除了天賦聰明之外，也足覘見其家學淵源。

嵌字在第一字位稱一唱，二字為二唱，餘此類推。在稱謂上：一唱為「鶴頂」、二唱為「燕頷」、三唱為「猿肩」、四唱為「蜂腰」、五唱為「鶴膝」、六唱為「雁足」、七唱為「鴻爪」。

現在林時塽所作三比都是六唱「雁足格」。都是以「天」「此」字為對。

還怕讀者不明白，筆者試再舉例：比如將陸游詩「無窮江水與天接」，便可對以唐李郢詩「相送河橋羨此行」，這樣一對聯語的第六字便是「天、此」。這就算是「天、此」六唱「雁足格」的詩鐘例。

再談到林時塽的書法，在當年留日學生界中給林另一綽號為「寫扁擔字」。有謂林雅好王夢樓（文治）書法有扁擔形，似是而非之見也。扁擔字係林時塽自創之體。林曾與張繼辦《民報》，為駐社經理。增刊之「天討」兩字，即時塽署書也。由此可見林的書名早顯。

事隔數十年鄭逸梅在《書壇舊聞》也談到：

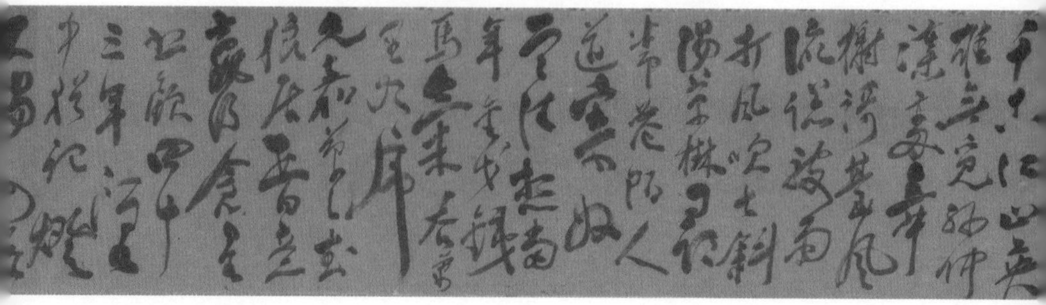

林時塽絕筆行書辛棄疾詞卷

> 汪旭初與黃花崗七十二烈士之一林時壎交甚稔。閩地有雜誌《天聲》，請旭初題簽，旭初固擅書法，援筆立就，林氏見之，不以為然，謂：「書無生氣，不如我書之龍跳虎躍也」，乃書以易之，旭初為之心折。

這裏，將林時壎的當仁不讓，汪旭初的服善，鄭老都娓娓書來。

馮自由《革命逸史》中也提及林時壎的書法，並謂曾將僅有林在港所書片紙隻字，拼湊保存。嘗見影本發表。

黃興在林時壎犧牲旬日有致馮自由書，又曾言及「前兄囑書各字，三月廿九以前俱作好。……其中有一最可紀念者，為林時壎書贈兄之橫批，字勢飛舞如生，誠絕筆也。」書後且附言存馮自由夫人處代寄云云。由此可見林在黨人中早擅詩名也早擅書名。翰墨亦為黨人所珍重。

馮自由何許人，竟得時壎赴死前揮毫留贈，在這裏要花點筆墨交代馮氏的生平背景。馮自由（一八八二—一九五八），原名懋龍，字健華，廣東省南海縣人，出生於日本，十四歲在橫濱隨父親馮鏡如加入興中會，一八九九年秋，馮自由就讀東京高等大同學校（梁啟超任校長），但該校不准提「自由」等字眼，馮憤然更名馮自由。一九〇五年任同盟會香港分會會長，次年任《中國日報》社長，籌劃廣東歷次起義。民元任臨時大總

民國元年公祭黃花崗之景況

統孫中山機要秘書，後出任臨時稽勳局長，負責搜集海內外革命黨人事迹，調查、審議後呈報政府褒獎或撫恤。二十年代開始「發憤搜集三十年來所珍藏的各種書札、筆記、表冊、報章等等，並廣徵故舊同志所經過之事迹。」著述《中華民國開國前革命史》《革命逸史》等多種。為研究辛亥革命留下大量甚有價值的史料。馮自由一生反共，一九四八年底移居香港，一九五一年偕妻赴臺。一九五三年出任國策顧問。一九五八年四月六日中風病逝臺北。

本文資料多採自林時塽同志老友莫紀彭的口述歷史，於此也應花點筆墨略記莫氏生平。莫紀彭（一八八五—一九七二），字宇非，廣東東莞人，早歲奔走革命，嘗與黃俠毅等組織「醒天夢劇社」，在莞城、省城、香港等地演出《熊飛起義》、《袁崇煥督師》、《拿破侖血戰歐洲》等歷史劇，藉以開導民智，鼓吹革命。一九〇九年由馮自由等人介紹入同盟會。一九一〇年，莫紀彭與倪映典、朱執信等發動廣州新軍起義，因事泄失敗。辛亥三二九之役，莫紀彭任選鋒隊第三隊隊長，巷戰達旦，九死一生。民元後與劉思復等組織「心社」，倡安那其主義。一九二一年襄佐陳炯明，掌函電筆札，參與機要。抗戰間任黨史會編輯處長。一九四九年赴臺灣，息影政壇，致力撰寫回憶錄。

有第七十三烈士之稱的莫紀彭

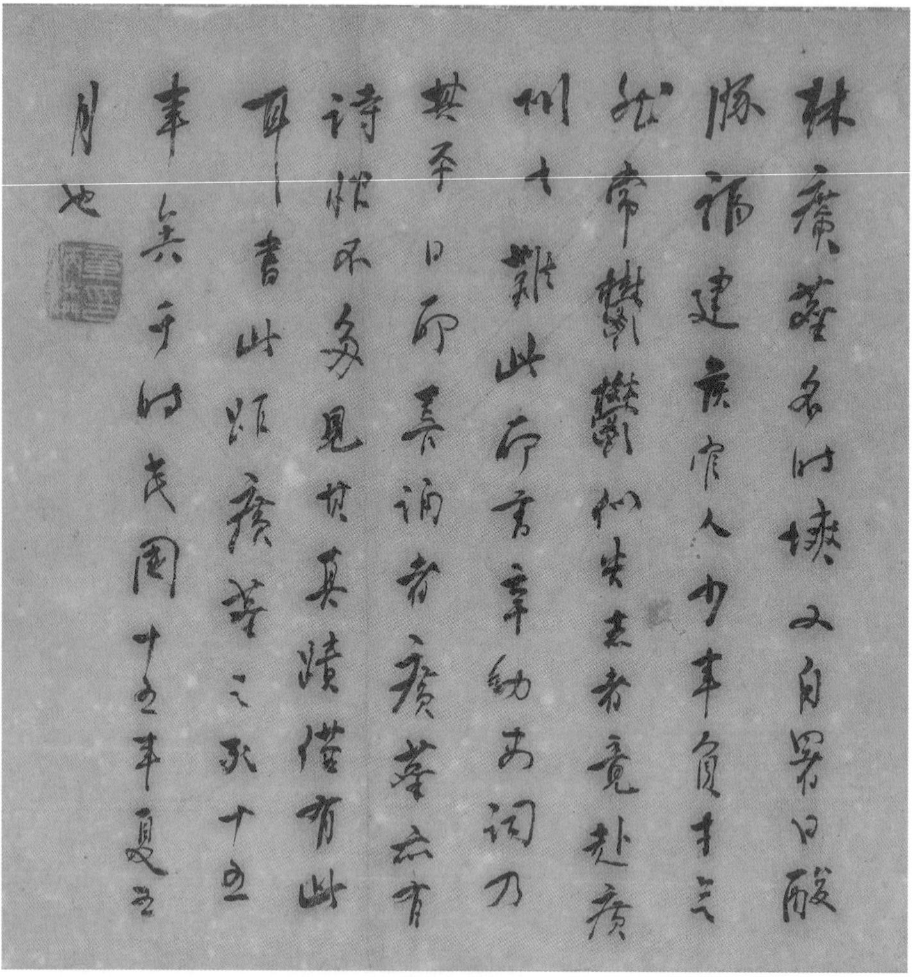

章炳麟跋林時塽絕筆行書辛棄疾詞卷，1926年

在林時塽老友莫紀彭口述歷史中，記有林時塽書贈馮自由的「最可紀念者」之絕筆，云：

迄於民國十四、五年間，林義順自南洋來時我居杭州，承義順約，出資影存可紀念之物，此一字勢飛舞絕筆者，在玻璃片中，乃寫辛幼安長句也。片存我家頗久，後為亂離所碎。三十四五年居南京，在上海自由家常見此橫批，高懸於客堂正中，有愛惜歷史文物者，尚望有人為之護存。

莫紀彭當日是率隊在觀音山與清兵鏖戰而僅以身免（所以有第七十三烈士之稱）。他在事隔十多年，纔從「玻璃片」上看到該卷。（舊日攝影照片底片係「玻璃片」，或指珂羅版的版片）。以後又隔廿年，他纔在馮自由家中看到了原件。

該卷的書者和受者，都是莫紀彭相識的同志，是辛亥三月廿九之役，倉惶鏖戰，故人黃土，而莫紀彭成了「後死」，所以他對此遺墨，把話說得語重心長。他是為該卷作祝福，當是興於感懷，又更是以前黨史會編輯處長的責任和經驗，更着重於該卷的文獻價值。

綜各人所述，天壤間，林時塽的這卷遺墨可說是吉光片羽了。而莫紀彭在馮自由家見過此卷之後就距今近七十年，期間經歷內戰、疊次的運

馮自由

動、文革的清四舊……人世滄桑，那脆弱的一卷橫披，又安知能否尚存人間？如果尚存人間，那又是否完好？更又會是飄零何處？

筆者在此坦誠相告，七十二烈之首林時塽這卷行書絕筆辛棄疾詞，似有神靈呵護，尚在人間，更與筆者結緣，是天幸我，在先烈揮就此卷，取義成仁百載之際，冥冥中安排它完好的飄零至香港、當年同盟會設在跑馬地黃泥涌四號南方支部一箭之遙的寒齋，由在下庋藏珍護。該卷是橫幅行書辛棄疾（幼安）詞。卷中用筆不拘鋒勢，字蹟遒勁，縱橫跌宕，大氣淋漓，超脫入神。雖經馮自由長期懸掛，紙黃墨淡，仍神采飛揚。

卷後有章炳麟跋語：

> 林廣塵名時塽，又自署曰酸豚，福建侯官人。少年負才氣，然常鬱鬱似失志者。竟赴廣州之難。此所書辛幼安詞，乃其平日所喜誦者。廣塵亦有詩，恨不多見。其真蹟僅有此耳。書此距廣塵之死十五年矣。於時民國十五年夏五月也。

無署款，鈐「章炳麟印」白文方印。

林時塽的能詩善書，在當時是廣為黨人所知的，但在殺身成仁後，詩固然是存者寥寥，而遺墨則幾無所見。所以章太炎在跋文說：「亦有詩，恨不多見。其真蹟僅有此耳！」章太炎在緊接著微露了答案。說：「少年負才氣，然常鬱鬱似失志者。竟赴廣州之難。」「少年負才氣」這是指其

章炳麟

家世教養的關係，其家世敘述見前。不贅。

「鬱鬱似失志者」大概太炎看出了，名門的家道中落構成了對林時塽的壓力，和對其心理有所影響。如前所道及，林烈士在赴香港前一日以所作付之一炬，恆謂：「人生皆幻，留名無用」。又據時塽妹夫鄭烈所記：林時塽庚戌春奔走國事赴粵，道出滬晤妹，「兄妹相見不發一言，但慟哭不已。」一個未到廿五歲的青年，會有「人生皆幻，留名無用」的想法。兄妹相逢，不喜反悲。而且是悲極忘言。又去考慮先死，這都是值得人去深思的心理狀態。

其實，時塽存世墨蹟，應不衹在下所藏這件。莫紀彭嘗出一紙扇請時塽題字，時塽揮筆：「臨財毋苟得，臨難毋苟免」十字。莫粗心大意，不甚重視此一珍貴歷史文物。此扇與時塽其他遺物，也就不知丟去何方了。他日不知會否重現人間。

又：時塽犧牲後，鄭烈（曉雲）返東京「田野廬」收拾遺物。嘗在一護士家名野村女士處覓得時塽遺墨：「時有落花隨我行」，旁附小字「辛亥春初病裏無聊濡筆書此。」又有「灑脫而和靄」五字，也是贈女士者云。「時有落花隨我行」筆意倒有點王夢樓（文治）味道，嘗見多種書刊登載，或仍存臺北國民黨黨史會？國史館？這小片法書，卻有人附會到林覺民烈士夫人陳意映上去，若細觀莫紀彭口述歷史，明確記有此件得自護士家野

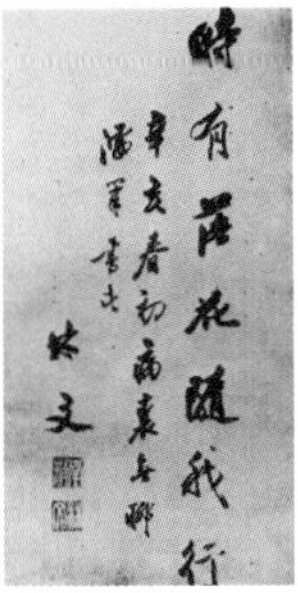

林時塽遺墨：「時有落花隨我行」，1911年

村女士，則附會穿鑿之言，不攻自破矣。

辛亥百年，典型日遠，我敬其人，所以重其書，所以曝白其事。

二〇一三年三月二十九日

徐樹錚

美人顏色千絲髮　大將功名萬馬蹄

——記徐樹錚及其自書詩墨迹

八十多年前，徐樹錚在倫敦考察時，參觀了大文豪約翰遜（Samuel Johnson）時常到的老酒店，且在來賓簿上留言：「今既得坐先生之坐，而先生之書，尚不知何日能讀。且聞先生生時窮愁困苦，而歿後乃享此盛名。余今身為顯宦，僕僕風塵，忽焉滅沒，不復知後此有人知我姓名與否，此又重可愧念者矣！」留言中所謂「忽焉滅沒」，真是一語成讖，約莫半年之後，徐氏被仇家「滅沒」了。

徐樹錚（一八八〇——一九二五）字又錚，號鐵珊。江蘇蕭縣人。幼聰敏，有神童之譽。北洋皖系將領，段祺瑞心腹，有「小扇子」、「小諸葛」之稱。

徐氏文武兼資、風流儒雅，交遊係柯劭忞、王樹枏、林琴南、馬通伯、姚永樸、永概輩，而目無餘子，又因有段倚重，跋扈樹敵。故其友人王揖唐曾予「謗滿天下，譽滿天下」之評。

段祺瑞

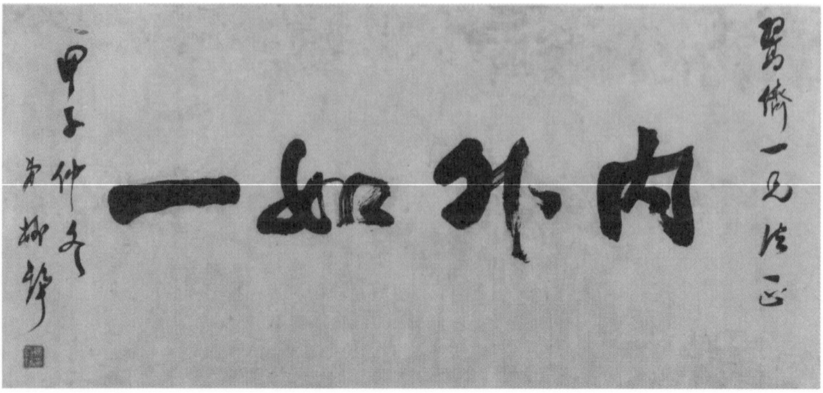

徐樹錚行書內外如一

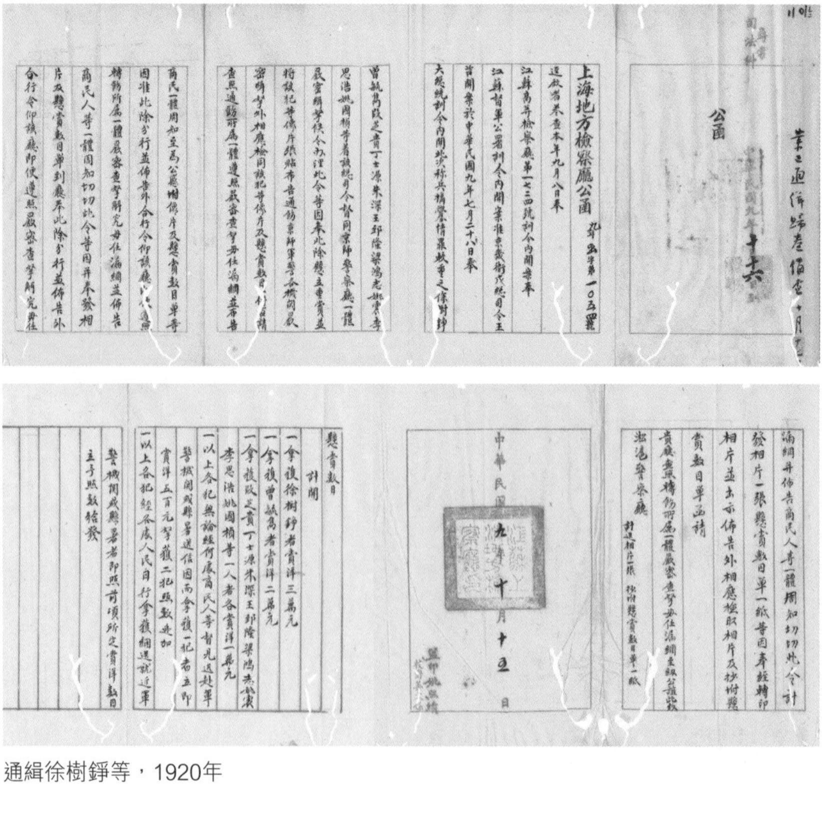

通緝徐樹錚等，1920年

徐在日本陸軍士官學校就讀時，曾看相，被批四十六歲有橫禍，回國後看相，結論一樣。終緣於一九一八年以煽動皖系軍隊罪名，擅殺馮玉祥舅父兼恩師陸建章而為禍階。（陸係袁世凱爪牙，主軍政執法處，殺人無算而不以法，最後死於徐手。）一九二五年末，馮玉祥藉徐樹錚出京，陰嗾部下張之江迎徐於廊坊而僇之，再急使陸承武趕至現場「認數」，通電稱替父陸建章報仇，令段祺瑞莫之奈何。

武昌首義，六合鼎沸，北洋第六鎮統制吳祿貞擬在北方（石家莊）發難，吳係實力派，如果事成，切斷京漢線，直搗京師，那時天下又是另一種局面。而剛被清廷起用主持大局的袁世凱，偵知此計劃，即密電段祺瑞除掉吳祿貞。段則交「小諸葛」徐樹錚謀劃，徐以剛離開第六鎮，情況熟悉，在第六鎮內覓得合適人選，以吳祿貞心腹的馬隊管帶馬蕙田（步洲）做殺手，十一月十六日夜間實行狙殺，馬還把吳的首級割下領賞。徐樹錚除吳成功，袁世凱方可按計劃借清廷打革黨，借革黨壓清廷，而坐收漁人之利。

徐一生對國家民族最大貢獻兩事：

（一）辛亥鼎革間，兩軍爭持，正未知鹿死誰手。當此時，前敵四十二將領突然聯名通電主張共和，令清廷頓失依靠，促成協議退位。而這通電就是徐樹錚的手筆。

徐樹錚（中）與隨員副官
攝於義大利

（二）一九一九年，受命為西北籌邊使兼西北邊防總司令任內，利用日本資助的軍備，運用策略，恩威並施，兵不血刃，讓蒙古在日本垂涎威脅之下，仍能自動撤銷自治，回歸中國版圖。孫中山曾電賀徐「旬日間建此奇功」，又云「重見五族共和之盛，此宜舉國歡欣鼓舞者也」。因有此基礎，所以一九二二年一月徐氏到桂林晤孫中山，事後孫致蔣介石函，有謂「徐君此來，慰我數年渴望」之語。

再扯遠一點，徐自桂回滬，與方樞（立之）言：在桂見了許多名滿天下的人物，但將來真正助孫中山成功的恐怕是蔣介石。後來蔣一度離孫回寧波老家，徐即函孫勸切不可放蔣走，同時函蔣勸千萬勿離孫，徐知人如此。

徐樹錚亦詩人、亦儒將，「美人顏色千絲髮，大將功名萬馬蹄。」是他贈友詩中的一聯，其文采風流，顧盼自豪，句意比蘇曼殊的「壯士橫刀看草檄，美人挾瑟索題詩」，那意象還更概括和宏大呢。徐氏《視昔軒遺稿》有《兜香閣詩》、《碧夢盦詞》，不乏詩意旖旎婉約之作。

徐氏縱橫捭闔、游刃軍政之餘，既擅詩文、復喜崑曲。一九二五年春受命為「考察歐美日本各國政治專使」考察到倫敦時，應邀到倫敦大學東方研究系，以「樂通於政」為題講演，洋洋數千言，甚麼黃鐘、大呂，古奧深澀，讓翻譯翁之憙（考察團秘書）頭痛不已。又嘗被邀至英國藝術最高學

徐樹錚《視昔軒遺稿》

府皇家學院講演，題為《中國古今音樂沿革》，英譯宣讀，座中不乏內行老番，皆首肯不置，翌日《泰晤士報》載稱，徐專使作為中國軍人有此文學成就，不勝欽佩云云。

徐氏書法造詣甚高，其一生風雲際遇亦緣於書法。辛丑（一九〇一）間徐氏到濟南投奔袁世凱不果，在旅店為人寫楹聯時，巧遇段祺瑞，段觀其字蒼勁有力，察其人器宇軒昂，遂延攬為書記官，自此徐終生隨段。

段徐的知遇確是非比尋常。現時評論政治人物，倘遇非我陣營，輒喜歡邊罵邊往卑鄙處猜想，所以數十年來，難有對段、徐關係說句大公的話。

徐氏擅書名，但流傳卻極鮮，其女公子徐櫻嘗慨嘆：「我們後人手裏連片紙隻字都沒有！」筆者平素喜蒐集近百年來名家翰墨，有緣竟得徐樹錚法書兩幀，一為贈翯儕「內外如一」橫幅，一為自書詩立軸，其詩云：「一莖草見丈六身，一花一葉禮天人，泰山須彌要等視，堂坳浮舟何處尋。」見載徐樹錚《兜香閣集》第二卷，題為《贈錢芥臣》（錢芥塵一作錢芥臣），詩中前兩句用佛典，後兩句用莊子典，內容甚切芥塵，蘊含禪意。

錢芥塵（一八八七—一九六九）者，浙江嘉興人，錢陳群七世孫，上海著名報人。錢氏南人北相，高大威猛，學識淵博，重義輕財，交遊極廣，與張學良為譜兄弟。錢芥塵解放後為老友邵力子推薦任上海文史館第一批館

徐樹錚長女徐櫻自美回國為父修建墳墓，1983年

員，一九五五年潘漢年出事，錢也被逮入獄，邵老幫忙說項，終以三年牢獄作了。文革復再受屈，以八十四歲高齡辭世。著述《三到集》稿本被抄消失。

徐樹錚生四子六女。三公子道鄰（一九〇六—一九七三），留德博士，貴為蔣公侍從室紅人（蔣公或為感激徐樹錚當年知遇，延攬道鄰入幕參與機要），抗戰勝利後嘗到法院、軍事委員會狀告張之江、馮玉祥殺父，終不果。道鄰女公子徐小虎係美術史家，有聲於時。

徐樹錚長女徐櫻（一九一〇—一九九三），適李方桂。八十年代自美回國為父修建墓園，孝思不匱。

二〇一二年六月二十二日

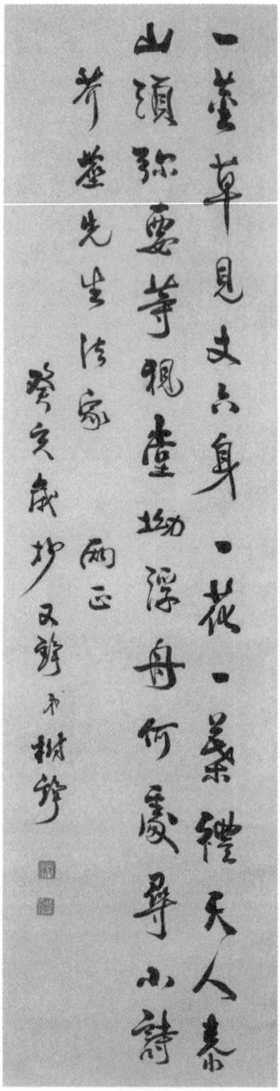

徐樹錚行書自書詩，1923年，146.5x39cm

徐道鄰

遺像肅清高

——許卓遺照題記

凌烟閣上畫功臣，墜緒尋回未失真，
我自補苴人隔代，揭陽澄海舊宗親。

——許卓遺照題記

列寧曾譽十二月黨人為「貴族革命家」，後來又有「離人民遠了」這一句，相信是「美猶有憾」的意思表達。

但「貴族革命家」這詞美，是「貴族」而能以天下憂樂為心，所謂痌瘝在抱，那就是偉大，我是覺其「美」，而不覺其「遠」的。

前者，筆者在《翰墨黃花一例香》論述林時塽時，就襲用過這「貴族革命家」一詞。而今天本文在談到許卓烈士時，在「宗枝奕葉」的敬仰中，我又一再想到「貴族革命家」這概念。因為出生「許地」的許卓，就曾以貴族的高傲，去蔑視敵人的權利引誘。他的知識和賦性都有所秉承，

許卓烈士紀念碑

許祥光

但對生身家族又作了「割斷慈恩真箇」，是作了溫嶠式的「絕裾」。

在此，得先陳述這「貴族革命家」許卓將軍的簡歷：

許卓一九〇二年（據許氏族譜所載生光緒壬寅六月初五日）生於廣州高第街之「許地」。為許家五宅崇字輩，原名崇者，字少文。論家世，是抗英名臣許祥光曾孫。祖父許應鎔曾長廣州禺山書院，父炳蔚為禮部官員，母廖氏為廖廷相女。一九二三年許卓由族兄許崇智送往日本陸軍士官學校學習炮科，回國任粵軍總司令副官長。一九二四年許卓秘密參加共黨，旋赴法國勤工儉學。其後赴蘇聯考察。返國後經周恩來介紹在葉挺獨立團當排長。北伐後許崇智請他當月薪三百大洋的軍官，他不肯就任，而於一九二七年十月赴上海參加中共中央軍事部工作，旋回粵參加廣州暴動，曾率領工人赤衛隊八十人奪取觀音山（越秀山）的軍械庫。一九二九年參與了由鄧小平（化名鄧斌）、張雲逸等領導的百色起義。許卓任紅七軍教導隊隊長。

一九三〇年紅七軍整編，許卓為前委委員。率部靠攏江西中央紅軍，一九三一年任紅七軍參謀長。在鄧小平離任時，許卓接任紅七軍前委書記兼政治委員。至第三次反圍剿時，更獲蘇維埃政府授「轉戰千里」錦旗。

一九三四年春，許卓任中央紅軍總部檢查團團長，到武平帽村檢查反圍剿的防衛工作。在永平楓樹嶺遭鍾紹葵的便衣隊和當地民團大刀會伏擊。許卓等六人全部犧牲。

紅七軍軍部舊址（百色粵東會館）

解放後鄧小平托當年的戰友蕭鋒（原北京軍區裝甲部隊副司令員），到福建武平尋回許卓遺骨，一九九一年在武平帽村建立了「許卓烈士紀念碑」。

本來，遺骸尋得了，紀念碑也矗立了，烈士英靈和烈士家屬也可以告慰了。但遺憾的是沒有烈士的遺照。千多年的淩煙閣都可以有功臣像，而建有專門紀念碑、紀念館的先烈竟沒有遺照，這是令人沮喪的憾事。

我們國人喜歡「懷古仰英風」，喜歡「想見其為人」，於是，一些有心人行動了。

像許卓的侄孫許子皓，多年來到處奔走呼籲，並又在廣州日報登報徵尋，但工作做了那麼多，迄無成效。直至在去年香港大學博物館和今春廣州起義博物館聯合舉辦的「家國春秋」許家文物文獻展，我們也只看到有許卓紀念碑的照片，而沒有許卓的真容。許卓的遺照依然是付諸闕如的。

但情況更惡劣的是，一些訛誤也隨之而來，下舉兩例：

首例是許子皓兄電郵相告的：「在『百色起義紀念館』陳列有許卓照片，但相中人實非許卓。」這疏忽真讓人失驚，這近乎褻瀆先烈，現在交通方便，電訊也方便，故老猶存，為何不作核對查詢？就讓堂堂一個「百色起義紀念館」出此紕漏！

這紕漏又是怎樣發現和證明呢？據說，這是年前經許卓的表妹楊勉恒的認定的。但楊勉恒憑甚麼來認定呢，這就要從楊勉恒的身世說起。

百色起義紀念館陳列許卓照片但相中人實非許卓

楊勉恆的母親名叫許影波，是許卓的親姑姑。這樣說，楊勉恆就是許卓的姑表妹。而許影波和許卓則份屬姑侄之親。往昔大家庭的「老孫嫩叔」的情況很普遍。許影波和許卓名為姑侄，但年紀卻相仿，他們自幼相處，稍長，姑侄間仰慕革命行為，大家仿學當時的革命者，另取一個化名。於是許影波化名許覺，而許崇耆則化名許卓。

這位許影波曾存有許卓的照片，但歷經戰亂滄桑，早已蕩然無存。尚幸她老人家生前對伊妮有所憶述。伊妮在《千秋家國夢》一書中，有記載她在一九九二年曾說過：「許卓容貌英俊魁偉，很像日本戰後崛起之電影明星寶田明。」這是天壤間唯一的一句是由至親對許卓的形象描述。這口述資料很寶貴，關鍵時刻是有用的。但在真正的照片未出現之前，這些口述資料在此也只能先作「存而不論」了。

其次說許影波的女兒楊勉恆，她生也晚，並未見過她的表兄許卓，但自幼隨母在許家出入，見慣了屋中懸掛那表哥許卓的照片。（現在年紀稍大的人，都會知道當時人家有懸掛家人親戚小照的習慣）。楊勉恆對許卓儀容見之稔熟，自然一見而知「百色起義紀念館」採用的照片為虛妄了。

至於第二例是：近日在網上見許卓條目，赫然附有照像，這真讓有心人為之驚喜，但讅視之下，卻是把「家國春秋」展覽中使用的許錫纘年輕照像，當作許卓。那分明是許錫纘一九四六年十二月在南京與其父許崇灝

許地（右）
許卓故宅（許地3號後座）

合攝的，因為原照片旁邊本身就有四行題記在說明。如今把馮京作馬涼，採用者又為何如此不嚴肅？

說過了令人憂心的兩個例子，話說回來，那關注許卓遺照情況的諸人之中，也包括了區區在下，因筆者是揭陽許，而許地許雖掛籍番禺，實是澄海許。數年前聽吳老（南生）說，宜安里許廣平家門口，新春期間貼的楹聯：番禺世澤，澄海家風。許廣平也曾談及其家族遷至廣州高第街許地後，平日講粵語，逢年祭祖時，卻照例要說幾句潮州話，乃不忘祖輩家風也。筆者的揭陽許和許地的澄海許都源出宋朝許駙馬。就是忝為「宗枝奕葉」的宗親緣故，所以多年來對於許卓遺照一事曾不稍懈。

終是皇天不負有心人，就在許卓犧牲近八十週年之際，也是一個湊合機緣，烈士遺照終竟和一批中法工學院相關的集體照片出現寒齋。

在這批圖片中，有一幀是4R大小的黑白照片，照片黏貼在硬卡紙上，硬卡後面寫有「大三機械科」五字。而照中五人皆一一標示姓名、學號。最右一位七九二號即標示為許卓。

這「五人照」中的許卓，西裝革履，英俊魁偉，僅就外型而言，真是像日本電影明星寶田明。許影波的憶述所言不虛。而這當年的一句口述，也成為對照片的一種參證了。要聲明的是，那只是外形的驟看相似，如果細心再三審視，那分別就明顯了。一個寶田明是衣著講究，風度翩翩，是

廣州高第街宜安里

許卓樊翕等五人合照

廣州暴動許卓率領工人赤衛隊八十人奪取觀音山（越秀山）的軍械庫

讓萬眾傾倒的明星；一個許卓是以天下為己任的革命者。寶田明溫文中免不了一重脂粉氣，是紅樓夢中賈寶玉式的人物。而許卓眉宇間那種萬家憂樂的思考，堅毅深沉，兩者迥然有異。中國有句成語，叫「虎賁中郎」，是指人有相似。語出《後漢書》孔融傳。是說孔融「與蔡邕素善，邕卒後，有虎賁士貌類於邕，融每酒酣，引與同坐，曰：雖無老成人，且有典型」。但蔡邕是著名的文士，虎賁是警衛武士，縱面目相似，但氣質總會讓人看出不同的。

再說這五人照，更可補證一小史實：對於許卓在「廣州暴動」與「百色暴動」之間的兩年，在諸家記載中都是語焉不詳的。而這張照片，恰可以說明許卓在這期間，是在上海中法工學院機械科攻讀。填補了這段空白。

但話說到此，會接着又產生一新疑問是：許卓入讀，又何以能插班就讀三年級？筆者估計，許卓可能是以法國勤工儉學時的兩年資歷插班。

為了證實這假設，筆者再在寒齋檔案中檢出《中法國立工學院院刊》（一九三四年十二月）為證。

翻開該刊一六二頁就刊有許卓一條，別號欄空白，年歲「二十二」（當係虛報），籍貫「江蘇上海」（也是故意隱瞞亂填），永久通信處「上海雷米路興順南里四十八號」（今永康路），入學院年月為「十七年九月」，即

上海法租界雷米路興順南里

許卓

一九二八年，那正是廣州起義失敗逃港再潛赴上海之時。

其次，我們還要解釋一下「中法國立工學院」的辦學性質，方能了解到上海學校方面能承認法國學校方面的履歷的可能。

「中法國立工學院」係由中法兩國所合辦，法國的院長兼教務主任是薛藩M．H. Civet，中國的院長兼訓育主任是褚民誼。明乎此，便知道法國勤工儉學時的資歷，就是許卓能插班三年級的原因了。

另外，這《中法國立工學院院刊》又為我們提供了兩幅許卓的學生生活的圖片。這圖片又為上述的許卓照片作了有力的佐證。

《院刊》刊有「本校體育概況」一文，文中談到籃球隊有云：「實力異常堅強，中鋒老將許卓靈活矯捷，隊中主角也。」

在介紹「足球隊」和「籃球隊」的圖片中，有正中持球者即為許卓。但許卓就讀未畢業，旋奉中共華南局之命，離滬到廣西要為百色起義作準備。以後的事，更是驚天大事業，如：百色起義、建立了紅七軍和右江蘇維埃政府、靠攏江西中央紅軍、轉戰粵北、強渡樂昌河、指揮第四、五次反圍剿作戰……這都國史俱在，人所周知，不須筆者細述了。

筆者忝為後輩宗親，對這位既是宗親，又是紅色將軍的許卓是希蹤已久。所謂「高山仰止，景行行止」就是一種向往。

中法國立工學院正門

但，將軍生前有被視作「改組派」的誣捏，犧牲後五十七年纔有專屬的紀念碑，而遺照也一直只由官方去出錯，民間則致力尋找，這是不公允的。

讀庾信《哀江南賦序》：「將軍一去，大樹飄零。壯士不還，寒風蕭瑟。」令人感慨繫之！

筆者幾年來在許卓將軍遺照的尋覓上算是盡力有獲，謹撰聯語，概其平生，用申敬仰：

五羊亮劍，百色揭竿，千里山河供轉戰；
高第緦裾，永平遺恨，一幀圖像尚雍容。

二〇一三年五月三十日

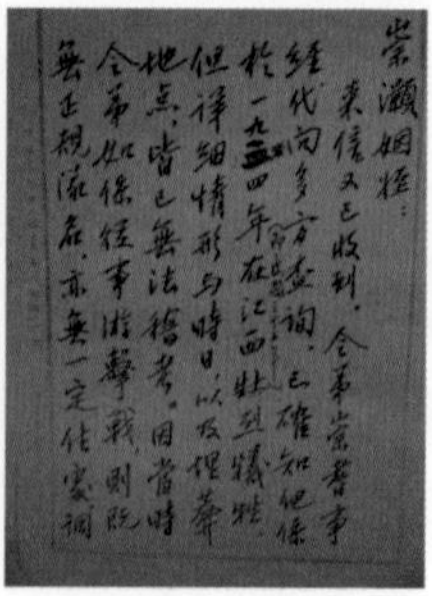
崇灝姻姪：
來信久已收到。令弟崇耆事
經代向多方查詢，已確知他係
於一九三四年在江西壯烈犧牲，
但詳細情形與時日，以及埋葬
地點，皆已無法稽考。因當時
令弟如係從事游擊戰，則既
無正規流布，亦無一定住處，詳

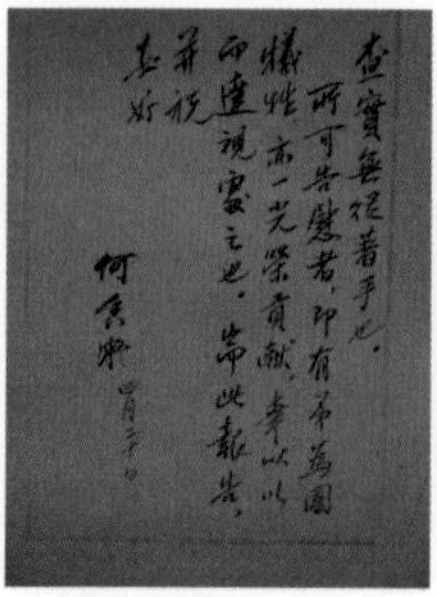
查實無從著手也。
所可告慰者，即有爲國
犧牲，亦一光榮貢獻，幸以此
而達觀處之也。專此報告，
並祝
康好
何香凝 四月二十日

何香凝回覆許崇灝查詢弟弟崇耆（許卓）犧牲情況手札
許卓（左）

傾人之國的佳人

——記沈崇自白

沈崇事件，在上個世紀四十年代下半葉影響至鉅。事件純出於偶然，但在民眾的積怨和中共策動下，卻引起軒然大波，迅速發展成為全國性的反美反政府之群眾運動，讓老總統蔣公傷神不已，來個乾綱獨斷，調動國家機器中所有力量：黨、政、軍、警、憲、特、傳媒，終以玩不過共黨地下黨而以失敗告終。

沈崇事件發生時，當局出於政治上的需要，放出許多不同的傳言，讓事件像羅生門般，撲朔迷離。案發時筆者尚幻遊太虛，未到人間，本無資格置喙，惟年前偶得此案相關文件原物，遂與此案結緣。所得有當時報紙報導、評論，亦有北京大學致本案法律代理人趙鳳喈之公函，最重要者，則係沈崇本人親筆自白書，這份彌足珍貴的自白書從未公布，係沈崇本人在案發後不久，親筆撰述被辱經過詳情，擬交法庭方面作有力之證明的書面文件。

沈崇曾祖父係兩江總督兼南洋大臣沈葆楨，沈崇曾祖母沈葆楨夫人係林則徐千金

案發時間一九四六年十二月二十四日星期二晚上八時半，聖誕夜，平安夜，通常這夜不太平安。有傳媒洞察形勢，善意發出警示：「今晚洋人狂歡，婦女盼勿出門。」（當天北平《北方日報》）但凡有美國駐軍之異域，或多或少，總會發生風化案，尤其聖誕夜。當晚美國駐華海軍陸戰隊伍長威廉士·皮爾遜（William Pierson），大概腎上腺素急升，那話兒指揮大腦，竟敢夥同下士普利查德（Pritchard），在東長安街北側平安戲院西邊（即現今之東方廣場），強行架走弱女子沈崇至東單廣場奸污，炮製「沈崇事件」。

案發後警方處理經過如下：

> 本局（北平市警察局）為詳求當時事實真象計，曾將被害人送往警察局醫院鑒定，確屬被姦，開具鑒定書並協同北平地方法院首席檢察官紀元赴現場履勘，製作筆錄。傳據證人孟昭杰、趙澤田、强志新、趙玉峰、馬文彬等五名供明當場發現經過暨聆被害人哭泣甚哀，並警士關德俊、劉志平、尚友三報告美兵皮爾森强行姦淫、施行强暴各節，均與沈崇所供符合。又據本局外事科科員張穎杰及巡官策紹明報告，該被捕之美兵（皮爾森）身穿制服，面部塵土頗多，一手戴手套，一手未戴，被害人身著之大衣紐扣未扣，裏衣未扣齊，大衣後下部浸濕一塊，兩襪脫落於腿腕，頭髮零亂，全身灰

北大四十八教授
函司徒大使抗議

1946年12月30日北大四十八教授函司徒大使抗議。刊《新民報》北平版

土，顯曾抵抗甚烈。是本案犯罪事實至為明顯。（「北平市警察局為呈報沈案經過紀要致內政部警察總署代電」一九四七年二月二十一日）

案發之後，亞光新聞社王柱宇（齊白石老友，二〇〇七年蘇富比拍賣齊白石《中流砥柱》畫中上款就是王柱宇。）最早得到消息，但北平市警察局湯永咸局長要管制新聞，封鎖消息。深具新聞職業操守的記者老編諸君，不顧禁令，照直報導。報紙一出街，北平社會嘩然。嗣後王柱宇被逮捕，並為兼職的《世界日報》解聘。

沈崇是北京大學先修班學生，事發後，北大訓導長、三青團負責人、先修班主任陳雪屏立即把先修班座次表沈崇的名字抹掉，並叮囑註冊組劉主任不許外人查詢，對外則宣稱「該生不一定是北大學生」。但民國狗仔隊神通廣大，還是查出沈崇在北大註冊卡片：「沈崇，十九歲，福建閩侯人，先修班文法組新生。永久通訊處：上海古拔路二十五號。」消息披露，北大立即沸騰，北大女同學尤其熱心，設法找到沈崇在北平居處，東單八面槽甘雨胡同十四號楊公館（沈崇表親宅），七八個女同學登門慰問，大家才知道，沈崇係大家閨秀，生活嚴謹，個性倔強，學習認真，與外界極少交往，而且系出八閩望族，係林則徐外玄孫女，兩江總督兼南洋大臣沈葆楨曾孫女，林琴南外孫女，父親係國民政府交通部次長（即副部長）沈劭，哥哥係駐法公使，與陳雪屏更有遠親關係。

清華大學學生自治會負責人，動員千餘名在操場集合的同學，準備入城抗暴大游行。1946年12月30日

沈崇真實身份披露之後，甚麼八路軍派女同志色誘美軍之類的謠言不攻自破。十二月二十六日北京大學學生率先成立「抗議美軍暴行籌備委員會」，罷課、示威遊行。接着二十八日清華學生罷課、二十九日清華教授罷教。

中共北平地下黨諸君密切注視本案發展。他們原本執行毛公指示：「隱蔽精幹，長期埋伏，積蓄力量，以待時機」十六字方針，起初只是觀望，按兵不動。但形勢發展迅猛，全市反美怒潮高漲。十二月二十九日，中共北平地下黨學生工作委員會南北兩系（前香港新華社周南社長就是燕京北系，當時叫高慶琮）召開緊急會議，認為時機成熟，應因勢利導，引領示威。共黨介入，國民黨有難了。

共黨組織力極強，效率極高，十二月三十日下午已組織領導北大、清華、燕京、中法、輔仁……等學生近五千（對外號稱萬人，佔當時北平大學生三分之一，北平警方報告是一萬五千人）遊行示威，去國民黨北平行轅請願，沿途高呼「嚴懲肇事美軍」，叫得最響的是「美軍撤出中國」。

當天另一邊廂北京大學沈從文、朱光潛、袁家驊、任繼愈等四十八位教授聯名去信美國駐華大使司徒雷登抗議美軍暴行，清華梅貽琦校長、燕京陸志韋校長等都發聲支持學生，還要求當局保障學生遊行安全，兩校眾教授又發表聯合聲明，翁獨健講話一針見血：「懲兇是治標，治本之法是

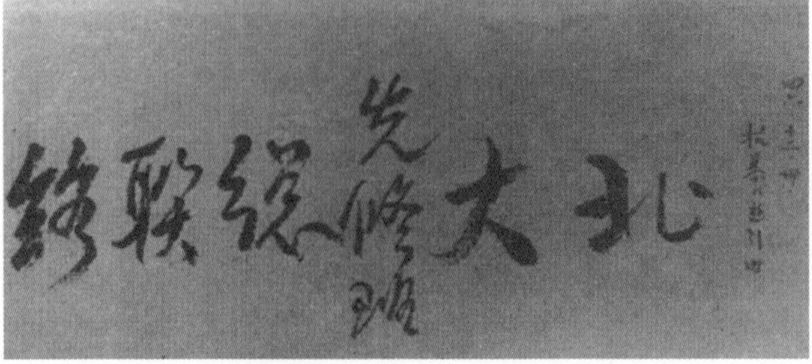

受害者沈崇所在班級「北大先修班」的遊行隊伍聯絡員袖章

美軍撤出中國。」

古老的北平沸騰了，共黨乘勝追擊。十二月三十一日，中共中央發出《關於在各大城市組織群眾響應北平學生運動的指示》（後來再連發三道指示），全國各地，迅即響應。翌日，即一九四七年元旦，上海市學生抗議駐華美軍暴行聯合會成立，同一天，馬寅初、郭紹虞、蕭乾等上海三十位教授發表抗議書，接着錢鍾書等教授又發表聲明，全國各民主黨派、人民團體、社會賢達，相繼發表聲明抗議美軍暴行，聲援北平學生。跟着全國幾十個大城市天津、上海、南京、重慶、臺北……的學生紛紛罷課，舉行示威遊行，人數達五十萬之眾，運動持續一兩個月之久。而上海地下黨金堯如當時在上海暨大積極參與組織示威，身份暴露被追捕才調派臺灣潛伏。

沈崇事件，已發展成為國共兩黨角力鬥法的事件。

抗戰勝利後，美國支持居正統地位的國民黨政府，美陸、海兩部與國務院共同提出軍事援助法案，貸款三億。種種作為，對共軍非常不利，共黨當然要反對。而在華美軍，軍紀太差，一九四六年內已有十餘宗美軍非禮強姦案在上海、南京等地發生，暴力事件如美軍打死人、吉普車撞死人的案件也不少。（沈案之後，一九四八年較著名的「萬景樓事件」，就有二三十位國民黨高官的妻、妾、千金被美軍強姦），國民黨怕得罪美國佬，一再容忍，大事化小，小事化了，往往不了了之，遂激起民憤。沈崇事件釀成巨變，如果沒

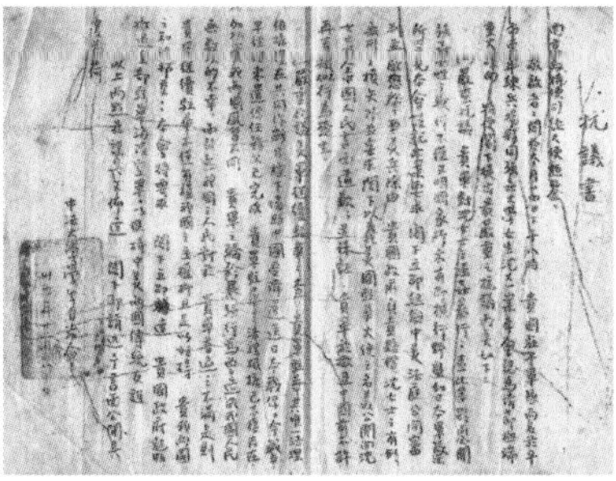

中法大學學生自治會致馬特使司徒大使抗議書，1946年12月30日

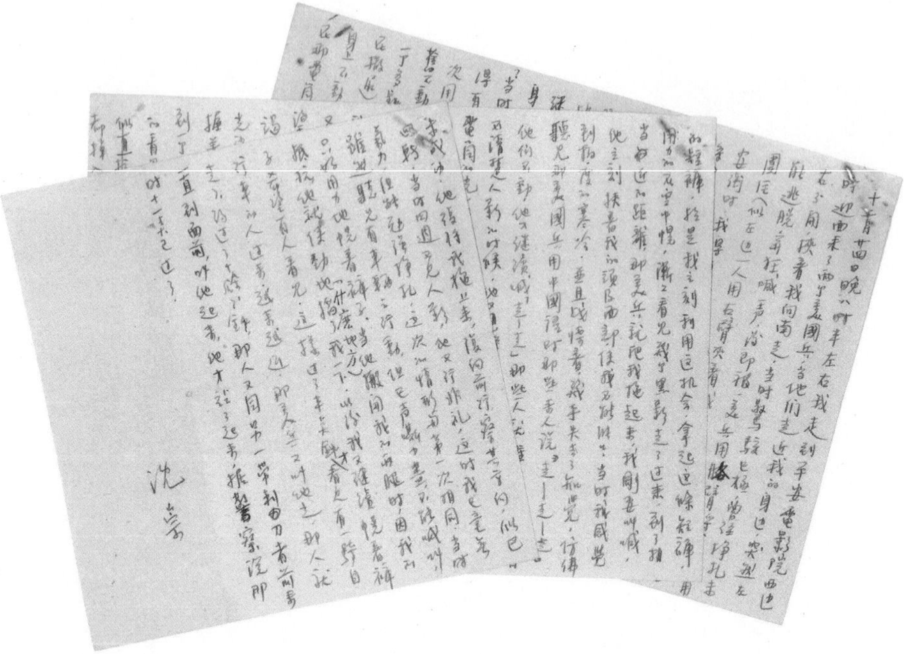

沈崇自白

清華、燕京、北京、輔仁、朝陽、中法等大學五千餘人，在1946年12月30日下午1時半，高舉以白被單墨書「抗議美軍暴行大遊行」橫額，遊行抗議

有這許多民憤做基礎，共黨縱有三頭六臂，也搞不起這麼大的浪潮。

沈崇事件一發生，國共兩黨取向截然雙反。國民黨拚命將之大事化小，小事化了，盡量減低其影響。所以費煞苦心封鎖新聞，監視示威，甚至派員搗亂學生活動。共黨則拚命將「小事」化大，盡量擴大其影響，要搞得轟轟烈烈。

國民黨一開始把這個事件強調純為法律問題，如北平行轅、北平市政府、北大校長胡適，都強調這是法律問題，用法律解決，要學生們稍安毋躁，不要罷課，以免荒廢學業。共產黨一開始就把它提升至政治層面，強調要美軍撤出中國，反對內戰。美國佬則與中共保持高度一致，一開始已認為這是政治問題，不是法律問題。美國佬這種取向決定了國民黨的下場。

北大校長胡適之期望法律解決，他主持的北大聘請趙鳳喈、燕樹棠諸律師任沈崇法律顧問。但一九四三年六月九日中美雙方簽訂《處理在華美軍人員刑事案件條例》第一條列明：美軍在中國犯罪，「歸美軍軍事法庭及軍事當局裁判」，也就是說，美國佬說了算。美國佬是文明世界表率，強調法治，當然要做足全套，也照樣開庭審判。

延至一九四七年一月二十二日中國農曆大年初一，美軍軍事法庭裁定主犯皮爾遜強姦已遂罪成立。二月一日再裁定幫兇普利查德妨礙軍紀等

抗議美軍暴行大遊行，
1946年12月30日

二項罪名成立。判處皮爾遜十五年有期徒刑，普利查德監禁勞役十個月。這個判決好像很公道，讓國民黨鬆一口氣，也讓胡適高興了一陣子。但六月中，美國軍事法庭總檢察長宣佈，所控罪狀不能成立，國民黨十分緊張，做了許多動作都無補於事。八月中，美國海軍部長核准判決，該被告無罪釋放兼恢復原職。好了，美帝只照顧自家子弟兵，不管蔣公死活，這樣子搞作，等於在中國大地上丟一個精神原子彈。消息傳來，衝動的青年學生，還能平靜嗎？擅長鬥爭的共黨會罷手嗎？難得美帝獻這大禮，學生運動一發不可收拾。「沈崇事件」發酵成為反政府的全民群眾運動，加速國民黨倒臺，真正成為毛公所說的「第二條戰綫」。美帝不知有意還是無意，幫助共黨從勝利走向勝利。

怎麼說呢？美國鑒於此起彼伏的示威抗議，真的撤兵了，真的停運軍火了。這導致國共拼個你死我活的東北戰場，國民黨部隊有炮無彈而全線崩潰。共軍圍北平，傅作義部隊也是彈藥欠缺，如何作戰，才被迫「和平解放」。美國撤兵、停運軍火，這不能不歸功（罪？）於沈崇事件，當然，統戰高手周恩來統戰美國特使馬歇爾，施以影響，不無關係。老總統蔣公對美帝又愛又恨，與毛公周公是保持高度一致的。內戰以國民黨慘敗收場，老總統蔣公被迫渡臺偏安。

以一個女子遭遇而影響大局，像「沈崇事件」是絕無僅有的。「衝冠

中共北平市委書記、中共晉察冀中央局城市工作部長劉仁，1946年

一怒為紅顏」那只是一個吳三桂。而沈崇事件是牽動五十萬學子和千百名教授的「衝冠一怒」，最終加速了一個政權的收場。這是歷史偶然性的奇跡，(比臺灣執罰煙販而釀成「二·二八」更為傳奇)。而當年齊如山、劉半農述說賽金花之傳奇，如果持之與沈崇的遭遇相比，那賽金花也真瞠乎其後了。因為沈崇才是真真正正能「傾」人之國，隳人之政的「傾國佳人」。

本世紀伊始，又有人拿「沈崇事件」做文章，說沈崇是共黨地下黨，色誘美軍，製造事件，以便引發全國反美運動，這些都是當年混進北大的國民黨特工以情報網名義，貼出來的大字報小字報散佈的謠言，當年已為了解情況的學生批駁而收聲。但在二十一世紀資訊發達的今天，重彈六十多年前的老調已是侮辱讀者的智慧。更有人深具創意的憑空編出：改了名的沈崇在文革中「被紅衛兵批鬥時揭穿身份，她向紅衛兵承認，她並未遭美軍強姦，之所以這樣說是為了黨的事業」。一般人說話不够份量，不夠權威，於是有人把這段話掛到名人聶紺弩頭上，因聶公曾撰《沈崇的婚姻問題》一文，於是就說根據聶公此文。這種依託是來個死無對證。但聶公《沈崇的婚姻問題》撰於一九四七年二月二十一日，其時，哪來文革？哪來紅衛兵？這就是啟老(功)常說的未開卷而知其偽。

「沈崇事件」各種檔案俱在，北京、臺北、美國所存這些檔案都超過五十年，都解密了，花點時間讀一讀，案件清楚得很。但仍很希望能夠

在街頭書寫標語抗議美軍暴行

問問當事人沈崇，對於時至今日還有人只拿個別檔案，不辨真偽為美軍翻案，她作為受害者，作何感想？當然，「沈崇事件」最大受害者是中華民國，是中國國民黨，那麼黨國諸君又作何感想呢？

再扯遠一點，當年具體領導這場運動的共幹，下場又如何呢？落花茵溷，榮枯不同。張大中、佘滌清等尚不錯，這裏只說兩位下場淒涼的頭面人物吧。

劉仁（一九〇九—一九七三），趙世炎外甥，苗正根紅。一九二七年入黨，從事過工運、軍運，抗戰間在晉察冀抗日根據地工作，解放戰爭時期，任中共華北局組織部副部長、城工部部長，負責情報工作。沈崇事件，就是在他領導下的北平學委搞大的。平、津地下黨開展與國民黨鬥爭的「第二條戰線」，也是他組織和領導的，對共黨貢獻良多。解放後任中共北京市委組織部部長、市委副書記、第二書記、中共中央華北局書記處書記。但文革伊始，劉仁被投秦城，入獄前連番遊鬥，百般淩辱，入獄後被百般摧殘。苗公（黃苗子）蹲秦城時，與之有同窗之雅，夜闌人靜，往往聽到隔鄰倉難友夢囈：「我是北京市委書記劉仁，你們想幹甚麼？……」劉仁最後含冤離世。三中全會之後才平反昭雪，聶榮臻主持追悼會，但死後加榮，怎麼說都於事無補了。

袁永熙（一九一七—一九九九），陳布雷女婿，北平地下黨南系學委書記

中山大學學生舉行罷課和示威遊行抗議美軍暴行，學生吳康民亦在隊中，1947年1月7日

（歸中共南方局領導），與北系學委書記（歸中共華北局領導）佘滌清配合，利用「沈崇事件」積極領導北平抗暴運動，運作得非常成功。一九四七年九月袁氏夫婦被捕，雖為陳布雷保釋得脱，惟自此麻煩不斷，一直為共黨自己人猜疑，倒霉一輩子。五十年代策封右派，刺配農村，備受折磨，致百病纏身，捱到三中全會，始得平反。而夫人陳璉，則早於一九六七年十一月十九日跳樓自殺。袁氏落得個妻離子散，家破人亡的下場。

人生有幸有不幸，沈崇一案，國民黨對於劉仁、袁永熙輩，亟欲除之而不可得，卻通過共黨自己人的手達到了目的。

六十多年來，沈崇的下落，備受關注，而又傳聞不一。有説削髮為尼，遁入空門；有説宋美齡收為誼女，移民國外。有説她改名換姓，健在北京。前兩種傳聞找不到任何依據，早被否定了。而北京文化圈子則隱約流傳：沈崇就在北京，而且活躍在文化圈中。

沈崇到底是誰？在北京文化圈，屢屢聽到人們討論這個問題。大概八十年代吧，有一回，聶紺弩、丁聰與三聯書店周健强等聚會，聶早年寫過《沈崇的婚姻問題》一文，周問聶，「沈崇到底是誰呀？」聶指着丁聰説，你問他，他最清楚。

丁聰夫人沈峻，就是文化圈中傳説的沈崇。但從來沒有人敢問沈峻，你是沈崇嗎？這句話太冒犯了。甚至與丁聰伉儷死黨如黃苗子、郁風也不敢問。

上海二十一所學校學生舉行抗議美軍暴行大遊行，1947年元旦

今年春節後不久，李輝、應紅伉儷蒞寒齋雅敍，我出示沈崇親筆自白書三紙，應紅一睇，脱口而出：「這不就是沈峻的字嗎?!」應紅是作家出版社負責人，與沈峻熟絡，經手沈峻手稿無數，所以對她的字跡非常熟識。當天我到羅孚家造訪，借沈峻給羅公賀年咭，拍攝沈峻滑雪型照上的題字，回家與沈崇字跡對比研究，雖然前後六十多年，但用筆、結體，都有太多一致處。

好了，如何求證？頗費思量。通過沈峻周圍的至愛親朋嗎，他們實在開不了口。重提舊事，對當事人不啻於再一次傷害，但近年攻擊沈崇的言論甚囂塵上，不弄清楚，對當事人又是更嚴重傷害。

機會終於來了。林道群兄囑轉稿費與沈峻，一口應承。五月八日上京，請沈峻密友約沈峻一起用餐討教。甫一見面，認出這就是在羅公家裏從賀年片看到的，八十多歲老太太滑雪雄姿的沈峻，真人可是腰板硬朗，英姿勃發，神采飛揚，白白滑滑的面龐架個墨鏡，路人還以為是哪個資深玉女明星呢。

相金先惠，格外留神。奉呈道群兄托交的《蘋果日報》稿費港紙六百大元，沈峻邊簽收邊説：「丁聰的畫稿費一幅一百塊，我的文章一篇六百塊，比他強，還是港幣呢。」沒有福建鄉音，也沒有像咬牙切齒、字字兒化的京腔，一口標準普通話，好生得意。

遊行隊伍在東單廣場集會。北大學生李鳳儀詩朗誦《給受難者》

笑談間筆者開始進攻了。先問沈峻生肖屬甚麼？答曰：「兔」，丁卯一九二七？「沒錯」，心想沈崇案發時十九歲，一九二七到一九四六正好十九歲。再問府上哪裏？「福建閩侯」，心想，又對了。席間奉上馬幼垣關於沈葆楨照片辨偽文章（刊《九州學刊》六卷二期）影本，內有沈文肅公與夫人林氏畫像，沈峻說，「從前家裏就是掛這畫像，文革燬去」，問沈葆楨是你貴親？「沈葆楨是我曾祖父」，又對了。尊大人大名？「沈劭」，完全吻合了。做甚麼工作？「工程師，到處跑，做過交通部次長。解放前夕離開大陸。」幾兄弟姐妹？「四姐妹，我最大，剩下我跟最小的。」何時來北京？「解放後」，稍停片刻，立即補充，「一九四六年來北京，在北京大學先修班。」心想這就完全對了，她就是沈崇，肯定不會錯。正思考間，沈峻再補充「後來在上海復旦大學畢業。」是黨員嗎？「是」。甚麼時候參加黨？「一九五六年，在學校入黨。」

人家倚熟賣熟，熟有熟的難處，熟了不好開口。我倚生賣生，膽粗粗問了一大堆，都與沈崇檔案吻合，如何讓沈峻自認真身呢？怎樣開口呢？八十五歲，再不問，怕會變成終生遺憾。下定決心，不怕面懵。正想開口，且慢，還是由材料說話吧。

終於要攤牌了，立即取出準備好的沈崇親筆自白書、北京大學聘請趙鳳喈任此案法律顧問感謝函等材料，放在飯桌上。沈峻一看，立即摘下墨

遊行學生在北平軍調處執行部大門外張貼「美兵滾出中國」標語

鏡，聚精會神，略顯濕潤雙眼，泛着幾乎覺察不出的淡淡淚光，盯着這幾葉沉甸甸的薄紙，面色為之一變，神情凝重而鎮靜，壓低噪門說：「哪裏搞來的？給我的嗎？」這是彩色複印件，全部給你。沈峻一聲「謝謝」，馬上收起文件。

確認沈崇真身後，一切輕鬆多了。先談談她小時候的情況。哪裏出生？福州？上海？「不對，我生於鎮江，父親在鎮江蓋橋樑，蓋公路，所以我在那裏出生。」「父親因為搞工程建設，到處去。我小時候去上海，在上海唸小學，所以寄居姑姑家。」是古拔路二十五號嗎？「對，你怎麼知道的？」我開玩笑說我是調查局的。

「我姑父曾景南是鹽務局長。」啊！那是肥缺。「對。」「姑姑喜歡女兒，特別疼我，我又是人家的女兒，寵一點沒關係。所以我從小就無法無天。」一九四七年，因奶奶病重，不願死在外地，棺材都買好了，要回福州老家壽終正寢，沈峻便陪着奶奶回福州。福州與臺灣很近，沈峻順便去了趟臺灣，探望姑姑，幾天就回來了。文革時，因此而被誣為去臺灣領特務經費。「姑姑有個兒子在美國唸書，我動員他們母子回來，他先到香港，他媽媽從臺灣到香港會合，我去香港接他們一起回來，這不是很好嘛，但文革時候，又說我去香港領特務經費。」

尊大人沈劭生於哪年？沈峻一臉茫然，不知道。生肖屬什麼，也不知

南京學生舉行抗議美軍暴行大遊行，1947年1月初

道，只知她出生時父親二十多歲。沈劭在南洋公學畢業，然後交大，再留美。抗戰間沈峻在上海，沈劭則在昆明，蓋機場，蓋公路，父女大部分時間分開，對父親了解不多。沈劭有個朋友托他照顧妻子兒女，朋友後來死了，沈劭繼續照顧，妻子變成他的妻子，兒女變成他的兒女，兩家人變一家人。解放前夕，沈劭離開大陸。沈劭新家庭另一半是南洋華僑，要回南洋，沈劭同去。後來在美資還是英資的石油公司工作，一直到七十年代過世。

問起沈峻媽媽，果然姓林，家庭婦女。沈峻生兒子時接母親來北京住。原居所二間房住三代人，十分擠迫。一九八五年分到稍大居室，但母親習慣住地下，左鄰右里都熟，老友記多，不願搬去高樓住。過幾年九十五歲過世。

沈峻很能幹，也很會照顧人。三個妹妹都是她供讀大學，的確是大姐大，大家長。丁聰誇沈峻，我們家是黨員領導非黨員（丁聰不是黨員），沈峻除了不會畫畫，甚麼都會。

又再問回不開心的往事。你在北大先修班，準備唸甚麼科：「我的志願是學醫。」但出事後，政府不讓她到北大上課，因為風頭火勢，不許她出來。「在北京沒事幹，就回上海，後來才（改名沈峻）考入復旦大學外文系。」學的是俄文。

中共晉察冀中央局對北平學運的指示，1947年1月9日

復旦畢業後，學校很喜歡她，要留她當助教。沈峻不服從組織分配，要去北京。

沈峻在北京先去中聯部，中聯部發覺沈峻社會關係太複雜，不合要求，調去對外文委，幹了幾年，在宣傳司管書刊，下轄外文出版社，後來外文出版社分出來，獨立成為外文局，社領導挑了幾個人，包括沈峻，入外文局，做到退休。

丁聰妹妹與沈峻是同學，沈峻在復旦大學畢業後，一九五六年九月，她與丁聰妹妹同時被分配上京，因丁聰妹妹在京無其他親戚，便拉着沈峻常去探望丁聰，一來二往，丁聰沈峻便結婚了。不久，反右運動開始，丁聰劃為右派，沈峻已懷孕，大着肚子搬家，生孩子那天，正是丁聰發配北大荒之時，丁聰匆匆到醫院，隔著玻璃窗，看看新生的兒子，隨即赴北大荒勞改。沈峻說：「我們一家人，分住四個地方。」一直到八十年代初才一家團聚，這就是火紅的年代的現實寫照。

解放後，沈峻受社會風氣影響，要求進步，要參加黨。香港的朋友聞共色變，其實不必大驚小怪。在大陸，乖孩子才能做少先隊，再大一點才能入共青團，然後才入共產黨，這是當時整個社會的風尚。與在臺灣入反共救國團，入國民黨一樣，這是那邊社會的大環境、大氣候。沈峻在上海復旦大學入黨，先作預備黨員，一般一年後轉正，但丈夫丁聰劃為右

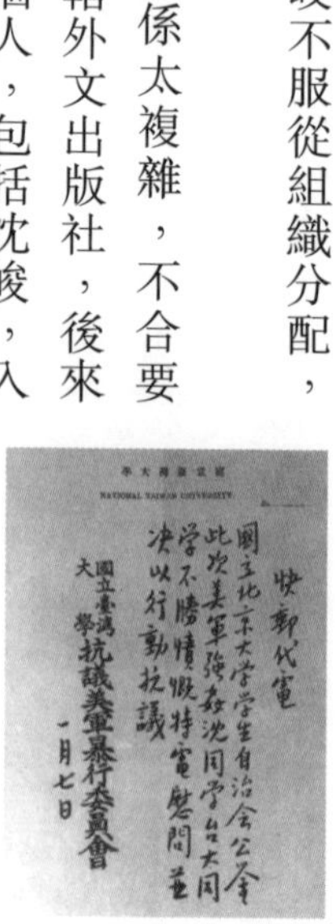
國立臺灣大學
NATIONAL TAIWAN UNIVERSITY
快郵代電
國立北京大學學生自治會公鑒
此次美軍強姦沈同學台大同學不勝憤慨特電慰問並決以行動抗議
國立臺灣大學抗議美軍暴行委員會
一月七日

臺灣大學抗議美軍暴行委員會給北大學生會的快郵代電，1947年1月7日

派，作為妻子的沈峻也受牽連，拖了五年，到丁聰摘帽時才轉正。丁聰是一九七九年才正式全部平反。

沈峻在文革中也受衝擊，「最主要係成份不好，社會關係複雜，又有海外關係，不進步，不願開會，不熱衷政治。」這時我說，這叫甘居中游。熱衷政治就會緊跟，就經常犯錯誤了。

再帶回事件本身。文革時候，有人問你「沈崇事件」嗎？「沒有，文革時候從來沒有人問。這事毛選早有定案，紅衛兵不敢亂來。」當時跟共黨有聯繫嗎？「沒有，我當時十九歲，甚麼都不懂，我家的背景都是國民黨的。」當時幾十萬學生示威遊行，皆因你而起，你害怕嗎？「不害怕，學生的行動是正義的。」再問，有看電腦嗎？「沒有，我眼內黃斑，電腦發光，我看不了。」網絡上很多言論攻擊你，說你是延安派來色誘美軍，製造事件，你知道嗎？「有人告訴過我。當年國民黨貼出大字報小字報造謠，早已被當時的學生駁得體無完膚，很快沒有聲音了。現在有些人，只不過重拾當年造謠者的牙慧而已。」「你要知道，那個時候國民黨是統治者，控制着國家機器，如果我是八路，早就被抓起來了。」

網路上這麼多言論攻擊你，顛倒黑白，混淆真相，你是否可以親自寫文章澄清，以正視聽。「不，我不理。他們想出名，你駁他，他駁你，沒完沒了，他就出名。我一概不理。」

沈峻八十五歲滑雪型照

啊！境界真高，佛家：「聞謗不辯」。苗公（黃苗子）也如是。真是二流堂人物，一流作派。

沈峻性格開朗，陽光氣足，相處如沐春風。就算碰到悲劇，也要變成鬧劇，以喜劇收場。性格決定命運，信焉！

二〇一二年六月十三日

吳石將軍攝於台北，1949年

卻從筆墨離披處　寫出人天起滅情

——記「密使一號」吳石遺墨

近日檢出吳石章草自書詩墨蹟，懸諸壁間，觀賞吟誦，感慨萬千。吳石，是何許人？對收藏界、書畫界而言是極為陌生。如果說，吳石就是連續劇集《潛伏》主角余則成的「真身」，自然是知者眾矣。吳石生平，各種文獻記載略有不同，且錄下北京石景山福田公墓吳石墓志銘：

吳石，字虞薰，號湛然。一八九四年生於福建閩侯螺洲。早年參加北伐學生軍，和議告成乃從入伍生，而預備學校，而保定學校，嗣更留學日本炮兵學校與陸軍大學。才學淵博，文武兼通，任事忠慎勤清，愛國愛民，兩袖清風，慈善助人。於抗戰期間運籌帷幄，卓著功勛。勝利後反對內戰，致力全國解放及統一大業，功垂千秋。臺國防部參謀次長任內，於一九五零年六月十日被害於臺北，時年五十七歲。臨刑遺書兒輩，謹守清廉勤儉家風，樹立民族正氣，

吳石

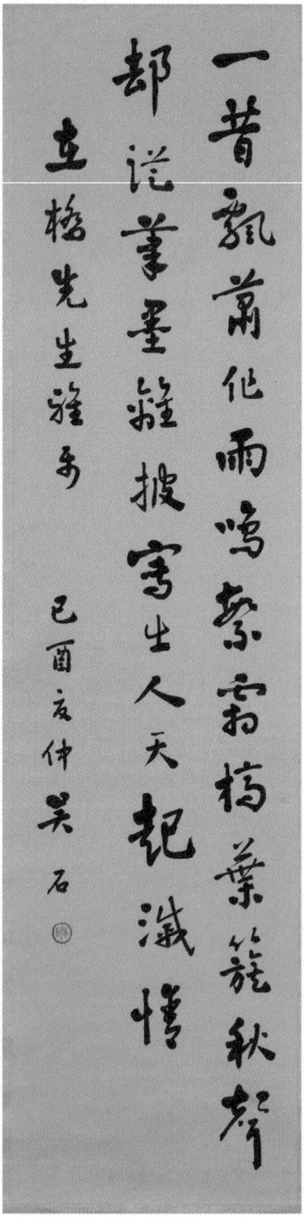

吳石行書自書詩贈吳在橋，1945年

大義凜然。一九七五年，人民政府追贈革命烈士。夫人王碧奎，一九九三年二月九日逝於美國，享年九十歲，同葬於此。

碑文概括吳石一生。「勝利後反對內戰，致力全國解放及統一大業，功垂千秋。」這幾句可圈可點。抗戰初期，國共合作，吳石開始接觸中共。通過同鄉前輩何遂（一八八八—一九六八）的介紹，認識周恩來、葉劍英、李克農、博古等中共領導人。但真正接受中共領導，是一九四七年四月，由中共中央上海局負責統戰、軍運工作的負責人張執一（一九一一—一九八三）具體聯絡。多次會面，均在時任國民政府立法院軍事委員會委員長何遂家（上海愚園路儉德坊二號）進行。（見何康《從大陸戰鬥到臺灣——懷念吳石伯伯》）

一九四八年底，吳石出任福建綏靖公署副主任時，中共派遣謝筱廼（一九一七—一九九九）赴閩配合。吳石經常提供各種各樣絕密情報。吳石是軍事專材，長期從事參謀工作，深知哪些數據圖表、哪些軍事情報重要，哪些有用。所以他自一九四七年起提供與中共的軍事情報，如《長江江防兵力部署圖》等，對共軍渡江作戰，幫助極大。吳石還冒險將五百多箱原指定運臺灣的絕密軍事檔案，巧妙安排強留福州，只擇次要者付運，重要的二九八箱（八大類六八〇餘卷）則下死命令留下，再由共軍十兵團司令部接收，據說這批檔案至今仍深具參考價值。

中共中央上海局負責統戰、軍運工作的負責人張執一聯絡吳石。張執一嘗三次渡臺檢查工作，發覺蔡孝乾有所隱瞞，深感不安，向中央建議撤換臺灣工委書記。中央不從，結果出事。中共在臺幾全軍覆沒。

一九四九年八月，吳石奉老蔣命赴臺，出任國防部參謀次長。本來可以抗命留在大陸，保存自己。但吳石認為覺悟太遲，對人民貢獻太少，不惜投身危機四伏之孤島，潛伏隱蔽，繼續為中共提供軍事情報。此時聯絡者已更易為中共華東局對臺工作委員會駐港負責人萬景光（化名劉棟平）。吳石曾三次派人送情報（包括《臺灣戰區戰略防禦圖》等）至港，由何遂千金何嘉轉交萬景光。據文獻記載，毛澤東接觸過吳石提供的軍事情報，特別注意《關於大陸失陷後組織全國性游擊武裝的應變計劃》，並查問來源，悉為得自國民黨上層「密使一號」時，擊節讚賞，並欣然賦詩：「驚濤拍孤島，碧波映天曉。虎穴藏忠魂，曙光迎來早。」（見吳石部下王强《吳石：虎穴忠魂》）

吳石赴臺未逾半載，中共臺灣省工委被保密局破獲，省工委蔡孝乾叛變，吳石暴露。一九五〇年三月一日，蔣介石在臺復職大典當晚，吳石被保密局扣押訊辦，嘗自殺未遂。偵訊中，表現出懊悔莫及，貌似坦誠，實則避重就輕，盡量隱瞞，冀能把損害減至最低。此案在當時風雨飄搖的臺灣極為震動，而老蔣也極為震怒。同案牽連十多人，其中朱諶之女士（萬景光派遣赴臺協助吳石傳遞情報）、陳寶倉中將（第四兵站總監）、聶曦上校（吳石親信）四人，被判處死刑，六月十日下午四時半，在臺北市馬場町刑場同遭槍決。吳石中槍部位，心臟突出，慘不忍睹。老蔣還怕掉包，由國防部軍法

中共臺灣省工委蔡孝乾叛變

局通知中央日報記者王介生到場，行刑前，每人照張相，行刑畢，逐個屍首揪起面孔拍照，沖晒成大張照片，「進呈御覽」，方足以解恨。

順帶一提，吳石犧牲後八天，六月十八日，另一位更高級的軍政大員陳儀（一八八三—一九五〇）也被槍決，罪名是「勾結共匪，陰謀叛變」。可見國民黨高層投共已蔚然成風，老蔣要「徹底整飭紀綱」，大開殺戒，以求自保。

查國家安全局檔案室「吳石等叛亂案」（檔案文號三〇六〇〇一六四）檔，詳述本案偵辦經過之後，有「對本案之綜合檢討」一章，列出「匪方」六項，「我方」五項，研判雙方之得失。但最根本的一項，似乎沒有觸及，或不敢觸及，就是「深受黨國培育、位列將校」的吳石等人，何以會「喪心病狂與匪勾結，供給軍事情報」。其實吳石是國民黨刻意培育的軍事專材，他早期也曾反共，他在擔任西北陝甘寧邊區某集團軍少將總參議時，嘗撰《共黨陰謀叛亂及其對策》的研究報告，深受陳果夫重視，轉呈老蔣欣賞，老蔣親批「嘉勉」。如此一位忠精的國民黨將領，怎麼會通共呢？（王大任〔一九一三—一九九二〕《我對吳石早年的印象》）

吳石是在抗戰勝利後，目覩國民黨腐化變質，大官權貴，蠶食黨國，鯨吞民脂民膏，所作所為，令其極為失望，所以經常發出「國民黨不亡無天理」的哀歎（連老蔣也側聞），再加上同鄉前輩何遂，和同鄉同學老友

第四兵站總監陳寶倉中將同遭槍決

吳石親信聶曦上校在臺北市馬場町刑場同遭槍決

吳仲禧（一八九五—一九八三）先後策動引導，始投向中共，成為地下情報員「密使一號」。

龍騰虎躍，事過已六十年，戎馬倥傯的吳石墨蹟流傳極少。此件章草自書詩，在寒齋二十餘載，原裝舊裱掛軸，紙本，縱一百三十二公分，橫三十二點五公分。詩曰：「一昔飄蕭作雨鳴，繁霜槁葉簇秋聲；卻從筆墨離披（處），寫出人天起滅情。」上款書「在橋先生雅屬」，紀年署「己酉夏仲」，「己」應作「乙」，乙酉係一九四五年，夏仲，時當抗戰勝利。署款：「吳石」，鈐朱文圓印。包首簽條為陳文總題。陳文總（一八九五—一九八五）又名左武，福建同安人，一九二五年加入中共（南昌起義時任指揮部秘書）官拜陸軍中將，郝柏村老師。以奉老蔣命撰寫對聯「一寸山河一寸血，十萬青年十萬軍」知名。一九四七年退出軍界返廈，旋赴香港籌辦福建中學並任首屆校長。至於上款「在橋」則係吳石同鄉同姓吳在橋（一九〇九—一九八一），乃福建潯江人，曾任福建旅港商會秘書、福建同鄉會總務、福建中學校董、校監。好詩文書畫，在港喜與藝術家交遊，張大千、高劍父、陳樹人、趙少昂、楊善深等均稔熟，收藏當代名人墨蹟頗富，尤以八閩名流為盛。

就詩而論，應是一首題畫竹的詩。誰料到，吳石在戎馬倥傯、軍書傍午的生涯中，猶是詩人本色。四句詩中，皆出語清雋而不凡近，骨肉停

策反吳石的同鄉前輩何遂（右）
中共華東局對臺工作委員會駐港負責人萬景光派遣赴臺協助吳石傳遞情報之朱諶之同遭槍決

勻而沒有偏枯失重。四句後兩句，其實是十四字一句，寫出一個意思的轉折。四句寫來如熟手之玩彈丸，清婉無礙。據知，吳石曾師事福州詩人何振岱（一八六八—一九五二）學詩，且著有《東游甲稿》（一九三〇年刊印）八十五首，《東游甲乙稿》（一九三五年刊印）一六九首。對於吳石的詩，何振岱評為「詩骨清而語潔，覽物寫景皆有會心，而躍馬橫戈、悲歌慷慨，尤不勝其故國河山之感。蓋其身之所經、目之所觸，正有耿然不能自已者。勞者謠而病者呻，讀君詩亦可知其志矣。」

今年六月十日，是吳石捨生一甲子紀念日。他的忠骸已回歸京華，他的事蹟，也漸為人所熟知。現且錄下吳石臨刑前從容吟詩為本文作結：「天意茫茫未可窺，悠悠世事更難知；平生殫力惟忠善，如此收場亦太悲。五十七年一夢中，聲名志業總成空；憑將一掬丹心在，泉下差堪對我翁。」

二〇一〇年五月三日

陳文總題吳石行書自書詩包首簽條

吳石行刑前立遺囑

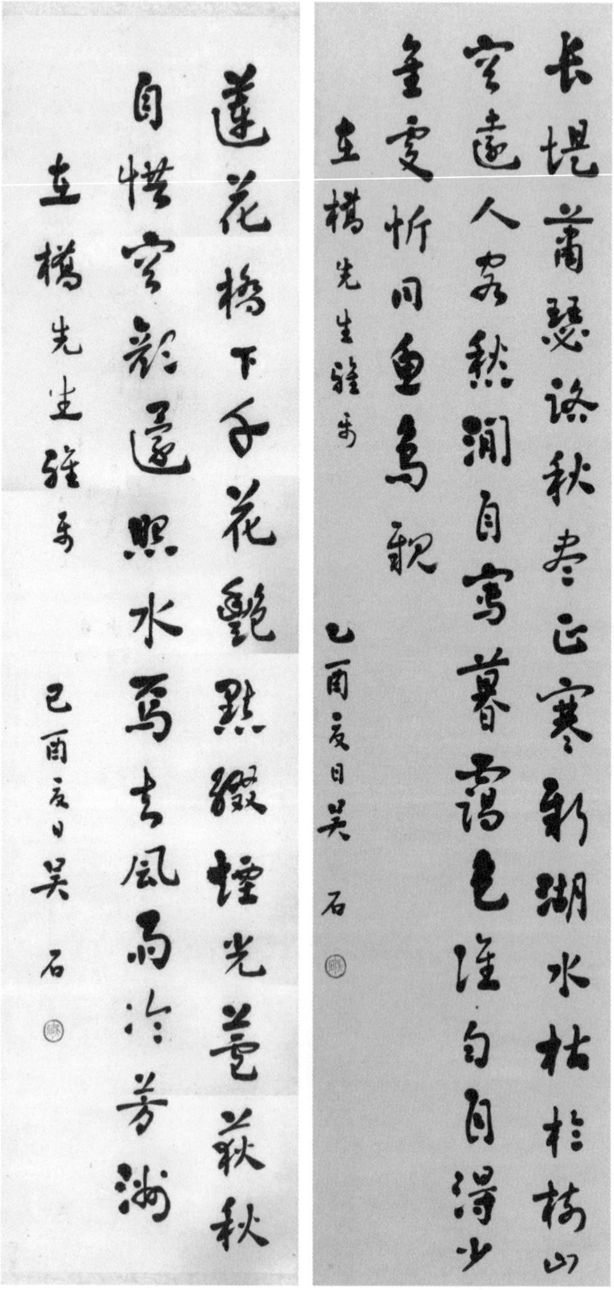

吳石行書自書詩贈吳在橋，1945年

秋雨秋風壯士魂

——記蕭明華

荒木交陰怪鳥喧，行人指説是公園。
忽驚三十年前事，秋雨秋風壯士魂。

這是臺公（靜農）八十年代初所作《過青年公園有悼（日據馬場町刑場）》。十年前，為紀念臺公百年誕辰，筆者編注《臺靜農詩集》，深感「箋註」是看易而實難，而「今典」的處理，則猶難中之難。這首悼詩，最先承臺公大弟子張亨教授提示：「此指白色恐怖下犧牲志士。」但並未具體詳言，或當時張公在臺灣還有所顧忌。而遠在美利堅的臺公哲嗣益堅兄則可以毫無忌諱的見告：「『秋雨秋風』乃暗指蕭明華女士，是白沙時女師院學生，魏建功得意門生。來臺後與其夫（于非）皆任教於師範學院，五十年代以『匪諜』案槍決於馬場町。于非則逃回大陸。」因之是按張亨和臺益堅兩教授所言入註。

二〇〇一年十一月二十三日，臺灣大學舉辦臺靜農誕辰百年紀念大

蕭明華

會，臺公友好、弟子均上臺講演，當臺公大弟子廖蔚卿教授（一九二三—二○○九）講話時，我特別留心。

廖教授先談抗戰勝利後，在四川白沙白蒼山剩下臺公一家、柴德賡一家、和方管（舒蕪）一家的情況。然後揚起拙編《臺靜農詩集》，談《過青年公園有感》末句「秋雨秋風壯士魂」。

廖教授說：

> 蕭明華在女師院與她同班同學同事，是很要好的朋友。蕭父祖籍福建（許案：應為潮陽），年輕時到浙江做事。蕭明華生於浙江，比廖大一兩歲，在重慶念過師範學校，教過小學，是魏建功國語訓練班學生，民國三十一年（一九四二）進女師院。蕭明華瘦弱，個性溫和，從來沒有跟人吵過架，沒有罵過人。在三年級下學期，民國三十四年（一九四五），日本還沒有投降，蕭生病，不能吃，不能睡，哥哥接她休學，第二年復員，隨父母回鄉下。
>
> 民國三十六年（一九四七），廖來臺灣以後，蕭進北平師大，廖與蕭重新通訊。民國三十七年（一九四八）蕭畢業，論文指導老師謝冰瑩來臺師範學院（後來叫師大，在和平東路），蕭做助教，蕭丈夫于非也來臺，在國語會做事，搞心理研究會。
>
> 三十八年（一九四九）下半年，廖在街上碰到蕭三嫂（蕭明柱太太），

廖蔚卿講蕭明華事跡，2001年

說及蕭被捕，哥哥也被捕。于非則逃到香港。三十九年（一九五〇）廖看報紙刊登匪諜死亡名單，發了一陣獃。是于非諜案件二十多人被抓，有四個被槍斃，其中一個是姓馬的。警總通知蕭的三嫂去領屍，她不知怎麼好，於是廖陪同三嫂往新生南路，現在第一殯儀館，民權東路領屍處（在永星花園附近）。因廖不是家屬，不能進去。三嫂進去，拿到公文，知道屍體已送殯儀館。兩人遂到殯儀館，看到一個水泥池子，一個坑放四個人，蕭被綑的繩索還沒解開。三嫂說沒錢，第二天帶了一些衣服去收殮，放在棺木裏。殯儀館的人問要不要燒香，三嫂說不要。殯儀館的人以為我們信教，遂拿了一個信教的牌子，上書「我去是為你們準備的地方去」。照了一張相片。第三天去拿骨灰，三嫂說將來要帶回老家。廖坐三輪車回家，當時傾盆大雨，印象深刻。以後，三嫂再沒來看廖，廖也沒看她，就斷了消息。三嫂有兩個女兒，二歲四歲，很困難，很恐怖。秋瑾是烈士，蕭是被冠以「匪諜」的冤魂。

以上，是廖以目擊者、與事者、臺公的囑咐者來為這句詩作解說。廖教授發言時場面肅穆，鴉雀無聲，筆者聽得清楚，回旅館後趕緊記錄下來，為慎重計，返港前在機場電廖，讀一遍記錄稿，請她審定，廖說沒錯，就是這樣。廖補充說，從前臺先生叫我把蕭明華寫出來，我不會寫，

廖蔚卿解說舊照，左起：陳翠英、齊益壽、廖蔚卿、筆者、張亨、臺益公、陳鼓應，2001年

所以在會上說，算是向老師交卷。本來在會上準備說這兩句話，後來也沒說。臺先生的道德文章很多人講，我只選這首詩講這一段。

五十年的前塵影事，廖教授能記憶分明。她除了補充了許多鮮為人知的事實，更有一個與臺公「秋雨秋風壯士魂」不相同的說法，是：「秋瑾是烈士，蕭是被冠以「匪諜」的冤魂！」

這就直接關係到拙編《臺靜農詩集》中，對「秋雨秋風壯士魂」的箋註是否未能周全而有所疏漏。

廖教授的提出，是代表了臺公和她在當時的共同看法。但三十年過去，臺公思想有變，不再是驚弓之鳥。也確信蕭是「共諜」而殺身成仁，而臺公也敢作詩為共諜哀悼了，這說明了國民黨也在進步了，臺公思想也在變了。但廖教授所執著的依然是當日受臺公囑託時的共同見解和悲痛。感謝廖教授的講話，否則就無從證明臺公這五十年來，由「避席畏聞文字禍」，到敢於為共諜賦詩哀悼的一段心路歷程。而廖教授在指稱那五十年前的「冤獄悲情」時，那該是一種悲極而不肯承認現實的一種情結。

另一個能為臺公的詩作註的是那「歸來兮」的三字題碑，是又要從另一起點說起了。

八十年代初，蕭的骨灰被送回大陸，葬在北京八寶山革命烈士公墓，墓碑背面有三個字：「歸來兮」！署名「于非」。

蕭明華，1948年

于非真名朱芳春，一九一一年農曆臘月十二日生於河北藁城縣黃莊村一個貧農家，小名「狗人」，一九三三年考入北京師範大學，得教育系心理學專業兼國文系雙學士學位。抗戰間先後任多家學校教務主任，一九四三年陸續任西北師院、北平師院等校教授。一九四八年冬受中共中央社會部委派赴臺，從事地下工作，期間曾化名于非、趙光隣、王實。一九五〇年逃返大陸後易名朱及群，即隨中央土改團赴湖南常德搞土改，嗣後參加中國國際貿促會綜合計劃組，一九五七年劃右派勞改，一九六一年摘帽，文革間下放河北省正定中學，上午授課、晚上批鬥，全天餵豬。一九七九年平反。次年做回老本行任國際關係學院心理學教授。一九九三年離休。朱除了霧水夫人蕭明華之外，真正的妻室有二。一九三八年娶恩師吳治民姪女吳乃筠為妻，吳乃筠一九七四年因貧病交迫兼兩次煤氣中毒離世，朱是七十年代末被放回家才悉此慘劇。一九八〇年續娶王森然大女兒王潤琴為繼室。

而筆者更為留意的是蕭明華的材料，但實在太稀少。蕭的霧水丈夫于非，即朱芳春所有撰述均無一語涉及蕭，或朱（于非）自己在臺的事，連兒子朱紀松的回憶也這樣說：「從解放前夕（一九四八年）父親失蹤至一九五一年回到大陸，其間沒有任何父親的消息。」一滴水不漏，允稱地工典範。但卻讓我們了解蕭明華的情況增加障礙。尚幸于、蕭二位的母校北師大在百

蕭明華掛名丈夫于非（朱芳春）（左）
蕭明華掛名丈夫于非（朱芳春）九十歲時攝

周年校慶之際出版了《人生豐碑——北京師範大學英烈傳》（承章景懷兄惠賜乙冊），中有王曉明寫的蕭明華一篇。又年前某報采訪蕭明華的大姪子、八一電影製片廠前廠長蕭穆（宏志）將軍談蕭明華，始略知其生平梗概，較廖蔚卿教授所述為詳。今綜合概述如下。

蕭明華祖籍廣東省潮陽縣歧北墟宅美村，父親蕭子山年輕時去浙江嘉興經營手工織襪作坊。一九二二年八月，蕭明華在嘉興出生，她是家中幺女，由於自幼聰明伶俐，被子山視為掌上明珠，乳名「華寶」。小學畢業後，蕭明華考入河南省立開封師範。抗戰爆發，蕭子山舉家遷大後方重慶。蕭明華入重慶師範，一九四一年以優異成績畢業，被學校選送國民政府教育部在青木關辦的國語師資訓練班，學習國語注音符號的應用和教學，成績斐然。畢業後重返重慶師範，任附小五年級班主任。越二年，蕭繼續深造，考入白沙國立女子師範學院國文系，隨許壽裳、臺靜農、李霽野、魏建功遊。而這班老師都是魯迅的老友、弟子，蕭大受熏陶，文學修養大大提高，人生觀也有所改變。此時蕭陸續撰寫散文、小說，刊諸報刊。抗戰勝利，蕭得臺公幫忙入北師大（當時叫師院）。

蕭的三哥蕭明柱其時也在北京，任首鋼公司總會計師，明柱的老師朱芳春在北平師院任教育心理學教授。蕭明華與朱在重慶早已認識，此時朱開始有計劃地影響蕭，提供不少左翼書刊如毛公的《新民主主義論》等，

蕭明華（前右）、朱芳春（前左）與蕭明柱夫婦在北京合影，四十年代中

與蕭學習。北平師院諸老師對蕭評價很高，黎錦熙、魏建功時時誇獎蕭，而蕭不斷有文章發表，深得謝冰瑩讚許，說蕭「將來一定是中國最有前途的女作家」。

四十年代中後期，北平絕不平靜，沈崇事件、反飢餓、反內戰、反迫害運動，一波接一波。

蕭此時也像其他充滿理想的同學一樣，投身到各種各樣的學生運動中。而朱芳春本人早已參加共黨，一九四七年七月，朱由共黨李浩領導，參加中共敵工部地下工作，策反三十五軍駐城將領。朱在爭取傅作義時被傅發覺朱搞策反，密令天津警備司令陳長捷逮捕朱就地正法，倖而其恩師于華封時任國民黨華北特派員，通風報訊，讓朱得以逃脫。

一九四七年九月末，蕭正式參加朱領導的地工小組，做情報工作。一九四八年，蕭行將畢業時，恩師臺公來信，邀蕭赴臺大任教。臺公深知蕭在國語注音、語音應用的教學功力，蕭又能說潮州話，潮州話與臺灣當地閩南語相通，條件最佳，所以臺公幾次來信，殷切企盼。而此時魏建功主編的《國語日報》社也遷臺，蕭向組織請示擬轉戰臺灣，組織正求之不得，立即批准。

同年六月，蕭放棄畢業典禮，趕緊赴臺。蕭考察一陣之後，認為到師院更有利於開展工作，遂婉謝臺公臺大之邀，赴臺灣師範學院任教，兼作

臺靜農，1951年（左）
魏建功

《國語日報》記者。不久，組織派朱芳春，化名于非作為蕭的丈夫赴臺，領導工作，而朱與《國語日報》總編梁容若曾同校讀書，有所了解，梁聘朱任國語社副總編。

于非和蕭明華，利用臺灣省政府社會處主辦之「社會科學研究會」附設「實用心理學補習班」為基礎，組織活動，聯繫群眾，吸收骨幹。還組建「臺灣青年解放同盟」和「新民主主義青年團」，又搞「讀書會」等。

一九四九年六月，于非回平述職，返臺時帶回上級中共中央社會部指示，為取得全國勝利，配合部隊的軍事行動，要不惜代價，獲取軍事情報和策反工作。于、蕭馬上調整工作，停止讀書會等公開活動，把「臺新盟」轉入地下，奉命改稱「臺工組」，蕭負責聯絡工作和情報收集、保管、密寫。

一九四九年七月二十八日國民黨有關部門接獲情報：「有朱芳春者，前在天津任女師教員，後來臺執教，因思想問題被革職，現化名于非，在國語日報任職，經多方偵查，未發現具體非法活動事實。」（國家安全局檔案文號FAI-I/1）其實一九四九年三月開始，調查局、保安部早已分別派遣人員密切監視于非、蕭明華，還派臥底打入組織，但于非布置嚴密，保調人員形容這是一個「多邊形亂蔴式的組織，衛星密布，掩護周密」，難窺內幕。也算于非命大，未有即時被捕，活動不受太大影響，讓他們得以在

國語日報

《國語日報》，1949年
梁容若（左）

一九四九年十二月至一九五〇年一月間，送出重要情報六次之多，為共軍對攻打海南島和舟山群島的戰鬥部署，提供重要依據。

一九五〇年二月四日，蕭明華請三哥明柱到自己家中（和平東路二段一一四巷三十四號）做生日，其間有陌生人敲門闖入說找于非，于不在。嗣後蕭設法將已獲情報盡快送走，有戰友勸蕭暫避，蕭認為現在情況不明，不能動，一動就暴露。二月六日，蕭還為師範學院學生上精讀範文課文天祥的《正氣歌》。當夜，蕭在宿舍被臺灣省保安司令部逮捕，蕭從容鎮定，還輕輕鬆鬆的取下搭在後窗外竹竿上的旗袍，發出危險警示。讓于非知道出事，不要返家。

于非在臺灣時間不長，短短一年多，卻幹了許多讓國民黨頭痛的事。雖然于非後來完全封嘴，但我們通過臺灣官方資料，國家安全局檔案（檔案文號FAII/1）的材料，還是可以知道于在臺所為何事。「匪幫中央社會部，于三十七年秋密派高級匪幹于非（化名王實，原名朱芳春）、女匪幹蕭明華，先後潛臺。」「于匪發展之組織，工作路線非常廣泛，曾利用我國防部第三廳第一組中校參謀蘇匪藝林，竊取我重要機密軍事情報，企圖策反我海陸空三軍『陣前起義』，或駕駛機艦逃往匪區『立功』。在政府機關及公營事業機構中潛伏之匪諜，則進行心理作戰，散佈失敗主義空氣，搜集資料，準備作完整接收參考。並計劃吸收臺籍流氓，在東部山區建立武工隊，企

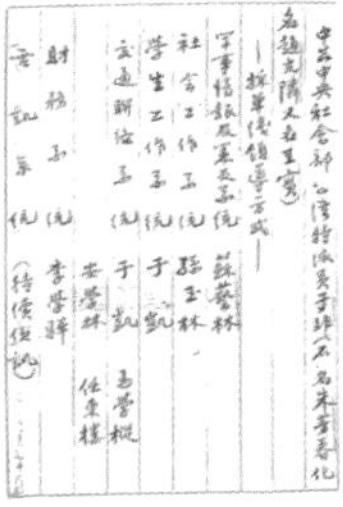

國家安全局破獲匪諜案檔案

圖接應匪軍登陸。」「對本案之綜合檢討」一項透露出：「于匪非當時曾透過各種關係，擬爭取我黨政軍高級人員，如孫立人、游彌堅等。據稱當時雖未為于匪所動，但亦未向政府檢舉，此種漠視對匪鬥爭之同仇敵愾心理，殊值隱憂。」

于非福大命大，沒有被捕，倉卒間還能安排有關人員疏散，文件移藏《國語日報》嚴明森處，于非本入則潛逃花蓮孫玉林（三十三歲河北人）處。但當時要離開臺灣談何容易，于不愧是共黨特工精英，很有辦法。通過關係，賄賂臺灣東部防守司令部少校參謀白靜寅（三十二歲河南人），花大錢設法取得諜報人員證件，於三月十六日（一說二十一日）以軍眷名義，冒領出境證，搭滬廣輪離臺，四月二日離定海赴滬轉平。而孫、白二位隨後被捕，於次年六月二十九日槍決。于非安全返抵大陸，帶回「海南島防衛方案」、「舟山群島防衛方案」等重要軍事情報，上交組織。

于能得脫，「臺工組」其他同黨也能安然無恙，這得歸功於蕭明華的堅貞不屈，在獄中受盡諸種常人無法忍受的酷刑，均隻字不吐，保護了于非和其他同黨。

十一月八日凌晨，蕭被軍事法庭提審宣判，就是一個死字。蕭寫下遺書與三哥明柱和三嫂梁御香，要求「不要帶我的遺骨回家鄉，就讓她在臺灣吧！」

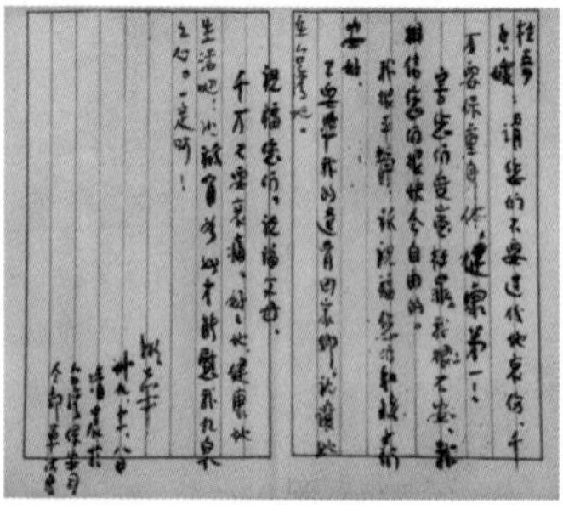
蕭明華遺書

蕭明華與三位同黨被綁上汽車，押送馬場町刑場，當執行憲兵要他們在沙丘旁跪下，弱質纖纖的蕭竟然抗命，掙脫憲兵的挾持，奔上沙丘頂高呼「中國共產黨萬歲」等口號。蕭被多打幾槍，求仁得仁。犧牲時年二十有八。

廖蔚卿教授只是收殮蕭明華屍身，不知蕭犧牲前高呼口號，所以認定蕭是冤魂。或者廖一直感覺蕭雖然思想左傾，一介文弱女子，絕非匪諜，所以隔了半個世紀，仍為蕭鳴冤。廖教授的錯覺，是有其特定的時代背景的。

五十年代寶島當地抓捕了大批共諜是怎麼一回事。隔了四十多年，國防部保密局谷少文少將承認：「情治各單位在臺灣抓到的真正的匪諜約有二千人，其餘大多是錯案、假案、冤案。」為何會有這麼多冤假錯案呢？說白了又是錢作怪。民國三十九年（一九五〇）公布的「戡亂時期檢肅匪諜條例」第十四條：「沒收匪諜之財產，得提百分之三十作告密檢舉人之獎金，百分之三十五作承辦出力人員之獎金及破案費用，其餘解繳國庫。」能分人家身家的「美事」是許多人爭先恐後去幹的。就算碰到真正的無產階級匪諜，無財可分，也不用擔心，行政院也會「酌給獎金」，「或其他方法獎勵之」。怪不得五十年代的寶島一下子生出一大批匪諜，有此背景，難怪廖蔚卿認為蕭明華是冤魂了。

蕭明華墓碑

但廖教授或者有所不知，蕭明華犧牲三十多年之後，一九八二年九月十六日，蕭的骨灰盒安放在北京八寶山革命公墓禮堂，盒上覆蓋中共黨旗，她的親人和戰友為她舉行追悼會。黨組織宣佈：追認蕭明華同志為中國共產黨黨員和革命烈士。這就等於說：國民黨當日並無抓錯，並無判錯，並無殺錯。蕭魂不寃。

蕭明華是臺公請來臺灣的，于非也常到臺公寓所走動（臺益公說），此案臺公或曾受牽連。嘗聽臺大中文系某教授說過，五零年臺公在臺北曾被抓捕，幸得沈剛百（一說孔德成）擔保，當天釋放，所以不為人所察覺。筆者不知是否真有其事？也不知臺公是否因此案而被「約談」。詢之益公兄，則說未嘗聽聞，存此待考。所以箋註「今典」最難。

而于非在蕭明華墓碑後面親題的「歸來兮」三字，讓人想到古代的「沒字碑」，用意是有所難言，讓百姓或者後來人自己去想的。這是「予欲無言」的抗議。朱芳春教心理學，自然懂這方法。我們也可以從他的遭遇，作設身處地去想的。

「歸來兮」，是一聲嘆息？是一種感傷？是深深的慚愧？抑是「機關算盡太聰明，卻誤了卿卿性命」的懺痛！這死裏逃生的另一半，是同命，而又不同命的鴛鴦，人生到了寫碑的關頭，在此竟然是欲語還休。泉下人有知又當作怎樣的感想？而這些現實，又當非臺公在賦詩哀悼時所能涵蓋。

二〇一二年八月二十一日

蕭明華烈士追悼會，
1982年9月16日

臺公黨籍考

今年十一月二十三日，北京魯迅博物館與香江博物館合辦「無窮天地無窮感——臺靜農先生書畫精品展」，同時舉辦研討會，以紀念臺公誕辰一百一十周年。臺公幾位弟子齊益壽、施淑、呂正惠、李昂等也專程參加，葉嘉瑩本擬赴會，卻因患感冒臨時缺席。

由於臺公的黨派關係是上世紀讓人關心的一樁懸案，至今尚撲朔迷離而無可定論。所以座間好幾位學者的講演，都同時聚焦於臺公與黨派的關係上，令明明是「書畫精品展」，但人們說得更多的是黨派的事。

臺公與黨派的關係密切，人所共知是曾被三擒三縱。尤其與鄉前輩兼共黨創辦人陳獨秀晚年的往來，頗引起國共兩黨側目，後來更被尚鉞（中國人民大學教授）指為托派。可惜的是，我們現今無法知道他和陳獨秀晚年晤對，其談次間可曾有對世事的徹悟之言？佛說：不可說不可說。但臺公對此卻連「不可說不可說」也不說。誰能說陳獨秀和臺靜農兩位碩學在電光石火之餘，創深鉅痛之際，相逢握腕，而只講「小學識字教本」問題，人

臺靜農誕辰110周年書畫展暨研討會，2012年

臺靜農，三十年代

臺靜農，1936年

們會相信嗎？

「魚龍寂寞秋江冷，故國平居有所思。」臺公在隱蔽戰線參與了殺頭之偉業，但到頭來卻是一種「不可說不可說」，不僅不為外人道，更對自己親兒也是「不可說」。分明片語可以釋疑的，但卻又為世人留下了疑團。

有魯迅研究專家陳漱渝在會上說，一九八九年陳赴臺灣，曾雨夜訪臺公，正巧屋中僅臺公一人，方便說話。陳單刀直入，問了兩個問題：一、臺公是否曾參加共產黨，並舉出證人劉亞雄。第二個問題係臺公是否參加托派。臺公對後一問題斷然否認，他說他與陳獨秀往來只談語言文字，不談政治，並且當即拉開抽屜取出一大疊陳獨秀給臺公的信，都是講「小學識字教本」問題，是當年國立編譯館約稿時往來信件。至於第一個問題，陳氏所得答案與當年臺公曉喻其哲嗣益堅世兄者相同。大意是：這些都是幾十年前的往事了，反正我周圍的朋友，不是共產黨，就是左翼人士云云。

臺公在這是「顧左右而言他」，也是轉移了問題。對曾否參加共黨這一斬釘截鐵的問題，既沒有斷然否定，也不敢肯定，總之含含糊糊，不置可否。

雖然如此，陳氏仍能推論出「臺靜農加入中國共產黨該在一九三〇年

魯迅研究專家陳漱渝在會上說，一九八九年赴臺灣，曾雨夜訪臺公，問臺公是否曾參加共產黨

臺靜農在臺北市溫州街十八巷六號歇腳庵門前，1986年

左右，而在一九三五年初第三次被捕獲釋後，從此脱離政黨活動」。這論點見於陳漱渝《臺靜農曾是中共地下黨員》一文。這篇大文，我十多年前已拜讀過，當時由益堅兄捎來的。而該文的立論又是依據徐沖寫的《丹心映山河——劉亞雄傳記》。該書的第八、九章有透露：一九三二年九月共產黨員劉亞雄夫婦出獄後，地下黨通過臺公，把這對夫婦介紹去范文瀾家裏去住。再有一段是：一九三三年六月，在上海出任江蘇省婦委會負責人的劉亞雄，因大肚臨盆，組織調劉去北平，中共江蘇省委秘書長趙世蘭對劉說：「先去找我們黨可靠的朋友范文瀾教授，通過他，可以找到臺靜農同志，這樣，就和北平的組織接上關係了。」但當時臺公「去向不明」（因第二次被捕後回鄉間暫避），劉亞雄雖找到「黨可靠的朋友」范文瀾，也無法與組織接上關係。

稱范文瀾為教授（范一九二六年曾入黨，不久斷線，不算黨員，一九三九年九月重新入黨），稱臺靜農為同志，從稱謂的不同，也可以確認臺公已經參加共產黨了，而且還不是一般黨員，因為通過他，就可以接通北平的組織。

劉亞雄（一九〇一—一九八八）北京女師大出身，與許廣平、劉和珍等在女師大風潮中表現出色，一九二六年二月在北大入黨，留學莫斯科，三十年代在上海黨中央機關工作，解放後曾任勞動部副部長，交通部顧問。此書係劉亞雄口述，作者據錄音整理撰寫，每寫一段，劉亞雄看一段，正式

劉亞雄

出版前先打印徵求意見稿，相當認真。而陳漱渝與劉亞雄又是熟識，該是從劉處得知臺公曾是共產黨。

臺公黨籍問題，恕筆者細瞻，不敢逕向臺公本人討教，沒有陳漱渝般大膽而乾脆。這次研討會上，筆者提出《秋雨秋風壯士魂——記蕭明華》一文，以臺公弟子蕭明華與掛名夫婿于非在臺從事地下活動，及蕭被逮至槍斃之經過，以從另一環境和心理角度提出採證。

另外，筆者也舉出幾點補充的佐證。

一、是以《戰鬥在北大的共產黨人》（一九九一北京大學出版社）第七十九頁那白紙黑字為證：

> 臺靜農，安徽人，在北京大學研究所國學門。一九二七年入黨。曾在魯迅指導的未名社工作。後脫黨。抗戰期間曾在四川白沙大學先修班教書。解放前任臺灣大學國文系教授。

在這裏扯遠一點，但必須指出，《戰鬥在北大的共產黨人》雖然出版於一九九一年，但編寫時間在八十年代中，該書由五十年代已任北大黨委書記的陸平序於一九八九年。而《丹心映山河——劉亞雄傳記》編寫時間也在八十年代中（打印出徵求意見本也在這時候吧），正式出版是一九八九年四月。此二書編寫出版時間臺公還健在臺灣。

二、臺公曾被共黨人士視為托派，但說臺公是托派，這等於是說臺公

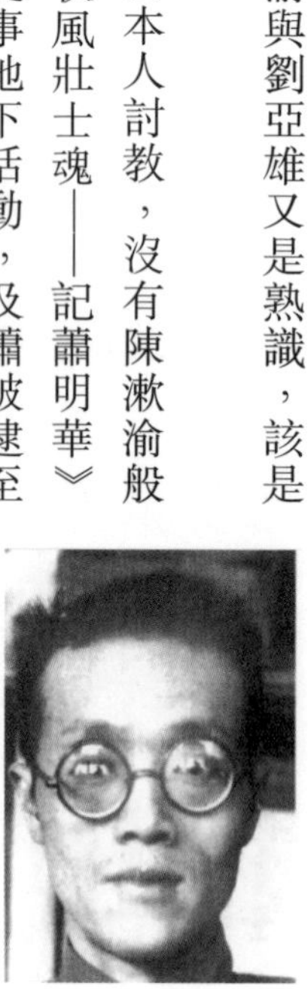
范文瀾，三十年代

是共產黨員，因托派就是黨中異己，必須本身原是共產黨員才能夠得上托派。換言之，視臺公為托派，正好證實臺公曾是黨人。

三、記得七十年代末八十年代初與謝公（稚柳）閒聊時，謝公很肯定的說「臺靜農是共產黨」。謝公堂兄章漢夫是共黨地工領導，嘗任香港工委書記，解放後官拜外交部次長，消息來源不知跟章是否有關？

四、臺公的身體語言，顯示他是黨人。筆者同意陳漱渝所說臺公曾參加中共，設若從未參加，臺公無需要向兒子益堅兜圈子說話，以臺公習慣，乾脆否認得了。陳漱渝提出劉亞雄的證言，設若臺公跟本不認識劉的話，也完全可以斷然否定，但臺公不想撒謊，所以沒有否定。這是以臺公一貫行事方式衡量，沒有否定代表肯定。

根據以上各種資料，可以肯定，臺公曾是黨人。

八十年代筆者訪臺公時，嘗直言黨人统治的大陸情況。以六、七十年代筆者在大陸所見所聞，特別十一屆三中全會以來，讀到太多講文革受苦受難的傷痕文章，在與臺公談話時，也曾透露若干如果在大陸就極可能出現的情況，設若臺公當年能離臺北返，在北京可與許多老友重聚，但好日子可不長，五十年代開始，反胡風一役能否躲得過？批判胡適之要你表態，要你參加批判怎辦？好了，五七年反右，跟着文革，總之是劫數難逃。延安時期的「搶救運動」，文革期間的大揪「叛徒」，都是黨對曾經

臺靜農，三十年代（左）
《戰鬥在北大的共產黨人》
（北京大學出版社，1991）

被捕的黨人一再殘酷迫害，臺公曾三次被捕，也就怎也說不清的了。更重要一點，毛公明捧魯迅，高舉魯迅旗幟，但暗地裏，也不必暗了，實際政策又如何呢？看得到的是，魯迅的老友、學生，解放後命途多舛者眾，由胡風開始，馮雪峰、聶紺弩、魏猛克……，如果魯迅還在，以他的性格，極可能被打成反黨反社會主義的反革命分子。（當時還不曉得丁酉間毛公曾說過魯迅「要麼被關在牢裏繼續寫他的，要麼一句話也不說」。）以臺公跟魯迅關係之深，留在大陸，著實不妙。還是留在臺灣歇歇腳，讓國民黨壓迫一下，反能苟存性命。筆者腑肺之言，不知老人家是否理解，當時臺公只是聽，也不答話。真個「守斯寧靜，為君大年」。

孔夫子嘗慨言「文獻不足徵也」，共黨當年是秘密組織，在白區戰鬥，許多文件銷毀還來不及，的確難以傳世，或根本無文字記錄可言，只有靠同時期當事人的回憶，才得以透露一二。這就彰顯口述歷史之可貴。

但，口述歷史碰上了臺公，依然留得個撲朔迷離！

二〇一二年十一月二十八日

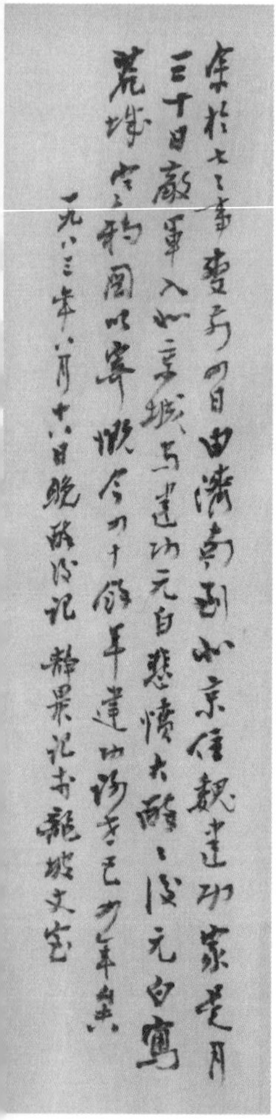

臺靜農跋啟功《故都寒鴉圖》

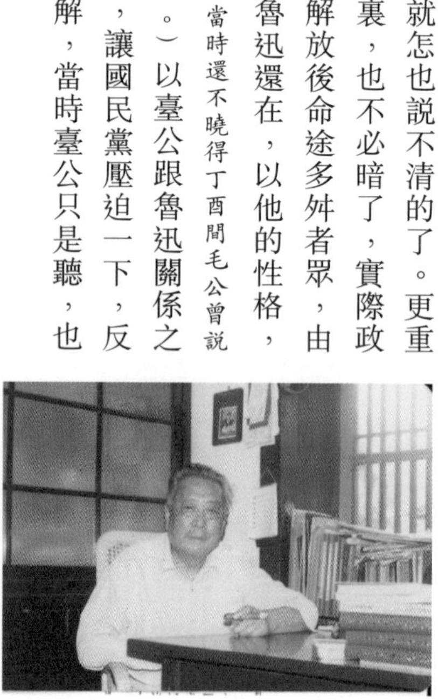

臺靜農，1980年

平生風義兼師友

——臺靜農啟功的翰墨情誼

啟功（一九一二—二〇〇五）屢説，到輔仁首日就認識牟潤孫（一九〇八—一九八八）及臺靜農（一九〇二—一九九〇）。臺公長啟老十歲，牟公也長啟老四歲。三人很投契，交往密切。而臺公雅好書畫篆刻，與啟老尤多共同語言。惟二公之翰墨情誼，能資縷述者不多。故寒齋所藏，亦敢云稀有。今際啟老誕辰百年、臺公誕辰百十周年，恭檢二公翰墨，披卷懷人，試為詳述始末。

《故都寒鴉圖卷》為啟老寫贈臺公。此卷係臺公寶愛之物，曾於兵燹喪亂之際，由北平護送入川，在白沙把玩十年，然後在風雲變幻之亂局，渡臺庋藏又四十餘年，直至八十年代末九十年代初，再由臺公哲嗣益堅仁兄遠涉重洋，保存於波士頓凡二十年，前兩年由益堅遺屬攜至香江，而歸寒齋寶藏。

畫卷尺幅不大，展卷只二尺，惟墨瀋淋漓、氣象蕭森，自有咫尺千里

牟潤孫，1934年

臺靜農，1934年

啟功，1937年

之勢。畫面雜草叢生，荒寒樹影，更有古城蕭瑟，群鴉亂飛。右側角啟老行書自題：「一九三七年七月三十日醉墨寄慨，苑北啟功寫為伯簡（臺公）吾兄發笑。」鈐「啟功之印」白文方印。

臺公、啟老訂交之初，都值盛年，而云醉墨寄慨，在此不能不為之費詞解說。啟老小時是私塾教育，家裏不許學英文，及至插班匯文中學，雖然古文甲冠全班，但英文成績差，算術又不及格，未能通過畢業，只算肄業。以後出社會謀事，就有諸多窒礙。幸有曾祖父的門生傅增湘（一八七二—一九四九，嘗任教育總長，後任輔仁大學董事會董事長），薦與輔仁大學校長陳垣（一八八〇—一九七一，字援庵），陳援老賞識啟功學問、人品，不管資歷，破格聘任為輔仁大學之附中老師，主教一年級國文。雖然啟老樂育英才，但終被分管附中的輔仁大學教育學院張懷院長（一八九六—一九八七），以「中學都沒畢業怎能教中學」為由刷掉。陳援老也不申辯，不能教中學就教大學吧！索性請啟老升級到輔仁大學美術系任助教，啟老更優為之，教了一年，雖成績甚佳，但仍被分管美術系的張懷院長以資歷不足為由刷掉。（岔開一句，這位張院長來頭不小，與先帝（毛澤東）同鄉，新民學會成員，留法勤工儉學，教育學博士銜，與共黨徐特立諸君熟，又是國大代，又是國民黨北平市黨部委員，不知其時是否充滿革命激情，對「封建餘孽」啓元白滿懷階級仇恨的一刷再刷，以絕其生路。嗣後人生浮沉，有所悔悟，八十年代張嘗托人約啟老見面，為免尷尬，啟老卻之。）

輔仁大學教育學院院長
張懷，1941年

再說回啟老大恩師陳援老，助啟老鍥而不捨，又再伸出援手，安排啟老去校長室做他的秘書。啟老受的是傳統教育，總要客氣謙讓一番，向傳話的援老弟子柴德賡（一九〇八—一九七〇）說：沒做過秘書工作，怕不勝任。怎料這正中柴德賡下懷，即以啟老「不願幹」回覆，正好安排自己的學生擔任此一要職。啟老啞子吃黃連，無法轉圜，如此這般，真的失業了，只好臨時教一兩家家館，再畫些畫賣錢，勉強維持生計。而此刻正是一九三七年七月。（次年九月啟老始奉命回輔仁跟陳援老教大一國文，援老「保駕護航」，啟老三進輔仁一幹六十多年，這是後話。）

該年七月七日，蘆溝橋事變，日寇開始全面侵華。七月二十六日攻佔廊坊，二十八日凌晨猛攻北平近郊南苑，二十九日北平淪陷，三十日天津亦失守，同日北平地方維持會成立。而這一邊廂，兩位手無縛雞之力的落魄文人，一位是失業的天潢貴胄啟功，一位是剛被迫離山東大學的左翼文人臺靜農，兩人都感懷身世，共憂時局，與魏建功一起尋醉。而啟老於醉意中揮灑出這《故都寒鴉圖》，贈與臺公，大抵彼此都預感到，此夜彷彿是河梁生別，重見無期……。

四十六年後八月某夜，臺公醉後檢出此一寶繪，懷思摯友，援筆跋云：「余於七七事變前四日由濟南到北京，住魏建功家，是月三十日敵軍入北京城，與建功元白悲憤大醉，醉後元白寫荒城寒鴉圖以寄慨。今四十

輔仁大學校長陳垣，三十年代（右）柴德賡

餘年，建功謝世已四年矣。一九八三年八月十八日晚醉後記。靜農記於龍坡丈室。」

臺公跋文，不足百字，感慨之處，只說「今四十餘年，建功謝世已四年矣」。這真是欲說還休，就很像魏晉文人向子期在《思舊賦》中的表現。老人早是驚弓鳥，他不敢指斥，只自認倒霉，最後倒霉也不認，認了怕得罪人。所以老人的跋文就是如此之平靜，平靜得沒有悲慼、沒有嗟嘆。姜白石詞「人間別久不成悲」，其然，而又豈其然？

回說那一九三七年七月三日，臺公離開山東大學到北平，寓魏建功宅，本擬整理魯迅遺著，但剛巧碰到蘆溝橋事變，日軍圍城，炮聲隆隆，魯迅夫人許廣平不克抵平，整理遺稿事遂寢。七月三十日臺公約啟老在魏家飲酒就是告別聚會，會後各奔前程。八月初臺公經天津，歸蕪湖，再舉家入川。抗戰八年，臺公在四川白沙國立女子師範學院任教，熬到抗戰勝利，卻難以出川回平。一九四六年十月，應臺灣大學之聘渡臺，一去四十多年，兩老就再無機會相見了。可以說，一九三七年七月三十日悲憤大醉之後，臺、啟就此永別。數十年間，兩岸緊張對峙，兩老各自保命，為免招惹麻煩，也就談不上甚麼翰墨往還了。

二〇〇一年十一月二十三日，臺公誕辰百年，臺大圖書館特藏室展出與臺公有關之文獻，其中一通啟老致臺公的行書手札，特別吸引我的眼

啟功畫贈臺靜農《故都寒鴉圖》，1937年18x63cm

球。前幾年北京師範大學侯剛、章景懷等編印《啟功書信選》，也收入此一通。信寫於三葉榮寶齋印製山木摹黃慎人物花箋上，文字不多，但文簡意賅，用現代流行話就是訊息量豐富，茲錄全文如下：

伯簡先生台坐：

倭亂雖平，依然離闊。建公歸來，藉悉尊況勝常，為之欣慰。今夏聞公從有北來之訊，而又不果，為之悵悵。弟教書之外，惟以塗抹騙錢，所畫致無一筆性靈，誠可哂可歎！前青峰傳達雅命，見索拙筆，苦無愜心之作以副知己，不盡關懶惰也。弟前因臨摹《急就章》學其草法，遂集眾本，較其異同，材料漸多，不覺成篇，發表於《輔仁學志》，謹附函寄上一份，至希破格指政，勿稍客氣。今春多暇，作詩數首，容別寫呈；拙畫即當著筆續寄。日日停電，油燈昏黑，小窗秋雨，倍增懷人之念！建公處亦有一書，齋野、詩英兩公想常晤面，希為致聲。講授之暇，何所遣興，至盼時惠寶翰，以代晤語。專此，即頌

撰安！

弟功謹上 中秋前一日（一九四五年九月十九日）

前得小銅印，人言是秦□，不知確否。印呈一粲。

臺大圖書館特藏室展出與臺公有關之文獻，其中有啟功致臺公手札，2001年

這是目前僅見的啟老給臺公的信。信中透露：抗戰勝利，魏建功北歸，晤啟老，述及臺公在白沙女師近況。當時復員出川，談何容易。臺公在川窮困，常質當衣物，冬衣幾乎盡押，沒有冬衣，怎能北上呢？更關鍵的是，臺公曾三度被北平憲兵三團抓捕，有此「前科」，平津各校，有所顧忌，不敢發聘書來，所以行止未定。而啟老在北平教書，也要靠副業「塗抹騙錢」，即畫畫賣錢，幫補家用。啟老當時畫價不錯，據啟老高足王靜芝教授見告，當時兩張啟老的畫，可以換一張董其昌。臺公很欣賞啟老畫作，信中透露出臺公早已托柴德賡（青峰）求啟老畫，但啟老認為未有愜意之作，不願隨便投贈獻醜，要臺公稍待時日。此時啟老剛撰寫《急就篇傳本考》，這是啟老第一篇學術論文，發表在《輔仁學誌》上。啟老對這篇處女作很是得意，奉呈抽印本與臺公。信末鈐一小銅圓印「啓」，此印後來仍見啟老使用，如一九四八年寫的米家山水軸、和一九八八年朱竹壽石扇頁後面小楷自書詩均鈐此小圓印，閱此信才知是抗戰間啟老所得古鈢。

臺公很喜歡啟老的畫，常向人推許：「啟功的畫好。」在臺北市溫州街十八巷六號臺公館「龍坡丈室」，一進門，映入眼簾的小橫幅就是啟老與溥雪齋（忻）合作的山水。啟老信中說「著筆續寄」的畫有沒有交卷呢？

臺靜農臨蘇東坡黃州寒食詩二首贈啟功，1989年

一九四八年中秋節後，臺公求啟老寫的寶繪終於完成，係紙本山水立軸，縱六八公分，橫三四．五公分。包首簽題「啟元白米家山水」，出自臺公手筆。畫面空濛蕭瑟，山骨隱顯，林梢出沒，溪橋漁浦，洲渚掩映，一派江南煙雲霧景，意趣高古。啟老自題：「與吾伯簡先生別十二年矣，於拙畫之嗜，不減曩昔。屬寫雲山小幅，稽遲未報者，又將三載。適見檀園真迹，有二米遺韻，因天行先生東行之便，臨以奉鑒。拙筆無足賞，惟雲樹蒼茫，聊以紀白雲蒼狗之變，並以寄暮雲春樹之思云爾。戊子中秋後三日，元白弟啟功識於燕市北城之紫幢寄廬。」鈐印四：朱文圓印「啟」，白文方印「啟功」，朱文方印「元白居士」，橢圓白文印「西山朝來致有爽氣」。

畫中所指檀園，即李流芳（一五七五—一六二九），安徽歙縣人，久居嘉定（今屬上海），字長蘅，號檀園，「畫中九友」之一。擅畫山水，法董源、巨然、吳鎮、黃公望，論者謂其山水「筆力雄健，墨氣淋漓，有分雲縷石之勢」，而「神清骨秀，丰姿俊爽」，深具「蒼寒樸秀」之妙。

啟老臨檀園雲山小幅，秀雅絕倫，筆墨間蘊含書卷氣。表面上一派恬淡、寧靜氛圍，彷彿「出塵坌而游清虛」。誰知道，畫家內心深處，卻如「雲樹蒼茫」。畫作於「戊子中秋後三日」，即公元一九四八年九月二十日（星期一），其時世局阽危，人心惶惶。啟老向老友臺公寫畫以「寄暮雲

啟功，1947年

啟功畫贈臺靜農《米家山水》，1948年，68.3x34.5cm

春樹之思」。

「因天行先生東行之便」。天行係魏建功（一九〇一—一九八〇），江蘇省海安縣人。筆名天行、山鬼。著名語言文字學家，長於古音學。北京大學畢業後留校任教。抗戰勝利後任臺灣省「國語推行委員會」主任委員，全國解放前夕返回北京，任北京大學教授。流通極廣影響極大的《新華字典》就是魏建功領導編纂的。

臺公與魏公關係至深。兩人都是魯迅弟子，抗戰期間同在四川白沙國立女子師範學院，魏任國語專修科主任。一九四六年十月，臺公就是得魏之薦到臺大中文系任教，魏於次年為臺大中文系特約教授。一九四八年六月，魏建功回北平辦理《國語小報》設備遷臺事宜，在北平期間，魏應胡適校長之請，準備回北大任教，啟老這件米家山水就是在此期間交給魏，同年九月間，魏建功回臺北，轉呈臺公，公事則為辦理國語會的交接手續，同時創辦《國語日報》，兼任社長。歲末，魏返回北平出任北大教職，兩人終生未能再見。臺公極懷念魏公，八十年代初嘗垂詢其近況，告以剛剛心臟病發逝世，臺公聞訊黯然神傷，賦詩一首《聞建功兄逝世》（庚申正月）：「每思不死終相聚，故國河山日月新。碧海燕雲空悵望，勞生總總已成塵。」

魏建功晚歲碰上文化大革命，其任教的北京大學，是文革重災區。魏

左起：董作賓、魏建功、臺靜農，四十年代末

被拉入「梁效」（北大、清華「兩校」諧音之四人幫御用寫作班子）當顧問，四人幫倒臺後，魏的處境有些尷尬。

一九七六年一月八日，周恩來總理逝世，出殯那天，長安街上長長哭送隊伍中，就有魏建功。碰巧，四人幫在北大的頭目遲群去巡視，發現魏，遲群望着魏冷冷說：「你也來了?!」（魏公同事兼老友周祖謨教授見告，一九七九）

再拉遠一點。全國政協開會，魏與啟老同一組，有些人不理會魏，啟老不管，不顧尋常繩墨，以禮相待，打招呼，拉凳，斟茶，客客氣氣，照樣老友。但有一回，魏發現桌上有一紙辱罵詩句，字跡像啟老，遂認定啟老幹的，大怒，以後不理會啟老。啟老說，絕不會如此無聊。但魏成見已深，自此兩老互不理睬，惜哉！（二〇〇三年啟老向筆者口述）

啟老寫《米家山水軸》時三十七歲，臺公四十七歲。其時兩老友已分隔兩地。啟老在行將解放的北平，臺公則在國民黨擬退守的臺灣。不要說「別十二年矣」，別四次十二年也未能相聚。「碧海（臺灣）燕雲（北京）空悵望」。迄一九九〇年，別五十三年之後，兩老始在寒齋通電話，互相問好。不到半年，臺公仙遊；二〇〇五年，啟老也歸道山。兩老可以在天國敍舊了。

逮至一九八二年春，啟老應香港中文大學中國文化研究所之邀，赴港

啟功，七十年代（右）
魏建功，三十年代

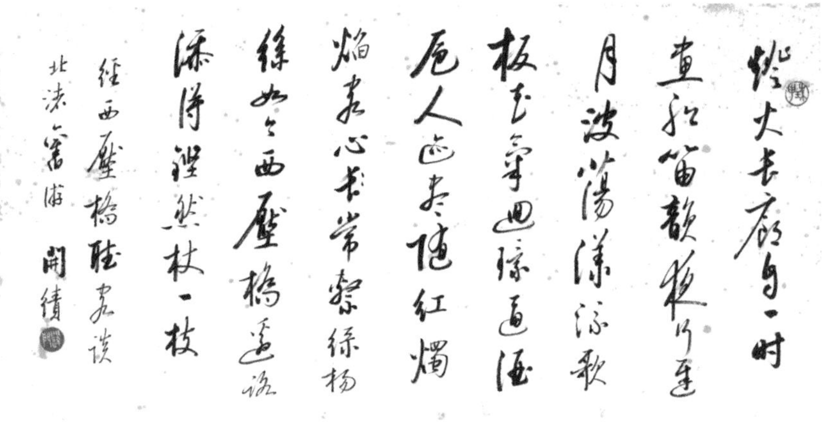

啟功署款「開績」行書自書詩，1982年，34.6x68cm

啟功署款「苑北」行書自書詩，1982年，34.6x68cm

講學三個月，逢周六日，蒞寒齋活動。當時有好幾位老友托筆者求啟老墨寶，啟老十分大方，一體應允，且即刻交卷。但有一回，當我提出是不是可以寫點甚麼呈臺公，啟老就婉言道，怕引起臺公麻煩，沒有動筆。隔不久，啟老在寒齋揮毫，用他七分錢的毛筆寫兩張詩翰，署款異常，一署苑北（當時啟老已很少署此字號），一署開績，送給我，甚麼也沒說。我收藏了三十多年，偶爾檢出欣賞，也不怎麼在意。及啟老歸道山，再檢此二件署款奇特的法書研究，「開績」何所指？「開」隱藏「啟」字，開啟也，「績」隱藏「功」字，功績也，「開績」即隱喻「啟功」也。忽悟署款如此隱晦，難道當時啟老就是要我呈交臺公？老一輩行事作風高古，要你自己領悟，筆者生性愚鈍，當時竟未能「會意」，啟老又不「指事」，不明說，現在想起，只怪自己太鈍胎了。

一九八二年秋赴京，到小乘巷探訪啟老，呈上兩個空白大扇頁請畫梅花，當時只求啟老寫一件，另一係備用。不料啟老當場畫了兩件，一白梅，一紅梅，都賞給我，着實喜出望外。嗣後赴臺北訪臺公，呈上啟老這兩件紅、白梅花扇頁，請賜題墨寶，臺公欣然應允，一題隸書，一題行草，兩岸兩老，書畫合扇，彌足珍貴，旁人可能不當一回事，但我珍之重之，高興了好一陣子。到三十年後的今天仍不時檢出欣賞，緬懷兩位令人敬重的老前輩。

啟功在北京小乘巷寓所為筆者題字，1981年

八十年代末，兩岸關係稍稍寬鬆，臺公偶有與大陸舊友通音問，一九八八年元月，啟老寫了件朱竹壽石扇頁，另面小楷書詩滿滿一扇，極為工整雅致，托友人呈贈臺公。次年臺公臨了件寒食帖，托友人回贈啟老，我們拍照刊於一九九〇年《名家翰墨》月刊「臺靜農啟功專號」中。

縱觀臺啟二公，由訂交到別離，前後說是四年，其實一年也不到，怎麼說呢？

啟功係康熙十一代孫，所以說他是天潢貴冑。而臺公則是共黨嫌疑分子，魯迅愛徒，陳獨秀老友，而且暗中加入左聯，往來多是共黨分子或左翼人士，與主流統治者旨趣迥異，結果就麻煩不斷。一九二七年八月，臺公經劉半農之介，任北京中法大學中文系講師，初涉杏壇，次年四月七日因未名社被查封而被捕，出獄後轉入新成立的輔仁大學，任國文系講師，旋升副教授。啟老就是在輔仁大學與臺公訂交的。一九三二年十二月十二日，臺公因保釋共黨嫌疑孔另境，而再度被捕，出獄後只得離開輔大，轉入國立北平大學女子文理學院。惟一九三四年七月二十六日，臺公與同事范文瀾（國文組主任）同被抓捕，這次較為嚴重，要五花大綁押解南京警備司令部囚禁。幸得蔡元培、許壽裳、馬裕藻、沈兼士、鄭奠諸賢營救，始於一九三五年一月獲釋，但三次被捕，難以再在北平院校立足。同年秋得胡適之介，去廈門大學中文系任教授。次年秋，到濟南國立山東大學及私立

臺靜農，三十年代（左）
范文瀾

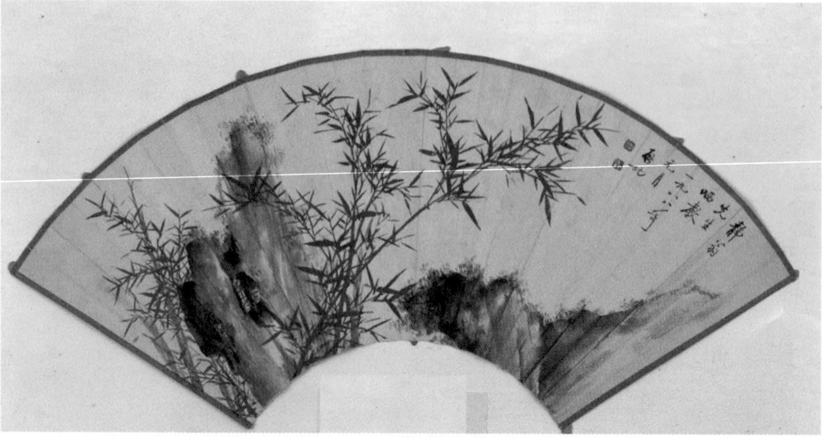

啟功畫贈臺靜農硃砂竹石扇頁，1988年18.5x51.5cm

啟功行楷自書詩贈臺靜農扇頁，1988年18.5x51.5cm

齊魯大學中文系任教授。短短幾年間，轉校頻仍，「打一槍就跑」，實為當道所迫。細算一下，臺公跟啟老相處的日子，實不足一年。聚少離多，分別長達半個世紀之久，但兩人的情誼，完全不受時空影響。

一九四九年之後，兩岸壁壘森嚴。五十年代，臺海那邊白色恐怖極為嚴重。

而奉魏建功、臺公為師長的女弟子蕭明華（一九二二—一九五〇，潮陽人）遭槍決……，臺啟兩老音訊幾乎全斷。五十年代初，臺公托人捎回一極細小紙條，卷起來一公分長（像一小闕牙籤），慨嘆：「回不得也。」（一九八〇年啟老見告），嗣後大陸這邊實行「無產階級專政下繼續革命」，反右、四清、文革，不斷折騰，啟老惶惶不可終日，還怎敢與臺公聯絡，犯涉臺之忌而自招麻煩呢。及四人幫倒臺，中共十一屆三中全會召開，撥亂反正，啟老翻身，逐漸吐氣揚眉。到八十年代，始能通過弟子友朋與臺公互通音問，再進而翰墨交流。

「平生風義兼師友」，啟老對臺公一直敬重，臺公對啟老也非常友愛。惟政局無常，影響到二位流傳下來的翰墨交往實物極為稀少。臺公只得啟老一通三葉手札、山水畫二件、朱竹扇頁一件，啟老只得臺公臨寒食帖一卷，信件則無有也。

筆者有幸，歇腳庵舊藏啟老三件墨跡，是從大洋彼岸，海峽對岸，陸

啟功攝於北京師範大學紅六樓寓所，2004年

續匯入寒齋。這，不僅僅是名家翰墨，當中更蘊藏一個大時代文人所嘔的心血與難言的抑鬱。

二〇一二年勞動節

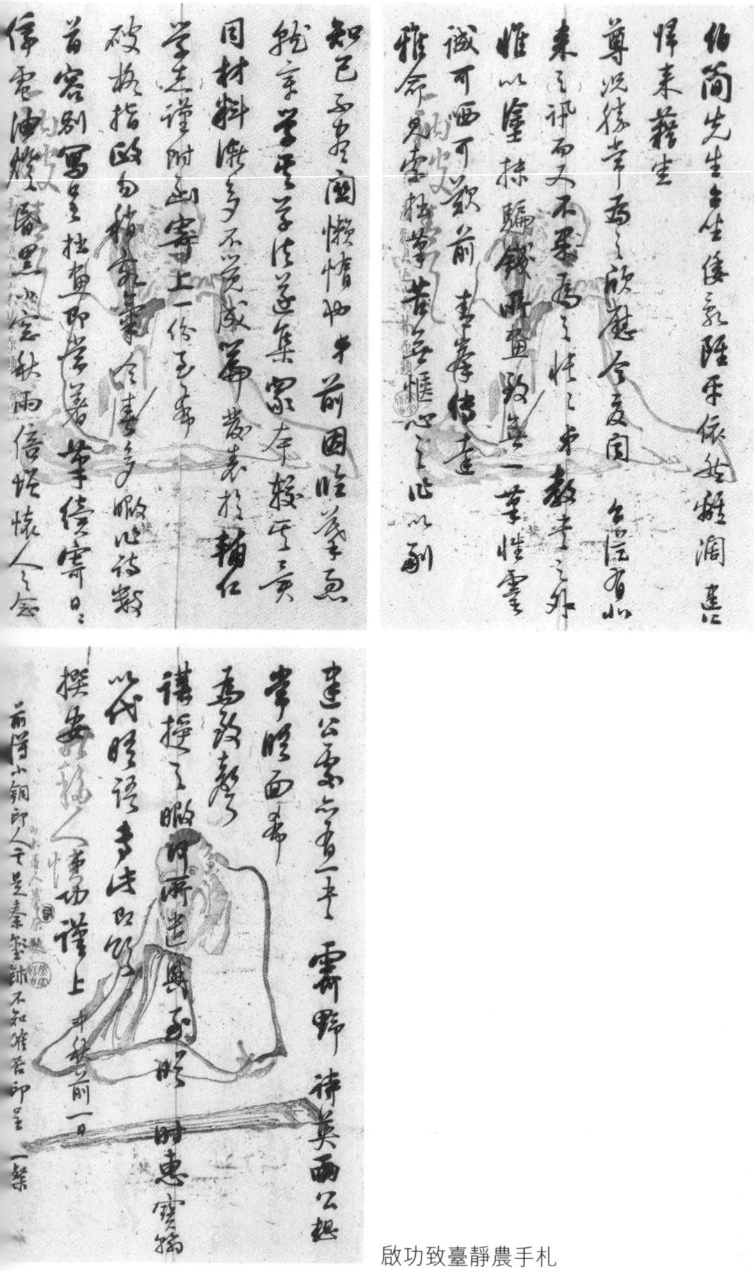

啟功致臺靜農手札

蓬萊銀闕浪漫漫　弱水回風欲到難

——記啟功臺靜農相見難

傳說蓬瀛三島是仙山，其間水無浮力，稱「弱水」。又有「天風」，物至輒吹返。這就是北宋楊億《漢武》詩：「蓬萊銀闕浪漫漫，弱水回風欲到難。」的用典命意之所本。

臺灣海峽數十年來也有「弱水」「天風」，那可不是傳說，而是現實，而且是揮之不去的現實。這種「現實」令海峽之間滿途都是欲行未得的憂心、欲見還難的離思，是那「才簪又重數」的驚疑，更多是那「悵歸期多誤」的憤懣。

縱有生花妙筆，也「載不動」這「許多愁」，在此，僅只想說說兩位終生企盼、而終為現實的「弱水」「天風」所罣誤和欺凌的師輩人物，就是臺、啓二公。

臺公（靜農）在臺灣「歇腳」四十多年，屢想渡海回京而以形格勢禁而不可得，反之，啟老（功）是想去臺灣看望臺公而屢逢阻滯，毫無辦法，兩

臺靜農攝於臺北市溫州街18巷6號寓所，1986年春節

岸兩老「相見時難」。終於蹉跎及至臺公病篤，乃不無怨憤地寫出：「老去空餘渡海心，蹉跎一世更何云。無窮天地無窮感，坐對斜陽看浮雲。」這自傷詩，足令人讀之擲筆三嘆。

追溯上個世紀八九十年代，啟老本想跨海渡臺，探望老友。當時啟老在臺灣的師友已所賸不多，算來健在者仍有三位，在臺靜農之外，還有鄭騫、王靜芝。

先說這位鄭騫（一九〇六—一九九一），長啟老六歲，是啟老在北京匯文中學高中三年級的老師，啟老時有提及。筆者於一九九〇年曾在林文月教授陪同下造訪鄭公館。那次訪鄭，是為拙編《名家翰墨》出版「臺靜農啟功專號」約稿，鄭公很給面子，惠賜宏文。據鄭老師高足吳宏一見告：這是老師絕筆之作。

後來，我曾把上次在臺所拍攝鄭騫照片呈啟老看，但故意不先報姓名。誰料，啟老見到架著一副厚片密圈眼鏡的老人家照像，瞬間即說，「是鄭因百鄭老師嗎？」幾十年沒見，還是能一眼認出。

再說臺靜農（一九〇二—一九九〇），長啟老十歲，在臺灣係清流表率，備受學界敬重，是啟老摯友。啟老在北平輔仁大學教書第一天，就認識臺公和牟公（潤孫），三人被時人目為鐵三角。一九三四年七月，臺公涉嫌共黨被憲兵三團抓走，留守員警埋伏臺宅等候其他人出現時一體查拿，當天

啟功在香港與臺靜農通電話敘舊，1990年6月7日

啟老正要去看臺公，幸牟公機警，及早截住，不然啟老也就糊裏糊塗遭縲紲之災，在牢中被毒打一頓事少，隨時掉腦袋也不稀奇。

到一九三七年北平淪陷後，啟老滯留北平，臺公則輾轉入川，復員後去臺灣大學教書，從此天各一方，歷半個多世紀而兩老友迄未相見。啟老非常惦念臺公，常說：去臺灣最大願望就是看望臺公。

一九八二年春，啟老蒞香港中文大學講學三個月，逢週末週日，我都接他到銅鑼灣寒舍短住，好幾次誘啟老打電話與臺公，啟老都說不好，怕給臺公招麻煩。臺灣大學許多人都知道，當年臺公住溫州街十八巷六號，街口常停泊一輛吉甫車，不知是憲兵司令部還是警備總部的，臺公不敢掠美，客氣地指：那是監視隔鄰彭明敏的。

一九九〇年臺公患喉癌，啟老夫人亦是患喉癌三個月就往生，所以知道臺公時日無多。六月七日啟老再度蒞寒舍，告以再不與臺公通話就沒機會了，啟老此時才敢「冒險」讓我撥通臺公電話，一訴衷情。臺公講電話聲音尚算洪亮，但末了喊：「你快點來吧，再晚就見不著了！」令啟老頗為傷感而又無奈。

還有一位王靜芝（一九一六—二〇〇二），三十年代跟梅蘭芳學唱戲，跟沈尹默學書法，跟啟老學繪畫，雖然只比啟老小四歲，一直對啟老執弟子禮，畢恭畢敬，一派古風。最早邀請啟老訪問臺灣，就是這位王靜老。

啟功在香港與臺靜農通電話敘舊，1990年6月7日

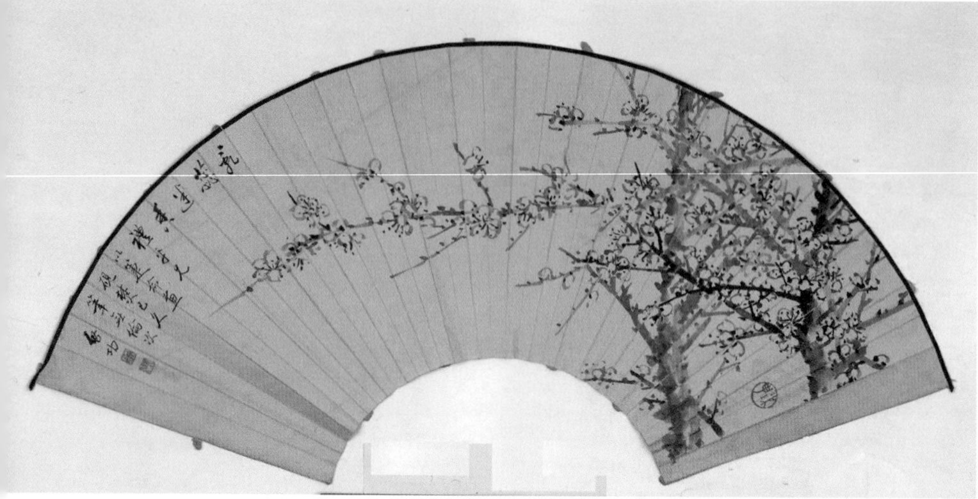

啟功畫贈筆者《亂蕊迷香》扇頁24x71cm

臺靜農為筆者寫隸書扇面24x71cm

九十年代初，臺灣國民黨對大陸的政策稍稍寬鬆，個別大陸學者，開始被邀訪臺。王靜老時掌輔仁大學國文研究所，通過輔大邀請啟老赴臺訪問，結果未獲臺灣當局批准。

與此同時，啟老老友徐邦達亦被臺灣某機構邀請，也同樣不批，徐老再接再厲，但辦了三次都不成功，托人瞭解原因，始悉關鍵係徐老在黨派一欄填「九三學社」，國民黨認為「九三是共匪外圍組織」，主管方面相當介意，所以不批，後來申請表格由邀請單位代填，作了一些「技術處理」，徐老才能成功入臺。同此類推，啟老也是「九三學社」成員，老實填上，就確實不准。徐老返京後在故宮有公開的匯報，也有老友間私下交談，令啟老心癢癢的，還是想去臺灣看看。

一九九三年，臺北故宮召開「張大千溥心畬詩書畫學術研討會」，啟老作為學界名流，兼又是溥公宗晚、大千老友，自然被邀請參加。啟老也早就把論文寫好，題目是《溥心畬先生南渡前的藝術生涯》，寄交臺北故宮，同時也寄了一份給我，當時我們擬出溥心畬專集，早已向啟老約稿，啟老寄稿時交帶一句，要等臺北故宮正式發表後，我們才可刊用，可見啟老心思縝密。有上一次不批准的經驗，啟老頗關注有關手續，通電話時有問及。

為了讓啟老安心，我打電話給臺北故宮書畫處處長林柏亭兄（後升任副

輔仁大學王靜芝觀看啟功揮毫。
中立者劉作籌。

院長），問啟老入臺手續辦得如何？但臺北故宮過去未曾邀請過大陸學者赴臺，亦懵然不知有關手續程式之複雜，所以林兄還說為時尚早，不急。過幾天，陸委會文教組長龔鵬程兄蒞港訪小軒，請他在百樂潮州酒樓小酌，席間順便向他探討啟老入臺手續有甚麼障礙，龔問啟老是政協嗎？我應之以不單係全國政協，且還是常委。於是龔兄坦言，這就需要邀請單位故宮向安全部門報備。

翌日，即電告林柏亭兄，不久得知，這些麻煩事，秦院長（孝儀）也一一照辦了。過了十多天，啟老的入臺證件批下來了，且別高興得太早，當時有些學者，得到臺灣當局批准，而北京方面卻未必配合放行，啟老在北京備受重視，所以不存在這個「不配合」的問題，但這次仍是沒有成行，原因何在呢？

話說一九九三年冬天，陳立夫數十年來第一次踏足香港，新華社社長周南設盛宴款待，筆者陪立公出席。甫一見面，周緊握立公的手，中氣十足的說：我代表中共中央、國務院向您問好。立公答謝後說，從前兩次國共談判，都是他跟姓周（恩來）的談，現在閣下也是姓周，大家哈哈大笑。宴席笑談間，想不到周也向立公瞭解啟老赴臺問題，立公一臉茫然，他雖然當過教育部長（抗戰間），但早已離任，與啟老實屬不同界別，所以毫無印象。其實，立公曾經見過啟老，是啟老跟我說過好幾回了！

新華社周南社長向陳立夫瞭解啟老赴臺問題，1990年12月

啟功畫贈筆者《嶺上春先》扇頁24x71cm

臺靜農為筆者寫行書扇面24x71cm

那是一九四五年的事，抗戰勝利後，立公與陳誠到北平視察，在宣武門外北平市黨部召見北平學界，北大、清華、燕京、輔仁等等主要大學副教授以上學者、校長均被邀出席，啟老也有參加。啟老還記得，當日陳誠對學界的冷淡有點不滿，抱怨說：北平的氣氛不夠高漲，教授們比較消沉。啟老恩師輔仁大學校長陳垣就訴苦說：政府知道我們在淪陷時期的日子是怎樣過的嗎？陳援老愈說愈氣，把桌上盛載點心的碟子推翻，摔得滿地花生瓜子。

緊接著，燕京大學校長陸志韋用叉子敲著碟邊說，我給你們唸唸現在流行的一首民謠（邊說邊敲節奏）：「此處不留爺，自有留爺處，處處不留爺，爺去投八路。」陳誠大怒，說你們就投八路去吧！立公也不悅。法學院陳教授（名瑾昆，操常德土音）在會上發言完畢，即赴張家口轉延安，真的投八路去了。那次啟老就是在上述那種環境下見到陳立夫的。

但畢竟是半個世紀前的事，立公不可能記得的，所以無言以對。

周南向立公查詢，是要表示中央很關心這件事。當立公離席去洗手間時，我向周分析，其實啟老去不了臺灣，有這麼一個原因。啟老年輕時，是不怕死的，六十六歲還自撰墓誌銘，甚麼「八寶山，漸相湊」，可謂百無禁忌。但八十歲之後，有點緊張。說白了，怕死。

八、九十年代，啟老有好幾次送醫院搶救，還發病危通知，按啟老的

陳立夫在翰墨軒會見記者，
1990年12月

說法「烏呼」，即差一點「烏呼」。所以凡出門，必有家屬陪同，一以方便照顧，一以安其心。但臺灣當局硬性規定，陪同者一定要直系親屬，旁系不行。啟老夫人一九七五年上天了，無兒無女，生活一直由內姪章景懷照顧，出門也是由景懷陪同。景懷對啟老情同父子，照顧老人家比兒子還周到，但說到底不是兒子，不符臺灣當局的規定，所以景懷的證件批不下來，啟老也就去不了。

一九九五年，劉九庵由蕭燕翼（後為故宮副院長）和筆者陪同，成功進入臺灣，看了不少東西。不久，謝稚柳也被邀請赴臺，謝公當時人在美國，本擬由洛杉磯直飛臺灣，但大陸政策不准，要先飛回香港，入深圳，了卻先前的行程，然後再出香港，才可以飛臺北，剛巧我在羅湖碰到謝公，才知道手續這麼麻煩，兜兜轉轉，要讓八十多歲的老先生折騰，但謝公總算成功訪臺。這兩位都是啟老老友，他們渡臺，或多或少對啟老總有影響，但啟老認為去臺灣尚不是時候。

隔一年，又有人不怕麻煩，重提舊事，邀請啟老赴臺。這回邀請者是收藏家組織「清翫雅集」負責人陳啟斌，陳在臺灣政商兩界吃得開，認為無問題，筆者跟陳直言啟老要有章景懷陪同始能成行，陳拍胸脯說一定能「搞掂」。這次連劉九庵也一併邀請，並動員劉老做啟老工作。劉是忠厚老實人，到北師大找啟老好幾回，熱心幫忙說項，劉老還傳達邀請單位主

啟功與劉九庵在故宮

事者的建議，比如把章景懷改變身份為兒子以便陪同，或者請北師大暫封章景懷為副研究員，用學者身份申請，等等。

這不知是哪一位「紅鬚軍師」出的餿主意，他們太不瞭解啟老了，啟老一貫堂堂正正，行無愧怍，怎麼可能為了去臺灣而弄虛作假？這些「權宜」之事，啟老當然不幹，且因此事而對劉老有點意見呢。九十年代中臺公早已不在了，啟老去臺灣的意願也淡了，去得這麼勉強就算了，乾脆不去了。

二〇〇五年六月三十日凌晨兩點二十五分，啟老仙遊，離開這繁文縟節的人世。仙界不似凡間，仙界的「弱水」、「天風」只不過是傳說，並不可怕。何況，啟老這未竟的心願，在無罣的仙界，相信不必經庸官俗吏的批核，就可與臺公雅敍，醉墨寄慨。

二〇一二年三月十三日

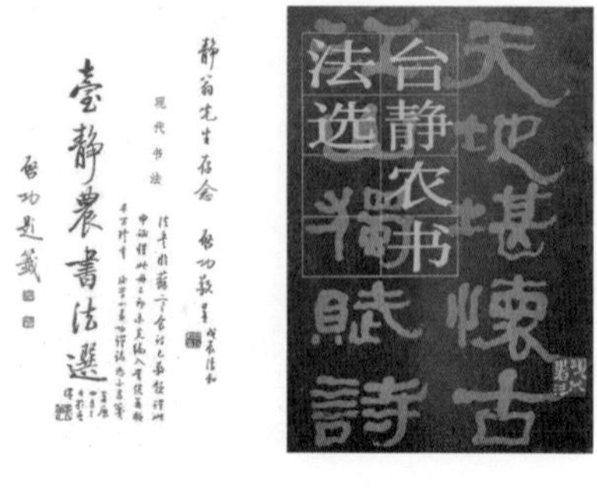

啟功題贈臺靜農《臺靜農書法選》，1988年

想起馬承源館長

最後一次與馬承源館長晤談，是二〇〇二年冬，上海博物館（簡稱上博，下同）舉辦「晉唐宋元書畫國寶展」，而恰值菲律賓莊良有女士尊翁兩塗軒舊藏書畫，捐贈上博的捐贈儀式在舉行並招待晚宴。散席前，馬館長與陳佩芬副館長移玉至筆者席，寒暄敘舊，交談了半句鐘，筆者好奇馬館長生日的官方記錄一九二八年十月十日是否準確，馬館長說，他應該是丁卯年十月初十日，當時還跟他開玩笑，說他十月初十就與慈禧太后、陳援庵（啟老恩師）、汪孝博（汪兆鏞公子）是同日生申。當時雖匆匆短會，也還合拍了一張三人照，馬居中，精神抖擻，看不出半點病態。過後一兩年，有幾個場合也遇到馬，匆匆點個頭，握握手，再沒有細談。

不久，聽說他病逝了，旋傳出是跳樓自殺。隔了許多年，還依稀記得當時所聞。出事前，馬早已把從上博借的書都還了，或表示沒有欠上博甚麼了。出事那天是二〇〇四年九月二十五日星期六，馬乘車返家，馬寓所在徐匯區吳興路二四六弄二號樓高層，該大樓建於九十年代初，有三幢，

右起：陳佩芬、馬承源、筆者，2002年

一號樓住的是幹部，二號三號樓住文藝界人士較多，王蘧常、王元化、程十髮、秦怡等等住三號樓。樓高十五層。馬下車還吩咐司機星期一去接他。當晚在家中客廳吃飯，只夫婦二人，飯後馬入廚房洗碗，老夫人進房間，約十時吧，夫人出來喊：馬承源、馬承源，沒有回應，夫人第一個反應望窗戶，窗戶椅邊留下一雙拖鞋，大驚，出事了。後來上博現任館長陳燮君與副館長顧祥虞、黨委書記胡建中登門，安慰馬夫人並了解情況時就問，為甚麼不見馬回應，不到外面看看馬有沒有出去，或其他房間看看，而是先看廳的窗戶呢？原來馬已有一次跳樓前科，只因被夫人拉住，跳不成而已。

馬從十四樓躍下，地面剛巧有晾衣服的粗電線，身體墜下時碰正頸項，有若斬頭般，身首之間就只剩一層皮連著，幾乎身首異處，真牙假牙灑落一地（一說假牙掛在樹上），可見衝力之大。後來殯儀館花了不少工夫整修化粧。

馬館長經過文革煎熬也捱過來了，當此太平盛世，為何要自殺呢，傳聞不一，官方版本是馬得了憂鬱症所致。當日市委副書記殷一璀與華東師大心理系教授探討此事，教授說，憂鬱症病患者百分之六七十跳樓自殺。

馬為甚麼得憂鬱症呢？為甚麼要跳樓呢？官方說因病逝世，群眾不信。當局封鎖新聞，各種傳言出來了。有說馬看錯東西，有說買錯東西，

馬承源接待周恩來總理參觀上博，1961年

有說他告人人告他，當局在查馬，不一而足。筆者當年就嘗電廣東省博物館古館長，探討原因，古不願談，但不經意的說，或者馬看錯了幾件銅器，知識分子愛面子，看錯東西受不了吧。

馬有魄力，有人喻作上博的鄧小平，不單止馬與鄧體型近，而是在上博很有權威性。馬最大優點係善於網羅人材，發現別處有學問有本事的人材，千方百計調動、禮聘至館裏，增強上博實力。馬對內對外的活動能力都很強，讓上博從河南南路十六號杜月笙舊銀行，遷去市中心人民大道市府對面，不是易事，馬施展官場功夫，結果讓市府撥出這塊寶地給上博，再賣掉舊館址作啟動資金，但所需費用仍欠一大截，馬要與親密戰友汪慶正副館長到處化緣，當年見他倆風塵僕僕的頻頻來往港、臺，以他倆的威望和長年交友的手腕，努力籌募興建經費。香港回歸前一年，馬奔波香港，疲累到中風，尚幸及時送入跑馬地養和醫院治療，迅即康復。

新館由設計到施工，馬都傾注極大心力。馬係青銅器專家，把上博設計成一個大鼎。但後來卻變得鼎不像鼎的後現代裝置藝術品，筆者最初以為是市政府不讓正對面的上博建得太高，不能高過市政府大樓，後來了解，此說不對，原來另有文章。上博所在位置，原係上海市自來水公司圈定作上海市中心的儲水池，所有管子都已埋在地下，副市長某君（已故），幫上博忙，把這塊寶地轉交上博。這就得罪了上海市規劃局。人家早規劃

馬承源接待法國總統希拉克參觀上博，1997年

好，被上博打亂計劃，要另覓地方做儲水池，不勝麻煩。或許因此而處處卡上博，不許建高，最初限十九米，後來爭取到二十二米，再努力一番才弄至最高點二十九米。原來設計的大鼎因減幾層，高度壓扁了，外型就變成不像鼎，倒像成吉思汗的陵墓，看看蹲在門口的一對石雕畜牲，更像鎮墓獸。大陸辦事講究所謂面子，領導喜趕工，以迎接建黨或建國多少周年大慶，質量如何，也在所不計。新上博工程沒有例外，混凝土車二十四小時不停地灌英坭，未乾透就再灌。傳聞上博建成初期，整座建築物往下沉少許。圖書館設在地下一層，本港著名藏家建築師關善明曾說過，碰上百年一遇的大水，很易出問題的。辦公也在地下一層，上博的同事返工就是地下活動。有人說上博風水不好，果不然，先是某副館長病逝，馬跳樓不久，汪患癌亡、某專家交通意外卒。這又是怎麼一回事呢？

馬跳樓之前，汪已發現胃很不舒服，原定九月二十七日星期一就要入院治療，但馬一跳，汪不能入院了，要處理許多事情，到把馬的喪事辦完，汪才入院，已隔了一個月，錯過了最佳治療時間，一年後，汪胃癌不治離世。上博擅修復瓷器的一位專家，剛學會駕駛，一家三口到新疆旅行，租車自駕，與迎面來的大卡車碰撞，當場死亡。加上早前上博另一位副館長，由西安碑林調來的王仁波，專研唐代金銀器，患肝癌病卒。上博接連發生這麼多不幸的事，怪力亂神之說也就有市場了。

馬承源研究青銅器，2003年

又要說回馬的死因。官方版本說因病逝世，相對準確，若改為厭病自殺更接近實情。馬樣子硬朗，其實早已外強中乾，出事後不久，陳佩芬副館長曾說，其實馬館長日子很難過，內臟有許多問題，整個人有許多毛病，瑞金醫院的醫生說馬是高危病人。

馬最初看病在華山醫院，住院住單間，兒子也在該院服務，照顧也方便。後來或許費用太昂，轉到瑞金醫院，沒有單間待遇，一個病房住兩個病人，不那麼爽了，加上該院醫生評他為高危病人，就更不舒服了。這或許又造成他憂鬱的其中一個因素吧。

還有讓馬不爽的，是館裏的同事。馬曾經抱怨，過去在館裏見到舊部，人家老遠已經揚手大呼馬館長好！現今不在其位了，許多過去客客氣氣的舊部，老遠瞥見，趕緊繞道而行，省得打招呼，老人家宣之於口，當然很不爽了。但馬有所不知，聽說上博有些人仍跟馬親熱的話，可倒霉了，結果與馬親近被視為禁忌，馬回上博經常面對冷冰冰的面孔，能不憂鬱嗎？

或許還有更深層的原因，只能靠推測了。據接近馬的人士透露，真正原因或是：馬退下來後擬當名譽館長，名譽館長還是有權力的，但上面不批，結果得個「顧問」虛銜，顧問不只一個，也可以顧而不問，馬很失落。但馬在上博還是有寬敞的辦公室繼續做研究工作。馬雖已退休卻退而

馬承源在上博新館前留影，1995年

不休，仍時常關心館務，而且太投入了，打個比方，乾隆做了太上皇，仍要干政，嘉慶怎麼受得了，當然引起矛盾。馬一直熱心參加上博活動，某次展覽開幕儀式，馬在主禮臺下與一眾嘉賓站著舉頭觀望，碰到香港藏家天民樓主人葛師科先生，葛很熱情的説，馬館長，您應該站到臺上啊！言者一番盛意，聽者又作何感想呢，能不憂傷？

馬與汪本是親密戰友，後來有些不協調，直到下面一事，矛盾才公開。事緣美國藏家安思遠出讓淳化閣帖與上博，是汪拍板的。此帖過去上博老館長徐森玉，與當時北京的啟老都認為係珍稀善本，汪才決定收購，馬不知根據甚麼認為此件糟得很，不應該收購，寫報告一式兩份，向市委宣傳部和國家文物局告狀。當年就曾聽聞文物局派人去機場攔截取件的王立梅，但未能成功。此帖最終入藏上博，北京的專家認為馬不搞碑帖這行當不應亂告。如此讓馬汪分裂由暗轉明，矛盾由地方性變全國性，最後以馬灰頭土臉，很不爽而告終，馬因此跟市府關係也處得不好。

種種原因，加重他的抑鬱，為求解脱，一跳了之。原本雅好青銅器的法國總統希拉克到上海，早已約定要會晤老友馬館長，結果總統到上海時，已人天永隔，大概希拉克也難以明白箇中三昧吧。馬的追悼會上，希拉克送來滿插白花的大花籃，藉寄哀思。

馬館長書法作品傳世極稀，筆者有幸珍藏一葉。三十多年前，筆者到

馬承源汪慶正到香港籌款建上博，1992年

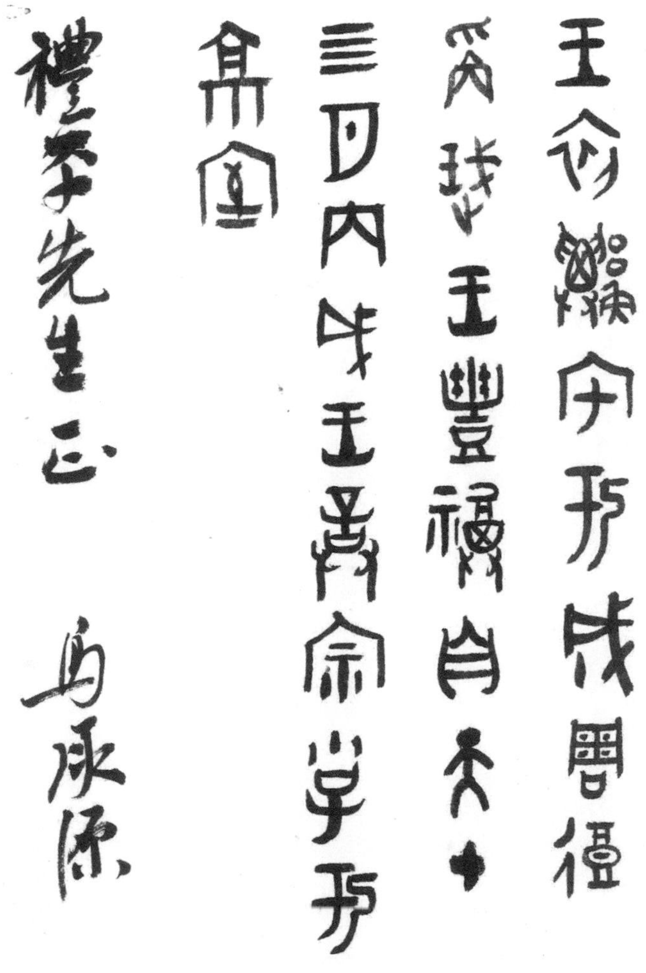

馬承源金文「何尊」銘文贈筆者

山西太原，參加古文字學術研討會，馬有其他公務纏身，遲兩天才到。那時馬還未當館長，風塵僕僕趕到，剛入門口還未放下行李，我已備好冊葉請他賜題墨寶，馬很爽快，放下手提包，不加思索，提筆就寫下這篇金文：「王初遷宅於成周。復稟武王禮福自天。在四月丙戌，王誥宗小子於京室。」文出自西周青銅酒器「何尊」銘文前段，馬憑記憶背臨，具見功力。嗣後馬高昇館長，地位不同了，事情也多了，就不敢隨便叨擾。但在許多場合仍然見到面，偶也寒暄幾句。有一次紐約的婦產科醫生楊思勝兄「不務正業」，在上海美術館辦書畫作品展覽，馬與我一起進大門口，銀樂隊戮力吹奏，喇叭聲震天價響，大廳堆滿人，極為擠迫，我拉他盡量往前挺進，楊見馬到，硬把他扯前作主禮嘉賓，臨時加把剪刀，參加剪綵。可見備受歡迎、備受重視，那時仍是上博大館長。

馬汪二人合力籌建上博，功績有目共睹。但不知甚麼原因，後來弄至尹邢避面，大家都很詫異，都很惋惜。最可憐係上博全寅，兩個領導不協調，下面辦事的人無所適從，聞人材流失不少，最受傷害的是上博。「人的因素第一」，這道聖諭還未過時。

二〇一二年九月十九日

馬承源伉儷，八十年代

未羅浩劫　實乃萬幸

——記弘一法師「鼓吹文明」

弘一法師居俗時，好臨習古碑帖，尤著力張猛龍、張黑女諸碑，大抵清季包世臣、康有為輩倡尊北碑，為一時風氣所尚也。

「鼓吹文明」楷書小橫幅，法師用筆挺拔瘦勁，胎息楊大眼造像、張猛龍碑。壬子五月，即民元（一九一二）春夏間，距今剛好百載。署款息霜，乃弘一俗家時號。

弘一（一八八〇——一九四二）俗姓李，名叔同，號息霜。光緒三十一年（一九〇五）間赴日留學，習油畫、鋼琴、作曲諸藝，其時日本正流行新劇，李叔同與同學組織春柳社，公演《茶花女》，為中國人首演話劇者，由於表演出色，哄動東瀛劇界。

宣统二年（一九一〇）李叔同學成歸國。壬子民元，李氏因兩家錢莊倒閉，百萬家財，倏忽蕩然，立變無產階級，無牽無罣，南下滬瀆，做陳其美伙記，編輯《太平洋報》，並加入南社。「鼓吹文明」就是寫於此時。

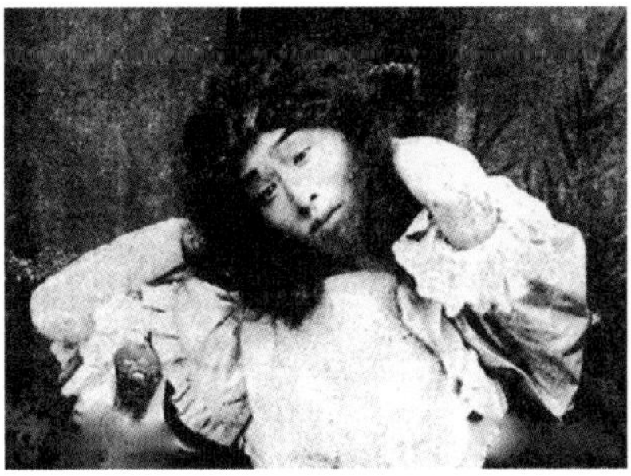

李叔同與同學組織春柳社公演《茶花女》

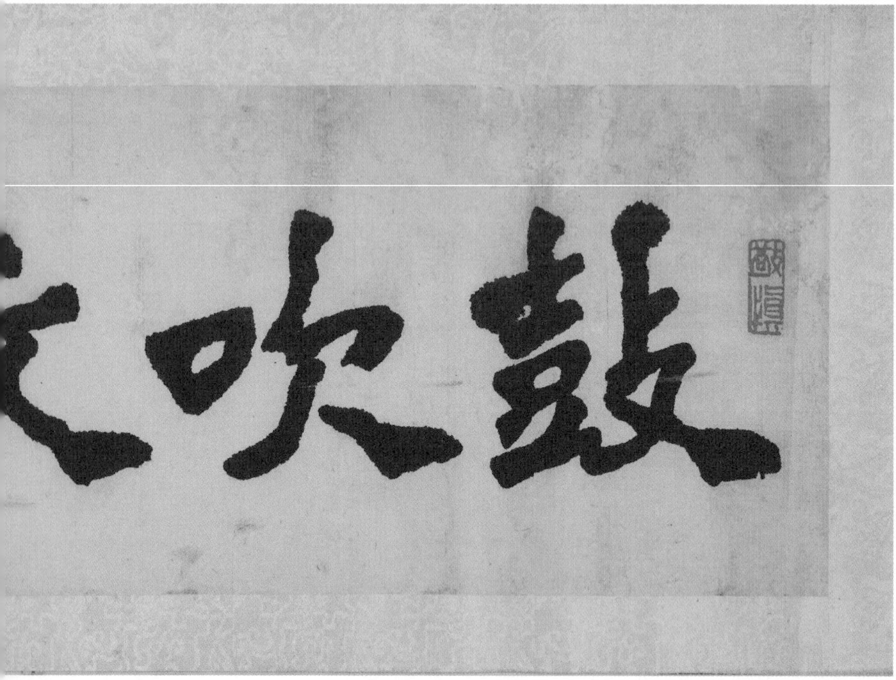

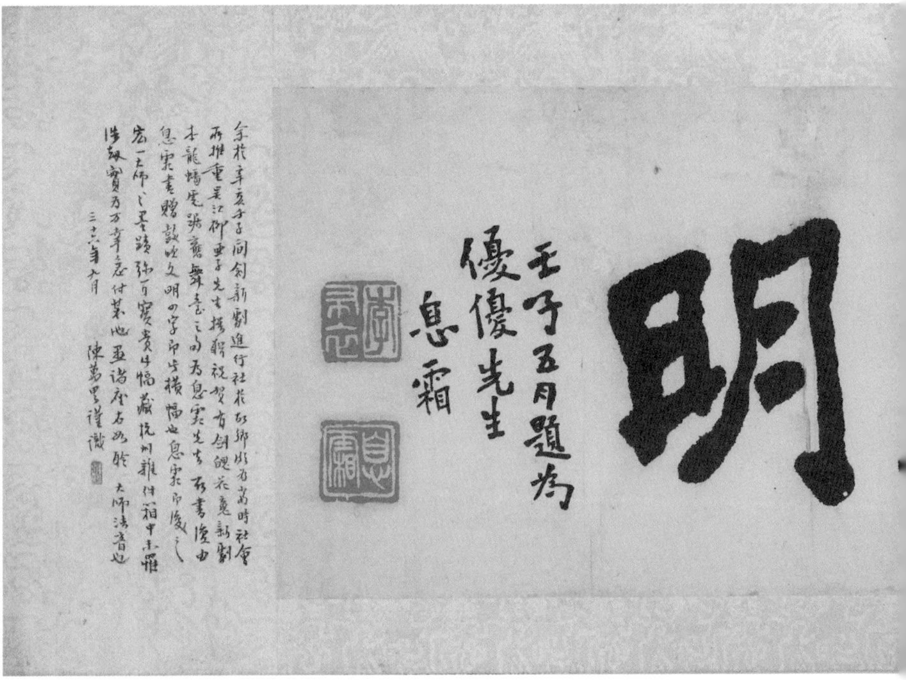

弘一法師楷書「鼓吹文明」，1912年19.5x62.5cm

上款優優先生，即故宮青瓷專家陳萬里。僅「優優」兩字，亦足覘見陳氏的自負與多才，優優者，優秀優伶之謂也。李息霜以春柳社中人，而稱譽陳氏的「文明鼓吹」，這是對陳氏戲劇成就的肯定。而文明者，是指「文明戲」而言。時人僅稱他青瓷專家，是有點「以偏概全」。

陳萬里（一八九二—一九六九）江蘇吳縣人，原名鵬，字萬里，又字劍魂，號優優，別署梅筠。陳氏才華橫溢，興趣廣泛，葉聖陶評他：「富於藝術天才，文藝、戲劇、繪畫、書法，他沒有一項不篤好，也沒有一項不竭思盡力去擘摩。」令人艷羡的是陳氏「永遠活在興趣中」。

「鼓吹文明」卷末陳氏跋云：「余於辛亥壬子間創新劇進行社於故鄉，頗為當時社會所推重。吳江柳亞子先生撰聯祝賀，有『劍魄花魂新劇本，龍蟠虎踞舊舞臺』之句，為息霜先生所書，復由息霜書贈『鼓吹文明』四字，即此橫幅也。」可見陳萬里弱冠時與李叔同一樣，搞新劇運動。「優優」兩字，是其自詡。陳氏題跋七行，蠅頭小行楷，流暢靈動，深具法度，亦足覘其書法造詣。

而這位陳先生，卻是北京醫學專門學校出身，曾任北京大學校醫、協和醫院醫生，民國間又做過浙江、江蘇兩省的衛生處處長，任內頗多建樹。

戲劇、青瓷而外，陳氏又雅好攝影，一九一九年在北大舉辦攝影展

春柳社演出《茶花女》「匏址坪訣別之場」，1907年

，還成立了中國第一個攝影藝術團體「藝術寫真研究會」（簡稱光社），一九二四年更出版中國第一本個人攝影集《大風集》，是中國攝影界先驅。一九二八年起研究青瓷，是中國第一個運用考古學方法，到窰址實地調查研究而卓有成就，有「古陶瓷之父」之稱。而故宮馮先銘就是他的得意門生。

解放初陳在衛生部任職，國家文物局長鄭振鐸要調陳入故宮，衛生部不肯放人，最後驚動政務院總理周恩來拍板，說故宮不能沒有陳萬里，才成功進宮。

陳住在離康生寓所（竹園賓館）不遠的小石橋故宮宿舍三樓，康生時常就近登陳宅觀賞文物。文革伊始，陳又來一個第一，是第一批被抄家的，文物全被抄走，傳與康生有關云云。

陳樓下住的是徐邦達，樓上住的是故宮政治處處長，該女處長有兩個十多歲的寶貝兒子。在文革如火如荼之時，陳夫人與樓下徐夫人兩個大家閨秀同被剃頭，不敢上街，但家裏沒有食的，迫着出去，而四樓那兩個革命闖將正守候多時，滿懷階級仇恨地向陳氏伉儷澆之以滾燙開水，陳老倆哪裏受得了，兒女又不在身邊，不得不「自絕於人民」，雙雙自殺。（徐老太太七十年代憶述）

「鼓吹文明」的人，在文明古國，算是被不文明消滅了。而這件「鼓

陳萬里

吹文明」，則尚存人間，再一次如陳氏跋語所云：「未罹浩劫，實乃萬幸」。

二〇一二年六月五日

弘一法師

真亦假時假亦真

——說齊白石書畫

香港藝術館寄來齊白石畫展簡介，封面印的是白石老人畫的大白菜，不期然想起黃永玉說過的故事：

齊白石在家中聽到菜販叫賣，跑出來看到一棵棵壯實的大白菜，煞是歡喜，忽生一計，急返屋裏拿出一幅自己畫的大白菜，要與菜販交換。菜販是個目不識丁的農婦，不曉得眼前這個老頭就是鼎鼎大名的齊白石，更不知道這幅白菜畫可以值多少擔大白菜，一心以為城裏人哄她，用紙白菜騙她的真白菜，農婦心直口快，立即要說個明白：「想拿你畫的假白菜換我種的真白菜？我才不上當！」交易告吹，白石老人為之氣結。

老人家一心以為拿自己值錢的白菜畫，與農婦交換不值錢的大白菜後，可以留下如羲之換鵝之類的藝壇佳話，只可惜菜農太天真，也太認真，堅決「打假」，讓老人想製造的墨林佳話變成藝壇笑話。

談起齊白石真假白菜，又要扯到他老人家書畫的真偽問題。

香港藝術館舉辦遼寧省博物館藏齊白石畫展簡介封面，2006年
郁風為齊白石畫像，1951年

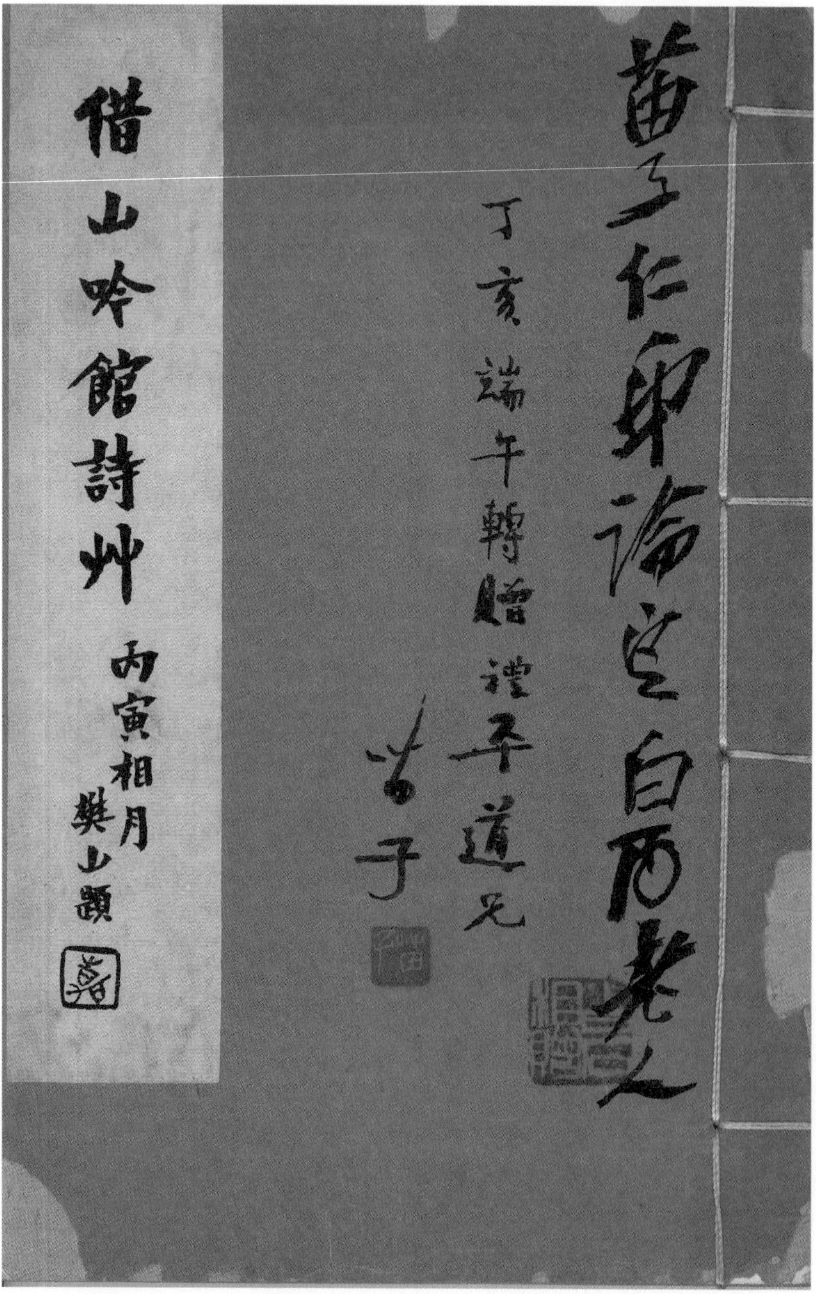

齊白石題贈黃苗子《借山吟館詩草》，2007年苗公轉賜筆者

齊白石是中國近代畫壇真正的大師（不是自封的），知名度最高，受眾最廣，中外人士咸與讚賞。齊畫銷售暢旺，訂單不斷，老人又長命（活到號稱九十七歲），又勤力，傳世作品據說有四萬件之多。白石老人在世時，各地「分公司」已然大量生產，大批贗品入市，真偽混雜，分薄（可以說剝奪）老人的利益，讓老人恨得咬牙切齒，嘗刻一朱文印洩憤：「吾畫遍行天下，偽造居多」，還不足以解恨，再刻一方白文印：「有眼應識真偽」，算是告誡芸芸眾生。

齊白石偽作遍天下，幾十年來，人人皆知。所以如果有人自誇家中有齊白石書畫，聽者總是條件反射般問出口（或把疑問吞回肚中）「是不是假的？」可見齊畫偽品泛濫至何等程度。君不見如雨後春筍般湧現的大小拍賣行，幾乎場場拍賣都請齊白石「站崗」，小則三數幅，多則十數幅甚至數十幅，不管真的假的，總之「遍地開花」。

白石老人在一開草蟲冊頁上題道：「白石之畫，從來被無賴子作偽，因使天下人士不敢收藏。」的確，齊白石也看出，贗品太多，會使買家卻步。

白石的畫，讓人又愛又恨，愛的是想擁有，恨的是怕收到假的，既失錢財，又失面子，真箇「財色兼失」。怎麼辦呢？

有些朋友，相信著錄，只買書上刊載的，以為這樣保險。但要問一

齊白石刻白文方印：「有眼應識真偽」
齊白石刻朱文方印：「吾畫遍行天下偽造居多」

句，是否見於著錄的，都是真的？答：未必。這裏面也大有文章。

內地改革開放之後，北京某著名出版社，印行齊白石畫集，編選不可謂不認真，敦請白石高足李可染、李苦禪等畫家篩選，審定，但到最後，不知甚麼原因，也雜厠若干偽跡，令一眾編選者傻眼。十多年前，另一家著名的出版社，被人借用招牌，出版了一冊齊白石畫集。整本畫冊，清一色贋鼎。十年前碰到經手此書的編輯，討教之下，她還不覺得有甚麼問題呢。也曾見深具良知的鑒家，編印白石畫冊，編輯過程中為剔除偽蹟，與有力者據理力爭而病倒，幾乎引致中風。原來捍衛白石老人畫集的純潔性，也差點要付出性命的，不能開玩笑。也有處理不當而丟烏紗帽的。前些年，《寄萍堂畫錄》面世，書中滲入不少偽跡，編者係剛上任之大博物館長，憤而要告出版社，出版社是否被告倒則不得而知，但此君因此書而丟官則是事實。現在書畫拍賣圖錄上大都不敢援引此書，若然標明某拍品著錄於此書，等於叫買家放棄，真箇弄巧反拙。其實《寄萍堂畫錄》所收白石書畫，有假的，也有不少真的，但真贋摻雜，就算真蹟也被視為偽物，豈不寃哉。

有些朋友，相信權威，見齊畫詩塘、裱邊、簽條或畫中有名人加題的，等於證明某名畫家或某名鑒定家看過，並題字作為擔保，應該信得過。我又不識趣的問一句，這能作為依據嗎？答案依然是潑冷水：未必。

《寄萍堂畫錄》（吉林美術出版社），2000年

啟功先生是齊白石弟子，又是書畫鑒定權威。他老人家在廿年前私下跟我說，我題的齊白石你不要相信。當時不好再追問為甚麼。啟老被人逼着題字，有時會以打油詩「王顧左右」應付過去，但有時有力者也會見招拆招，堅決要他老人家明確胡題，甚麼齊白石真蹟神品，齊白石真蹟妙品，含糊不得。

可見，權威加題，僅供參考，不可盡信。信者不一定得永生，很可能得往生。

愈說愈玄，真的那麼複雜？其實一點也不複雜，真的就是真的，很簡單，假的才複雜。真的，好的，「開門見山」的齊白石，大都乾乾淨淨，不需要著錄，不需要品題，不需要流傳故事。假的才要出生紙（著錄），才要請保鏢（名人品題），才要講成分（出處）、「騷」（SHOW）履歷（編故事），才需要搔首弄姿，引人上當。

十多年前，嘗與王方宇先生討教齊畫的鑒定問題。王老感嘆說，我們不能光靠幾個權威說了算，這樣不科學。我們可以把公認可靠的齊白石書畫，按年份排次，按內容分類，做一個齊白石作品編年系列，遇到某件作品要鑒定時，拿同時期的作品逐一比較，仔細研究，才解決問題。這就是他研究八大山人的辦法。

可靠的齊白石書畫，到哪裏找呢？其實齊白石真蹟多的是，齊白石生

香港藝術館舉辦遼寧省博物館藏齊白石畫展，2006年

前所屬單位——北京畫院庋藏最多，還有中國美術館、湖南省博物館、遼寧省博物館……，還有許多私人收藏，都有不少齊白石真品。

香港的觀眾有福了。香港藝術館把遼寧省博物館藏的齊白石精品，運到九龍尖沙咀該館四樓展出。這是該館繼一九七三年在大會堂頂層舉辦民間收藏齊白石畫展之後，第二次正式展覽齊白石作品。

遼寧省博物館藏齊白石作品多達四百件，來源大都可靠，質素也相當高。齊白石恩師胡沁園，擁有許多齊白石早歲精品，胡沁園孫子胡文效（阿龍）在遼博工作，近水樓臺，這些精品自然歸入遼博。齊白石三子齊良琨（子如）也在遼博工作，他藏的許多白石精品，也收歸遼博。遼博名譽館長楊仁愷先生五十年代就為博物館積極收集齊白石書畫，他知道白石老人喜歡直版鈔票，每年專門從銀行提取直版新鈔呈奉白石，再遞上購畫訂單，白石高興起來，多加幾分「肉緊」，畫得也特別精彩。這許多獨特的條件，做成了遼博藏白石作品較為豐富、可靠。香港藝術館展覽的遼博白石，可以視作「標準器」，通過眼睛，認真細讀，輸入腦中，作為鑒定的重要依據。如此提高眼力的良機，又豈容錯失。

過去傳言白石的工筆草蟲，請弟子王雪濤代筆，一隻大洋一元。也有由三子良琨（子如）代筆。不然白石老眼昏花，怎麼可能畫得了這麼工細的東西。（一說白石早年閑時畫了許多草蟲作儲備，晚歲有訂單時再添加粗筆花葉和署

齊白石工筆草蟲冊贈送阿龍細姪

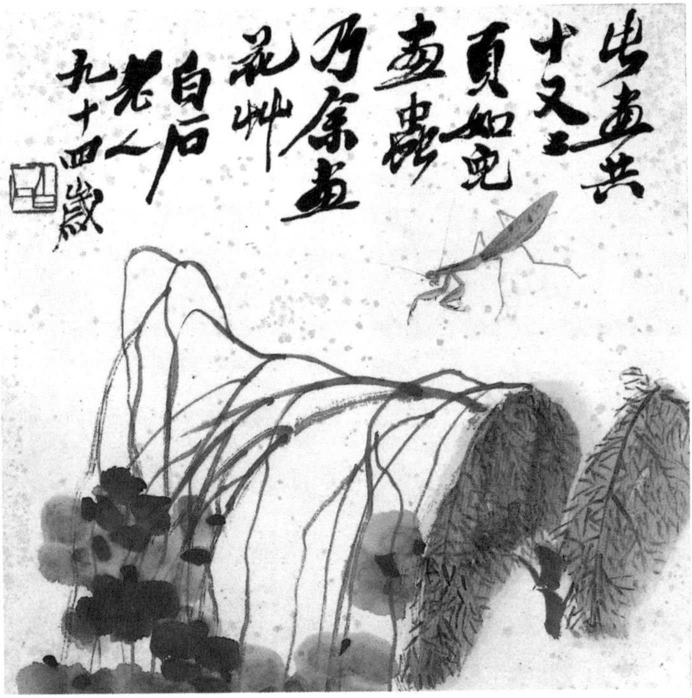

齊白石工筆草蟲冊題記標明子如畫蟲，白石老人補花草

款就可交貨。）這次展覽中有兩冊工蟲，一冊標明白石三子子如畫蟲，白石老人補花草，父子合作。一冊贈送阿龍細娗的，全由白石動筆。兩冊並列同觀，相與比較，細微處有何異同，識者自能心領神會。如果沒有材料對比，僅僅紙上談兵，或憑藉粗劣的印刷品作對比研究，那神仙也沒辦法。所以說，這個展覽很重要。

還有，收藏齊白石書畫另一重鎮北京畫院，近年已設有專門展館，分批陳列所藏白石原作，現正展出白石的山水、人物。廣州二沙島廣東美術館也有白石精品展覽，展出北京畫院藏的白石草蟲。

活在二十一世紀的朋友，看到名家真迹原作的機會劇增，雅好此道者，當感生逢斯世，三生有幸。

二〇〇六年十月三日

齊白石王雪濤合作《壺蘆草蟲》，
左下方王雪濤自署：「雪濤補蟲」

齊白石為小朋友示範畫荷

書如劍氣多飄逸

——記還珠樓主行書宋詩

民國武俠小說大家，首推還珠樓主。還珠樓主（一九〇二—一九六一）原名李善基，後改名李壽民，四川省長壽縣人。父親李元甫曾任蘇州知府，後棄官返里任塾師。壽民自幼得乃父調教，三歲開始讀書習字，五歲已能吟詩作文，九歲作五千言之「一字論」，驚動閭里，縣衙特送「神童」匾到李家祠堂，值資鼓勵。

李壽民十歲喪祖母，乃父領著他到成都奔喪之後，隨家庭教師王二爺上峨眉山，開始少年壯遊，嗣後三上峨眉，四登青城，為日後寫武俠小說以峨眉、青城為背景之緣由。李自幼喜習書法，李家祠堂前院有一洗墨池，相傳係嚴嵩當年洗墨處。李父一九一六年死，越二年分家產，壽民分得房子前邊院落，包括這洗墨池。

李壽民初戀情人叫文珠，後壽民迫於生活，與文珠分手，出差天津，後文珠墮入風塵。而壽民念念不忘，倒是後來妻室孫經洵體察「民」情，

還珠樓主李壽民戎裝照，1930年

建議壽民用「還珠」作樓名。後撰有「女俠夜明珠」寄意。

李在天津當過天津警備司令傅作義中文秘書，旋入天津郵政局工作，兼到大中銀行孫董事長公館做家庭教師，愛上了小自己六歲的二小姐孫經洵，那個年代師生戀還了得，連魯迅戀許廣平也被人指指點點，孫老爺發覺之後告到官府，罪名是「拐帶良家婦女」，而開庭之日，二小姐竟敢出庭當眾申明愛意，李才贏得美人歸。而李也「桃花運後福星隨」，所寫《蜀山劍俠傳》，經其友唐魯孫交《天風報》發表，竟一炮而紅，《天風報》銷紙急升。從此一劍定江山，自是李的武俠小說大受歡迎，也就新作不斷。人家是寫完一部接一部，李是幾部同時寫，有似徐悲鴻五馬同槽之本事。

抗戰間李因出版事為奸人所害，被日本憲兵隊抓捕，由於不屈，受盡酷刑，最糟是以胡椒粉揉眼，弄至後來無法寫小字，寫小說要靠口述，由秘書筆錄，也無法再細閱，只較陳寅恪完全失明好些。尚幸李會子平術，為日本憲兵大佐算命，居然很準，加上上頭還有幾個還珠迷，查不出什麼重慶分子證據，也就放了。

李出獄時剩半條人命，調養幾個月後，南下滬瀆，賣字為生。筆者二十多年前在廣州文德路文物商店購得李一軸行書宋人詩，無上款，即此時期所書。未幾，李就被上海正氣書局老闆陸宗植商邀，李氏著述統由正

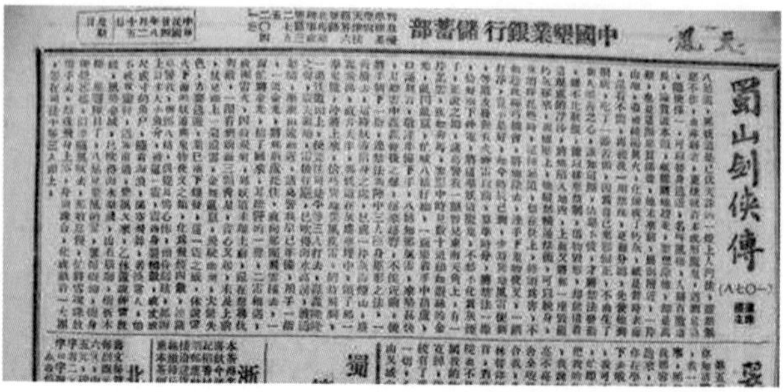
天風
中國墾業銀行儲蓄部
蜀山劍俠傳

還珠樓主成名作《蜀山劍俠傳》在天津報紙《天風》連載

氣獨家出版，稿費從優。日寫二萬字，十天出一書。寫一本，出一本。這是李寫小說高峯期。

李與尚小雲有緣，交同莫逆，一九三二年結拜。為尚撰寫《漢明妃》、《卓文君》等劇本。後來還為尚的兩位公子寫劇本。

新中國成立，新人事，新作風，武俠小說不出版了。李初到上海天蟾京劇團任總編導，寫了《白蛇傳》、《岳飛傳》等等劇本。越二年，北上到軍委總政文化部的京劇團任編導。招牌大了，但收入僅百五元，尚幸領導識做，破例容許兼職，李才能靠三份薪金養活全家，此時還在協和醫院戒掉煙霞舊習。李像其他知識分子一樣，努力自我改造，認真學習當時風行的《聯共（布）黨史簡明教程》、黃藥眠編的《文藝理論學習參考資料》等書，真是近朱者赤，還易名「李紅」，用於撰寫反映農民起義的通俗文藝作品，而無復「還珠說劍」的豪情。反右一役，李僥倖躲過，但不多久，報刊大版殺出：「不許還珠樓主繼續放毒」，從「蜀山」批到「劇孟」，這回「蜀山劍俠」遇上共黨筆桿，竟不堪一擊，雖未嗚呼，卻也腦溢血造成左偏癱，生活無法自理，端賴愛妻悉心照顧，多活兩年，病中還不忘創作，口授長篇歷史小說《杜甫》，完成初稿後趕緊辭世，享年五十有九，壽民不壽，只與杜工部同壽。算避過了五年後那場丙丁紅羊浩劫。

論者謂還珠樓主的小說表面上荒誕不經，實質高度融合中國傳統文

還珠樓主李壽民伉儷，1940年

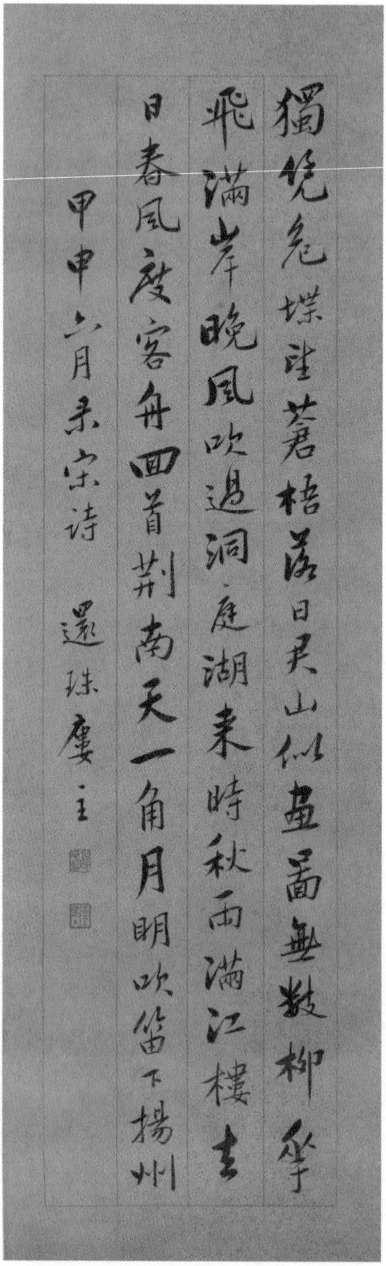

還珠樓主行書宋詩，
1944年63x19.3cm

化，深含哲理，自成體系。而且小說中大段自然風光的描寫，各種人文景觀，為他人所無，表現出作者非有遊歷三山五嶽、大江南北，設非飽讀儒、釋、道各家各派的典籍，曷克臻此。所以他的小說不僅令一般讀者痴迷，連傅雷、白先勇也喜讀，可見影響之大。還珠樓主作為中國現代通俗文學有重大影響的作家，在歷史上和文學史上自有其應有的地位。

還珠樓主本人的形像又如何呢？與他有交往的賈植芳形容得好：「身材高大，濃眉重眼，於文質彬彬之中隱現出幾分江湖豪俠之氣。一看就知道他是個久經風塵，見多識廣，而又富有才情的中國舊式文人。」論武功，還珠樓主比金庸、梁羽生都強，懂太極拳、少林拳、八卦掌、五式梅花拳，還曾隨峨眉山老道學過氣功，而且勤加鍛鍊，所以真能耍兩下子。當然小說中的許多招式，都是誇張加想像。

筆者所藏還珠樓主這件行書宋人詩兩首，前者係陳簡齋（與義一〇九〇—一一三八）所作，陳詩多感時傷事，以學杜甫名。後者係福建連江人鄭起（一一九九—一二六二）所作，鄭專研周易，人稱道學君子。鄭的兒子鄭所南（思肖）係大畫家，名氣更大。王漁洋《池北偶談》卷十九載宋人絕句數十首，其中也錄有這兩首，且連在一起，還珠樓主或據之鈔錄。末鈐「壽民長壽」、「還珠樓主」朱文方印。還珠樓主工詩擅書，此幅冷金箋朱絲欄，用筆如行雲流水，飄逸若劍仙，小閣風涼，茗餘靜對，如見蜀山俠客。

二〇一二年九月十一日

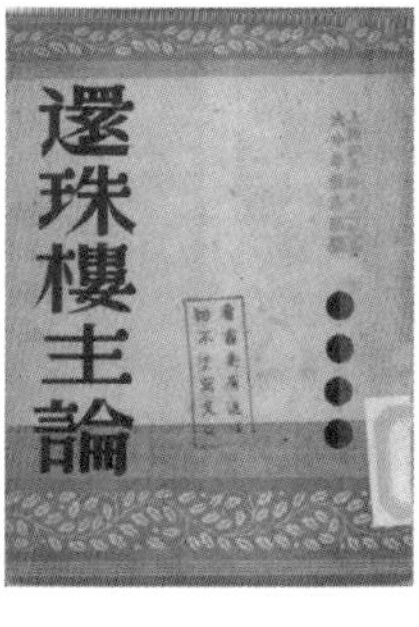

徐國楨編著《還珠樓主論》，1949年

合浦還珠餘綺麗
美人香艸祇凄�^忍

蜀山四十五五將成樓居者
作醒已不記全章偶山誌慨

還珠時主江南

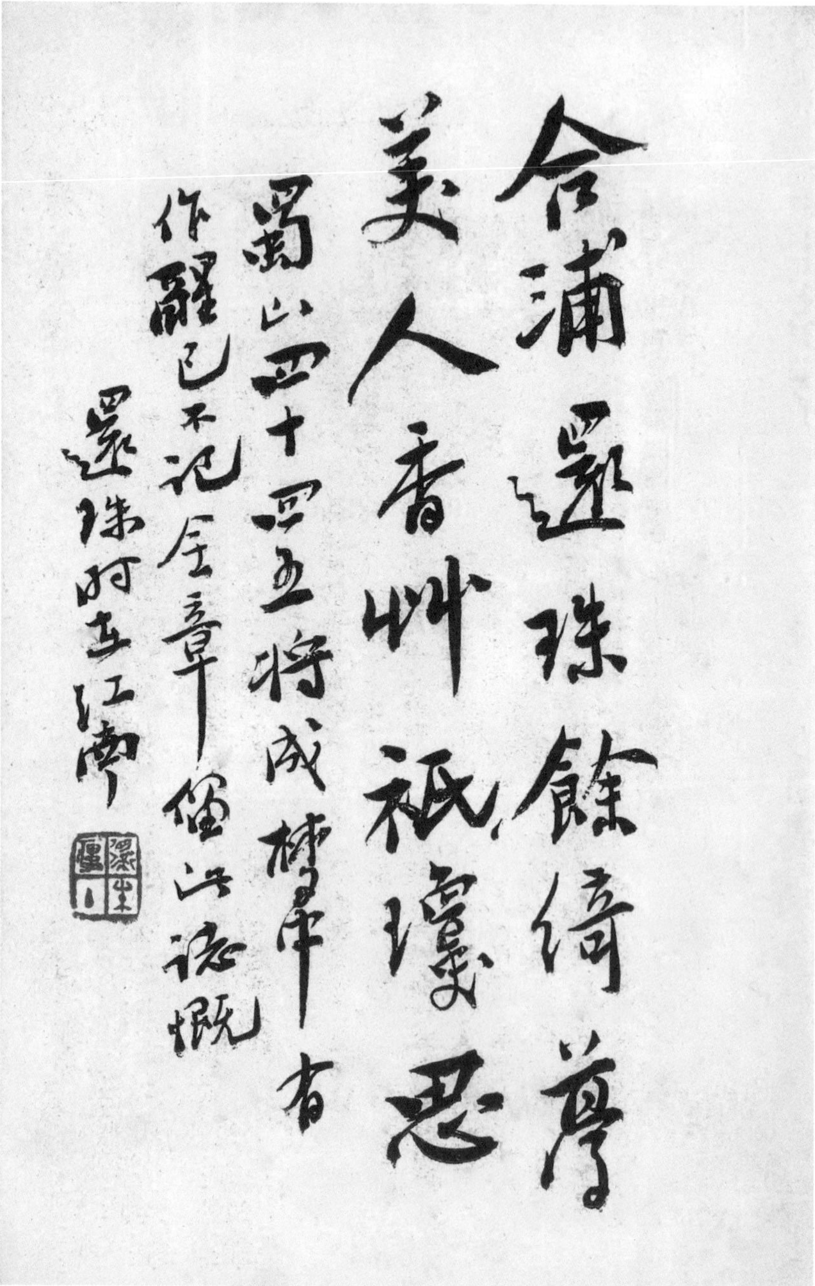

還珠樓主行書

憂患餘生

——記吳文藻丹青

舊日文士，多才多藝，偶涉筆，作品生拙居多，而反得真趣。惟偶然鱗爪，尋覓維艱。近三十年日事搜求，不敢有遺餘力。日前檢出吳文藻畫作一軸，謹綴言作記。

吳文藻（一九〇一—一九九六），江蘇江陰人。就讀江蘇南菁中學，以曹老師命，考入北京清華學堂，與梁思成同班兼有同寢室之雅，乃深受思成乃父梁啟超之影響。一九二三年赴美留學，同船留美學生有梁實秋、顧一樵等，吳對文藝興趣不大，沒有參加他們的活動，卻陰差陽錯邂逅了謝婉瑩（冰心），其時冰心文名正盛，又年輕貌美，而吳言談中從不提她的著作，說的又是逆耳忠言，與一眾追逐者相異。令冰心視之為諍友、畏友。（這一招果然奏效。）吳還陸續把看過的書寄與冰心，冰心之指導教授發覺，垂詢，盛讚這位朋友「是個很好的學者」。冰心終於在眾多追求者中選擇吳文藻。八十年代陳作樑丈（鄭德坤燕京同學）見告，嘗見同在燕京任教的

吳文藻

吳文藻冰心伉儷在日本時合影，四十年代末

許地山披着斗篷追求冰心，設若嫁許地山，四十年代變未亡人，若適徐志摩，更慘，三十年代就要守寡。于歸吳氏，卻多廝守半個世紀。

吳文藻搞的是社會學，留美五年，在達特默思學院畢業得學士銜，繼入哥倫比亞大學研究院得博士學位，並獲近十年最優秀外國留學生獎狀。一九二九年二月歸國，到燕京、清華任教，夏天與冰心共偕連理。

吳文藻熟識歐美各種民族學與社會學思想流派，經比較研究，較傾向英國功能學派的理論。為這個學派的理論在中國付諸實踐，做了不少工作。在培養人材方面吳氏也費了極大心血。從國外請專家來燕京講學，又把學生有針對性的選派出國留學，培養了大批骨幹力量。費孝通就是其一。吳又竭力提倡社區研究。惟抗戰軍興，吳氏在大學的教學和研究計劃難以貫徹，四十年代初到重慶，在國防最高委員會參事室工作，對邊疆民族、宗教、教育諸問題做研究和提出處理意見。也繼續參加學術活動，和在海內外考察相關問題。至勝利後，擔任中國駐日代表團政治組組長，兼任盟國對日委員會中國代表顧問。藉機將日本作為一個大社會現場來考察。政治組副組長謝南光（一九〇二—一九六九）原名謝春木，福建同安人，一九三二年入共黨，一九三九年入國民黨，是共黨地工，誘導吳文藻冰心研讀毛著，而國民黨特工漸悉政治組同人每晚在吳家打橋牌為名，研讀毛著為實。吳有在書上簽名習慣，其簽了名的毛著《論持久戰》為特工取

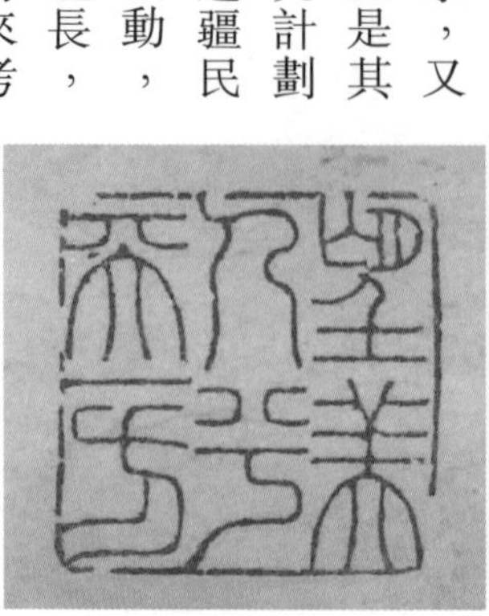

冰心由上海乘約克遜號郵輪赴美留學，在船上認識吳文藻，1923年（右）

吳文藻用朱文方印：「望美人兮天一方」

走，吳甚為擔心，其時吳氏老友林君是橫濱領事，同情共黨，被召回臺灣即被槍斃。一九五〇年六月吳文藻只好請辭，通過關係借胡文虎《星檳日報》記者身份留日，次年秋，耶魯大學聘吳任教，始取得臺灣當局批准離日，但事實上不是東行赴美，而是與冰心雙雙西去香港輾轉上京。

投奔祖國的吳文藻，先學習新思想了解新情況，當時在中國科學院哲學社會科學學部社會調查辦公室，全室四人，吳文藻，潘光旦，吳澤霖，費孝通，費係三人之共有弟子。（假日辦公室搞衛生全由費一人幹，以弟子服其勞也。）解放後有好些學科莫名其妙取消了，社會學即其一。幸好吳一專多能，民族學也是其強項，一九五三年十月，吳正式分配到中央民族學院任教授。沒幾年，大鳴大放，書呆子天真到要幫黨，說了真心話：「我們對英美的一些好東西沒有學，倒學到了蘇聯的一些壞東西。」一九五八年四月被策封右派，吳很不解，對冰心說：「我若是反黨反社會主義，我到國外去反好了，何必千辛萬苦地借赴美的名義回到祖國來反呢？」周恩來約見冰心鼓勵她助吳做思想工作，幫他渡此困厄。次年底雖摘帽，但發表文章都不能具名，或只能用筆名。文革間更基本荒廢，當時一家八口分散八地，「沒有家破人亡，就是萬幸了」（冰心語）。三中全會後，才恢復正常的教學和研究著述。

吳文藻性格古板，頭巾氣重，有些觀點近乎迂，有友人戲稱「文藻在

謝南光(春木)

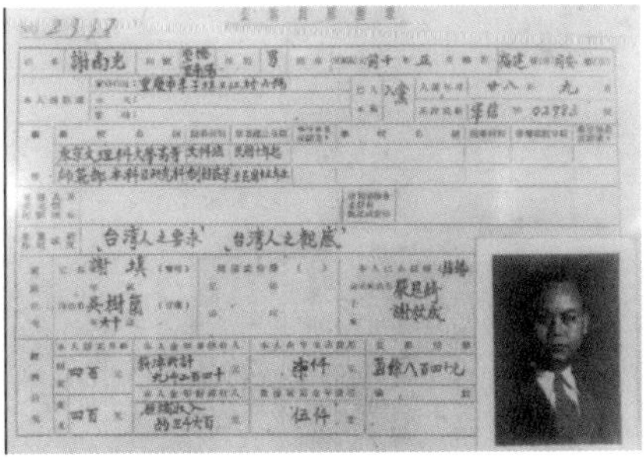

謝南光履歷表

吳文藻工筆《農家樂》，1946年，79x35.5cm

家是一言九頂」，一開口就有幾個人頂他。吳的記憶力驚人，龍繩德（龍雲七公子）言及，五十年代初吳嘗丟失手錶，竟能立即默寫出手錶背後的編號。吳一生潛心學術，太專注於學生，冰心難免吃醋，嘗撰文憶述吳，謂吳的自傳九千多字，「提到我的地方，只有兩處。」難怪梅貽琦在冰心的寶塔詩下添加二句：「冰心女士眼力不佳，書呆子怎配得交際花。」

吳文藻這張工筆農家樂畫得挺認真，畫中母雞在兩大綑禾桿草堆旁孵蛋，大概禾桿草堆頂端兩隻麻雀撕扯螳螂，遠處也有兩隻麻雀正揚翅追捕另一隻螳螂，生死爭鬥的聲響驚動了幾隻正在啄食的小雞，牠們好奇地抬頭張望，而一片黃綠禾穗中靜伏著紅蜻蜓，令畫面為之一亮。前景公雞昂首挺胸喔喔叫嚷，彷彿在宣稱這是本雞的地盤……，一派農村生活景象。左上端小行楷鈔錄唐人徐夤詠雞詩上半首：「名參十二屬，花入羽毛深。守信催朝日，能鳴送曉音。」鈐印三，白文印「吳文藻印」，朱文印「憂患餘生」。右下壓角章朱文「望美人兮天一方」。題記「丙戌冬月」，即一九四六年尾一九四七年初，是吳文藻旅日時作也。該畫九十年代中得自臺北。

二〇一二年十一月十四日

吳文藻謝婉瑩伉儷，1977年
吳文藻用朱文方印：「憂患餘生」

吳文藻冰心在燕京大學臨湖軒舉行婚禮，1929年

滿屋書卷氣

——記李方桂水墨生蝦圖

李方桂（一九〇二—一九八七），山西昔陽人。昔陽是窮鄉僻壤，六十年代出了個陳永貴，把昔陽搞得有色有聲，加上「農業學大寨」的聖諭，這小地方一下子大大有名。

李方桂官宦世家，祖名李希蓮，字亦青，咸豐庚申（一八六〇）進士，一生官運亨通。父名李光宇，字簡齋，光緒庚辰（一八八〇）進士，曾到廣東做官，署廣東肇陽羅道臺，勤政愛民，創辦女校，設戒煙局，有政聲。辛亥鼎革，掛冠回鄉，杜門讀書，下場是一貧如洗，晚境淒涼。尚幸幼兒李方桂聰明伶俐，是一讀書種子，二十七歲得博士學位，以後連孫輩也是博士學士，可謂書香世家。大概上天照顧不了李光宇，也就福蔭其子孫吧。

李方桂十九歲考入最難考的清華學堂醫預科，由於學醫要學拉丁文，學德文，於是引發對語言學的濃厚興趣，改攻語言學。李方桂同學老友王書林損他，說要送他一匾，上書「救人千萬」，如果李做了醫生，不知要

李方桂，1971年

醫死多少人云云。

一九二四年，李方桂赴美深造，入密西根大學語言學系插班三年級，兩年以優異成績畢業得學士學位，隨即入芝加哥大學，隨布龍菲爾德（Prof. Leonard Bloom）、愛德華．薩皮爾（Prof. Edward Sapir）等名師攻印第安語言，一年得碩士，次年得博士，再到哈佛研究一年，一九二九年學成歸國，蔡元培禮聘為中央研究院歷史語言研究所專任研究員，一九四八年更成為首批院士。他從一而終，一輩子都是中研院的人，出外講學，名義上算是請假。死後書籍則捐贈中研院和清華，也算中研院的鬼。

李方桂回國之初，中國只有兩個人搞語言學，一位趙元任，另一就是李方桂。趙元任被尊為中國漢語語言學之父（傅斯年說），李方桂被尊為中國非漢語語言學之父（周法高說）。中國語言學的基礎，就是趙、李這兩「父」奠定的。

李方桂是北美印第安語言專家，他不辭勞苦，到荒蠻之地調查，為紅人記錄印第安語，其後某些種族滅絕，其語言賴李的記錄而得以保存。李還深入研究古德文、古英文、拉丁文、法文、高索文、梵文、藏文、印歐語言等等，對中國方言和上古音韻學，也甚有研究。真是上下幾千年，縱橫數萬里的語言學問都涉及，堪稱淵博。數十年間，講學於耶魯、哈佛、

中國兩個語言學之父：李方桂（左）與趙元任，1929年

密西根、華盛頓、芝加哥、普林斯頓、夏威夷、燕京、臺灣等大學，桃李滿天下。

一九一四年李方桂在北京師大附中就讀時，有位國文老師很看重他，常誇獎他作文好，能言之有物。但有一回卻言出禍來，緣由李的一篇作文與政治和學潮有關，犯了學校的大忌，學校要開除李出校，幸得這位國文老師力保，方能唸到畢業，且名列前茅，不負老師厚望。不知是否經此一役，李方桂終生不談政治，專研學問，而且對政界有戒心。一九七四年回臺北參加院士會議，首長設盛宴款待，李坐首席，蔣經國等黨國領導殷殷垂詢。過後李語徐櫻：「和政要們哪能談學問？我是不折不扣地說了一晚上的廢話！」李的習慣，每到一地，不拜官府，不見記者，少惹了許多煩惱。

統戰高手周恩來嘗前後三次，托趙元任、何炳棣、任之恭傳話，請李回國一晤。後來周恩來正式邀請十大教授訪華，包括李在內，李擔心影響在臺的工作，沒有去成。待到一九七八年，大陸政局穩定，李公才首次到赤色神州探親訪友，去前讓夫人跟中研院長錢思亮打個招呼，錢倒也開通，不鼓勵，不攔阻，只囑歸途先回臺灣休息。李公在北京期間也應老友、弟子之邀講演，座無虛席，一再增添聽講室都迫爆，讓李公欣慰，祖國大地竟還有這麼多人要聽語言學的講演，證明此道不衰。而大陸安排演

李方桂徐櫻伉儷在清華大學，1932年

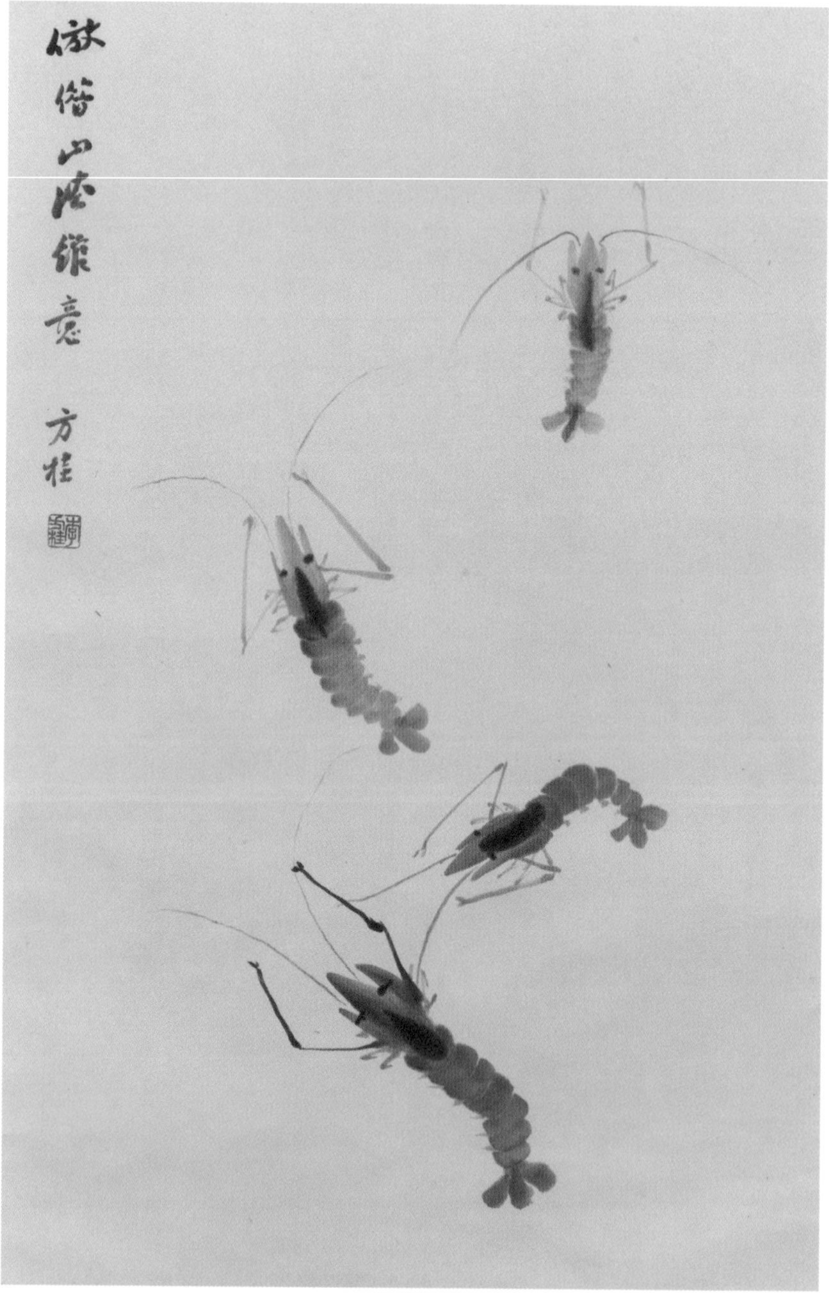

李方桂水墨《生蝦圖》69.8x44.5cm

講，原讓李講三小時，李習慣四十五分鐘講完，不必拖三小時這麼長。

李方桂聰明絕頂，學甚麼都容易上手。李幼年已學會打麻將，而且牌藝精湛，曾向蔣復璁（臺北故宮院長）誇耀：「我七八歲時，就蹲在椅子上，為父親陪大官打麻將！」學界中梁啟超最喜攻打四方城，不知牌齡有否李公那麼早。

一九三七年李方桂在耶魯客座三年，但中研院只請假兩年，一九三九年放棄安靜舒適的環境，跑回烽火連天的中華大地，共赴國難，隨中研院輾轉流徙。一九四三年燕京大學在成都復校，李方桂受聘講學，與陳寅恪、吳宓，被戲稱為該校「三大名旦」。戰時沒甚麼娛樂，一衆教授暨眷屬組織曲會，每週聚會唱崑曲自娛。李夫人徐櫻受乃父徐樹錚將軍影響，也擅崑曲。但笛師難尋。有一回，中央大學的吳作人攜笛造訪，與徐吹唱，甚為相得。其時李已四十多歲，向吳討教吹笛之道，次日即買笛子苦練，沒多久夫吹婦唱，一衆曲友不知李才剛學會吹笛，還以為他深藏不露呢。吳宓不會唱，但懂聽，誇李方桂吹笛有獨到處，板眼準確，音色圓潤，笛聲一響，滿屋書卷氣云云。後來李很快又學會唱崑曲。

一九三七年秋李方桂到耶魯講學，夫人徐櫻到拉森藝術學校（Larsen College）學水彩、油畫。李方桂陪太太讀書，也陪同到校旁聽，自顧自畫，教授碧薇利·司密司（Beverly Smith）好奇李畫得怎樣，一看才驚嘆，

李方桂徐櫻伉儷，1932年

李畫的竟甲冠全班二十多位正式學生。李方桂能畫畫，得從他母親說起。

李方桂母親何兆英系出名門，清季左都御史何乃瀅長女。自幼聰敏，精於繪事，是慈禧太后代筆的女官之一。何性格倔強，極有主見。李家一女三男的成長、教育，完全由她一手謀畫。李方桂能脫穎而出，端賴老母的決策。何兆英過門後沒再畫畫，但畫具則為幼子方桂所用。李方桂從未拜師學畫，偶爾塗抹幾筆，老母誇獎，略加指導，李也畫得似模似樣。一九三三年夏天，李方桂抱恙在家休養，忽要畫畫，用糊窗的棉紙，畫了十四開小畫。老母極讚，徐櫻拿去裝裱成冊，還請胡適、張充和、臺靜農、孔德成、董作賓等老友題字。一九八七年李方桂病重時又要畫畫，還要向張充和討三青、三藍用，張送到時李已病篤，來不及畫了。歿後遺作由張充和代點石綠足成。

筆者喜收學人丹青，早知李能畫，但無緣面識，其作品市場也絕迹。十年前，史語所前所長丁邦新教授伉儷來訪，丁夫人陳琪也能畫，師承臺灣嶺南畫派大師歐豪年。丁夫人很想收一件祖師爺高劍父畫作，手邊正好有件高的水墨幽蘭圖，舉以奉贈，丁夫人打開一看很喜歡，但辭不敢受，無功不受祿也。而劍父的畫，對一介寒儒來說，再便宜也是沉重負擔。靈機一動，丁教授不就是李方桂高足嗎？即問丁有否李的畫作，丁不加思索答有幾件，即請他惠賜一件，當作交換高畫。丁爽快應允，皆大歡喜。隔

李方桂母親何兆英是慈禧太后代筆的女官之一，1935年

幾個月，丁送來李方桂水墨生蝦圖，展卷生機撲面，題云倣借山吟館意，幾隻墨蝦游曳，但覺閒趣恬淡，每一展卷彷彿與李公晤對，更由衷感激丁教授伉儷割愛玉成。

二〇一二年七月二十八日

李方桂

李方桂回國演講後與王力、呂叔湘、朱德熙、周祖謨、張志公等老朋友合影。1978年

朝聞道　夕死可矣

——記求道者河上肇丹青

馬克思主義對近代中國影響至深，馬氏係德國猶太人，以德文撰述。百年前國人懂德語者鮮，像陳寅恪在宣統二年（一九一〇）已啃馬克思德文原著《資本論》者更是少之又少。國人通日語者眾，眾所周知，第一本中文版《共產黨宣言》，就是陳望道據日譯本迻譯的。

日本京都帝國大學有一經濟學家河上肇教授，專攻馬克思學說，著述頗富，岩波書店後來出版其全集就有三十六卷之多。中共早一輩黨人，受河上肇影響至鉅，郭沫若就是其一。一九二四年郭氏花五十多天時間翻譯河上肇《社會組織與社會革命》一書，譯完之後郭氏不自覺地被河上肇「洗腦」了，郭氏自道「這書的譯出在我一生中形成了一個轉換時期，把我從半眠狀態裏喚醒了的是它，把我從歧路的彷徨裏引出了的是它，把我從死的暗影裏救出了的是它。」「我現在成了個徹底的馬克思主義的信徒了！」（《孤鴻》《創造月刊》一卷二期一九二六）李大釗留學日本早稻田大學時

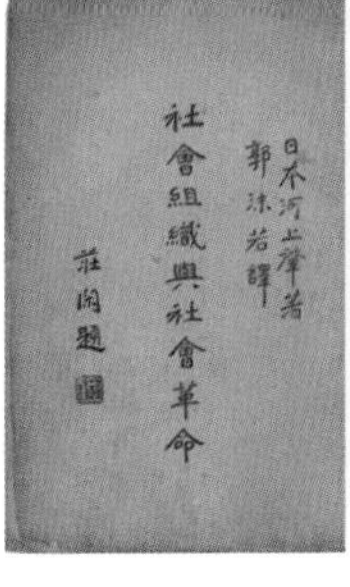

河上肇（右）
河上肇《社会組織と社会革命》（弘文堂），1922年
河上肇著郭沫若譯《社會組織與社會革命》（商務印書館），1925年

（一九一三—一九一六年），就是讀了河上肇著述而接觸馬克思主義，一九一七年俄國十月革命之後，李大釗寫下了《我的馬克思主義觀》，一九一九年五月發表在《新青年》第六卷第五期「馬克思主義專號」上，而《晨報副刊》四月已開始連載河上肇《馬克思的〈資本論〉》、《馬克思的社會主義理論體系》，由李大釗早稻田同學老友陳溥賢翻譯（署名淵泉），馬氏學說自是在神州大地廣為傳播。周恩來留日期間，讀了河上肇《貧窮的故事》，欽佩不已，擬申請入京都帝大師從河上，未成，遂赴京都住南開同窗吳瀚濤處，欲拜會河上也不果。周雖未見河上，但經常把河上編印的私人雜誌《社會問題研究》帶回家閱讀，歸國時行李盡是河上的書。一九一八年十月二十日，周恩來在日記中寫道：「二十年華識真理，於今雖晚尚非遲。」毛澤東早年讀過河上肇《經濟學大綱》，和河上翻譯的馬克思《僱傭勞動與資本》。六十年代初，毛跟到訪的野間宏說：「河上肇寫的書，現在還是我們的參考書。河上肇在《政治經濟學》那本書中寫有怎樣從舊的政治經濟學發展到新的政治經濟學，河上先生說新的政治經濟學就是馬克思主義的政治經濟學。因此此書我們每年都再版發行。」毛在河上肇《馬克思主義經濟學基礎理論》（李達等譯）還留下若干批注。

馬克思主義在日本的傳播，河上肇堪稱功臣，馬克思主義在中國的傳播，河上肇也居功至偉。日本學人實藤惠秀曾統計過，二三十年代中國翻譯外國社

李大釗留學日本早稻田大學時讀了河上肇著述而接觸馬克思主義，1920年

會科學書籍三百七十四種，河上佔十八種而居首位。（香港中文大學《中國譯日本書綜合目錄》）

河上肇（一八七九—一九四六）日本山口縣岩國鎮人（現岩國市錦見），舊吉川藩士河上忠長男，大清戊戌變法那年（一八九八）高校畢業，入東京帝大法科大學政治科，一九〇二年畢業即迎娶大塚秀子（後生一子二女）。次年當東京帝大講師，開始教學生涯。一九〇五年在《讀賣新聞》連續發表《社會主義評論》，備受注目，報紙銷數驟增。不久辭教職到《讀賣》當記者。後轉辦《日本經濟新志》，提倡保護貿易政策。一九〇八年任京都帝大法科講師，旋升副教授。一九一三年十月由文部省選派留歐，次年得法學博士學位，一九一五年初春回日本，任教授。一九一九年河上肇開始研究馬克思《資本論》，出版《馬克思資本論略解》諸書，成為當時日本最有影響力的馬克思主義理論家。二十年代初被批評：「河上是以研究為名，而宣傳社會主義，內務省為甚麼不禁止它發售？」一九二一年河上終於被當局標籤為「危險思想家的首領」。大正昭和交替（一九二六），災星驟至，長子政男病卒（僅二十四歲），次年父親河上忠卒，享年八十。一九二八年「三．一五」事件之後，文部省下令大學驅逐「左翼教授」，河上肇被迫辭京都帝大教職，開始走出書齋，「站在暴風雨中」，參與無產者運動的實踐，也不忘著述，出版《資本論入門》等名著。一九三二年

河上肇《貧乏物語》（弘文堂），1917年

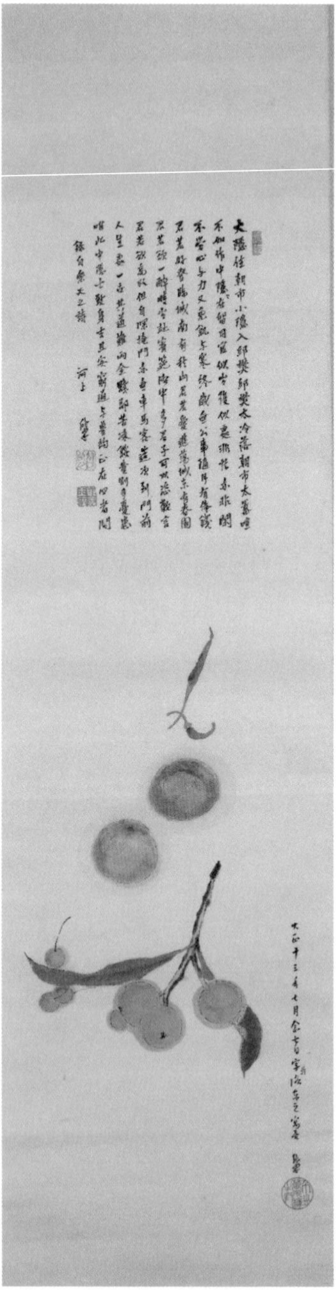

河上肇《蔬果圖》，
1924年124x33.5cm

九月九日河上肇正式參加日本共產黨，秀才造反，一百四十多天，就在中野區住吉町三十號畫家椎名剛美家中被捕，以違反治安維持法罪名被判徒刑五年。河上坐牢期間，堅拒「轉向」換取釋放，堅持「道」。迄一九三七年六月十五日皇太子誕生而減刑出獄。嗣後作「閉戶閑人」，以漢詩、和歌、書畫、篆刻，清苦度日，也不肯接受粉絲募款資助。一九四一年末返回京都，定居上京區聖護院中町。一九四五年八月十五日日本投降，河上欣然賦短歌：「哎呀！多麼高興呀，居然能活著逢到戰爭結束的今天！」「好，我也要離開病床，仰起頭來迎接萬里晴空的陽光！」一九四六年頭，寫下「我要是年輕十歲，一定提筆挺身而起……，乘著澎湃的人民革命的滔天破浪，一同叱咤風雲……」。河上終因營養不良，一月三十日清晨四時五十三分，吐血身亡。享年六十有八。

一九六一年河上逝世十五周年，京都大學舉行紀念會，出紀念刊，紀念這位求道者。而東京也不甘後人，成立「東京河上會」，故鄉山口也成立了「山口河上會」。可見河上粉絲不少。

河上肇一輩子追尋「道」，初攻儒學，後讀聖經，繼而服膺馬克思。河上治學嚴謹，反對曲學阿世。一九二三年河上肇的《資本主義經濟學說之史的發展》出版，其弟子在雜誌上公開批評書中錯誤觀點，並指出河上對唯物史觀不理解時，河上甚為震驚，虛心接受，並加緊學習研究相關哲學。郭沫若譯完其《社會組織與社會革命》一書，去函指出其不足處：「作者只強調社會變革在經濟一方面的物質條件，而把政治一方面的問題付諸等閒了。」河上肇接受批評，即囑出版社停止印行，在在顯示出河上的學術良心，超乎常人。河上嘗引孔夫子名句：「朝聞道，夕死可矣。」

河上肇能詩，被捕後所藏《資本論》等六百四十餘冊左翼書籍被抄沒，所以在獄中和出獄後均無法照舊有方法研究政治經濟學，於是「六十衰翁初學詩」，轉研中國古典詩歌，專攻南宋抗金詩人陸游的詩，寄寓中國人民抗日戰爭。河上通讀陸游詩近萬首，選約五百首評釋，成《陸放翁鑒賞》巨帙。河上的思想感情與陸游相通，也與烽火漫天的中國人民相通。河上在日本《改造》雜誌上讀到毛公《論持久戰》日文譯本，謂「毫無疑問，在日本沒有一篇論文能對戰爭前景作出像《論持久戰》這樣清晰透徹的預見。」一九三八年得「奇書」：埃得加·斯諾的《西行漫記》，賦詩《天猶活此翁》：「秋風就縛度荒川，寒雨蕭蕭五載前。如今把得奇書坐，盡日魂飛萬里天。」論者認為河上肇的詩，「不僅具有拒絕與反諷當時日本主流意識的意味，而且堪稱是在文化領域堅持深層的反戰抵抗。」（陸曉光《漢詩人河上肇的文化抵抗》）

河上肇也能畫，他自稱一輩子畫過三張油畫，「南畫」畫了多少則沒說，但也很少見到。前幾年，在京都覓得河上肇彩墨畫蔬果圖一軸，構

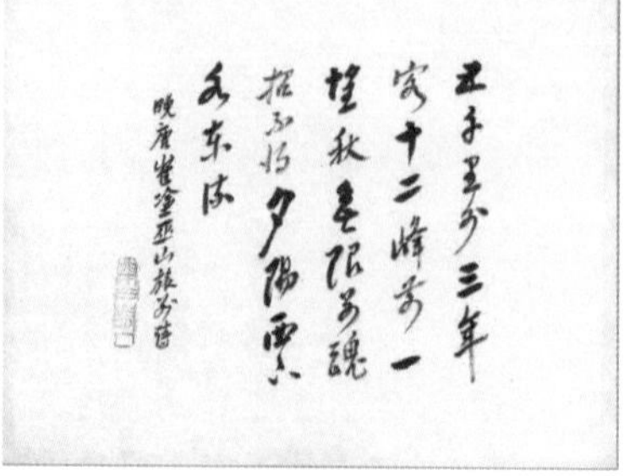

河上肇行書唐人崔塗詩，1938年

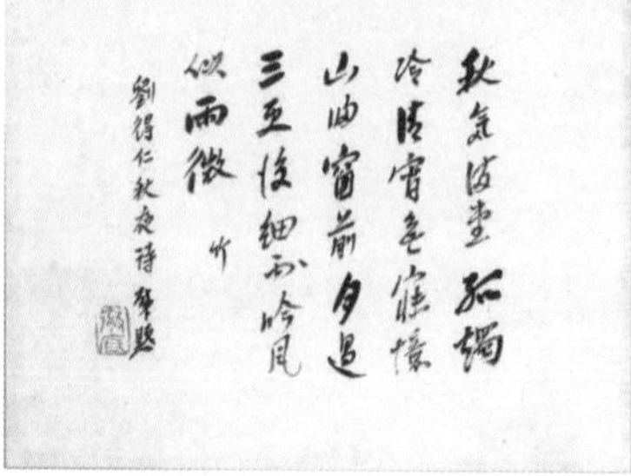

河上肇行書劉得仁秋夜詩，1938年

圖設色題款，規規矩矩，一如河上其他手稿一樣整整齊齊。右下題：「大正十三年七月念七日寫於洛東之寓居，肇。」大正十三即一九二四年，洛東在京都清水寺平安神宮附近。上端錄白樂天長詩《中隱》，或為後來所加。鈐印四，自上而下為：真箇風流、閉戶閑人、節義玉碎、千山萬水樓主人。友好訪寒齋，偶爾檢出披閱，感懷這位異國的求道賢者。

二〇一二年十一月四日

河上肇

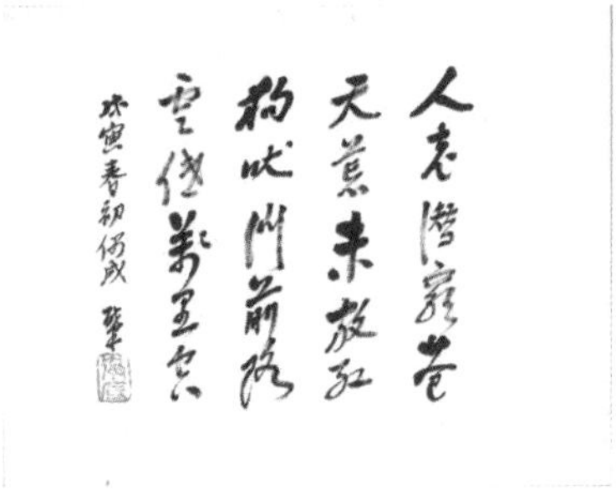

河上肇行書自書詩，1938年

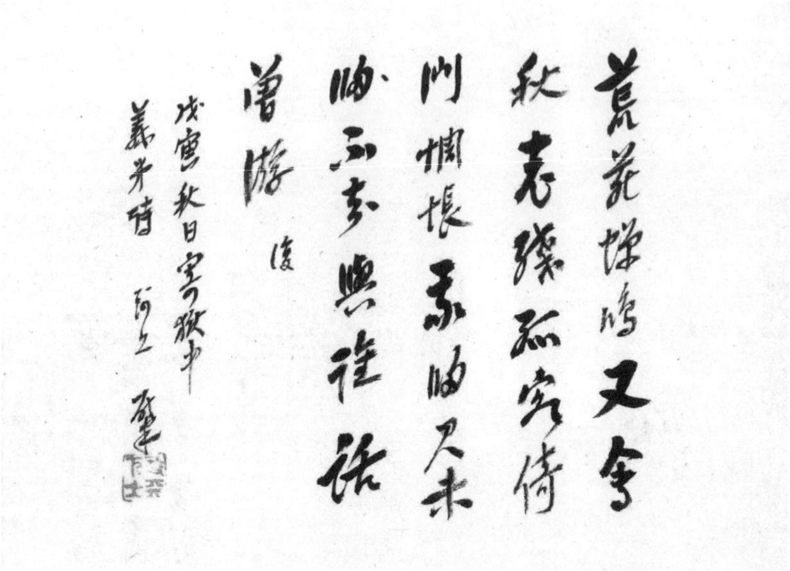

河上肇行書自書寄獄中義弟詩，1938年

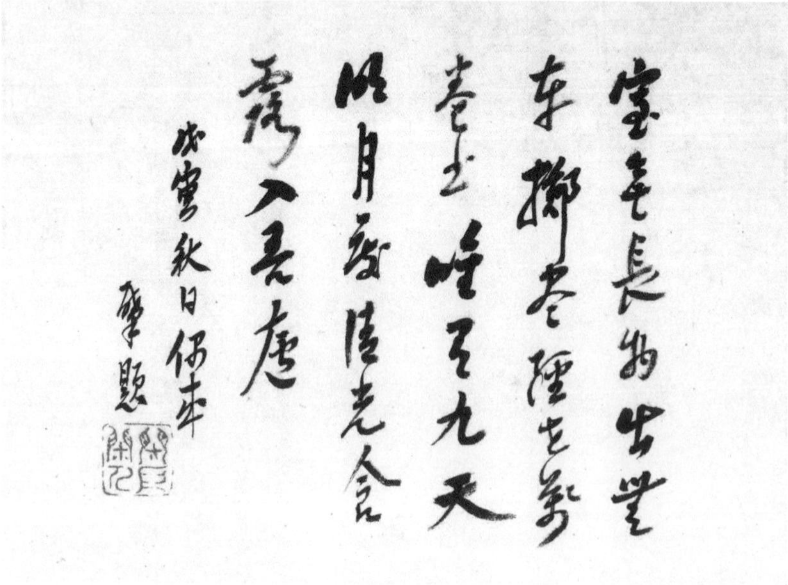

河上肇行書自書詩，1938年

從「滄海一聲笑」談到「歌哭無端」

——記林肯手札

因有某「明星」論政，一而再，迭遭社會人士詬病。於是就有人說藝術中人不宜論政。其實，這話也有點偏頗，列根也是藝人出身呢！也許這說得太遠，且回看香港就曾有藝人以特別的「笑聲」，用以表達對時世的輕蔑。

那藝人是誰？是黃霑。是他用那《滄海一聲笑》，該嘲弄了那當時的一大堆很無謂的政治概念。

歌詞中說「滔滔兩岸潮」、「紛紛世上潮」都是「只記今朝」、「浮沉隨浪」的即時現實。幽默的他，譜出了「誰負誰勝出，(只有)天知曉」的見解。

所以「江山笑」、「蒼天笑」、「清風笑」、「滄海(也)一聲笑」了。而人類的紛擾是無意義的「竟惹寂寥」。所以「濤浪淘盡」，「豪情還賸了，一襟晚照」。這都暗示出「浪淘盡，千古風流人物」以及「只贏

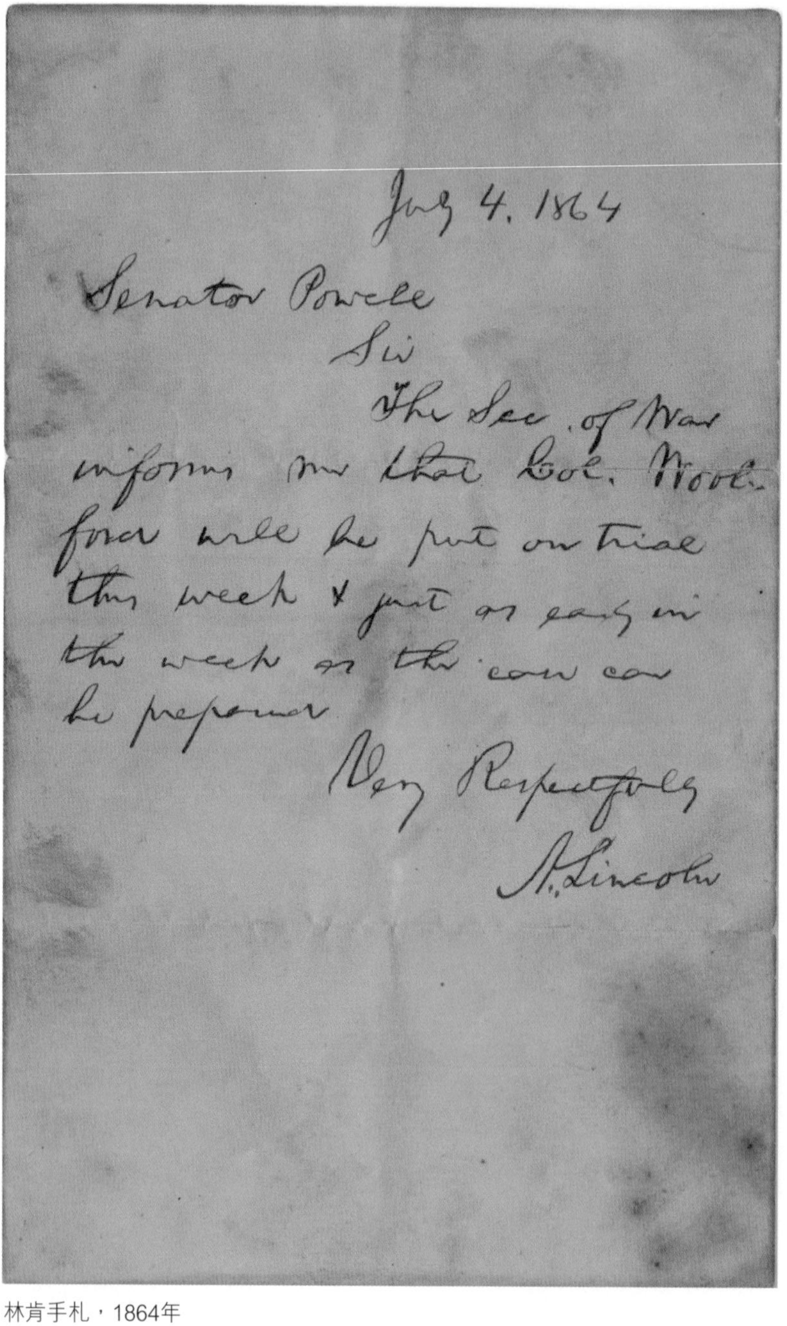
July 4. 1864

Senator Powell

Sir

The Sec. of War informs me that Col. Woolford will be put on trial this week & just as early in the week as the case can be prepared.

Very Respectfully

A. Lincoln

林肯手札，1864年

得幾聲漁火，數行秋雁，一枕清霜」的意境和哲理的感喟。

而筆者個人更喜歡「浪淘盡」和「紅塵俗世幾多嬌」。這兩句是對於「數風流人物」以及對「如此多嬌」作了一種輕蔑的反嘲問。世事有「機關算盡太聰明」，經不起時間的「浪淘盡」。結果是「成個世界最終得啖笑」。大抵黃霑不想橫生枝節，他本人沒説出這「真意」所指。但揆之曲詞，這又是分明易懂的事。

試重憶當日黃霑的歌聲：

> 滄海一聲笑，滔滔兩岸潮，浮沉隨浪，只記今朝。蒼天笑，紛紛世上潮，誰負誰勝出，天知曉。

黃霑的是高人，通俗的歌詞，充滿哲理，飽含世故，看破紅塵。何必這麼認真呢。

> 江山笑，煙雨遙，濤浪淘盡，紅塵俗世，幾多嬌。清風笑，竟惹寂寥，豪情還賸了，一襟晚照。蒼生笑，不再寂寥，豪情仍在癡癡笑笑。啦……。

其實，我也是「能笑」的人，自幼就被老師批評「嬉皮笑臉」，在班房唸書常忍不住笑，連參加同學父親喪禮，也是嬉笑如故。沒法子，三歲定八十。甚麼事都往好處想，為人樂觀，常常忍不住就笑。連補牙時，牙醫在嘴巴中鑽鑽鑿鑿，有似行刑，也禁不住肚皮波動的笑。

林肯

但我的「能笑」，是沒甚麼實際價值。比起「能吃」、「能喝」、「能睡」、「能吹」、「能『幹』」都差了一截。如果比起黃霑那「滄海笑」，所差又更不止是道里計了。我「能笑」只是心態好，能自足無怨。

但筆者想說的是：除「能笑」之外，我還有一特點是「能哭」。本來「能哭」就是件美事。古人多有以「急淚」指用於政治的哭。演義說有人問劉備還荊州，劉備就哭，金聖嘆就欣賞他那裝腔作勢的那副「急淚」。

筆者的哭是與生俱來的。最近竟是為出於一種崇敬而哭。

日前，仁孚車行曾寄贈兩張戲票，那是史提芬史匹堡拍的《林肯》，這對既崇敬林肯而又幾年沒進電影院的我，當然是個吸引，於是屆時欣然攜美入座。當觀看美國南北戰爭中，滿臉憂鬱的林肯，絞盡腦汁，不惜任何手段，甚至運用到貪腐辦法，終於獲得足夠票數，令國會通過了廢除黑奴法案。擊敗南方分離勢力，維護美國統一，實現了美利堅聯邦及其領土上不分人種人人生而平等的權利，為美國歷史寫下光輝的一頁。當那鏡頭放映到國會通過法案那一刻，筆者激動到心潮澎湃，眼淚漣漣，亦與當時的崇敬之心相應了。

其實，崇敬早有存在。因為筆者集藏名人墨跡，對於域外名人，為我華人所熟知者，也都隨緣收集。前些年在紐約第五大道某大書店偶爾碰到華盛頓、林肯的翰墨，都是肖像與墨跡鑲在極講究的金框中，機會難

華盛頓

逢，不得不咬牙切齒的刷卡，先後請回林肯的手札擺放在銅鑼灣小軒辦公室，而華盛頓手跡則懸於另一秘室。日夕相對，藉申崇敬。

而林肯這封信寫於一八六四年七月四日，在他生命最後的美國獨立日。全信如下：

鮑威爾參議員（Senator Powell）先生，戰爭部長告訴我沃爾福德上校（Col. Woolford）的審訊將於本週儘早進行。林肯（A. Lincoln）鞠躬。

按：鮑威爾是肯塔基州參議員，沃爾福德上校參加反林肯活動，譴責林肯和麥克萊倫在一八六四年的總統大選。後來沃爾福德被捕，一八六四年六月二十七日，帶到華盛頓，被囚禁在一間酒店。有資料顯示他的審判後來沒有發生過。

對美國歷史筆者是門外漢。只是有感於林肯那苦心孤詣，鍥而不舍，寸心為他的精神所感動。所以對其片紙隻字，也是珍之重之。至於再看戲而流淚，也就是這種情緒的延伸。

可能，有人會笑一個中國人會為一個外國人而流淚。或者激進者更會視之為「媚外」行為。但人總要承認有超乎國界的普世價值，比如白求恩就是一例，我們總不能用上述的「理由」說他是「媚中」吧！

再說，筆者也曾因聽到播放那六十年代革命舞蹈史詩《東方紅》，當

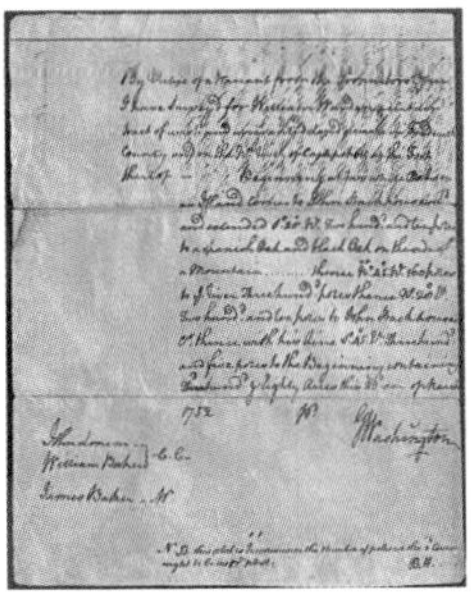

華盛頓手跡

聽到男女聲朗誦：「親愛的同志啊，你可曾記得，在那戰火紛飛的黎明，在那風雪瀰漫的夜晚，我們是怎樣地嚮往啊，嚮往著勝利的一天，這一天終於來到了。⋯⋯中華人民共和國誕生了！中國人民從此站起來了！」跟著響起「義勇軍進行曲」。聽到聶耳這樂曲，也就和今日一樣，總是控制不住感情，淚如泉湧的。看來筆者的眼淚是便宜的、糊塗的、而且是超階級的、超黨派的、超國界的。

用慣了大陸的階級分析法思維的人，或會以「世上沒有無緣無故的愛，也沒有無緣無故的恨」（毛公語）來問難，但我的「歌哭無端」，卻不能用階級政治來作因果的分析。我似乎會享受這淚流滿面的「淨化」，那心情就像晉朝那阮籍的窮途之哭。龔定庵己亥雜詩說：「少年哀樂過於人，歌哭無端字字真。」自問這是庶幾彷彿的。

檢討自己，小時喜歡笑，但懂人情以後，便是進入「歌哭無端字字真」的境界。有時聽些音樂，或在甚麼場合，卻還是會有感動到流淚的時候。別人會當我傻的。有一次在臺北，參加林海音的追思會，聽著聽著，也是控制不住，不覺滿面淚痕。這大概就是《世說新語》所謂：「中年傷於哀樂」的翻版。

不過，當「流淚眼看流淚眼，斷腸人對斷腸人」，我卻又會不同表現。前幾個月，到「大酒店」參加翟公（暖暉）喪禮，繞棺一周瞻仰遺容，返回座位，鄰座係翟公肝膽相照的死黨藍公（真）忽唏噓一句：「咁就一世人！」前排藍公千金列群失聲痛哭，我還能拍拍她肩膀，安撫了幾句。其後陪列群一同上哥連臣角火葬場，看著翟公棺木徐徐下降火化，忽念人生如夢。啊，「滄海一聲笑」！

二〇一三年三月十八日

林肯

鄭露隸書「名家翰墨」

「名家翰墨」之「偶然」

鄺露隸書「名家翰墨」四字為嶽雪樓舊藏，因一種偶然遇合而歸於寒齋，又得借用為拙編刊物之名，這就是翰墨因緣吧。

先說鄺露（一六〇四—一六五〇）字湛若，號海雪，廣東南海人。書香世家。十三歲成秀才，聞名鄉里。稍長入羅浮山明福洞潛心苦讀。工詩詞，精駢文。馮敏昌嘗言「吾粵詩人，曲江（唐張九齡）之後，當推海雪（鄺露）」；而溫汝能更譽鄺露為「吾粵之靈均（屈原）」（見《粵東詩海》）。鄺露書法兼擅各體，存世不多，偶見其行草，筆勢豪縱，而隸書則罕見，或僅此四字而已。至樂樓主何耀光老先生雅好晚明忠烈暨遺民墨跡，也藏有鄺露草書，廿年前嘗蒞小軒觀鄺露此隸書四字，也為此讚嘆不已。

鄺露通兵法、騎射、劍擊，精音律，富收藏，其所藏綠綺臺琴被目為廣東四大名琴。順治七年清兵攻廣州城，鄺露與諸將士戮力，城陷抱琴而殉。其時春秋四十又七。他身後所藏綠綺琴三百多年來，一直是流傳有緒。是由葉錦衣、陳曇、張敬修到近代的金石書法家鄧爾雅，其間遞傳，

鄺湛若(露)小像

歷歷可數。鄺露著有《赤雅》、《嶠雅》等書傳世。

粵人對鄺露的欽慕頗深，像乾隆間有個陳曇，字仲卿，就因為對鄺露的崇拜，書齋就取名為「鄺齋」。這就像潘正衡（潘飛聲曾祖）酷愛黎二樵書畫，就將自己書齋稱為「黎齋」並有詩云：「顧我中表陳仲卿，慕鄺齋即以鄺名。我今慕黎如慕鄺，以黎顏齋還合併」。這詩中就說明白了昔人為了傾慕之忱而誌以齋名的做法。而這做法不僅見於廣東，在中原也是同樣流行。像翁方綱酷愛蘇東坡書，自名書齋曰「蘇齋」就是一例。

清初以來世人出於崇敬，故鄺露畫像亦有流傳。據知有康熙間禹之鼎繪鄺露抱琴小像，舊藏南城曾賓穀（燠）家。此本於嘉慶乙亥間陳仲卿曾借摹於鄺齋，摹本後為范仲臧所得，民初歸台山鄺氏。今禹本及摹本也並不知下落了，猶幸當時鄧爾雅曾囑趙浩公據摹本重摹，摹本為鄧爾雅婿黃般若所藏，般若歿後其哲嗣大成兄捐與香港藝術館，供諸市民觀賞。而筆者也另藏有趙如容乙亥年的摹本也是鄺氏抱琴圖，中有李研山題。

附說一下：趙如容身世未詳，疑為浩公女公子，因摹鄺露圖，浩公為近世第一人。現在如容亦趙姓，如容所摹在一九三五年，時浩公四十七歲，倘有女公子，年歲當在三十以下。

浩公有齋名「無所容居」，有子名「不惶」。

筆者按：「無所容居」出自《漢書》東方朔傳之「同胞之徒，無所容

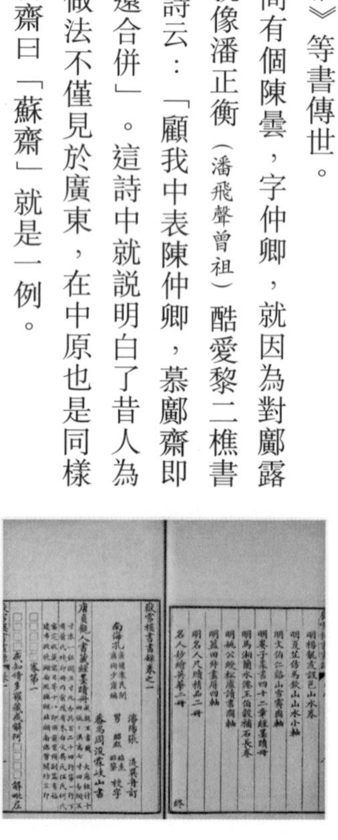

嶽雪樓書畫錄

居」。「不惶」見《詩經》「不惶啟居」，父與子的「號」和「名」皆以「無所容止」取意。而「如容」兩字作名，又正好匡補了浩公這種感喟。所以筆者懷疑這趙如容該是趙浩公之女公子，是耶？非耶？盼能有博雅君子匡正不逮。再者，筆者又嘗見蔡哲夫摹本，中有陳子丹（步墀）題詩者。

而令鄺露之名婦孺皆知，卻莫過於將鄺露的身世傳於戲曲。六十年前簡又文編粵劇《天上玉麒麟》，名伶廖俠懷就以演飾鄺露見稱於時。（按：《冷盧雜識》清朝的陸以湉認為鄺露湛若父子抗清殉難一事為《南疆繹史》不載。於是參考諸書，錄其遺事以補之。其中說到鄺露「初生時，不啖母乳，有憨上人見之，曰：「此天上玉麒麟，豈嗅人間乳氣耶？」以露水調米汁啖之，因名露，字湛若」。）近日廣東粵劇《青青公主》，演的也是鄺露的事跡。

「名家翰墨」四字，無署款，卷末只鈐「湛若」、「鄺露之印」，押角鈐「海雪堂」。另有「嶽雪樓記」、「少唐審定」、「佩裳寶藏」等鑒藏印記。

從藏印看出一些遞藏的情況。首先卷末的「湛若」、「鄺露之印」，押角鈐「海雪堂」是鄺露本人的自鈐。

而「嶽雪樓記」、「少唐審定」，讓人知道是嶽雪樓的。「嶽雪樓」主人孔廣陶字弘昌，號少唐（一八三二—一八九〇），南海

廖俠懷在粵劇《天上玉麒麟》(簡又文編)中飾演鄺露撫琴之劇照

人，是孔子七十代孫。（聖裔都有譜牒可查，當時是不能有假的。不像現代連性別都可假）。他是清末大藏家。又喜刻書。光緒年間，廣州稱藏書是「城南孔、城北方」。「城南孔」就是在城南太平沙建有「嶽雪樓」的孔廣陶，「城北方」是廣州城北大石街獅子橋聚龍里的方柳橋，（即方功惠，齋名碧琅玕館，和冼玉清的齋名相同），時人每以謔謂「孔方兄」。

孔家藏書藏畫都有名於時，藏書多以殿本、校抄本為特色。舊址就在今日廣州北京南路的太平沙，該地舊稱「孔家花園」。但「嶽雪樓」的藏品是怎樣散失的卻是一個謎，只知後來徐信符、莫天一甚至羅振玉等人的藏書都是受到孔家藏書的沾溉。在羅振玉年譜中，也有説到他三十八歲（一九〇四）到廣州收購嶽雪樓藏書的事。那我們只能假設：嶽雪樓在清亡之前已易主流散了。但具體的原因則總是不能明白。

但孔家藏品散落的原因固不能明白，在時間上也只能是窺測個大略，據知在宣統元年廣州大火，「孔家花園」由孔氏家人曾一度借出用作收容。這證明孔家花園那時還有人在。事見杜展鵬《廣州陳塘東堤「煙花」史話》一文：

> 大沙頭火燒時，集中此處之妓女約有五百多人，全居於水面各船艇中，以樓船作妓寨。大火時，群妓能逃出登陸者，多未攜及衣物，又無棲止地方。就近太平沙孔家花園，是孔氏之妾居住。孔妾中有

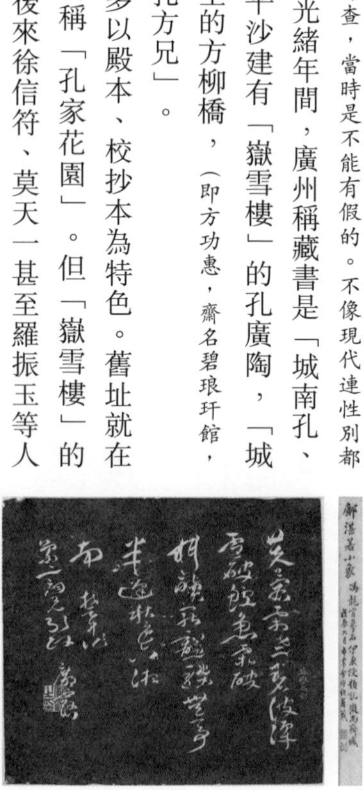

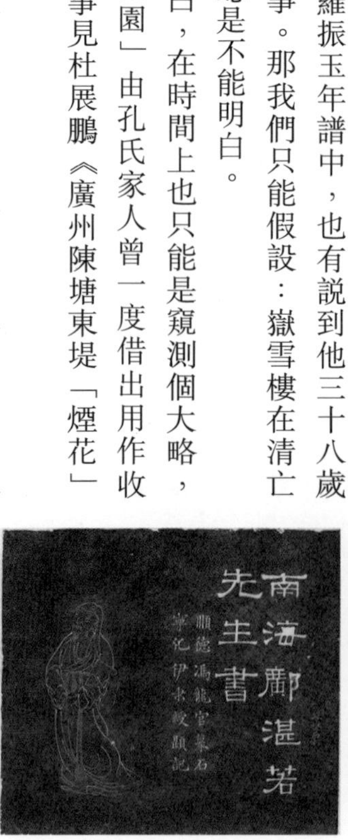

日前大沙頭妓女，招呼一部分無棲止之妓暫住園內（此園後變為南園酒家現改為海軍俱樂部）。其餘散依各所熟悉者，狀極狼狽，且有乘機逃去者。（《廣州文史・存稿第九輯》）

但到民國初年，此處「孔家花園」卻變了同盟會的「廣東省總部」。澳門辛亥老人趙連城的《光復前後廣東婦女參加同盟會活動》曾記載說：

那些過去受過家庭委屈的人，也存有自己已身為「女志士」（那時社會上都稱同盟會的人為志士），回家可以揚眉吐氣的想法。但時間一天天過去，同盟會的領導人物各忙各的，和我們見面的機會不多。我們一批女同志被安置在河南一所大房子裏，連吃飯也得各自到親友家或上館子。大家有時候也過河到南關太平沙的孔家花園（同盟會省機關所在地）打聽消息，希望能分配到一些具體工作，但事情老是拖著，負責人的回答也不著邊際。在孔家花園每人交了毫洋兩元，總算領到一張同盟會證書和一枚黃銅質的證章……。（《廣州文史・存稿第五輯》）

可見，僅清末民初的十幾年間，「嶽雪樓」從可以收容災民到變成了同盟會省機關所在地，這當中就有了滄桑。又幾年，陳炯明以整頓「民軍」，因而與王和順發生衝突，結果「孔家花園」被戰火夷為平地。花園的主人和藏品的最後下落也無從徵問了。而今只見過有一張註明是廣東省

馮龍官順德人事母孝工詩古文
善隸書家貧友人嚴倫時周濟
之見邑志道光初阮文達公修廣
東通志與儀克中搜訪石刻攀躋
援蔓不憚勞瘁所采獲多翁方綱
金石略所無者唐龍龕道場銘元
和願千里有題識此其一也伊秉綬
南來聞名往訪以不見顯貴避去及
緣事被劾繫獄延周旋橐饘論者
咸高之此刻鄺湛若小象及詩鉤
摹甚精馮伊註署不在獄時所作
兩人風雅氣節皆不可及原石不知
在何許偶於冷攤得此搨本因為
裒背而詳識之

《鄺湛若小象》馮龍官摹石，伊秉綬題記，微尚齋藏並跋，金德樞署籤，1928年

同盟會開會的相片還可讓人管窺一下那孔家花園的一角。

其次是「少唐審定」之上有「佩裳寶藏」一印，佩裳就是潘佩裳。看來，「名家翰墨」四字是從孔氏嶽雪樓流至潘佩裳的手上，那潘佩裳又是何人呢。

潘佩裳就是粵中大名鼎鼎的潘正煒的孫子。近代粵中藏家中，潘佩裳和辛仿蘇都一樣是少為人知。我們只能知道他祖父潘正煒（一七九一—一八五〇）是廣州十三行外貿商行潘振承同文洋行第三代繼業者，據當年法國雜誌報導，潘正煒家財達一億法郎，是道光年間廣州首富，其「聽颿樓」藏品精且富，且著有《聽颿樓書畫錄》。

鄺露這四個字大概由孔家先轉入潘家，再輾轉飄來香港。

當初，這「名家翰墨」四字懸掛在香港摩囉街古玩店的二樓，這是店老闆黃維熊老先生的辦公會客之所，一般客人只能在樓下。忘了那是一九八六年還是一九八七年，我與常宗豪、阮廷焯兩教授暨黃軒利大律師一起登大雅古玩店的二樓。我一眼看到這個寶貝，已是一見鍾情，又怕三位先開聲。稍息，見三位沒哼聲，我立即問價，黃伯回說兩千，但千字的聲音拖長些，大概見我很想要的神色，千字之後卻有個「五」字收音，即兩千五。我即說謝謝！我要！立即開支票交易。主人黃維熊老先生陰聲細氣說，其實早有幾位朋友看過想要，但未下決定。其中一位是澳門新馬路

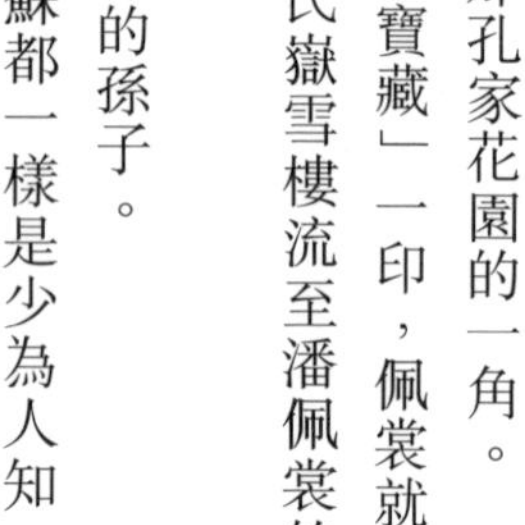
「嶽雪樓記」

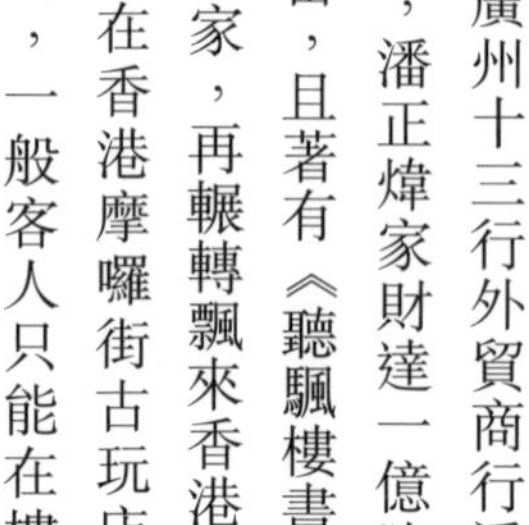
「佩裳寶藏」

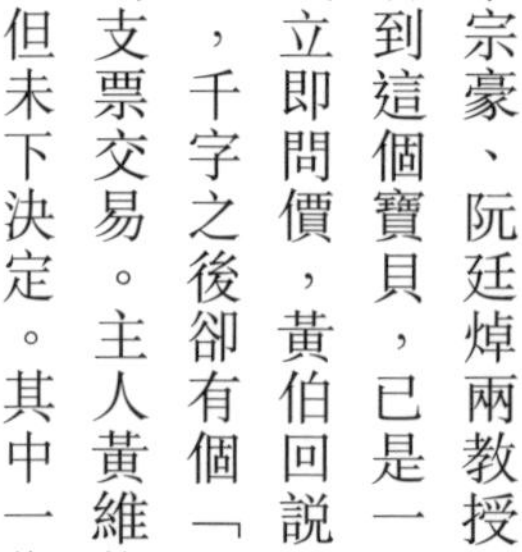
「少唐審定」

一號J永大古玩號鄧蒼梧。而最近還聽到本港一位古琴藏家沈君就是先我一日看到的，因鄺露是廣東四大名琴（綠綺臺琴）的藏者，琴人的書法自然是很適合於他的，但該藏家當時未決斷，終至貽誤，聽說他後來為此也頗為後悔。

說回來，原是「嶽雪」舊物的「名家翰墨」四個字，在滄海桑田之際，在電光石火之餘，卻能「偶然」地，像御溝紅葉般流到這海隅，又使之能像魯殿靈光般啟示了書畫刊物的名稱。這真是一種偶然相合的因緣！

清初梁元柱（此人是鄺露姻親），曾在廣州城北粵秀山南，浚池得奇石，移古樹為配。曾認為這是一種「偶得」也，因而署自己的堂名曰「偶然」。後來更給自己的詩集取名為《偶然堂詩集》。看來，這種因「偶然」相合而取名，正相似於我今日刊物取名的情況呢！

買古董，定真假是一難。真假已定，則價值位置又是一難，當兩者都肯定下來，便該是「心痛」和「後悔」的選擇。其分別是：花錢會「心痛」，但「心痛」會隨時間慢慢淡忘。但買不到的「後悔」，則是會與日俱增的。

當年，劉公作籌購藏的伊秉綬隸書「虛白」兩字，本來賣家先找群玉堂主人李啟嚴，但李公嫌三百元太貴，殺價不成，賣家拿給劉公，同樣

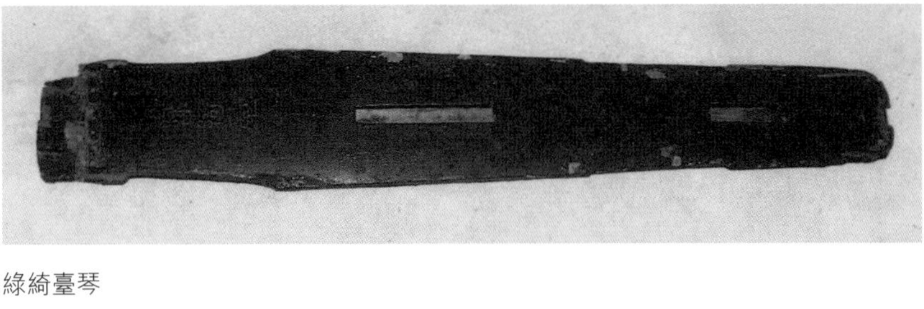

綠綺臺琴

要三百元，劉公不減一毫，照價成交。李啟嚴獲悉，也是後悔不已。而且很不相信這交易分文不減，一再打電話以懷疑的口吻追問劉公，真是三百元？讓劉公生氣。

民國初年有個大藏家周肇祥，他寫《琉璃廠雜記》都是記他自己買古董的許多後悔的話，讀來讓人發噱。

買書畫古董，要有汪精衛獄中詩「引刀成一快」的豪氣，世間尤物往往是只此一件，要是買不成，「托刀而逃」，「蘇州過後」可沒「後悔藥」可買的。

試設想：要是這鄺露的四個字讓傳研樓主人鄧蒼梧或者是藏琴的沈君買去，香港將沒有《名家翰墨》這名稱的雜誌了，而這四字的流傳和會合，又是何等的「偶然」！

二〇一三年四月二十五日

趙如容畫鄺露抱琴像，1935年

談《名家翰墨》的偶然和甘苦

哲學上「偶然」和「必然」是一對概念。談「偶然」是離不開「必然」。但說「必然」，會很乏味的。說「偶然」，則容易令人會產生懸念和趣味。其實，任何事物的「偶然」，其背後都蘊藏着「必然」的。

《名家翰墨》這刊物的創始，不會產生於大陸，也不產生於臺灣，它只能出現於香港。因當時大陸、臺灣，到八十年代末九十年代初，兩地都有很多忌諱，都不那麼自由。而香港，在大英帝國統治下，在那個年代，卻相對自由，能有所特殊。這是出於一種歷史的「偶然」。

香港自古以來只是個漁村，一種歷史的「偶然」使它成了「割地」，改變了命運。因禍得福，「割地」避免了多次的戰亂，上海是冒險家的樂園，香港則是逃亡者的天堂。就是這種「偶然」，讓「前清遺老」、「商團事件的被緝捕者」、「老K（國民黨）追捕的大批共黨分子和左翼文人」、「一九四九年政權交替之際的南來避難者」、「一九六二年的大逃亡」，這些局面，都變成對香港文化的移植和保存。所以造就了香港能有

鄺露隸書「名家翰墨」

如此一定的文化根基作為傳承的動力。也所以香港能有七十多年沒受到人為破壞的「學海書樓」。也同樣，在這歷史的偶然中，《名家翰墨》也能蒙其福蔭而應聲出現於這彈丸之地，和受到社會歡迎。

《名家翰墨》是偶然構思於飛機上的「偶然」。而刊名的得來也是一種「偶然」。因為拙藏有鄺露所書的「名家翰墨」四字，而這四字當時並非為刊物而預買的，這是因偶然的文字相合而借用，《名家翰墨》的完全借用和「三希堂」、「詒晉齋」的以物取名是稍有不同。

我們今日在此談鑑賞事必要涉及文物。倘無文物則談不上鑑賞，鑑賞也避不開要論及掌故。掌故就是事物的原委。所以不能不從《名家翰墨》四字的書者鄺露談起。

鄺露是何許人？現在搞晚明史的都應該知道，而在百年前知者就普遍得多。因辛亥前後為了配合時局，令到晚明史成了「顯學」。這只是就全國性而言，如在廣東則可說是三百多年來，一直是被傳頌。鄺露所書「名家翰墨」四字。下有「嶽雪樓」藏印，「嶽雪樓」是孔子七十代孫，舊址就在今日廣州北京南路的太平沙，舊稱「孔家花園」。筆者撰有《「名家翰墨」之「偶然」》，對鄺露和嶽雪樓已詳細道及，此處不贅。

話說回來，誰想到，那原是「嶽雪」舊物的「名家翰墨」四個字，卻在滄海桑田易手之際，在電光石火之餘，卻能「偶然」地，像御溝紅葉般

《中國語文研究》創刊號，1979年

流出人間，而且又薄命如紙地飄零到這海隅，但又能像魯殿靈光般，啟示了一份全彩雜誌的名稱。這是一種因緣，正是奇妙的「偶然」！

我原來就喜歡書畫，還記得小時候家裏客廳左邊掛徐悲鴻的馬，右邊掛司徒奇的紅綿。六七十年代喜歡古文字，跟這行業的人混得多，是偶然的因緣際會，就在中文大學中國文化研究所混口飯吃，其中一項任務就是編輯《中國語文研究》。當時學術界，對我們弄的這個刊物評價還不錯。當然，這要感激我的老闆我的領導劉殿爵教授無為而治，隨我亂搞，自由自在，所以編得高高興興，自我感覺不錯。

工作餘暇，就近就是文物館，可以看看書畫，樓上就是研究所的大老闆鄭德坤教授，看看他個人藏的書畫，有時也到廣州，請教鄭公的老師容庚教授，容老也收了不少書畫，我受這兩位前輩啟發，開始學他們也收些書畫。那時候書畫買的人少，沒有今天這麼貴，所以像無產階級的小弟，也可以買些玩玩。

那個時候，常去集古齋、新風閣，和後來的博雅。觀畫之外，也看畫冊。那時這幾家店有很多舊畫冊。十九世紀，大概光緒、宣統間，珂羅版（玻璃版）印刷術傳入中國，先後有神州國光社、商務印書館、上海藝苑真賞社、中華書局、文明書局、有正書局等等，以珂羅版大量印製中國書畫、碑帖，流通極廣，影響深遠。

劉殿爵教授，1982年

在光宣至民國初年，不少青少年，已經有幸能夠通過印刷清晰、水墨濃淡纖毫畢現的珂羅版圖冊，臨摹研習，揣摩古代名家書畫的神髓。這大批出版物，影響到二十世紀中國畫壇書壇，名家輩出。上海著名畫家、藏家唐雲先生嘗自稱「科（珂）班出身」，就是靠觀賞、研習、臨摹珂羅版圖冊打滾出來的。可見書畫圖冊的出版對書畫家影響之大。

但是畫冊印量少，定價高昂，難以普及。大家留意一下這些珂羅版書畫冊版權頁上標示的定價，都是大洋幾元一冊。那個時代大洋幾元是甚麼概念？毛主席在北京大學圖書館打工，月薪八元而已。可見這些書畫冊在當時已是那麼貴，一般人是買不起的。我產生一個念頭，如果以期刊形式出版，印量多，定價可以降低。當我想到這一點，就有一種衝動，也有一個極強烈的願望，要辦一本刊物，讓喜歡書畫，研究書畫的人有用的書畫雜誌。

環顧七八十年代的當時：臺北的《藝術家》、《雄獅美術》，都很成功，但這兩份雜誌甚麼都有，夠雜。再說香港的《書譜》也很成功，但只集中書法方面。當時《美術家》，也辦得不錯，但也不完全是講中國書畫。雖然珠玉在前，但對我來說，猶未能滿足。所以那時候，我想弄一本定位為收藏家、書畫家都想看的中國繪畫方面的專業性刊物。

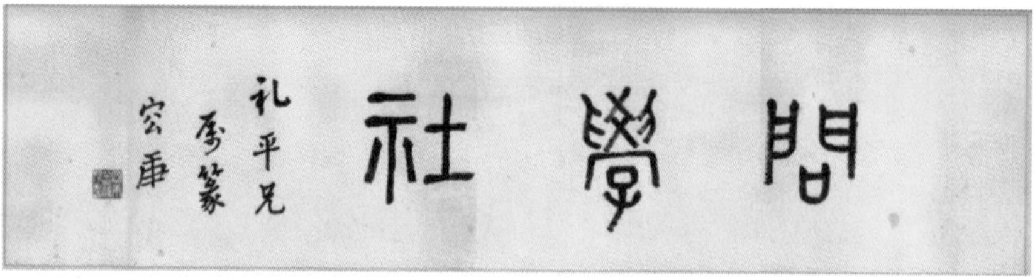

容庚為筆者篆書題「問學社」，1975年

當時各種刊物，大都黑白為主，只間有彩色，這又讓我覺得現在是二十世紀八九十年代，要搞就搞全部彩印，當時來說，彩印成本極高，連二玄社印《虛白齋藏畫集》只是頭兩帖十多廿頁彩色，後面就全部黑白了。我們想全部彩版，簡直異想天開，有點不自量力。如果要搞我設想中的，達到我心目中要求的中國畫刊物，花費這麼大，如何弄呢？我想到了要借助臺灣的老友記。

這又得拉遠一些，說說八十年代中後期的形勢了。八十年代中，臺灣是亞洲四小龍之一，在兩蔣統治下，尤其反攻大陸無望，不如老老實實搞好臺灣，有所謂十大建設，經濟起飛，老百姓有錢起來了。這種局面有兩方面跟我有關。

出版業方面。臺灣過去盜版猖獗，翻印許多外文書，也翻印了不少大陸書，現在發財立品，不要再做強盜，要做紳士，講文明，講法治了。其實主要係美國迫臺灣遵守國際版權公約，不得隨意盜版。官方要出版社合法獲得人家大陸出版社授權，才能印刷出版。外國的還好辦，大陸的就有點為難了。那個時代，總統府大門口的廣場，仍然矗立著四塊大牌：「處變不驚」「莊敬自強」「反共必成」「建國必勝」大字標語。還是「漢賊不兩立」「檢舉共匪，人人有責」的時代，所以官方不容許臺灣出版業，直接與大陸出版機構接觸，不許「通匪」。而是必須經過第三地區的中介

許禮平、王榮文、陳遠建與外文局林茂蓀、外文出版社施漢卿等領導

機構轉授權，才能合法出版。

小弟人緣還不錯，兩岸出版業都是老友記，於是臺灣出版業的朋友，特別是遠流出版公司的王榮文兄，要筆者離開中大，成立中介公司——問學社，從事這種中介業務。

起初把沈從文的《中國服飾史》介紹與《藝術家》何政廣兄，四色片已運到臺北，何兄膽子小，不敢印。他的哥哥恭上兄膽子大，費很大的勁把王世襄《明式家具珍賞》的四式片一大木箱空運臺北，立即出臺灣版。遠流也印了香港商務《長城萬里行》《辭源》等書，書林書店蘇政農兄印了錢鍾書的《圍城》。這些都是我經手授權的。

很快，小弟就取得了中國大陸中央一級出版社人民出版社、人民文學出版社、三聯書店、中華、商務，和本港的三中商、天地、香江等等出版社的授權，而臺灣新聞局黎模斌局長對小弟也很支持，通令臺灣出版業必須通過許禮平授權，才能印行大陸的書。這就形成了由小弟一家壟斷的局面，得罪了有意搞此道者的利益。跟著警備總部收到檢舉信，說許禮平是共匪，警總知會黎模斌，黎可能也有壓力，如果小弟是共匪，黎豈不是通匪，與匪勾結。還好，黎很聰明，將消息透露給《新新聞》公之於眾，對小弟反而安全啦。王榮文兄建議小弟請律師控告中華民國政府內政部新聞局，沒有證據而污蔑我是共匪。民不與官鬥，小弟對這種事也懶得理，

許禮平、王榮文赴京訪人民出版社等單位負責人范用、周游、莊甫明，約1987年

反正自己不是共匪，怕甚麼。說是不怕，那個時候去臺灣也還是有些擔心的，連小思也為我擔心。

而同一時間，有人打報告去北京有關部門，說許禮平是美蔣特務，中央有關部門通過港澳工委（新華社），也有人進行調查。我跟啟老（功）提過，啟老拍胸脯說我擔保你。

也就在同一時間，香港廉政公署來中文大學找我不到，登小軒造訪，我以為是同類事情，三面夾擊。廉記東問西問，最後才弄清楚不關此事，是我曾替星加坡藏家鄭應荃先生墊付畫款，開了一張港幣兩萬元的支票與王良福，支付鄭買林風眠《修女》一畫。王涉國泰航空食品供應貪污一案，因曾收我開具的支票，所以廉記就來查問。虛驚一場。最終由我致電恆生銀行，要求索取當年所開支票影印本，寄交廉署了事。

臺灣有好幾家專出版文學類的出版社，林海音的純文學、蔡文甫的九歌、柯青華的爾雅、姚宜瑛的大地，葉步榮的洪範，常相約吃喝敍談，自稱「五小」，他們也希望他們的出版物，通過問學社，引進大陸。遠流王榮文兄，和戶外生活出版社陳遠建，再加上小弟的問學社，合組成八大出版集團有限公司，準備「反攻大陸」。但當時大陸書價太低，三兩元甚至幾毛錢一冊，抽百分之十的版稅，分與作家之後，出版社所得無幾，中介的問學社所得更微薄，根本不足以維持。而問學社也曾兼營供應大陸圖書

許禮平、王榮文與嚴家祺伉儷，1989年

與臺灣的有關機構，如故宮博物院、清華大學等等，但手續一大堆，所得費用不足以支付工作人員的薪酬。

作為中介公司的問學社，並沒有賺多少錢，賠了許多精神、時間，和食飯應酬的金錢開銷，還惹來一大堆麻煩。怎麼辦？

在這種情形下，我要學鄭公太老師羅振玉的辦法，創辦翰墨軒，經營書畫業務。有了盈利，累積一定銀両，才可涉足出版，做我想做的書畫刊物。當時大陸政府對畫家剝削厲害。如林墉一張四呎整紙的人物畫，集古齋售六千元，畫家所得三十元。我們也售六千元，與畫家平分，各得三千元。三十元變三千元，多兩個圈，畫家高興，讓我們代理，業務發展較快，為出版雜誌打下經濟基礎。

逮一九八九年，胡耀邦駕崩，北京動亂，人民日報「四二六」社論出，火上添油，更加一發不可收拾。而八大出版集團諸君，原定五月中旬來港，由南而北，六月初到北京。但因北京戒嚴，林海音等五小不參加了，老人家到底有經驗，或叫怕死。王榮文、詹宏志、陳遠建由小弟陪同，逕飛北京，到天安門看熱鬧去了。訪嚴家祺高皋夫婦，他們還說我們來遲了，沒戲唱了。

到五月三十一日，中央美院弄的自由神像豎起，我們南下上海、蘇州，再到浙江奉化看蔣公的故居，返上海時，已是六四，兵荒馬亂，大巴

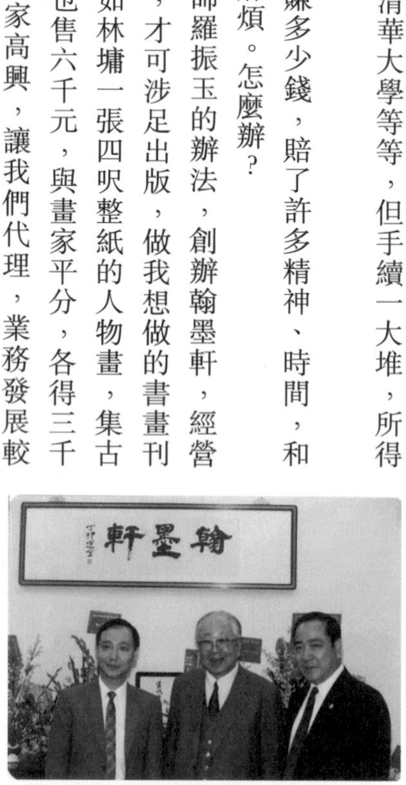

啟功與筆者父親主持翰墨軒開幕，1987年

士亂停在馬路上，都貼上香港文匯報，報導六四事件，左下角則係小軒的廣告「名家花鳥畫展」。

形勢嚴峻，一片混亂。我們原訂錦江飯店，立即變陣，去錦江把行李取出，轉去機場酒店過夜，第二天一早乘飛機返港。第二天上海市區的路都封了，開飛機的機師是騎單車來機場的。幸虧我們當晚轉到機場酒店，不然就沒法去機場返回香港了。

在飛往香港途中，我考慮到這個局面書畫生意一定冷清，應把握難得的機遇，與王榮文商討合作出版《名家翰墨》月刊。王的遠流出版公司出版各種圖書，獨缺美術類，所以也有意合作，兩個小時的飛機，就是談我的構思、內容、如何組稿、印刷、發行、宣傳等等。坐在後面的陳遠建兄聽到我們在籌辦新刊物，頗為緊張的提出警告，還未脫離險境，你們就討論業務，討論辦雜誌，真是不要命。《名家翰墨》的創辦，是在危難中，從上海飛香港的飛機上空決定的，這種「偶然」的時空境界，也可以叫「橫空出世」吧？

剛才提到拙藏兩開鄺露隸書「名家翰墨」四個大字，寫得神完氣足。鄺露又係明末大名家，時守廣州城，城破，抱「綠綺臺琴」為清兵所殺，是忠烈之士。專收明末忠烈和明遺民法書寶繪的至樂樓何耀光老先生看了，大讚係罕見之精品。所以小軒以之命名為翰墨軒，而新創的月刊就叫

《名家翰墨》創刊號，1990年

做「名家翰墨」。鄺露生平和「名家翰墨」這隸書可參看創刊號上馬國權的介紹文章，和拙文《「名家翰墨」之「偶然」》。

辦這個月刊，與從前搞的《中國語文研究》大不一樣。從前在大學裏，經費不愁，有學校撥的預算，有吳多泰捐款贊助，我只管約稿編輯，聯絡過去的前輩老友記王力、朱德熙、周祖謨、羅福頤等等大家，再請中文系的張雙慶、港大的單周堯諸君供稿，印成書後與國內外許多大學交換，送些中學，發些去書店販賣，賺賠都不必理會。

《名家翰墨》就不一樣了，全部自己掏錢，不要說賺，如何少賠一點，最令人關心。資金與遠流每人一半，我負責編輯出版印刷，然後主力在臺灣銷售，由遠流負責。先決定開本，《藝術家》大三十二開，略細，不合我們要求；《藝苑掇英》，八開，又稍大了一些。啟老（功）說你書再大，畫也要縮細，不如多些局部。所以我們決定用大十六開，二十世紀九十年代，應該全部彩印，方顯出作品的墨韻色彩變化，但成本就較重了。何政廣說，他們《藝術家》廣告才用彩頁，內文盡量黑白，以省成本。

筆者係處女座，據說這個星座的人追求完美，所以要求要辦得最好。我們選編較嚴，印刷品質要求高。我們是民營的，不用投標，可以不惜工本，找專業攝影師，拍攝用四乘五，甚至八乘十的大底片，較之當時刊物

《名家翰墨》創刊號原大刊印傅抱石《九張機圖冊》，1990年

普遍用一二〇甚或一三五菲林強多了。分色製版找當時全港最好的黎泉師傅，用紙要日本B8，即最好的一五七克雪銅紙，裝訂用串綫膠裝，封面底過啞膠，都是當時最貴的。印刷找最好的工廠中華商務聯合印刷廠。當然成本非常高昂。當時我們以臺灣為主要市場。臺灣印製成本較香港便宜一半，但我們為甚麼不在臺灣印刷呢？香港印刷成本幾乎貴臺灣一倍，還要裝箱船運，遲幾天才到。但當時臺灣印刷水平實在不敢恭維，我說服王榮文，堅持在香港印製，以保持國際一級水準，在市場上才有競爭力。

而刊物主打臺灣，當然要在臺灣登記，這在當年也不是一件容易的事，但王榮文與黨政關係不錯，幫忙解決。所以雖然兩年後王退出，書中版權頁上我們一直列名創辦人：許禮平、王榮文。資深傳媒人高信疆就説我們很大度，我應以這是應該的，這是歷史。

因為我們在臺灣登記，在臺灣發行，所以本地許多人把我們當臺灣幫。

一九九三年香港新華社周南社長蒞小軒，對懸掛牆上的故宮電腦放大宋四家詩帖黃庭堅行書詩吟哦一番，我向周詩人介紹這是故宮藏品，周脱口而出：「這是你們的故宮。」可見中共港澳工委書記也把我們視為臺灣幫。

萬事起頭難，創刊號最難搞。我個人自幼喜歡傅抱石，創刊號主打傅

香港新華社周南社長
訪翰墨軒，1991年

抱石，傅抱石千金傅益瑤小姐提供《九張機圖冊》正片，那就好辦了。遂請吳宏一教授幫忙撰寫介紹文字。吳教授從文學角度介紹這件作品，而上款人王芃生其實係相當重要的一位人物。扯遠一點說說。王是搞情報的，最早破譯日軍密電碼，而且一早截獲十二月八日襲擊珍珠港的情報，上報蔣公，蔣轉送羅斯福，不知羅斯福不重視中國來的情報，還是故意讓山本五十六襲擊成功，犧牲幾千官兵，犧牲幾條戰艦，以引起全美公憤反日，國會易於通過對日宣戰和增加軍費的預算案。這個冊頁後來在佳士得高價拍出，為蔡辰男奪得。現歸林百里兄。這件九張機其實不完整，還短了一開，缺的一開下落不明。

再說《名家翰墨》的定位。

一九八七年，華爾街黑色星期五，股票狂瀉，投資者才發覺股票可以變廢紙，血本無歸。而當時英國鐵路工人俱樂部投資藝術品，不但不受股票影響，回報還相當不錯。傳媒再加渲染，人們注意到藝術品也可以作為投資工具。而臺灣在蔣經國總統獨裁統治下，群策群力，經濟起飛，那時臺灣同胞常說錢淹腳，財大氣粗，一個土包子，進畫廊轉過圈，全場包下的事，也常有發生。整個社會趨勢，把藝術品作為投資工具。所以我們刊物，著重拍賣行情，而刊名旁邊標出「國際性中國書畫投資鑑賞雜誌」。

雜誌的定價也很重要。預訂時港幣八十元一冊，到正式推出時

《九張機圖冊》上款人：王芃生

一百二十元一冊，不久調升至一百五十元，這在當時雜誌定價一百幾十元是夠貴的了，後來再升至一百六十元，維持十多年，再加至二百元，這兩年才改為二百五十元。

大家要留意，八十年代末九十年代初，香港商務陳萬雄兄弄了一冊《國寶》，和我們的刊物一樣大小，也是全彩，編印得不錯，加個殼，精裝，要五六百元一冊，我們少個殼，當時定價一百二十元一百五十元，真是抵食夾大件。我們當時印一萬冊，開銷七十五萬，即平均七十五元成本一冊，按國營單位三中商定價以成本乘四或五計算，應該定三百元才合理。定一百二十元太便宜了。所以當時也用了一個口號：「最便宜的畫冊，最昂貴的雜誌。」

當時《名家翰墨》每個月開銷港幣七十五萬元。再說，七十五萬元是甚麼概念。浙江省博物館等許多省級博物館，每年預算也就是七八十萬元而已。銅鑼灣對正維多利亞公園的維多利大廈高層單位，一千八百呎，一百五十萬元左右。

雜誌可以有廣告收益，第一期有不少老友捧場，如榮寶齋、中華書局、和平圖書公司。刊出這些廣告，可惹來麻煩。臺灣駐港國民黨機構來電，問長問短，意思登這些廣告有附匪或為匪張目之嫌。我解釋中華書局

啟功在翰墨軒審定書畫，八十年代末

的廣告係傅熹年先生編著《古玉精英》，臺灣中華獲授權印行臺灣版，現在香港中華出廣告費，臺灣中華不是佔大便宜嗎？臺灣中華是黨營的，不是對國民黨有利嗎？來電者聽不明白。說這不能登，那不能登。我問對方，和平書店那廣告可以嗎？他說可以。真不知這位駐港的老K有沒有去匪情研究所進修過。和平書店是地地道道的共產黨，其負責人都是中央派來的，是外文局領導的宣傳機構，每年在港不惜工本的往外郵寄共黨宣傳書刊，一年的郵費足以買架飛機。

這位老K水平太低了，真是秀才遇著兵，有理說不清。遂電臺北商量對策。感謝曾志朗兄獻計兼打通關節，小弟照曾的指示到金鐘奔達中心中華旅行社找鄧備殷，鄧是廣東人，也是這個機構（國民黨香港黨代表）的最高負責人，一番溝通，也忘了說些甚麼，反正獲得鄧大人鼓勵和照住。老K再沒有來電話。

讀者如果留意第二期編者的話，刊有感謝鄧備殷的字眼，就好像五六十年代本地舖頭開張，流行送塊鏡，下款某某探長贈，一般宵小，就搵食行遠些。就如大陸有些公司掛出黨政軍頭目胡溫接見的照片，一般公安、稅局，就不大敢來惹麻煩一樣。再扯遠一些，從這些小事看出，國民黨在香港的幹部，不明白臺灣中央黨部的政策有所改變，還是老一套的在混日子，老K在香港真是一天天爛下去了。

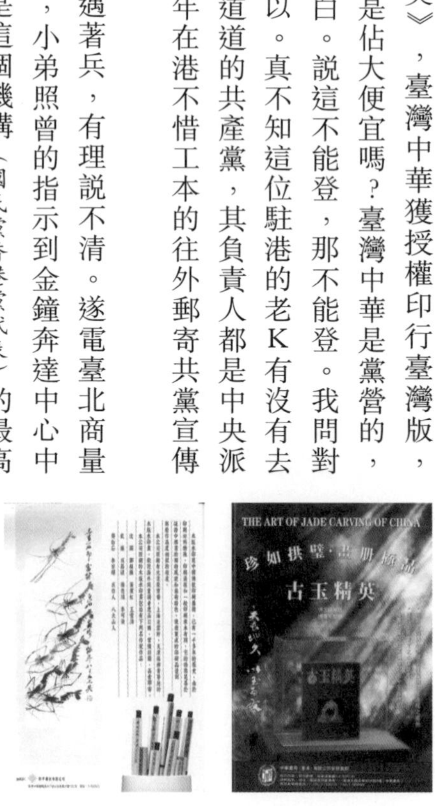

《名家翰墨》刊登中華書局《古玉精英》廣告、和平書店木板水印廣告

我們的主要顧問，在香港是劉作籌先生，刊印了他所珍藏的書畫名跡，先印四王，明末清初的王時敏、王鑒、王翬、王原祁。賴老（少其）來港時嘗勸喻，注意方向問題。我們就照最高指示，厚今薄古，第四期出李可染專號，第六期出吳冠中專號，銷路奇佳，非常受歡迎。最早再版，就是這兩種書。真要感激賴老。

書畫再便宜，也是要用錢買，能值點錢的東西就有人做假，買書畫最大問題就是真偽問題。在未辦刊物之前，我和幾位忘年交，像劉公（作籌）、啟老（功）、劉九庵、謝稚柳等前輩，經常跟著他們看畫，從中學習書畫鑑定。到辦雜誌時，這一切的積累發揮作用了。

我們選刊畫作，非常小心，經常請教劉公（作籌）、啟老（功）、劉九庵、謝稚柳、宋文治、李喬峰、馬國權、吳子玉、甚至遠在美國的王方宇等前輩，或看原作，或看正片，或看照片，總之小心甄別審定。但怎樣小心，也還是有犯錯誤的時候。

由於筆者個人偏愛傅抱石，第九期做傅抱石專號。除了在北京拍攝中國美術館藏的傅抱石作品之外，傅家送來傅公畫毛澤東詩意作品一二〇底片若干張，底片質量不太高。剛巧蘇富比收了傅公畫毛澤東詩意冊，送來四乘五底片，請馬公研究，馬公以為就是六十年代榮寶齋木板水印那套，所以就採用了。

謝稚柳審定書畫

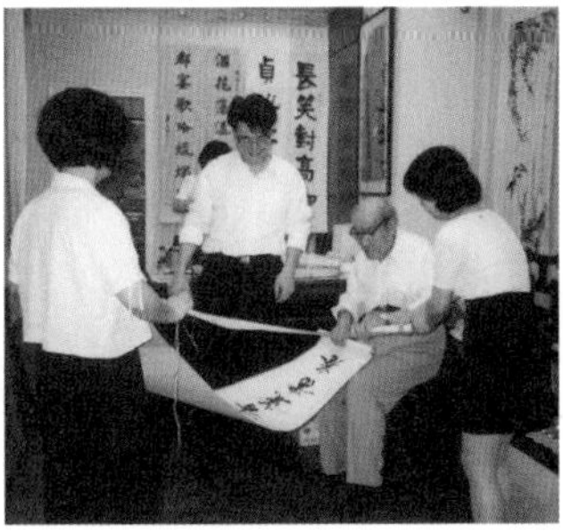

劉九庵審定書畫

書出來之後，我還飛去臺北，應邀到臺灣軍中電臺漢聲電臺接受採訪，用廣東口音的國 語，向五十萬國軍，介紹第九期的傅抱石和毛澤東詩詞，也可真膽生毛了。

不久之後，到南京參加傅抱石的討論會。沈左堯發現問題，分析此冊係偽作。我們經驗不足，中了計，闖大禍了，怎麼辦？還好，蘇記尚未拍賣，返港後立即約書畫部的張洪和朱小姐商量，請他們自己宣佈撤拍，我們過兩期才在編者的話向讀者致歉，到第十三期才刊出批判文章，以正視聽。本來失察刊出假畫，十分丟臉，但立即補鑊，反而得讀者信任，聲譽日隆。

其實出第一期的時候，香港許多人認為第二期要執笠了。因為大家都知道這種刊物不可能生存三兩期。結果我們一直出到現在，居然還未執笠，也是異數，當然這要付出代價。我賣了維多利大廈十八樓C座和太古城隔壁一家五千呎的工廠大廈來頂住的。

沒出幾期，香港《新晚報》有篇文章說《名家翰墨》慘淡收場，停刊了。可怒也！《大公報》就有朋友叫我告《新晚報》，小弟熟讀朱子治家格言，「訟則終凶」，和氣生財，打個電話給《大公報》老友記楊奇社長，楊奇急忙補鑊，派小弟舊友方婉雅來采訪，刊諸《新晚報》，說明《名家翰墨》尚在人間，再大加吹噓，將功贖罪。

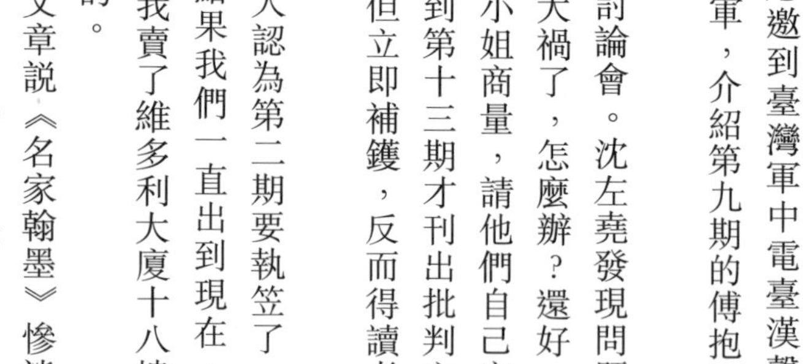

黎雄才、宋文治在翰墨軒審定書畫，九十年代

出了這套雜誌，有點名氣，找上門的人也多了。臺北某君，藏溥心畬一大批，擬讓我們出集。底片都拍好了，但幾百件作品，好好壞壞，找幾位專家（溥公弟子）反覆研究，刪了一半，再一陣，又刪一半，最後啟老發聲，還是不出算了，因質量實在不高，有爭議的作品也多，只好退回某君。隔不久，這套書出版了，不是我們小單位，而是舉世崇敬的北京故宮，紫禁城出版社出版，故宮管業務的副院長主編。或者大家觀點角度不同吧，或者上頭有令吧。再隔不久，書中一批作品在蘇富比出現，但不知是質量還是定價問題，流標者多。但再隔若干年，在大陸拍場再出現，拍得還不錯，難得大家糊塗。

也有一次，老友記曹先生引薦其老友朱老先生來，朱老在日本赤阪開中華料理店，也好書畫。朱老先生批評我們出的虛白齋藏畫兩期，說劉作籌收的是明清，他收的宋元為主，層次更高。晚飯作風月談。次日取來一大冊《□□堂藏畫集》，一看之下，名堂夠嚇人的，作品質量也夠嚇人。赫然有劉海粟等諸位大師在他飯館吃完飯後捧場題字，但難掩作品的準確性，當然婉拒之。結果一樣，你不幹有人幹。不出一年，大型畫冊《□□堂藏畫集》出來了。出版社當然不是我們小公司，是中央一級的人民美術出版社，中央美院大教授主編。

各位看官，朱先生這些寶貝哪來的呢？是孔慶隆先生供應的，孔是山

王方宇、王季遷在翰墨軒審定書畫，九十年代

東孔家的人，也是不懂書畫瞎買瞎賣，朱要趙伯駒、吳道子，孔就電上海文物商店有這個名頭的都調來，經專家鑒定，時間不逾乾隆前，就可以打火漆印出口，即是說專家早已定為A貨，始可出口。孔也不是當真的賣，孔照來貨價加二十巴仙，也就是幾萬日圓一件。在日本裱一張畫十萬八萬是正常行情，裱工一半的大名家是A貨，也算正常吧。補充一句，孔先生為人非常厚道，也捐了很多錢出來辦學，值得我們尊敬。而朱先生呢，把這些寶貝捐回鄉下崑山，搞了個博物館保存這批A貨，讓莘莘學子作為學習材料，禍延子孫。有時在上海博物館參加研討會，這個館也有不少學者出席。有時處女座的人壞就壞在太認真，各自揾食，管他姓甄還是姓賈。

自一九九〇年開始編印《名家翰墨》月刊，陸續印製了任伯年、吳昌碩、齊白石、黃賓虹、林風眠、傅抱石、李可染、吳冠中……等名家畫冊，因為選編較嚴，印刷品質要求高。出版後一紙風行，大受歡迎。到今天，偶爾碰到畫家、藏家、美術評論家、或是書畫業經營者、藝術品拍賣行從業員，說是讀《名家翰墨》成長的，不禁老懷安慰，畢竟多年心血沒有白費。

刊物要靠廣告收入以維持開銷，但臺灣刊登廣告，習慣附刊「蜡稿」，令我最反感，堅決拒絕。臺灣某君拿來一些徐夫人拿著的徐悲鴻畫作合照要登廣告，我也婉拒，不想為匪張目，誤導群眾也。而拍賣行有時

黃苗子為翰墨軒簽鑒定証書

程十髮審定書畫

來的廣告也很有爭議，也有人據以寄來批判文章，小弟也不敢刊登，只好變陣。再考慮到月刊不收廣告，收入頓減，索性改為不定期叢刊，廣告全刪。所以到第四十八期之後，就改為不同系列的叢刊。

一九九四年，因應新形勢發展，我們將月刊改為叢刊，分幾大系列出版。其中《中國近現代名家書畫》系列，沿用月刊時期風格。出版了張大千、豐子愷、潘天壽、傅抱石、吳冠中、陳少梅、宋文治等數十種圖冊。

這裏講一講其中一個系列，是《中國名家法書全集》。在楊仁愷老館長大力支持，王綿厚館長、馬寶杰館長鼎力襄助下，又得到北京文物出版社楊謹社長，後來是蘇士澍社長積極推動，陸續出版了《王羲之／萬歲通天帖》、《宋徽宗／草書千字文》、《歐陽詢／夢奠帖》等劇蹟，和《齊白石／法書集》等書。全部彩色精印，盡量原大刊出，個別重要處放大，方便臨摹、研究。這些名蹟出版後，反應不錯，謝稚柳先生、徐邦達先生、啟功先生、劉九庵先生、傅熹年先生等前輩均予好評、鼓勵。

這好些名蹟出版後，令我感觸較深的是《歐陽詢／夢奠帖》。

這要從六十年代末至七十年代初香港所見現象說起。自文革開始後，中國大陸出版物大部分不是被批為封資修，就是被誣為大洋古，繼而批林批孔，評法批儒，總之沒完沒了。舊有的書不許再印再賣，新的不容出版，所以文革前所出書刊如鳳毛麟角，騾變古董，是古董價錢的普通書

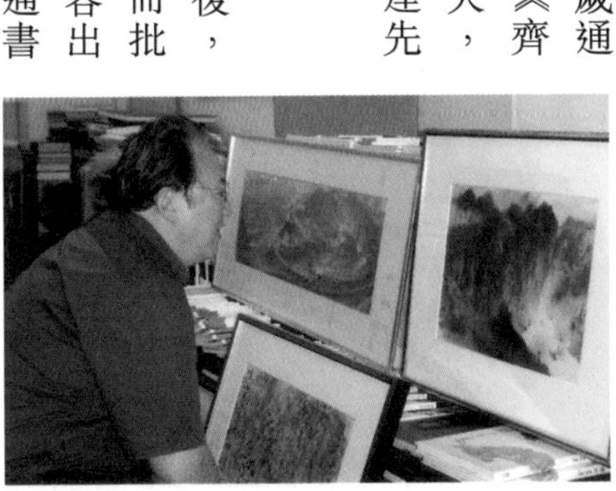

傅二石在翰墨軒審定傅抱石畫作

本，書店大都不按原來書上印的定價出售。例如《甲骨文編》（一九六五年中華版）原定價人民幣十二元，要港幣一千八百元，《傅抱石關山月東北寫生畫選》（一九六四年遼寧美術出版社）原定價人民幣十二元，要港幣五百元。

一九七二年我在中環商務印書館，花港幣二百大元，買了冊黑白珂羅版普通線裝本《夢奠帖》，真是咬牙切齒。當時的二百港元是甚麼概念？香港一般工薪階層，月薪二、三百元。澳門教書先生有的月薪九十元。家庭傭工一個月六十多元。即是說，普通打工仔不吃不喝，花一個月薪金纔能買到一冊黑白的《夢奠帖》。而現在《夢奠帖》是全彩色印製的，還加放大彩版，定價港幣纔一百二十元。縱是現在香港薪酬算是最低的菲傭，一天的薪酬也可以買一冊《夢奠帖》。這有利於普及。

還有一個《中國古代名家書畫》系列，有《西漢帛畫》、《仇英清明上河圖》、黃公望《富春山居圖》等等。這裏要說一說這系列的兩種書。

前年女兒大學畢業，作為父母總要去參加畢業典禮，捧捧場，去美國東岸，與布朗大學藝術史教授 Professor Maggie Bickford 會晤，送呈《西漢帛畫》作見面禮。她長期研究中國書畫史，很留意這件中國最早期的畫作。她說過去許多書刊印刷這件畫作，都模模糊糊，而我們這本居然清清楚楚，大為驚歎。我告訴她，我們是請故宮羅振玉孫子羅隨祖兄幫忙，到湖南省博物館，對著實物拍攝數十張四乘五底片，再認真分色製版，才能

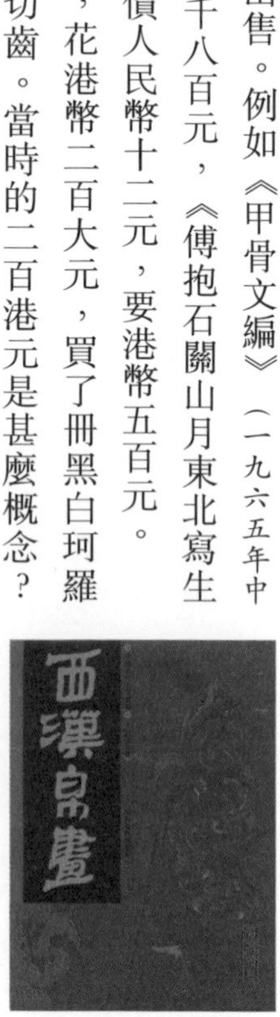

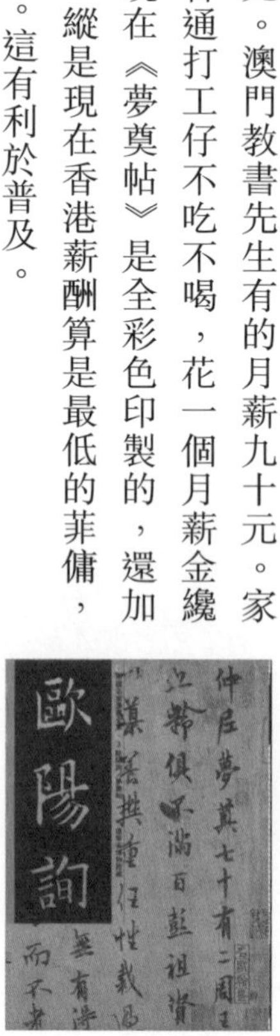

《西漢帛畫》《歐陽詢-夢奠帖》

有此質量。

說回我們去年印製元朝黃公望的《富春山居圖》。這件作品去年為傳媒廣泛報導，熱鬧得不得了。臺灣故宮展覽時要排隊三、四個小時才能看幾分鐘，擁擠得很。

其實九十年代初，我們已開始組織出版《富春山居圖》。王伯敏教授很早寄來富春山實景攝影。一九九五年左右，通過臺北故宮出版組組長宋龍飛先生，花大錢正式申請租用《富春山居圖》十幾張八乘十大底片，其後在杭州，得浙江省博物館曹錦炎兄協助，讓我們派專人拍攝《剩山圖》四乘五底片數十張。一九九六年，又得秦公先生幫忙，在北京翰海拍賣公司倉庫，拍攝沈周臨《富春山居圖》卷，也用了數十張四乘五菲林。沈周臨本後來拍賣，由北京故宮投得。我們集合這四種材料，再請香港中文大學文物館書畫專家李志綱博士撰文，準備出版。

當時浙江美院許江送了一卷日本二玄社印的《富春山居圖》，給他的舅舅江澤民，江問許江這件作品好在哪裏，許江是搞當代藝術的，也說不出一個所以然。我跟許江說，我們正準備出版這件《富春山居圖》，書出來後你送你的舅舅皇上，看了文章也就明白了。

惟香港回歸前後，市況不佳，出書後堆放倉庫，難以銷售，只得掛起來，擱一擱。一晃十多年，前年溫家寶總理提起這件名跡，一下子提升到

李可染基金會專家李松濤一行蒞臨翰墨軒鑒定李可染書畫

政治層面，傳媒爭相報導，我們才借東風，重新把它印製出來。

最初製版效果不理想，我要求雅昌印刷廠重新製版，曉以民族大義，一定要超越上世紀八十年代日本二玄社的印本，畢竟現在是二十一世紀的中國，印刷技術不能輸過上世紀的日本。雅昌的技術人員的確不錯，精益求精，果然印出現水準的最高階。把元代黃公望這件名跡的紙質也顯現出來，總算不失禮。

大家看看，《剩山圖》前黃公望的畫像一直被誤認為係王同愈畫的。這件作品赴臺前，電視臺訪問專家，專家也是向觀眾介紹黃公望的畫像是王同愈畫的。王同愈是大學者，偶爾畫幾筆山水，從不畫人像，尤其肖像。為什麼會搞錯呢？就是因為過去發表的圖像模模糊糊，只認得題詩的王同愈，看不清畫像左下角鈐有朱文印「慕康寫照」。慕康就是寓居上海的潮陽畫家鄭慕康，八十年代還在，以畫肖像名世。我們印的本子清清楚楚，過去釋文打方格，未能釋出，這也是印刷圖像模糊，苦誤學者。

再說回《名家翰墨》出名了。不是我王婆賣瓜自賣自誇，是好多搞書畫的朋友，對我們鼓勵，也有許多不認識我們，對我們有一種虛幻的敬重。有朋友把《名家翰墨》比喻為《石渠寶笈》，著錄在《名家翰墨》的作品都比較可靠。這是天大的誤會，著錄在《石渠寶笈》的作品其實不一定對，有一半對已經不錯了。人家原意是誇獎我們，對我們是一種鞭策，

《剩山圖》前黃公望畫像一直被誤認為係王同愈畫，畫像左下角鈐有朱文印「慕康寫照」

是要求我們更加小心，以免有負眾望。

我初次發現我們的影響力，是劉凱仁兄跟我說起來的。劉凱是我們的顧問老前輩劉九庵的孫子。但唸大學學的是化工吧。他在爺爺的書房看到我們這個月刊，拿來翻翻，覺得很有趣，越看越發覺得他的爺爺是這麼偉大。劉老是河北省衡水縣窮苦人家出身，到琉璃廠作學徒，由張蔥玉推薦入故宮，服務數十年，慢慢成為專家，到七八十年代更變成舉國知名的老專家。不同行業的孫子，不知道爺爺是個寶，可能看到爺爺並沒有唸幾年書，只是在故宮混口飯吃的糟老頭。他通過《名家翰墨》，知道爺爺的重要性，立即改弦更張，轉跟爺爺學習書畫鑑定。後來中國嘉德大拍之後，也搞小拍，最初叫週末拍賣，後來發展成四季拍賣。劉凱進了嘉德小拍，邊幹邊學，很快就上手，公司再把他調去大拍。後來升官發財，還做到古書畫部的總經理，經手許多國寶級的拍品，他們的部門也創了好多個億的營業額，對嘉德貢獻很大。要奮鬥就會有犧牲，壓力太大，搞出病來，幸虧有我們在座的名醫陳醫生打救，把病治愈，為了減輕壓力，就不要再做甚麼總經理，擔那麼大的責任，就做資深專家吧，吃喝玩樂算了。

《名家翰墨》，因為有名，也變成人家送禮的禮品。記得中英談判時期，陳佐洱在香港戰鬥。張永霖先生就捧我們場，買了一套送陳佐洱。偶然在報紙刊登采訪周南的照片上，背後書架就是一整行的《名家翰墨》，

《富春山居圖》，
2011年

不知哪位送的。去年還有一位浙江來的朋友，到小軒來，認識我了。這位小青年說原來傳說中的《名家翰墨》就在這裏，傳說中的許禮平就在這裏。很激動，激動到立即說要買十套送他的朋友。雖然還未落實，但我還是感激他。

說起送書，還必須感謝吳冠中先生。他對我們一直很支持。九十年代在日本展覽時，指定要主事者在《名家翰墨》上登廣告。後來還送來他的大作，當作數十萬元，買了一大批《名家翰墨》，分別寄贈全國三十多個省市大學和重點圖書館幾百家。我們缺的是現金，打通電話，有位忠厚長者立即開了支票來，把畫請回家中，幫我們解決問題。好有好報，如果這位老先生後人今天拿回這件吳先生支持我們的畫作，我願意加一個圈立即購回。

人怕出名豬怕肥，出了名就會惹麻煩。二千年左右，大陸有人冒認《名家翰墨》印了劉海粟專集兩種，還刊登了當時的皇上江澤民同志的文章，我們怎麼擔當得起。冒印書的人不在乎賣書，主要是賣印出來的假畫，當時有好幾家拍賣行也上當。上海最早有人通風報訊。嘉德郭彤小姐也發現問題，來電諮詢，還寄來假《名家翰墨》。我們發表聲名澄清，又在當時香港書展會上作了一場報告，以正視聽。

選材和出版上文都約而言之了。選材和出版是自己要付出的，這就比

吳冠中捐贈《名家翰墨》萬冊與中國高等學校圖書館150家，1992年

較易控制。但經銷卻是要向人家拿錢，事情就不同了。

經營書的發行，十分困難。尤其是在大陸。我們在臺灣由聯經幫忙發行，後來臺灣好多書店倒閉，聯經很君子，照樣付帳給我們，但是不敢再發行我們的書，只有自己來了。

而在大陸，通過官方，就是由國家科委宋健同志領導的中國圖書進出口總公司，作我們的代理，一個貨櫃的去，收帳比登天還難，八年的庫存報表，一本不多，一本不少。賬就是不付。讓我們真真正正的認識共產黨國營單位的無賴行徑，當年叫他們共匪，一點沒錯。

《名家翰墨》的發行，在香港也有一個很奇怪的現象。大家不知有沒有留意到三聯、商務、中華這幾家大店，都很難發現我們的書。只能在天地、大業、石齋、文聯莊、葵花堂等書店才看得到，三中商就不知道是甚麼原因不擺放我們的書？是共產黨遠交近攻的策略嗎？是不想我們生存嗎？

記得聯合出版集團的大老闆藍真很捧我們場，當年剛印了一本《齊白石印集》，藍公到三聯門市買了一冊送朋友，過幾天再到三聯門市，再找，三聯說沒有了，這種書只進一本，賣完就算，也不添書。後來一本都不擺了。我曾跟集古齋彭老闆說起，彭公問你們的書很反動嗎？為甚麼三中商不賣，實在搞不懂。還好，我們不靠他們。不然早就關門大吉，文雅

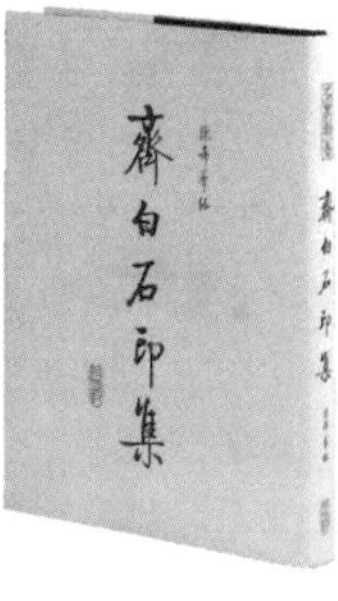

《齊白石印集》，1996年

一點燒炭，壯烈一點切腹！

好了，再說到我們搞C系列，中國名家法書全集的時候，因怕收帳艱難，改變形式，與文物出版社合作，我們把書編好，讓他們掛個名，加印幾千，分擔成本，他們在大陸發行，印刷費由他們直接付與印刷廠。在深圳開了幾次會，決定共同出版。承印的是中華商務聯合印刷廠。我的想法是以共制共，由中華向文物收帳。結果還是搞得非常糟糕。

香港資深藏家關善明，跟我討論過，因為他要出版一系列中國文物圖書，找了大陸好幾家大出版社，談來談去，最後得個吉。還是獨立自己在香港出版算了。他真聰明。

而日本有一家同朋社，通過見聞社，要跟我們合作出版書法全集。幸虧我們拖拖拉拉，正要埋牙，他們倒閉了。不然更慘。

因為中國大陸發行系統的種種問題，我們就不再考慮大規模發行的方法，而是少量的販賣，現金交易。結果很多人買不到我們的書，偶然見拍賣行有，就去搶拍，把價格抬高。

去年誠軒拍賣一套名家翰墨，就拍了十多萬元。是我們原定價的三四倍。在銅鑼灣小軒，四萬多元就買到了。

說起價錢問題，多補充幾句。與我們合作的單位，雖然社長蘇士澍是我的好朋友。他是李嵐清的老師，一度有機會做文化部長。但他一介書

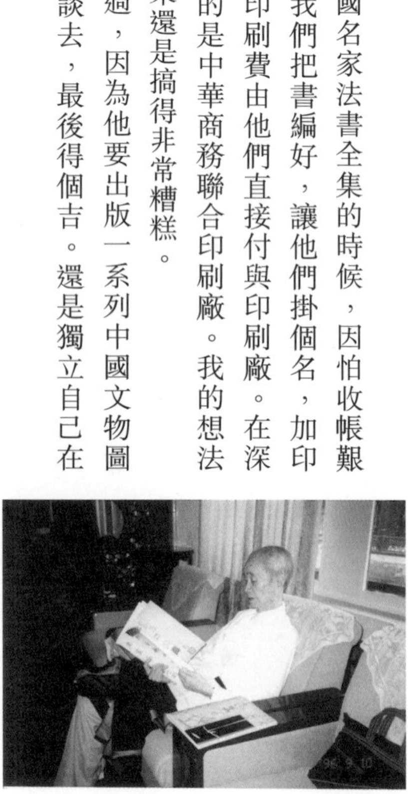

徐邦達在故宮審閱剛出版的《名家翰墨》C系列

家，不太懂生意。文物的書，常常大減價，以後出書，就很難賣，讀者等你大減價時才買，惡性循環。像過去香港太平書局出版的書，每年大減價往下調百分之十，今年七折，明年六折，後年五折，最後關門大吉，不存在了。

上海博物館搞國寶展，就是故宮、遼博和他們上博所藏宋元書畫展。由王運天兄出版一大本畫冊，重得要命，定價六千元。參加會議代表，會議期間憑證限購一本，五折三千元優惠，過後門面六千元，很快供不應求，變八千，聽說有炒到兩萬多元。香港三聯書店有熟客戶要書，三聯發行部總管陳金造先生找我幫忙，我說不是按定價六千打折去弄，而是加一倍一萬二，對方接受這個價位我才幫你去搞。結果滿足他的要求。

日本書店出的新書三個月下架退回出版社。神田喜一郎《敦煌學六十年》，新出時一千日圓，幾個月後在舊書店就是一萬元了。我將這些案例，向文物的蘇社長作思想工作。因為他們的書常常打折，破壞行情，我們就沒法合作了。

另外一個更嚴重的問題，合作出版，要雙方都有一定的信譽基礎。而文物八十年代出了一本齊白石的畫冊，整本畫冊，清一色贋鼎。我曾問過經手的編輯小姐，問了幾句，就知道不必再問了，因為討教之下，她還不覺得有甚麼問題呢。我們何必自討沒趣呢。

文物出版社蘇士澍社長訪翰墨軒

販賣假畫的人，為甚麼要把假畫印到書上？因為有許多人，相信著錄，只買書上刊載的，以為這樣保險。弄虛作假者，就投其所好，利用有信譽的出版社，出書來包裝贗鼎，以售其奸。

九十年代初，人民美術出版社出的石魯畫冊也摻了一些很有爭議的作品，石魯兒子在香港信報發表長文斥之。

還有，香港某政協委員，兩次找我出大千的書。第一次拿來的作品假得太離譜，堅拒之。第二次說他已痛改前非，找到徐伯郊弄到真的大千了，其實也只是畫得稍像一點而已，全是假貨。徐老是老前輩，我們不好戳穿，直斥其非，婉拒之。

後來這批大千是文物出版社印了。再後來貨主某政協委員在大會堂拍賣，打廣告就標明，這些大千拍品是國家文物局出版社的大千畫冊上著錄的，以取信買家。

前幾天，我們許家有位遠親拿著一大本文物出版社出版的大畫冊來找我，一翻開，慘不忍睹，假的水平太低的傅抱石畫作赫然在焉。以後叫我們怎麼敢再跟他們文物合作呢。國家機關問題太多了，習總啊，怎麼辦呀！

前兩個月，董秀玉來與我討論出版書畫之類的計劃，談得很愉快，但一問與哪家出版社合作，她一說某某美術，我馬上拒絕，也說明拒絕的理

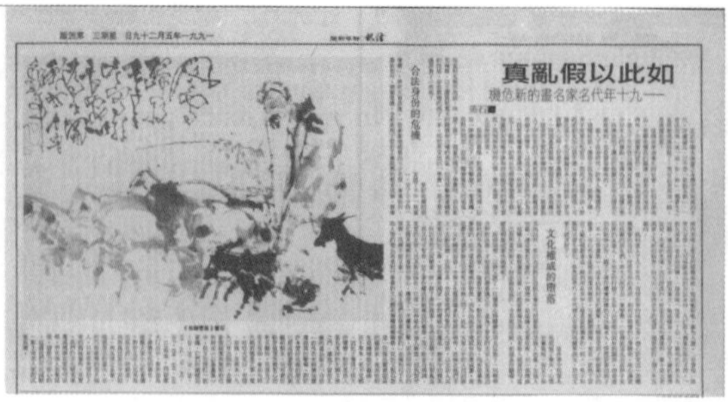

人民美術出版社《石魯書畫集》摻了有爭議的作品，石魯兒子石果在香港《信報》發文斥之，1991年

由。最後說北京三聯還可以，還未有給玷污，還是乾淨的。董總是君子，但對這個行業的複雜性認識不足，階級鬥爭的警覺性不高。

所以說，出版書畫類圖冊絕不簡單。清末民初我們廣東這邊弄的刊物，發表的古畫有許多不敢恭維，因為當時交通不發達，印刷不發達，所見有限，誤刊偽作，可以原諒。但到現在二十一世紀，資訊發達，也常出這種問題，這就不可原諒，這是相當嚴重的商業詐騙行為。

因為有這許多前車之鑑，我們就更加小心翼翼，盡量減少犯錯誤，誤導讀者。

搞了二十多年的《名家翰墨》，有人問，你有沒有悟出一些甚麼東西呢？我覺得得益很大，有以下幾個方面。

我有一開段祺瑞的楷書：「世人終日忙無非名利場」。這個題詞說得很有道理。

辦《名家翰墨》，得到了名聲，出了名不一定是好事，也可能是壞事。所以小弟盡量低調，免招災星。

至於利呢，辦這個雜誌本意是自己的一種理念，要達成一定的理想。現在算是達到了，但還有很多不足之處。許多讀者，愛看我們的刊物，用來學習書畫，用來對比研究，學習鑒定。我們辦的這個刊物，對許多人有用處，有幫助，就算是積陰德吧。

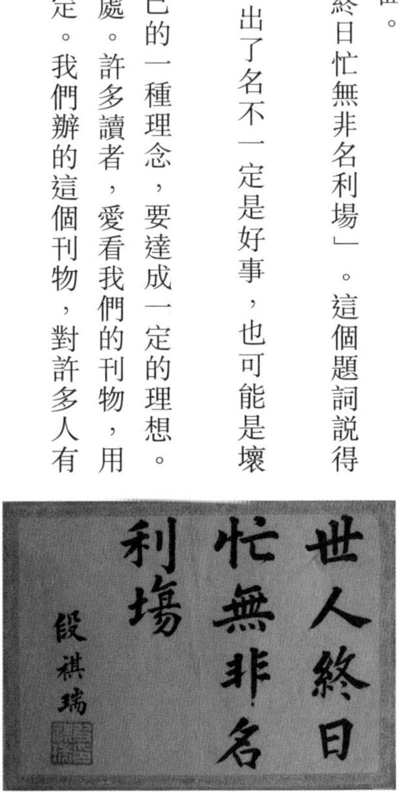

段祺瑞楷書：「世人終日忙無非名利場」。

但是從刊物本身的投資經營而言，本來想法，少賠就好，不賠就是賺。大家不要只看到拍賣行拍我們的書動輒幾萬、十幾萬。我們可是賣了好些樓房投進去的。如果不是辦這個刊物，樓房本身就價值好幾千萬。所以說，刊物本身，無利可言。

但是樓房全港有千千萬萬戶，《名家翰墨》，只有一家，而且被業內認可，被讀者認可，我已經很感恩，夫復何求。

再說，就我個人而言，得益最大。幹就是學習，每編一冊書，就是一次學習，而且是不得不非常認真的學習。通過選擇畫作，顧問前輩取捨的建議，為甚麼選這件，為甚麼刷那件，從中領悟箇中道理，這就是學習。學習書畫鑒定。學習學習再學習。

有些人把書畫鑒定說得很玄妙。以我個人接觸所知，毫不神秘，不外乎看標準器看得多，領悟其中特點，不同時期的不同風格，看得多了，自然懂得判斷。就例如小孩從出生就看著爸爸媽媽，整天對著，稍望一眼，即知這就是爸爸媽媽，若有人假扮爸爸媽媽，小孩也不難看破。

書畫鑒定除了多看，還要用錢買，買錯了心痛死了，更加用心研究。老一輩鑒家張大千、張蔥玉、謝稚柳、徐邦達、劉作籌、啟功、劉九庵等等，本身就有收藏，或多或少都買東西。只寫文章掛博士頭銜的，那是學者，是研究家。在書畫鑒定方面往往不那麼準確。

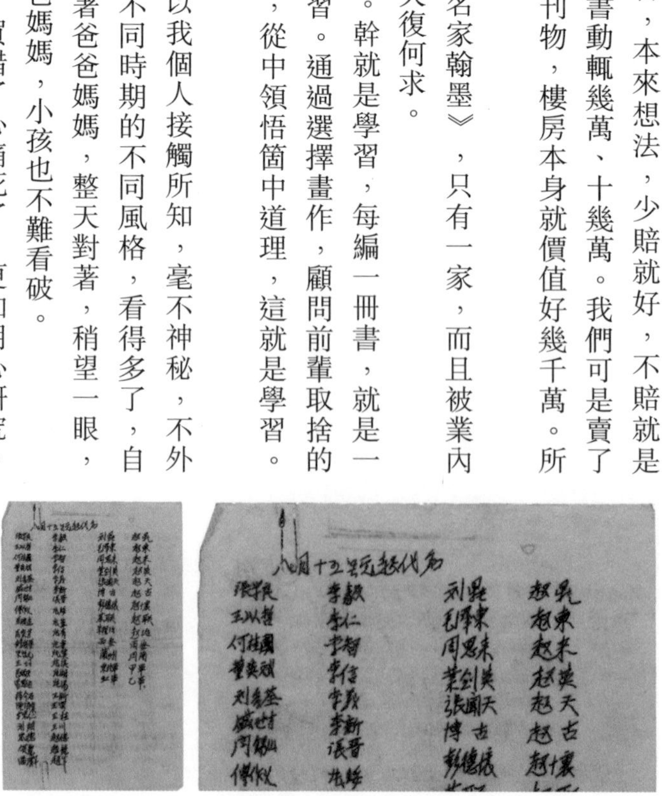

張學良秘密與中共通訊所用之代名單，1936年

還有，雜誌本身無利可圖，雜誌以外，卻商機處處。怎麼說呢？因為編這個刊物，認識了一大批藏家，因為編書，知道好多件作品的下落，這就比許多人有更多機會挖寶，讓別的或新的收藏家，需要搜集書畫時，我們翰墨軒作為一個平臺，提供幫助，變成聯合交易所，雖然獲取的利潤遠遠不能跟大拍賣行比，但對我們知足的人，已感到不錯，有時利潤還相當可觀的，讓我們可以投入更多資金，刊布像《劉九庵先生書畫鑒定論文集》《鄧爾雅印集》等大部頭書籍。

因為善用刊物的剩餘價值，也能抽出一點資金，購買自己喜歡的革命文獻、歷史文物，建立自己在這方面的收藏，開拓自己另一個研究領域。享受探討歷史接近原貌的樂趣，為官方正史所欠缺的民間野史添加一木一石。這過癮之餘，也是對學術界的一種貢獻，而且這種貢獻，沒有花任何政府一分一毫，全是自力更生艱苦奮鬥換取得來的，不用開黨委會，不用開甚麼董事會、諮詢會，老子一個人說了算。可以不看人家臉色，活得自在，活得愉快。

但是昨天就有點失落感，二十一號（三月）凌晨十二時邦瀚思在紐約拍賣八項西安事變有關文件，張學良勾結紅軍的第一手材料，四件薄紙拍出美元幾十萬約為港幣四五百萬元一件，這回我可「心痛」不起，或他日「後悔」不已。

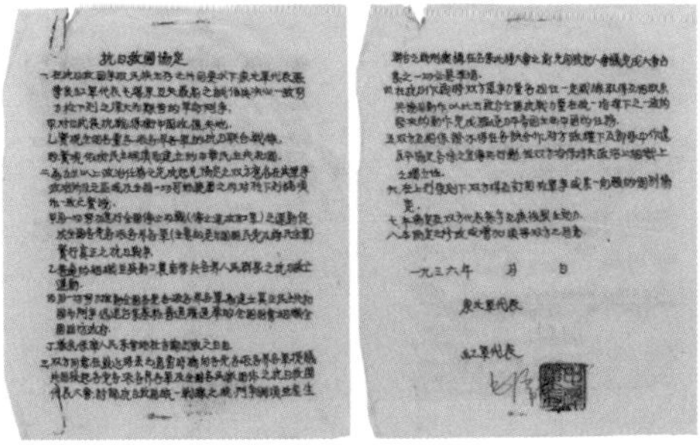

紅軍代表毛澤東簽署鈐印之《抗日救國協定》，1936年

末了，小弟老啦，已是花甲老翁啦。社會在進步，年輕一輩比我們強。希望各種新的刊物，超過我們，讓我可以真真正正退出江湖。希望寄托在你們身上。

吹水吹了這麼久，也該打住了。剛才口沒遮攔，太坦白的向大家交代，總會得罪人的，希望受到批評或受到冒犯的朋友們，多多包涵。謝謝大家。

本文是二〇一三年三月二十二日，應香港城市大學中國文化中心鄭培凱教授之邀在「城市文化沙龍」講演「《名家翰墨》與書畫鑒定」的講稿。

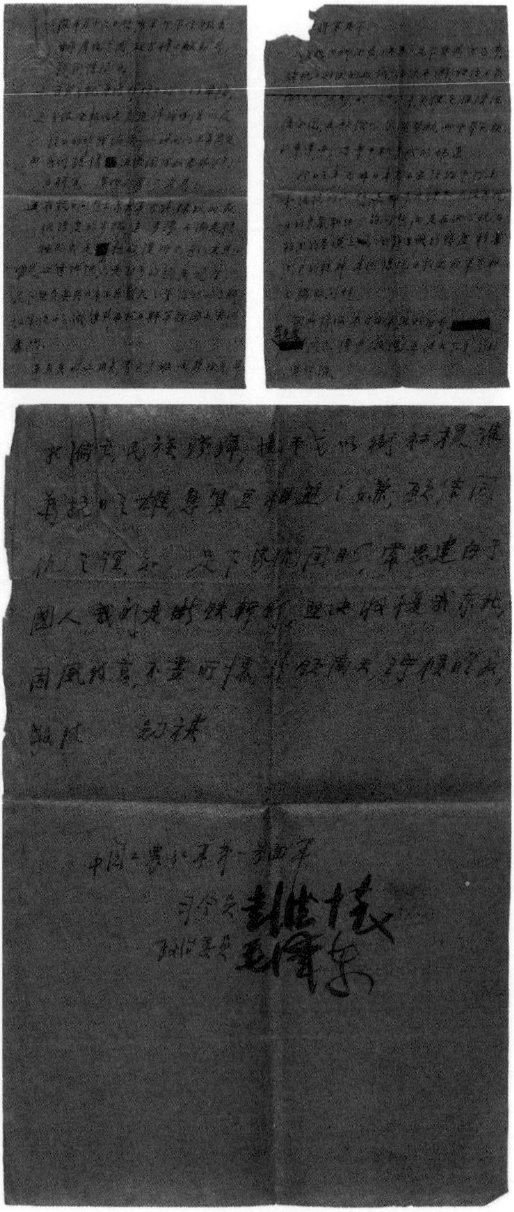

中國工農紅軍第一方面軍司令員彭德懷、政治委員毛澤東簽署致張學良手札

後記

翰墨軒前，流光催老。擲書弄筆，世味心頭。以此，年來疊有篇章，或雜記某地某時，或縷説其人其事。由日積而漸多，叢脞居然成集。皎然詩：「昔日經行人去盡，寒雲夜夜自飛還」，似合當前事。眼見上世紀的風雲人物漸都走遠，而能繫觸我心魂者，卻是那時代風雲的回響。陳恭尹謂「世間何日不風雲」，那「風雲」，就是歷史。筆次間，所記有名士美人，有學者將軍，有名僧烈士，有官宦奇人，有球星才女，有書畫名家……也可謂不一而足。凡此，都曾直接間接地「感會」於我。所謂直接，是指筆者曾識面而摳衣奉手；所謂間接，是指其人作品及收藏，有為筆者遞藏或寓目者。

唐代曹唐有詩「風雲暗發談諧外，感會潛生氣概間」。而本書就是因那「風雲」而有所「感會」的。

謹此，是為記。

二〇一三年六月二十三日

許禮平，一九五二年生於澳門，廣東揭陽人。少無大志，唯雅好翰墨。早歲在東瀛編纂《貨幣書目知見錄》、《中國語文索引》，七十年代為香港中文大學編《中國語文研究》，八十年代創辦問學社、翰墨軒，九十年代創辦《名家翰墨》月刊、叢刊。復嗜鑑賞，以文物蒐羅為養志之需。

ISBN 978-0-19-399937-4

9 780193 999374

舊日風雲